KB267335

루이즈 미셸 회고록

우리가 기억해야 할 단 한 명의 프랑스 여성

일러두기

1. 모든 각주는 독자의이해를 돕기 위한 옮긴이의 주.

2. 책 제목은 겹낫표(『』) 신문, 잡지는 겹꺽쇠(《》) 시와 단편은 홑꺽쇠(〈〉).

3. 프랑스어 원본을 번역본으로 삼았으며 영문판을 참고로 했다.

MÉMOIRES DE LOUISE MICHEL

ÉCRITS PAR ELLE-MÊME

F. Roy, libraire-éditeur, Paris, 1886

루이즈 미셸 회고록

우리가 기억해야 할 단 한 명의 프랑스 여성

루이즈 미셸 지음

김영신 옮김

불란서책방

미리암!

미리암! 두 사람 모두의 이름. 나의 어머니! 나의 친구!
나의 책이여, 그녀들이 잠든 무덤가로 가거라!
내 삶이 어서 다하여 나 또한 곧 그들 곁에 누울 수 있기를!

이제, 혹시라도 나의 수고가 어떤 선한 결과를 낳았을지라도,
눈에 보이는 결과만을 믿는 당신들이여, 내게 조금도 고마워하지 마라.
나는 그저 고통을 잊기 위해 몰두했을 뿐이다.
깊은 권태가 나를 사로잡고 있다.
더 바랄 것도, 두려운 것도 없기에,
술잔에 남은 찌꺼기와 함께 잔을 내던지듯
나 또한 종착지를 향해 서두를 뿐이다.

초판본 편집자 서문 *(1886)*

어떤 이름들은 그 울림과 명성이 워낙 자자해서 대중에게 저자를 소개할 필요도 없이 책 표지에 그 이름을 올리는 것만으로도 충분하다. 그렇지만 나는 이 회고록에 짧은 머리말을 덧붙이는 것도 필요하다고 생각한다.

사람들은 1871년의 유형수이자, 클레르몽 교도소의 수감자이며, 마침내 생-라자르에서 풀려난 죄수 루이즈 미셸을 알고 있거나, 혹은 알고 있다고 믿는다. 하지만 두 명의 루이즈 미셸, 전설 속의 그녀와 실제의 그녀가 존재한다. 이 둘은 서로 닮은 구석이라곤 전혀 없다.
다수의 대중, 특히 지방 사람들에게 루이즈 미셸은 일종의 공포의 대상이자 무자비한 악녀, 식인귀, 그리고 인간의 탈을 쓴 괴물 같은 존재로, 가는 곳마다 폭력과 방화를 일삼으며 다이너마이트와 석유를 뿌리고 다니는 인물이다. 그들은 필요하다면 그녀가 어린아이들을 산 채로 잡아먹는다고 몰아세울지도 모른다. 이것이 풍문 속의 그녀다.

실제 모습은 이와 얼마나 다른가. 그녀를 처음 만난 사람들은 뜻밖의 모습에 다들 깜짝 놀라고 만다. 친근한 태도와 부드러운 목소리 그리고 지성으로 반짝이는 눈동자에서는 선한 기운이 절로 뿜어져 나오기 때문이다. 그녀와 15분만 대화를 나누고 나면 모든 편견은 사라진다. 사람들은 그녀에게 매료되고, 마음을 빼앗기며, 매혹되고, 정복당하고 마는 것이다. 그녀의 사상을 거부할 수도 있고, 그녀의 행위를 비난할 수도 있다. 그러나 그녀를 움직이는 뜨겁고 진실한 신념만큼은, 비록 그것이 관례를 벗어난 것일지라도, 사랑하고 존경하지 않을 수 없다.

이 격렬한 아나키스트는 사람의 마음을 끄는 매력적인 여인이다. 그녀가 거쳐 간 수많은 교도소의 소장들과 직원들은 모두 그녀의 친구가 되었으며, 생 라자르 교도소의 수녀들조차 이 무신론자이자 사나운 혁명가와 완벽할 정도로 화목하게 지냈다. 그것은 사실 그녀에게—루이즈 미셸 양이 나를 용서하길 바라며!—자비로운 수녀와 같은 면모가 있기 때문이다. 그녀는 자기희생과 헌신 그 자체다. 그녀는 스스로 의식하지도, 깨닫지도 못한 채 주변 사람들에게 수호천사와 같은 역할을 하고 있다. 자신의 필요와 번뇌는 잊은 채, 오직 타인의 슬픔과 결핍만을 염려할 뿐이다.

그녀는 오로지 타인들—가족과 친구, 그리고 이름 모를 이들—을 위해 살고 또 일한다. 매일 수많은 방문객을 맞이했던 생-라자르 교도소의 면회실은 자선 단체 사무실인 동시에 직업소개소가 되어버렸다. 수감 중인 그녀가 자신의 감옥 안에서 일자리가 없는 이들에게는 일자리를 찾아주고, 배고픈 이들에게는 빵을 주기 위해 온갖 지혜를 짜냈기 때문이다. 그녀는 끊임없이 편지를 쓰고, 자신의 보호 아래 있는 이들을 위해 변호하며 친구들을 주저 없이 성가시게 했지만, 누구도 이를 불평하지 않았다.

다음의 일화는 그녀의 선함이 어느 정도인지 가늠하게 해줄 것이다. 3년 전, 그녀는 리옹과 론 지역의 도시들로 일련의 강연을 위해 떠났다. 새 옷을 한 벌 차려입고 떠났던 그녀는 보름 뒤, 어머니가 기겁할 만한 몰골로 돌아왔다. 그녀는 단지 속치마 하나만을 걸치고 있었다. 검은 캐시미어 드레스가 사라져 버린 것이다. 생테티엔에서 헐벗은 여인을 만나고는 마침 수중에 돈이 한 푼도 없자 자기 옷을 선뜻 벗어준 것이었다. 이는 성 마르티노의 전설을 재현한 것이나 다름없었다. 그러나 성 마르티노의 주교는 자기 망토 절반만을 주었을 뿐이지만, 루이즈 미셸은 드레스를 아예 벗어 내주었다.

내가 그녀의 어머니에 대해 이야기했던가. 이 또한 미셸 양의 감동적인 면모 중 하나다. 회고록을 읽다 보면 그녀의 효심이 얼마나 깊은지 알게 될 것이다. 그것은 진정한 흠모였다. 마흔이 넘은 이 여인은 어머니의 권위 앞에서는 마치 열 살짜리 꼬마 소녀처럼 순종적이었다. 때로는 '앙팡 테리블'이었을지언정 말이다! 그녀는 자신의 위험천만한 모험 속에서도 소중한 어머니가 불안과 고통을 겪지 않게 해드리려고, 수많은 순진한 속임수와 사소한 거짓말들을 동원하곤 했다! 그저 '엄마'라는 소리만 들려도 마음이 뭉클해졌다. 자신이 이미 세상의 풍파를 다겪은 어른이라는 사실조차 잊어버릴 정도였다.

그녀는 언제나 젊은 마음과 태도를 간직하고 있었고, 믿기지 않을 만큼 매혹적인 신선한 감수성을 지니고 있었다. 다정하고, 부드러우며, 애정 어린 그녀는 친구들에게 꾸지람을 듣기도 하고, 반대로 소녀 같은 장난기로 친구들을 괴롭히기도 했다. 이것이 '여성'으로서의 그녀의 모습이다.

그녀의 정치적 역할에 대해서는, 내가 이 책의 머리말에서 감히 평가할 성질의 것이 아니다. 이 책은 루이즈 미셸이 특유의 솔직함으로 자신의 삶과 생각, 사상과 행적, 고난과 신념을 가감 없이 담아낸 기록이다. 글의 구성이 다소 두서없어 보일지라도 그녀에게는 전혀 어색하지 않으며 꾸밈없는 날것 그대로의 언어는 그녀가 의도한 바대로 그녀의 글에 독보적인 개성을 불어넣어 준다. 나는 이 책을 저자의 적과 친구 모두를 위해 편집하며, 여기 담긴 내용에 비난도 찬사도 하지 않는다. 나는 이에 대한 책임을 지거나 혹은 회피하지 않을 것이다. 독자들이 각자의 경향과 취향, 사상, 혹은 적대감이나 동질감에 따라 스스로 판단할 것이기 때문이다. 그것은 독자의 일이지 나의 일이 아니다.

하지만 어떤 정파에 속하든 모두가 동의할 수밖에 없는 지점이 하나 있다. 루이즈 미셸에 관해서라면 언론조차 늘 한목소리를 내는 지점이다. 프랑스인들은 설령 자신이 그 행적을 거부하는 인물일지라도, 그 가식 없는 솔직함과 당당함을 아끼고 존중한다. 삶의 일관성과 설령 잘못된 결과일지 언정 그 선의만큼은 높게 평가하는 것이다. 루이즈 미셸 양에 대해서 사람들이 늘 정당하게 평가해 왔듯이, 그녀는 언제나 한결같았으며, 자신이 시도한 일의 결과 앞에서도 절대 물러서지 않았다. 그녀는 도망치는 부류가 아니다. 앵발리드 광장 시위 후, 그녀는 자신이 피신해 있던 친구 가족의 간곡한 만류를 뿌리치고 스스로 자수하여 죄수가 되기를 고집했던 것을 우리는 기억한다. 그녀는 비겁하게 동료를 저버리는 자도, 제 한 몸 지키려 도망치는 자도 아니었다. 또한 재판관들 앞에서 보여준 그 꾸밈없는 품위, 허세나 과장이 없는 단호한 기개는 어떠했는가! 옳든 그르든, 자신이 자유의지로 선택한 상황을 담담하게 받아들이는 그 평온함! 핑계나 변명, 혹은 교묘하게 책임을 회피하는 일은 결코 없었다!

1871년 베르사유 군법회의에서든, 1882년 블랑키 시위 이후의 경범죄 재판소에서든, 혹은 1883년 센 중죄 재판소에서 열린 마지막 재판에서든, 그녀는 언제나 당당하게 고개를 들고 모든 질문에 답했다. 자신을 정당화하기보다 동료들의 결백을 증명하려 애쓰며, 모든 연대 책임의 맨 앞에 서서 달려 나갔다. 이 회고록의 부록에는 《법정 신문》에서 발췌한 세 건의 판결 기록이 실려 있다. 이 신문은 피고인에게 호의적이라는 의심은 전혀 받지 않을 매체이므로, 독자들은 이 기록을 통해 유죄 판결을 받은 그녀가 참으로 강인한 성격의 소유자임을 확신하게 될 것이다.

그녀에게 내려진 유배, 투옥, 교도소 수감 등 다양한 형벌을 감내하는 초연함, 그리고 그 쓰디쓴 기쁨에 대해서라면, 우리는 초기 기독교 순교자들에게서나 그에 상응하는 모습을 찾을 수 있을 것이다. 만약 그녀가 19세기 전에 태어났다면 원형 경기장의 맹수들에게 던져졌을 것이고, 종교 재판 시대였다면 화형을 당했을 것이며, 종교 개혁 시기였다면 가톨릭 처형자들에게 고결하게 자신을 내주었을 것이다. 그녀는 마치 고통과 순교를 위해 태어난 사람처럼 보인다.

불과 며칠 전, 공화국 대통령의 사면령이 그녀에게 통지되었을 때, 그녀를 생-라자르 교도소 밖으로 내보내려고 거의 물리력을 동원해야 하지 않았던가? 그녀는 자신의 모든 동료에게 적용되지 않는 관용은 원치 않았다. 그녀의 석방은 사실상 추방이었으며, 그녀는 이에 대해 격렬히 항의했다.

루이즈 미셸은 도덕적인 성품뿐만 아니라 지적인 면에서도 그에 못지않게 뛰어난 자질을 갖추고 있다. 그녀는 매우 학구적이고 뛰어난 음악가이며 그림 실력도 출중할 뿐더러 외국어 습득에도 남다른 재능을 지니고 있다. 식물학과 박물학에도 정통하여—이 책에서 누벨칼레도니의 동식물에 관한 흥미로운 연구 결과를 보게 될 것이다—최근에야 밝혀진 몇몇 과학적 사실들을 이미 직관적으로 깨닫고 있었다. 예컨대 그녀는 콜레라와 광견병에 새로운 백신 요법을 적용하는 데 있어, 파스퇴르 박사보다도 앞서 있었다. 이미 몇 년 전, 누메아(Nouméa)의 유형수로서 그녀가 식물에도 백신을 접종하는 실험을 구상했다는 사실을 우리는 이 책의 후반부에서 확인하게 될 것이다!

하지만 그 무엇보다도 그녀는 시인이다. 단어의 진정한 의미 그대로 시인이며, 그녀의 회고록 여기저기에 흩어진 많은 시들은 몽상가적이고 명상적이며 이상을 갈구하는 그녀의 천성을 드러내 준다. 그녀가 쓴 시의 대부분은 형식은 물론 내용과 사상 면에서도 흠잡을 데가 없다.

이제 말을 줄이려 한다. 루이즈 미셸 양의 꾸지람을 들을 위험을 무릅쓰고, 우리 시대의 가장 비범한 인물 중 한 명을 있는 그대로 소개했으니, 이제 나는 기꺼이 이 책을 대중에게 내놓으며 저자의 이야기에 귀를 기울여본다.

편집자.
1886년 2월, 파리에서.

차례

Château de Vroncourt où naquit Louise Michel

PREMIÈRE PARTIE

1부

1.

　회고록을 쓰라는 요청을 자주 받았지만, 나에 대해 이야기하는 것이 사람들 앞에서 옷을 벗는 것 같아 늘 거부감이 들었다. 지금은 이런 기이하고 치기 어린 감정에도 불구하고 몇몇 기억을 모아보기로 마음먹었다. 그 기억들에 슬픔이 너무 깊게 배어들지 않도록 애쓸 것이다. 내가 지극히 사랑하는 친구 마리 페레가 이미 그 파편들을 모아둔 바 있다. 이 기록의 잔해들에 그녀의 이름이 깃들기를. 그 이름은 또한 내가 사랑하는 어머니의 이름이다.

　나의 생애는 아주 뚜렷하게 두 부분으로 구성되어 있다. 그 두 부분은 완전한 대조를 이루는데, 전반부가 오로지 꿈과 학문의 시기였다면 후반부는 오로지 사건들의 연속이었다. 마치 고요했던 시기의 열망들이 투쟁의 시기에 생명력을 얻어 살아난 것만 같다.

　나는 이 기록에 오랫동안 소식이 끊긴 이들의 이름을 가능한 한 섞지 않으려 한다. 그들이 혁명가들과 공모했다는 혐의로 곤경에 처하지 않게 하기 위함이다. 어떤 이들은 단지 나를 알았다는 사실만으로 그들에게 죄를 묻고, 아나키스트가 정확히 무엇인지도 모른 채 그들을 아나키스트라 몰아세울지 누가 알겠는가?

　나의 삶은 가슴 저미는 기억들로 가득해서 그때그때 떠오르는 인상을 따라 그 기억을 들려줄 것이다. 내가 마음 가는 대로 방랑하듯 글을 쓸 권리를 누린다고 해도, 내가 그만한 대가를 충분히 치렀다는 점에는 모두가 동의할 것이다. 미리 밝혀두자면, 이 글에는 다분히 감정이 섞일 것이다. 우리 여성들은 자신의 감정을 억지로 외면하려 들지 않는다. 우리는 인간이라는 존재—하마터면 인간이라는 짐승이라 말할 뻔했다—자체가 늘 불완전하다고 생각한다. 우리는 지성뿐만 아니라 감정을 지니고 고통을 겪으며 살아가는 쪽도 기꺼이 택한다.

　이 지면에 약간의 비통함이 스며들지라도 결코 독설이 되지는 않을 것이다. 나는 수 세기 동안 내려온 그릇된 통념과 편견이 우리를 밀어넣은 그 저주받은 틀을 증오하지, 그것이 우리의 책임이라고 생각지는 않는다. 인류가 이토록 비참한 형태의 삶을 계속 이어가고 짐승처럼 생존을 위한 투쟁 속에서 스스로를 불태우는 것은 인류의 잘못이 아니다.

　언젠가 인류를 짓누르는 모든 장애물에 맞서 우리의 모든 힘이 한곳으로 모이는 그날, 인류는 마침내 폭풍 한가운데를 가르며 앞으로 나아갈 것이다. 그러나 끝없이 이어지는 우리의 투쟁 속에서 인간은 자유롭지 못하고, 애초에 자유로울 수도 없는 존재다. 우리는 지금 메두사호의 뗏목 위에 있다. 그런데도 사람들은 파도 한가운데 닻을 내린 이 불길한 난파선을 여전히 제멋대로 내버려 두려 한다. 모두가 조난자들처럼 행동하고 있다. 오, 검은 뗏목이여!

　언제쯤이면 우리는 닻줄을 끊고 새로운 전설을 노래하며 앞으로 나아갈 것인가? 나는 비르지니 호의 선원들이 군가를 부르며 닻을 끌어올리는 동안 그런 꿈을 꾸고 있었다.

내 배는 너무 작고 바다는 너무 넓다.

노랫가락의 리듬과 울림이 사람들의 힘을 한껏 돋우었다. 밧줄은 서서히, 그러나 단단하게 감겨 올라가고, 선원들의 몸에서 뜨거운 땀이 흘러내렸다. 그리고 배에서, 또 그들의 깊은 가슴 속에서도 둔탁한 신음이 흘러나왔다. 우리 그리고 우리의 배는 낡은 범선처럼 작고 바다는 거대하다. 그러나 우리는 해적의 전설을 알고 있다. 바람을 향해 뱃머리를 돌려라. 모든 해안은 우리의 것이다.

내가 회고록을 쓰고 있다는 사실을 상기해보면 결국 나에 관해 말하지 않을 수 없을 것이다. 나에 관한 일이라면 무엇이든 있는 그대로 자유롭고 솔직하게 이야기 할 것이다. 다만 나를 키워준 이들, 내가 태어난 오트-마른의 브롱쿠르, 그 낡은 저택의 잔해 속에서 나를 길러준 이들이 그토록 사랑했던 고요한 그늘만큼은 그대로 남겨두려 한다.

1871년의 군사 재판은 내 요람 밑바닥까지 이잡듯 뒤지면서도, 그분들만은 건드리지 않고 존중해 주었다. 그러니 나 또한 그들의 영면을 방해하고 싶지는 않다. 이끼가 묘석 위의 그 이름들을 지웠고 성은 이제 폐허가 되었다. 그러나 내 어린 시절의 둥지와 나를 기르던 분들이 때때로 몸을 굽히고 나를 살피던 그 모습은 눈에 선하다. 그들은 이 책에서 자주 모습을 드러낼 것이다.

아, 그러나 죽은 이들의 기억도, 흩어져 가는 생각도, 흘러가는 시간도 결국 아무것도 남지 않는구나! 남는 것은 오직 완수해야 할 의무와 모진 삶을 힘껏 살아내는 것뿐이다. 그래야 삶이 조금이라도 더 빨리 소진되리라. 왜 온 세상의 고통 한가운데서 자신에게 연민을 느껴야 하는가? 왜 한 방울의 물에 머물러 있어야 하는가? 대양을 보라!

나는 이 회고록에 세 번의 재판 기록이 반드시 포함되길 원했다. 우리에게 모든 재판은 깃발을 휘날리며 돌진하는 전투와 같다. 그 깃발이 내 삶을 뒤덮었듯 이 책을 뒤덮고 그리고 내 무덤 위에서 펄럭일 것이다. 나는 이 기록을 《법정 신문》에서 옮겨 적었다. 이 신문이 우리에게 특별히 호의적이었다고는 누구도 생각지 않을 것이다(경범죄 재판소에서 아직 보고되지 않은 두 번째는 다른 기록을 참고했다).

나는 민중, 위대한 민중, 나의 사랑하는 사람들을 위해, 판사들은 볼 수 없는 이야기를 추가할 것이다. 책의 마지막 부분에서 판결문과 함께 그것을 발견할 수 있을 것이다.

2.

내 어린 시절의 보금자리엔 네 개의 정사각형 탑이 있었다. 본채와 높이가 같고 지붕은 종탑 모양이었다. 남쪽 면은 창문이 전혀 없었고, 탑의 총안 때문에 집은 보는 각도에 따라 요새처럼 보이기도 하고 영묘처럼 보이기도 했다. 한때는 요새라 불렸으나 우리가 살던 시기에는 무덤이라 불리기도 했다.

배 위에 서 있는 것처럼 바람이 몰아치던 이 거대한 폐허의 동쪽에는 포도밭 언덕과 마을이 있었다. 초원만큼이나 넓게 펼쳐진 잔디 들판이 마을과 이 폐허를 갈라 놓고 있었다. '루토트'라 불리던 마을의 유일한 거리를 따라 시냇물이 흘러내렸다. 겨울이면 불어난 물을 건너기 위해 돌들을 놓아야 했다. 동쪽으로는 바람이 아주 부드럽게 속삭이던 무성한 미루나무 장막과 그 너머로 부르몽의 푸른 산들이 보였다. 훗날 내가 푸르스름한 봉우리들에 둘러싸인 시드니에 머물 때, (비록 훨썬 작았지만)코나 산의 산등성이를 선명하게 다시 떠올렸다.

서쪽으로는, 쉬즈랭 숲과 능선이 펼쳐진다. 큰 눈이 내리던 시절에는 늑대들이 성벽의 틈으로 들어와 마당에서 울부짖곤 했다. 개들이 사납게 맞서 짖었고, 그 합창은 아침까지 이어졌다. 그 소리는 이 낡고 쓰러져 가는 성과 잘 어울렸고, 나는 그런 밤들을 좋아했다. 특히 차가운 바람이 세차게 부는 날, 온 가족이 큰 거실에 모여 밤늦도록 책을 읽었던 그 순간들을 사랑했다. 그 겨울의 풍경과 높은 천장의 차가운 방들이 눈에 선하다. 대지를 덮은 하얀 눈의 수의, 그리고 바람과 늑대와 개들의 합창만으로도 나는 시인이 되기에 충분했다. 설령 우리가 본래 시적 기질을 타고나지 않았더라도, 그 정취라면 누구라도 시인이 되고도 남았을 것이다. 그것은 저마다의 전설을 간직한 우리 가문만의 유산이었다.

그 커다란 방들은 얼음장처럼 차가웠기에 우리는 거실의 모닥불 근처에 모여 앉았다. 할아버지는 흰색 모직 외투를 걸치고, 양털 덧신에 나막신을 신고 침대와 제각각의 총기 더미 사이의 안락의자에 앉아 계셨다. 나는 매번 그 나막신 위에 앉아 개와 고양이들과 함께 재가 수북이 쌓인 벽난로 앞에 웅크리고 있었다.

긴 노란 털을 가진 큰 스페인견 한 마리와 종이 다른 목양견 두 마리가 있었는데, 세 마리 모두 프레스타라는 이름으로 불렸다. 또 메도르라고 부르는 흑백 얼룩무늬 개 한 마리, 그리고 죽은 지 얼마 안 된 늙은 암말을 기려 비슈(사슴)라는 이름을 붙여준 아주 어린 강아지도 있었다. 우리는 죽은 비슈를 위해 눈물을 흘렸다. 할아버지와 나는 성채 보루의 아카시아 나무 근처에 커다란 구덩이를 파고 비슈를 묻으며 머리가 흙에 닿지 않도록 식탁보로 머리를 감쌌다.

암고양이들은 모두 갈타라 불렸고 줄무늬가 있거나 다갈색이었다. 수고양이들은 모두 사자 혹은 쥐새끼로 불렸다. 고양이는 셀 수 없이 많았다. 가끔, 벌건 숯덩이를 부집게로 집어 고양이들을 향해 들어 올리면 고양이들은 삽시간에 도망을 쳤다가 다시 불 주변으로 모여들었다.

나의 어머니, 이모, 그리고 할머니들이 탁자 주변을 에워싸고 한 사람은 소리 높여 책을 읽었고, 나머지는 뜨개질이나 바느질을 했다. 나는 지금도 어머니가 실을 담아두던 바느질 바구니를 가지고 있다. 매번 친구들이 우리와 함께 저녁 시간을 보내기 위해 왔다. 베르트랑 씨나 오지에르 지역의 늙은 교사인 작은 로몽 씨가 자주 찾아왔다. 야회는 늦게까지 이어졌다. 내 앞에서는 차마 읽지 못할 챕터를 마저 끝내려고 나를 잠자리에 들여보내려 했다. 그때마다 나는 완강히 거부하거나(거의 언제나 내가 이겼다), 아니면 어른들이 내게 숨기는 이야기를 듣고 싶은 마음에 잠자리에 드는 척 재빨리 나가서 문 뒤에 숨었다.

여름엔 창문으로 들어오는 새들로 성이 가득 찼다. 제비들이 자신의 둥지를 다시 찾고, 참새들이 창문을 두드리고, 새장에 갇힌 종달새는 우리와 함께 목청껏 노래를 불렀다(단조로 흐를 땐 잔잔했지만). 새와 고양이와 개들만 있었던 건 아니었다. 뿔닭, 거북이, 노루, 멧돼지, 늑대, 올빼미, 박쥐, 어미가 없어 숟가락으로 음식을 떠넣어 주었던 산토끼 형제들—마치 동물원 같았다—과 망아지 제피르와 나이를 가늠할 수 없는 제피르의 할아버지인 부르스카도 빼놓을 수 없다. 제피르는 자기를 귀여워하는 사람들에게서 빵과 설탕을 얻어먹으려고 제멋대로 집안으로 드나들었고 자기를 싫어하는 사람들에게는 마치 조롱하듯 누런 이빨을 내보이곤 했다.

늙은 비슈에게는 꽤 재밌는 버릇이 있었다. 내가 꽃다발을 들고 있으면 그 꽃다발을 자기 쪽으로 가져가며 혀로 내 얼굴을 핥았다. 또 몸집이 거대한 흰 암소 비오네와 두 어린 송아지, 벨라와 네라도 있었다. 나는 그들과 수다를 떨러 외양간에 가곤 했다. 소들은 생각에 잠긴 듯한 눈망울로 나를 바라보며 자기들만의 방식으로 내게 답하곤 했다.

모든 짐승이 서로 사이좋게 지냈다. 둥글게 몸을 말고 누운 고양이들이 참새와 자고새, 바닥에서 종종거리는 메추라기를 무심하게 바라보았다. 벽을 덮고 있는 구멍이 숭숭 뚫린 녹색 타피스리 뒤로 쥐들이 한가롭게 작고 빠른 소리를 내며 드나들었다. 고양이가 그들을 쫓는 모습은 본 적이 없었다. 게다가 쥐들도 현명하게 처신했다. 노트나 책을 갉아 먹지도 않았고, 여기저기 널려 있는 바이올린, 기타, 첼로에 이빨 자국을 내지도 않았다.

그 시절 그곳의 내 삶은 얼마나 평화로웠던가. 그렇다고 내가 딱히 얌전하거나 고분고분한 성격은 아니었다. 미친 듯이 공부에 매달리면서도, 고약한 사람들을 골탕 먹일 시간은 꼭 찾아내어 그들에게 아주 야멸찬 전쟁을 선포하곤 했다! 지금 돌아봐도 역시 내 판단이 옳았다!

할머니는 우리 가족에게 어떤 일이 생길 때마다 빨간색 마분지로 제본된 두 권의 두툼한 공책에 그 일들을 시의 형태로 기록하셨는데, 할머니가 돌아가신 뒤 나는 그 책들을 검은 상복용 천으로 감싸 보관했다.

할아버지도 그 책에 몇 페이지를 덧붙였고, 아직 어린애였던 나 역시 감히 그곳에다가 '세계사'를 써 내려가기 시작하였다. 왕세자에게 헌정된 보쉬에의 세계사가 지루했던 데다, 사촌 쥘 마저 방학이 끝나자 학교의 역사 교과서를 가지고 돌아가 버린 터였다. 나는 주요한 역사적 사실들을 내가 찾을 수 있는 한 찾아서 꼼꼼하게 정리하곤 했다.

오래전부터 남학생들이 다니는 학교의 교육 과정이 지방 여학생들의 교육 수준보다 훨씬 우월하다는 사실을 지켜봐 왔다. 그로부터 수 년이 지난 뒤, 나는 동일한 과목을 두고 여성들을 위한 강의와 이른바 '강한 성(남성)'을 위한 강의 사이에서 흥미와 결과가 얼마나 차이 나는지 직접 확인해 볼 기회를 얻었다.

나는 남장을 하고 그 강의에 들어갔고, 내 짐작이 틀리지 않았음을 확인할 수 있었다. 우리(여성)에게는 '라 팔리스'[1]식의 뻔한 논리로 온갖 시시한 소리를 늘어놓지만, 우리의 '주인님'들(남성)에게는 목구멍이 터질 정도로 지식의 덩어리들을 쑤셔 넣으려 애쓰고 있었다. 통탄할 일이다. 어쨌든 그런 노력에도 불구하고 여전히 엉터리 교육일 뿐이다. 수백 년 뒤 우리 자리에 서게 될 이들은, 저 남성들이 받는 교육조차 아주 우습게 여기며 깡그리 뭉개버릴 테니 말이다.

나만의 세계사 쓰기 작업에는 분명 터무니없는 헛소리들이 수두룩했을 것이다. 당시 전통적 권위를 지닌 책들을 참고했으니 그럴 수밖에 없었다. 누군가 내게 볼테르 책 몇권을 건네주었고 그 이후로 쓰다 만 글들을 미련 없이 내팽개쳐 버렸다. 그리고 로몽 씨가 오트-마른의 바위들도 배꼽을 잡고 웃는다는 부르몽산의 전설들을 내게 들려주면서 코나에 대한 나의 환상이 단번에 깨졌을 것이라 믿고 있었던 그 '코나'에 관한 대서사시도 마찬가지였다.

옛날 그곳 암자에 악당이 살고 있었다. 낮에는 성자였으나 밤에는 여행객을 터는 강도였다. 착한 마을 사람들은 달이 뜨자마자 숲과 들

---

1) La Palisse. 1470-1525. 프랑수아 1세 시절의 프랑스 원수. 이탈리아 전쟁 중 파비아 전투에서 전사할 때까지 수많은 전장을 누볐다. 그가 오늘날까지 유명한 이유는 그의 죽음을 기리기 위해 부하들이 부른 노래 가사에서 비롯된 '라팔리사드(Lapalissade)'라는 용어 때문이다. 당시 부하들의 말, "그는 죽기 15분 전까지만 해도 여전히 살아 있었다"가 와전되어 당연하고 뻔한 소리를 마치 대단한 사실인 양 말하는 것을 프랑스어로 '라팔리사드'라고 부르게 되었다.

판을 가로질러 달려오는 괴물에게서 자기들을 구해달라며 이 성자를 정성껏 대접하며 기도를 부탁했다. 그런데 달이 뜨자마자 이 성자 역시 사라졌으니, 사실 그 괴물이 바로 그였기 때문이다!

내가 그 대단한 코나에 대한 시를 완성하지 못한 진짜 이유는 맘모스의 어금니 때문이었다. 키 큰 로몽 씨, 즉 로몽 박사님은 그 어금니에 대해 열변을 토하셨다. 나는 시를 접어두고 북쪽 탑 꼭대기에 지질학적 발견물이라 부를 만한 온갖 것들을 가득 채운 작은 방을 만들었다. 들판에서 찾아낸 말의 해골이나 최근에 죽은 개와 고양이의 뼈, 도가니와 화로, 삼각대까지 갖춰 놓았다. 만약 악마가 존재한다면 내가 그곳에서 무엇을 시도했는지 다 알 것이다. 연금술, 점성술, 강령술까지…. 니콜라 플라멜[2]부터 파우스트에 이르기까지 온갖 전설이 그곳을 거쳐 갔다.

내게는 류트가 하나 있었다. 전나무 판자와 오래된 기타 줄을 가지고 내가 직접 만들었던 조잡한 악기였다. 물론, 줄은 새것으로 갈아 끼웠다. 내가 빅토르 위고에게 보냈던 시에서 거창하게 이야기했던 그 악기가 바로 이 조악한 악기였다. 그에게 보냈던 '지극히 부드러운 화음!'이라는 제목의 시에 등장하는 류트가 그것이란 건 결코 알 수 없을 것이다.

내 탑 안에는 강렬하게 인광을 뿜어내는 올림푸스라는 이름의 아주 멋진 올빼미 한 마리와 마치 고양이처럼 우유를 핥아 마시는 귀여운 박쥐들이 있었다. 나는 낮 동안 그들을 가두어 둘 새장을 만들려고 커

---

2) Nicolas Flamel.(1330년 추정). 프랑스 발루아 왕조 초기의 서기이자 서적상. 사후(17세기) 전설적인 연금술사로 이름을 떨친 인물. 소설 『해리 포터와 마법사의 돌』에 덤블도어 교수와 함께 연금술을 연구하고 마법사의 돌을 만든이로 언급.

다란 탈곡 수레에서 널빤지들을 떼어냈다.

어머니는 내가 며칠 동안이나 류트를 연주를 하며 〈그릴라 라피타〉라는 노래를 부르면 반은 웃으면서, 반은 잔소리를 하며 들었다. 어머니는 이것을 '새벽의 노래'라는 제목이 붙어 있던 낡은 종이 꾸러니 속에 보관해 왔다. 여기 그 노래가 있다.

그릴라 라피타

이 천방지축 소녀야,
탈곡기의 널빠지를 부쉈구나.
탈곡은 내일인데,
시, 파, 파, 레, 레, 시, 시, 레, 파, 시, 도, 레.

그걸로 새장을 만들다니
허락도 없이
심야의 불길한 전령사
박쥐들을 위해서?

여기저기 소녀를 찾아 다녔네
분명 헛간 어딘가
자기만의 굴을 파고 숨었겠지
버릇을 고쳐놔야지

아, 이것 좀 봐

이 장미 화병은 또 어떻고
화덕이며 도가니는 또 뭐야
고약한 냄새를 풍기네
시, 파, 파, 레, 레, 시, 시, 레, 파, 시, 도, 레

할아버지를 불러야지!
할머니를 불러야지!
혼을 내주어야 해
하지만 어떻게 혼을 낸담?
시, 파, 파, 레, 레, 시, 시, 레, 파, 시, 도, 레

몇 년 후, 조부모님이 돌아가시고 이 고요한 은신처를 떠나게 되었다. 낡고 허물어져 가는 성은 내가 탑의 벽에 썼던 작별 인사를 오래 간직하지 못했다. 그곳엔 돌맹이 하나 남아있지 않다.

나의 탑이여, 안녕

안녕, 나의 영지, 꿈같은 보금자리여 안녕,
사방의 바람을 맞아들이는 내 높은 탑이여 안녕,
낡은 성벽 위엔 이끼만 층층이 남겠지만,
폭풍에 꺾인 가냘픈 가지인 나는
네게서 멀어져 재빠른 물살을 따라가리.
어느 여름날 지붕에 앉아 노래하는제비를
나없이 홀로 바라보겠지.

내가 만약 그들처럼 덧없이 떠돈다면,

어느 날 그들의 슬픈 메아리가 내 목소리를 전하지 않을 때,

말해다오, 넌 탑 아래서 나를 그리워할까?

3.

할아버지가 쓴 시들 중에서, 단 한 장만이 내게 남아있다. 시련의 바람은 사람에게처럼 사물에도 불어닥친다. 여기 그 시가 있다.

골동품상들에게

골동품을 원하시오?

여기 제비들이 둥지를 튼 탑 아래 두 사람

늙고 병든 나와 아내가 있소.

새들은 창가에 다소곳이 앉았고

우리는 한가로이 난롯가에 있소

여름은 밤나무 아래에서

겨울은 이 따스한 곳에서 보내길 좋아했다오.

이제 낡고 오래된 이 모든 것도

노인들과 이 고풍스런 폐허도

함께 사라질 것이오.

그리고 아이는 멀리 떠나가겠지.

또 한 편의 시가 있다. 이것은 할아버지가 돌아가시고 할머니가 쓴 것이다. 이것이 내가 간직하고 있는 그들의 전부다.

죽음

내 쓸쓸한 집에 슬픔이 내려앉았네.
창백한 죽음이 집 안에 깃들고 나는 눈물짓네.
죽은 자의 집은 온통 어둠과 고요뿐.
아름다운 선율이 흐르던 곳에 노래도, 기쁨도 이제는 사라졌네.
사람들은 숨죽여 소곤거리네, 마치 신비로운 의식이라도 치르듯.
땅 속에서 잠이 들면 다시 돌아오지 못한다네.
그의 부재가 노래를 영원히 멈추게 하네.

이 슬픈 가락들은 내가 잃어버린 할머니의 다른 시들에 비하면 참으로 미약한 숨결이다. 모든 것이 흔적 없이 사라졌다. 내가 누벨칼레도니에 있을 때 망가져 버린 할아버지의 기타마저도. 어머니는 오랫동안 우셨다.

나의 두 할머니는 얼마나 달랐던가. 한 분은 섬세한 골족의 얼굴에 가늘게 주름 잡힌 하얀 모슬린 머릿수건을 쓰셨고, 그 아래로는 목덜미에서 큰 쪽으로 틀어 올린 머리카락이 보였다. 다른 할머니는, 숯불처럼 타오르는 검은 눈과 짧은 머리를 하고 영원한 젊음에 감싸여 있었으며, 옛날이야기 속 요정들을 떠올리게 했다.

할아버지는 상황에 따라 서로 다른 모습으로 내게 나타났다. 때로는 제1공화국의 위대한 나날들, 그 장대한 투쟁, 백군과 청군의 영웅들이 용감히 맞서다 어떻게 죽었는지 이야기해 주실 땐 목소리에 열정이 가득했다. 또 어떨 때는 그 시대의 거장 볼테르처럼 냉소적이었다가도, 몰리에르처럼 명랑하고 재치 있게 우리가 함께 읽던 여러 책을 설명해주곤 하셨다.

또 어느 날은 미지의 세계, 할아버지가 보기에 이제 막 태동하는 것들에 관해 이야기하곤 했다. 그렇게 과거 인류가 지나온 길을 되짚어보고, 또 앞으로 맞이하게 될 미래를 바라보았다. 나는 종종 예술이나 과학 혹은 인간의 진보 같은 생생한 이미지에 마음이 휘감겨 눈물을 흘렸고, 그럴 때면 할아버지도 눈가에 굵은 눈물을 머금은 채 늙은 프레스타보다 더 헝클어진 내 머리 위에 따뜻하게 손을 얹어주었다.

그 당시 나의 어머니는 미소 짓는 부드러운 푸른 눈에 긴 곱슬머리를 한 금발이었고, 얼마나 생기 넘치고 예뻤던지 친구들은 어머니에게 웃으며 이렇게 말하곤 했다. "이 못생긴 아이가 당신 아이일 리 없어요." 나로 말할 것 같으면, 키 크고, 마르고, 뻣뻣하고, 야생적이며 대담하고, 햇볕에 그을린 채 찢어진 옷을 핀으로 대충 꿰매고 다녔기에 나 자신을 정확히 알고 있었고, 사람들이 나를 못생겼다고 여기는 걸 내심 즐기기도 했다. 가엾은 내 어머니는 때때로 그것 때문에 마음이 상했다.

그 시절 내가 나네트 그리고 조제핀과 함께 얼마나 많은 책을 읽었던가! 그들은 이 지방 밖으로는 한 발짝도 나가본 적이 없었지만, 놀라울 정도로 총명한 지성을 지닌 젊은 부인들이었다. 우리는 모든 것에 관해 이야기를 나누었다. 넓은 풀밭에 앉아 《마가쟁 피토레스크》,《뮈제 데 파미유》[3), 위고, 라마르틴, 코르네유 등을 읽었다. 아마 나네트와

<hr>

3) 19세기 대중 교양잡지들.

조세핀이 자기 아이들보다 나를 더 사랑하지 않았을까 싶다. 나도 그들을 무척 사랑했다. 라므네의 책 『어느 신자의 말씀』[4]이 우리의 눈물로 흠뻑 젖었을 때 나는 아마 여섯이나 일곱 살이었을 것이다.

그날부터 나는 민중의 편에 속하게 되었고, 이후로는 단계마다 사유를 발전시키며 라므네에서 시작해 무정부주의에 이르기까지 사유의 모든 변화를 따라 올라갔다.

그뿐인가? 아마 아니리라! 그 이후에도, 빛과 자유 속에 이루어지는 모든 진보의 거대한 확장, 우리가 이제 알게 된 새로운 감각의 발달, 그리고 우리의 좁은 정신으로는 감조차 잡을 수 없는 것들이 있지 않나.

할머니, 할아버지, 그리고 어머니와 그녀의 친구들, 오늘날 남아있는 것은 어린 시절의 꿈 같은 이미지뿐이다. 지금까지 내가 만난 아이 중에서 내 사촌 쥘과 나처럼 진지하면서도 어리석고, 심술궂으면서도 타인에게 상처 주기를 두려워하고, 게으르면서도 호기심 많은 아이는 없었다. 매년 방학마다 사촌은 나를 무척이나 예뻐했던 아가트 고모와 함께 찾아왔다. 지금 생각해보면, 당시 쥘과 내가 그토록 다양한 주제들을 놓고 열띤 토론을 벌였다는 사실이 놀라울 따름이다. 때로는 저마다 나무 하나씩을 차지하고 올라앉아 고양이들을 눈으로 좇으며, 또 때로는 위고의 희곡 한 장면을 이인극으로 바꾸어 연습하다 말고 그 자리에서 열띤 토론을 벌이기도 했다. 사람들은 늘 이렇게 말하곤 했다. "이 녀석들 정말 안하무인이군!"

우리가 왜 나무를 타며 이야기 나누길 좋아했는지 정말 모르겠다.

---

4) 라므네(Lamennais)의 『어느 신자의 말씀』(Paroles d'un croyant, 1834)은 가톨릭 사제였던 라므네가 교회와 왕정을 비판하고 민중의 자유와 평등을 옹호하며 쓴 책으로 교황청으로부터 금서 판정을 받았다.

나뭇가지 위는 기분이 좋았고, 게다가 손에 잡히는 사과란 사과는 모두 서로에게 던지며 놀곤 했다. 그렇게 떨어진 사과들은 마리 베르데 할머니의 몫이 되었다. 거의 백살에 가까운 할머니는 '여인들의 샘'에 나타난다는 흰 옷입을 입고 빨래하는 여인들이나, 방앗간 버드나무 아래 불꽃처럼 타오르는 도깨비불 이야기를 재미나게 들려주곤 했었다.

마리 베르데는 언제나 요정과 도깨비를 보았지만 우리는 한 번도 보지 못했다! 그래도 우리는 그녀의 이야기에 빠져들었다. 도깨비불에서 파우스트까지, 나는 환상적인 세계에 매료되어 유령이 나온다는 파이요 성의 폐허에서 마법의 원을 그려놓고 사탄에게 사랑을 고백했지만, 사탄은 나타나지 않았다. 비로소 그때 사탄은 존재하지 않는다는 생각을 하게 되었다.

어느 날, 쥘과 나무 위에서 이야기를 나누다, 내가 이 고백에 관해 이야기하자 쥘은 유명한 여류 작가인 조르주 상드 부인에게 내가 사탄에게 했던 것 못지않게 애틋한 고백을 보냈지만, 사탄만큼이나 답장이 없었다고 털어놨다. 배은망덕한 여자!

우리는 류트를 연주하며 다양한 주제로 대화를 이어가기로 했다. 나는 마침 내 것과 똑같이 제작된 뤼트 하나를 쥘에게 선물한 참이었는데, 아마 우리가 빅토르 위고의 『부르그라브』나 『에르나니』를 이인극으로 각색해 연습한 뒤였던 것 같다. 성평등을 두고 벌어진 격렬한 논쟁 중에 쥘은 내가 방학 때 그가 가져온 책들(그와 수준을 맞추기 위해 읽었던 책들)을 통해 배울 수 있었던 것은 내가 별종이기 때문이라고 주장했다. 우리는 흥분한 나머지 류트를 서로에게 던지며 싸웠고, 결국 그 류트는 싸움 도중 부서지고 말았다.

내 기억 속 깊은 곳을 들여다보며 그 시절의 노래를 다시 발견한다.

배의 노래[5)]

사람들이 우리에게 과수원에 가서
배를 지키라고 말하지.
우습지 않니?

그들이 겁내는 앞니 튼튼한 아이들에게
배는 싱싱하고 울타리엔 구멍이 있어!
우리는 그 아이들을 불러 함께 노래 부르며
배나무를 흔들어 댄다네.
이건 정말이라니까?

노랫소리에 맞춰
원을 그리며 춤추네.
자, 이것이 바로
배를 지킨다는 이야기.

그 시절의 시를 더 옮겨본다. 누렇게 바랜 종이 한 묶음을 불 속에
던져버리기 전에.

해가 지면 너는 들꽃으로 무엇을 하려느냐?
바다여, 물결을 너는 어떻게 하려느냐?
하늘이여, 불타는 구름을 너는 어떻게 하려느냐?

---

5)얼굴이 점점 배와 닮아간 국왕 루이 필립을 조롱하는 당시의 노래.

34

오! 내 꿈은 크고,

나는 너무도 작구나!

운명이여, 내 거대한 꿈을 너는 어떻게 하려느냐?

빛이여, 침묵의 그림자를 너는 어떻게 하려느냐?

그리고 저 멀리서 그림자를 네 곁으로 불러들이는 너,

오, 불꽃이여! 불나방을 너는 어떻게 하려느냐?

신비로운 꿈이여,

너는 나를 어떻게 하려느냐?

나는 마치 개가 늑대를 감지하듯 우리는 운명을 느낀다고 늘 생각해 왔다. 때로 그것은 놀라울 만큼 정확하게 현실로 드러난다. 만약 수많은 일들을 세세하게 이야기한다면, 그것들은 훨씬 더 놀라울 것이다. 때로는 에드거 앨런 포의 이야기들을 읽는 것 같을 것이다.[6]

이토록 추억이 많다니! 하지만 이런 하찮은 일들을 기록하는 것은 쓸데없는 일 아닐까? 어제만 해도 나 자신에 관해 말하는 것조차 힘들었다. 오늘은 사라진 날들을 떠올리니 끝이 없고, 모든 것이 다시 눈앞에 펼쳐진다.

울타리 안쪽 언덕과 개암나무 숲 근처 바닥에 둥근 돌들이 있다. 만약 그 돌들이 고약한 사람들의 다리 사이에 던져지는 데 쓰이지만 않는다면 수천 마리의 어린 두꺼비들이 그곳에서 평화롭게 태를 벗을 수 있을 것이다. 불쌍한 두꺼비들!

---

6) 포의 이야기들은 운명의 불가피성, 예언의 실현 등을 내포한다. 미셸의 삶도 그런 이야기처럼 어린 시절의 놀이가 실제 삶이 되었다.

뜰 안 우물 뒤편에는 잔가지 단과 나뭇단이 쌓여 있었다. 우리는 그 것으로 계단과 발판, 두 개의 큰 나무 기둥을 갖춘 단두대를 만들었다! 우리는 역사적 순간과 우리가 좋아하는 인물들을 재현했다. 1793년의 사건들을[7] 극으로 만들어 한 사람씩 차례로 단두대에 올라서서 "공화 국 만세!"라고 외쳤다. 관객으로는 사촌 마틸드가 있었고 간혹 땅바닥 의 먹이를 쪼아대는 닭이나 날짐승들이 함께했다. 우리는 또 인류 역 사의 잔혹한 사건들을 무대에 올렸다. 나뭇단으로 만든 단두대는 어떤 때는 얀 후스[8]의 화형대가 되었고, 더 거슬러 가면 바고드[9]의 불타는 탑이 되기도 했다.

어느 날 할아버지가 우리의 놀이를 보고는 단두대에 오를 때엔 침묵 속에 오르고 단두대에 서서는 자신의 신념을 당당히 선언하는 것이 더 낫다고 해서 그 뒤로는 그렇게 했다.

우리의 놀이가 언제나 심각한 것만은 아니었다. 예를 들어, 사냥놀 이가 있었는데, 돼지들을 사냥감 삼아, 빗자루에 횃불처럼 불을 붙이 고 사냥 나팔이라 부르는 양치기의 뿔나팔을 불며 개들과 함께 달렸 다. 늙은 산지기가 우리에게 "알랄리"라 불리는 소리로 신호를 보내는 법을 알려주었었다. 이 난장판 같은 추격전에서도 사냥의 규칙이 지켜 졌다. 사냥놀이는 어떻든 돼지들을 집으로 돌려보내거나, 돼지들이 채 소밭의 물웅덩이에 빠질 때 끝났는데, 빠져나오지 못하는 돼지들은 사 람들이 꺼내줄 때까지 줄기차게 꿀꿀거렸다. 그 일이 매번 쉽지만은 않았다. 밧줄을 들고 온 어른들이 우리에게 소리를 질러대며 그 일을

---

7) 1793년의 반혁명 봉기인 방데, 슈아네리 반란.
8) Jan Hus. 1369-1415 체코의 종교개혁자.
9) Bagaudes. 3-5세기 로마 제국에 저항한 갈리아와 히스파니아의 농민 반란군.

처리했다. 나는 매번 유난히도 달아난 망아지처럼 논다는 소리를 들었다. 아마도 사실이었을 것이다.

지난 일들이 떠오르는 대로 내버려 두자. 끝없이 이어지며 내가 알 수 없는 어둠 속으로 사라져 가는 그림들 같다.

『맥베스』에서 뱅코의 아들들이 미지의 세계에서 나와, 다시 그곳으로 돌아가는 장면을 본 적이 있을 것이다. 어제 떠난 사람들이든 오래 전에 떠난 사람들이든, 그들이 살아 있을 때의 모습 그대로, 그들의 삶을 둘러싸고 있던 모든 것이 생생하게 떠오른다. 그들을 잃은 상처는 여전히 그 첫날처럼 아프게 피를 흘린다.

나는 고향이 그리운 것이 아니라, 떠나간 이들이 그리운 것이다.

이 이야기를 써 내려갈수록, 다시는 볼 수 없는 사람들의 모습이 점점 더 많이 내 주변으로 밀려온다. 그 끝에 어머니가 있다. 어떤 순간에는 도저히 그 사실을 믿고 싶지 않아, 마치 끔찍한 악몽에서 곧 깨어나 다시 어머니를 보게 될 것만 같았다.

아니, 어머니의 죽음은 꿈이 아니다.

이 뼈저린 고통 속에 펜이 멈춘다. 말하고 싶지만, 쓰고 싶은 마음은 없다! 한 번 더 내 시선이 브롱쿠르로 향하게 하자!

여름 내내 한낮의 더위가 가시는 늦은 오후가 되면, 어머니와 할머니가 정원의 담벼락에 심어둔 호두나무 근처 벤치에 나란히 앉아있곤 했다. 어머니는 할머니를 기쁘게 하려고 그 정원 한구석을 온갖 종류의 장미 나무로 가득 채웠다. 그분들이 이야기를 나누는 동안, 나는 담장 위에서 팔꿈치를 괴었다. 정원은 초저녁 이슬에 젖어 시원했다. 인동덩굴, 목서초, 장미의 향기들이 한데 어우러져 한 무더기로 부드럽게 피어올랐다. 그 향취에 꽃들 저마다의 진한 향내가 더해졌다. 박쥐

들이 황혼 속을 유유히 날고, 길게 드리운 그림자가 내 마음을 감쌀
때, 나는 죽음이 다가오리라고는 생각지도 못한 채 내가 사랑하는 노
래들을 읊조렸다. 노래도 마음도, 목소리도 바람에 실려 사라졌다. 아
름다운 구절들이었다.

　　아이들아, 저기 황소들이 지나간다.
　　붉은 앞치마를 감추어라!

　　그리고 〈금화〉[10], 〈고수의 약혼녀〉[11] 또 얼마나 많은 노래가 있었던
가? 그 여명의 날들과 더불어 애잔하거나 꿈같은 후렴구들도 사라져
갔다. 나는 이제 전쟁의 노래조차 부르지 않는다. 침묵 속에 나는 사라
져 간다. 조용히, 죽음처럼.

4.

　　이른 나이에 고향에서 시작해, 파리의 샤토 도 거리 16번지, 볼리에
부인이 운영하는 학교의 보조교사로 그리고 몽마르트르로 이어갔던
교사 생활 내내 비참하고 궁핍한 나날들을 수없이 보냈다. 제국에 충
성 서약[12]을 하지 않은 모든 여교사가 같은 처지였다. 하지만 나는 수
업 후에 음악과 미술 개인교습을 할 수 있었기에 다른 이들보다 형편
이 좀 나은 편이었다. 그러나 소중한 이들을 잃는 슬픔 앞에서, 육체적

---

10) 19세기 프랑스 민요.
11) 빅토르 위고의 유명한 발라드 (1825).
12) 나폴레옹 3세의 제2제국(1852-1870)은 교사들에게 황제에 대한 충성 서약을 강요했
　　고 공화주의자들은 이 충성 서약을 거부했다.

고달픔이 대체 무슨 의미가 있겠는가.

오, 내 친구여! 내 사랑하는 어머니여! 나의 용감한 동지들이여!

과거를 되새기며 그 상처를 다시 헤집지만, 그 과정이 때로는 마음의 위안이 된다. 만약 삶을 주관하는 존재가 있다면, 우리가 그 존재에 사슬로 묶여 있다는 것이 얼마나 끔찍한가! 신의 섭리에 감사하는 사람들은 도대체 무엇에 감사하는지 궁금하다. '섭리'라는 말은 편리하지만 공허한 말이다. 만약 전능한 존재가 있다면 그의 행위는 끔찍한 범죄가 될 것이다. 이미 많은 것들이 발견되었듯, 언젠가 우주와 생명을 묶는 수학적 · 화학적 원리도 밝혀질 것이다. 인간에게 길든 자연은 자유로운 인류를 위해 활용되고, 과학은 교리에 얽매이지 않고 앞으로 나아가야 한다. 미지의 세계를 탐험하는 이들이여, 역사적인 순간이 올 것이다! 모든 요새를 무너뜨리고, 모든 문을 열어 신비를 밝혀라! 인간의 어리석음이 그 모든 억압과 착취의 구조가 산산이 무너지기를!

나는 매번 회고록을 쓰고 있다는 사실을 잊곤 한다. 어디까지 얘기했던가? 내 앞에는 어린 시절의 추억거리들이 몇 움큼 놓여 있다. 그중 하나를 무작위로 집어 든다. 어머니가 보관해두신 브롱쿠르에 대한 묘사다. 이 누렇게 바랜 작은 종이 조각 한 장이 얼마나 많은 것들을 견뎌냈던가!

브롱쿠르

브롱쿠르는 숲과 평원 사이 산비탈에 자리 잡고 있다. 늑대들의 울음소리는 들리지만, 양들의 목이 베이는 모습은 어디에도 없다. 브롱쿠르는 세상과 단절되어 있다. 바람이 오래된 교회 탑과 성탑들을 흔들고, 황금빛 들판에 물결을 일으킨다. 들리는 것이라곤 폭풍의 굉음뿐이다. 웅장하고 아름답다.

이 작품은 나의 '오트-마른의 전설'과 함께 직접 그린 목탄 스케치로 삽화를 넣었다. 버드나무 그림자가 물 위에 드리워져 있고, 이 그림자 위로 빨래하는 여인들의 창백한 모습이 드러난다. 작품에 일부 기여한 사람은 백 살이 넘었을 마리 베르데였다. "얘야," 그녀가 내게 말했다. "빨래하는 세 여인의 전설을 넣지 않고는 브롱쿠르에 관해 책을 쓸 필요는 없단다."

나는 그녀의 말에 따라 버드나무 아래에 세 유령을 그려 넣었다.

"한 명은 지나간 시간을 껴안고 있단다." 마리 베르데가 말했다. "다른 한 명은 지난날을 슬퍼하며 울고 있고, 나머지 한 명은 내일을 기다리고 있지." 나무 아래 흐느끼는 창백한 유령들. 한 명은 과거를 위해 울고, 또 한 명은 현재의 날들에 신음하며, 마지막 한 명은 내일을 애도한다. 그들은 내게 노른(운명의 여신들)의 전설을 떠올리게 한다.

같은 작품에 실린 또 하나의 목탄 스케치는 한 세기 전에 마지막으로 열렸던 쇼몽의 악마 축제라는 또 다른 풍습을 묘사하고 있다. 달빛과 숲, 눈, 그리고 밤이 자아내는 분위기를 환상적으로 재현하려 애쓴 그 그림들은 이제 아득한 과거의 것이 되었다. 그중 일부는 유령 같은 형상들로 채웠다.

아래는 나의 '오트-마른의 전설'의 두 번째이자 마지막 발췌문이다. 쇼몽에서 7년마다 열리던 악마 축제의 정확한 묘사가 포함되어 있어 여기 옮겨 놓는다.

쇼몽의 악마 축제는 역사이면서 동시에 소설이고 전설이기도 하다. 이 축제는 일종의 실현된 꿈이었으며, 지난 세기말까지도 그 흔적을 볼 수 있었다. 중세와 함께 사라진 기이한 관습들 가운데서도, 쇼몽의 악마 축제는 그중에서도 가장 오래 살아남았다.

배는 침몰해도 깃발은 남는 법.

샹파뉴 지역의 연대기 작가들에 따르면 7년마다 열리는 이 축제에서 열두 명의 남자가 우리가 상상하는 차림 그대로의 악마로 분장했다. 무지막지한 헌 옷더미에서 온갖 변장을 골라 입었으며, 심지어 여호와 분장까지 가능했다고 한다.

쇼몽의 악마들은 '브락 에 주아'라는 간판이 걸린 늙은 안 라루스의 가게에서 자신들의 분장을 마련했다. 거대한 뿔 한 쌍과 검은 두건이 바로 그것이었다. 이들은 종려주일 행렬에 동행하여, 하늘을 기리면서 동시에 지옥을 재현했다. 그렇게 신을 사랑하는 마음으로 역할을 마친 뒤에 악마 나리들은 또 악마를 추앙하는 마음으로 시골로 퍼져 나가 마음껏 약탈할 권리를 행사했다.

그렇다면 왜 열두명이었을까? 연대기 작가들은 열두 사도를 기리기 위해서라고 했지만, 사도들이 이 방식으로 공경받았다는 사실에 그다지 즐거웠을 것 같지는 않다. 학자들은 황도 12궁을 의미한다고 주장했고, 또 다른 이들은 야곱의 아들들을 상징한다고 했다. 그러나 어느 가설도 일반적으로 받아들여지지 않았다. 그래서 매번 축제가 열릴 때마다 쇼몽이라는 유서 깊은 도시의 학자들, 성직자들, 점성가들 사이에서는 수많은 논쟁이 벌어졌다. 이 논쟁들은 펜으로 결판이 나곤 했지만, 그 과정에서 수많은 사람들이 엄청난 양의 양피지를 낭비하면서 그 논쟁의 대가를 톡톡히 치렀다고 전해진다.

어쨌든, 악마로 분장한 남자들은 성가 〈영광의 왕은 누구신가?〉를 자신들이 흉내 내는 그 악마들 마냥 열정적으로 불렀지만, 화음은 조금 어긋났다. 진짜 악마라면 의례 음악적 능력도 탁월할 것이기에 그런 실수는 하지 않았을지도 모른다.

쇼몽의 악마 축제는 종려주일부터 성 요한 탄생일까지 이어졌으며, 성 요한의 생애 중 주요 장면들을 열 개의 무대에 올리고 막을 내렸다. 축제의 마지막은 처형으로 마무리되었다.(그 시대에는—심지어 오늘날에도—이런 순간 없이는 좋은 축제가 될 수 없었으니!)

처형은 보통 상징적인 것에 불과했는데, 헤롯의 영혼을 상징하는 인형이 화형대에서 불태워졌다. 그러나 이 성스러운 광란의 축제가 마지막으로 열렸던 해에는, 그 축제의 종말을 앞당긴 사건이 벌어졌다.

이 사건은 문서로 남지는 않았지만, 마리 베르데는 이 사건을 조금도 의심하지 않았다. 그녀의 할아버지는 또 그 할아버지로부터, 그 할아버지는 다시 그의 할머니로부터 전해 들었다고 했는데, 그날만큼은 헤롯의 인형이 너무도 생생하고 실감 나게 몸부림쳤기에 구경꾼들이 계곡을 가득 메웠다. 그런데 갑자기 인형이 신음하기 시작했고 사람들은 "기적이다!"라고 외쳤다. 화형대의 재 속에서 뼈가 발견되었으니, 그럴 만도 했다. 이 일이 있고서 사람들은 젊고 잘생긴 가수 니시아 기를 더 이상 찾아볼 수 없었다. 사랑의 복수로, 잔인하게 살해된 것이다.

설령 내가 운율을 쉽게 다루는 재능을 조상에게서 물려받지 않았다 하더라도, 반란과 사랑의 노래가 바람에 실려 오는 샹파뉴와 로렌 같은 땅에서 누가 시인이 되지 않을 수 있었겠는가.

대설이 내리는 겨울에도, 봄이면 산사나무 우거진 오솔길에서도, 기둥같은 거대한 참나무와 사시나무가 우거진 깊고 어두운 숲속에서도,

지배자였던 로마인들이 닦아 놓은 포장도로는 여전히 그 자취를 드러내며 이어진다. 그 길은 머리칼을 길게 기른 불굴의 갈리아 사람들이 곳곳을 넓게 파헤쳐 놓은 모습 그대로다.

그렇다, 누구나 어느 정도는 시인의 마음을 품고 살기 마련이다. 시골 소녀들이었던 나네트도 조제핀도 대자연을 닮은 시인이었다. 오랜 시간이 흐르고 수많은 풍파를 겪은 뒤에도, 그들이 부르던 노래 중 하나인 '숲속의 검은 새'가 폭풍우 속에서 문득 떠오르곤 했다.

여기 그 노래를 옮겨본다. 그리고 저 먼바다 끝에서 내가 만든 노래도 곁들인다. 이 두 노래에는 대자연의 신비로운 근원에서 울려 퍼지는 그 '검은 현'의 진동을 느낄 수 있을 것이다.

그녀들의 노래는 들장미 울타리에서 풍겨오는 향기가 짙게 배어 있어 더욱 신비롭고 감미롭다. 하지만 들판의 새가 쏟아내는 애틋한 선율이나 바위에 부딪히는 파도의 포효는 결국 모두 같은 숨결에서 나오는 소리다.

숲속의 검은 새

메마른 들판이었지.
고운 새 한 마리 노래했네.
새까만 그 새가 서럽게 흐느꼈네!
그 새는 무엇을 말하고 있었을까,
황갈색 들판에서 울던 그 새는.
숲속 나무들 사이로 메아리가 되었네.
차가운 북풍은 눈물짓고 새와 함께 흐느꼈네.

메마른 들판에서 울던 그 새는
무엇을 말하고 있었나.

이런 노래가 있는데 굳이 나의 시구들까지 덧붙일 가치가 있을까?
독자가 원한다면 그냥 지나쳐도 좋다. 이 시들을 여기에 둔 이유는 오
직 하나, 메마른 들판의 검은 새를 노래하는 소절들과 내 시 사이를 잇
고 있는 어떤 유대 때문일 뿐이다.

파도 앞에서

자연의 기묘한 목소리여, 숲속을 가르는 산들바람의 숨결이여,
돛대 사이로 치닫는 바람의 숨결이여,
맹목적인 힘! 강력한 목소리여! 폭풍우여, 뇌우여,
억겁의 심연은 무엇을 말하는가.
숲속을 가르는 산들바람의 숨결은 또 무엇을 말하는가?
태풍은 울부짖고 바다는 포효하며, 하늘은 무너졌으니,
모든 물결이 검은 무덤 속으로 쏟아져 내리는구나.
불어라, 불어라, 오 폭풍의 바람이여, 바다가 해안선을 깎아내고,
어둠이 대지와 바다를 가득 채우는구나.

이 거대한 밤의 장막 속에서
대지는 전율하고 땅은 연기를 내뿜는다.
바다는 거품 섞인 발톱을 세워 천둥 소리를 내며
바위 위로 기어오른다.

언젠가, 인간은 이 장엄한 밤의 어둠 속에서

자신의 위대한 과업을 위해, 자연, 네 모든 힘을 취하리라.

오 자연이여, 네 모든 권능과 분노와 사랑을,

너의 생동하는 힘과 그 나지막한 속삭임을,

언젠가 네게서 모두 취해 오리라. 자기만의 도구처럼,

이 해변에서 저 해변으로 실어 나르리라,

너의 분노와 너의 사랑 모두를.

고요하고 평온했으나 온갖 꿈들로 소용돌이쳤던 어린 시절, 내 인생의 이 첫 단락이 너무 길어질까 두렵다. 그 시절의 이야기 중에는 유치한 것들도 있겠으나, 사실 인간의 어린 시절이란—아니, 생의 전 과정이란—원래 그런 법이다. 이 대목은 속히 매듭짓고자 한다. 물론 이야기를 이어가다 보면 이런저런 인연에 이끌려 결국 다시 이 시절로 돌아오게 되겠지만 말이다.

글을 쓸 때나 말을 할 때, 나는 자주 걷잡을 수 없는 열정에 휩싸이곤 한다. 그럴 때면 나의 펜은 마치 온 세상을 가로지르듯 생의 파도를 헤치며 자신의 목적지를 향해 거침없이 달려 나간다.

나는 앞서 내 안에 수천 년 전 야생의 땅을 누비던 조상들의 반항적이고 시적인 영혼이 그대로 살아 숨 쉬고 있다고 말한 적 있다. 내 생의 아주 깊은 곳에는 이제는 고인이 된 이들이 들려주었던 전설 같은 이야기들이 잠들어 있다. 그러나 오늘날 나는 스핑크스처럼 서 있는 그 환영들을 본다. 초록 눈을 한 코르시카의 마녀들과 바다의 딸들, 봉건 시대의 산적들, '자크'라 불린 농민들, 붉은 머리의 게르만족, 그리고 푸른 눈에 키가 큰 갈리아 농부들까지. 코르시카의 무법자부터 브르타뉴[13] 법원의 판사에 이르기까지, 그들 모두는 미지의 것을 열렬히 사랑한 이들이었다.

그들은 적자든 서자든 가리지 않고 그 후손들에게 방랑 시인의 유산을 물려주었다. 여러 각기 다른 종족으로부터 물려받은 피 한 방울 한 방울이 수백 년의 세월을 지나 맞이한 봄날에 부글부글 끓어오른다는 말은 어쩌면 사실일지도 모르겠다. 하지만 단 한 줄도 기록되지 않은 채 입에서 입으로만 전해진 그 수많은 전설 속에서 과연 무엇이 진실일까?

5

내 고향에선 밭을 갈다 보면 우리 조상인 갈리아인의 석관이 땅 위로 드러나곤 한다. 제물을 잡던 칼이나 로마인들의 향이 발견되기도 한다. 이런 발견에 익숙해진 농부는 무심하게 그것들을 치워둔다. 때로는 석관을 가축의 여물통으로 쓰기도 하고, 커다란 벽난로의 타오르는 장작더미 아래 예언의 향을 뿌려 그윽한 향기를 내기도 한다. 아침이면 새들이 헤쳐진 고랑에서 벌레를 잡아먹는 동안 농부는 다시 소를 몰며 노래를 이어가는 것이다.

이 작은 땅을 떠올리는 것이 얼마나 즐거운 일인지! 만약 어머니가 나의 부재를 견디고 살아계셨더라면 어머니께 꼭 필요했던 그 평화로운 나날들을 곁에서 함께 보내고 싶었다. 나는 어머니의 의자 옆에서 일을 하고 화롯가에서는 늙은 누벨칼레도니 고양이들이 가르랑거리는

---

13) 브르타뉴 지역은 프랑스 내에서도 독립심이 강하고 독자적인 전통을 고수한 곳.

그런 날들 말이다.

수많은 이들이 그토록 오래도록 삶을 이어가건만! 그런 평온한 날들은 우리 같은 이들을 위한 것이 아니었다.

오트-마른에 대해 이야기해 보자. 그곳에는 위브토 왕국에 비견될 만한 몽송종 백작령, 오트-게 왕국이 있었다. 세 줄기 강물이 휘감아 돌아 마치 섬처럼 보이는 그곳에서 몽송종은 높은 성채 아래 산기슭에 군대를 거느렸고 로렌 전쟁에서는 승전보를 울리기도 했다.

요새와 같았던 몽송종은 수시로 성문을 닫아걸었다. 돔 마리우스의 문은 벌판 쪽으로, 나머지 문들은 손 강과 틸 강, 그리고 뱅장스 강을 향해 입을 벌리고 있었다. 이 작은 왕국은 여러 번 팔리고 또 팔려나갔다. 왕들의 술잔은 제 영지의 언덕에 펼쳐진 포도밭보다 컸으며 그들의 지체 높은 부인들 또한, 자선 활동을 위해서든 혹은 그 밖의 온갖 잡다한 용도로든 늘 돈이 필요하긴 마찬가지였다.

어디 그뿐인가. 습관처럼 저지른 죄를 씻기 위해 수도원에 바친 기부금은 또 얼마나 많았던가. 피에르 드 모베-르가르(사악한 눈빛의 피에르)라는 자는 이렇게 횡령한 돈을 절반으로 나누는 묘수를 부렸다. 반은 속죄하는 데 쓰고 나머지 반으로는 죄행을 이어가는 데 쓴 것이다. 그러고는 신 앞에 완벽한 결백을 증명이라도 하듯, 랑그르 화폐 100솔을 받고 몽송종 땅 일부의 방목권을 오베리브 수도사들에게 넘겨주었다. 그의 후손 역시 돈에 쫓긴 나머지 아내와 공모해 부아세를 비롯해 소유지 전체를 팔아 치웠다. 이렇듯 왕국은 13세기 말엽에 이르러 산산조각이 나버렸다. '몽송종'이라는 이름의 유래를 두고 학자들 사이에서 고상한 논쟁이 벌어지기도 했다. 사람들은 그 이름을 마르스 신의 사제들인 살리인[14)에서 유래한 것으로 만들고 싶어 했다. 하지만 그곳에서 고대 로마 시대의 유물이 전혀 발견되지 않자, 결국 차선책으로 프랑크족의 살리인 후예로 슬그머니 말을 바꾸어버렸다.

이에 대해 마리 베르데 할머니는 이렇게 말하곤 했다. "에구, 옛날 옛적부터 병든 사람들 고칠 세이지를 꺾으러 다녔던 데가 바로 거기야. 랑그르의 부렐 부인네도 백 년 전부터 거기서 약초를 캤단다."

마리 베르데의 말이 옳을지도 모른다.

세퐁드레 강가의 뵈르빌에는 어느 사랑 이야기가 전해져 내려온다. 종교 전쟁이 한창이던 1580년경, 온 나라를 휩쓸고 다니던 산적의 우두머리 니콜라 드 뵈르빌이 영주 지라르의 딸을 사랑하게 되었다. 그리고 금지된 사랑을 나누는 이들이 그렇듯, 그녀 역시 그의 마음에 화답했다. 그들의 결혼은 불가능해 보였다. 그러나 아름다운 안느 드 오는 온 땅이 뵈르빌 일당의 공포에 떨고 있을 때, 제 아버지가 지역의 평화를 위해 자신을 희생 제물로 바치게끔 수를 썼다. 겁에 질린 사절단이 찾아와 아버지에게 간청했고, 필요하다면 강요라도 할 기세였다. 니콜라가 다른 지역으로 가서 그곳의 가난한 이들을 약탈해 제 부대를 먹여 살린다는 조건으로 아름다운 안느를 막대한 지참금과 함께 그에게 아내로 내주어 화친을 맺으라는 것이었다. 그 제안은 받아들여졌다. 뵈르빌은 다른 곳을 약탈하러 떠났고, 마침내 평화 속에서 회개할 만큼의 재산이 모이자 부부는 생트-콜롱브를 재건하고 행복하게 살았다. 전설은 그들에게 충성을 바친 가신들도 그들만큼 행복했는지는 말해주지 않았다.

---

14) les Saliens. 로마 신화에서 마르스(Mars) 신을 섬기던 사제들. 학자들은 처음에 몽송 종이 로마 시대의 신성한 장소였다는 권위를 부여하고 싶어 했다.

코나 산의 가파른 암벽 위로 길게 뻗은 거리 하나, 그것이 바로 푸르스름한 언덕들에 둘러싸인 부르몽 마을이다. 산기슭에 무너진 교회 아래 빼곡하게 자리한 무덤들은 마치 하나의 둥지를, 곧 죽음의 둥지를 틀고 있는 듯하다. 그 언덕 중 몇몇은 마치 왕관을 쓴 듯 숲으로 덮여 있다. 어떤 언덕 정상에는 세 가지 전설이 서린 암자가 자리하고 있다. 첫 번째는 악마가 세웠다는 전설이며, 두 번째는 하느님이 세웠다는 전설이다. 그리고 세 번째로 부르몽 영주의 딸, 아름다운 마르그리트를 사랑한 어느 목동이 그곳을 지었다는 이야기도 전해진다.

라 모트 공성전[15]이 끝난 후, 그곳의 시계와 진귀한 물건들이 부르몽으로 옮겨졌지만, 부르몽의 주민들은 파괴된 도시 라 모트의 잔해들로 도시의 터전을 세워야만 했다. 당시 부르몽은 전쟁 중인 군대를 먹여 살려야 하는 의무 때문에 너무나 피폐해진 나머지, 거의 거지 신세가 된 주민들은 교회의 종마저 내다 팔기 위해 허가를 요청할 정도였다. 하지만 이제 부르몽은 진정한 도시의 면모를 갖추어 가고 있다.

랑그르와 쇼몽에 대해서는 길게 말하지 않겠다. 이미 잘 알려진 곳들이기 때문이다. 에콜리에 계곡을 가로지르는 쇼몽의 고가교 위에서라면, 누구나 민둥산 위에 자리 잡은 저 오래된 도시를 보았을 것이다.

철로 위에서도 마찬가지로, 검은 성벽에 둘러싸인 채 바위산 위에 솟아 있는 랑그르가 보인다.

랑그르와 쇼몽 사이에는 오래된 다툼이 있었는데, 이는 주로 속담이나 노래를 통해 이어져 온 다툼이었다.

쇼몽 사람들은 랑그르를 두고 이렇게 말하곤 했다.

---

15) 1634년 로렌 공국의 요새 도시 라모트를 프랑스 왕국이 포위한 사건. 1766년, 마지막 로렌 공작 스타니슬라스가 사망하자 부르몽은 프랑스 도시가 된다.

저 높은 바위 위에 사는 자들,

절반은 미쳤고, 절반은 악에 받쳤다네.

이에 맞서 랑그르에서도 쇼몽을 향해 수백 절의 노래를 퍼부었는데,
그중 하나는 이러했다.

오, 랑그르는 춥다고들 하지.

쇼몽은 참으로 따뜻하다네.

북풍이 불어닥치면,

바람에 날아가리.

북풍이 불어닥치면,

문을 꽁꽁 닫아 건다네.[16]

옛날 쇼몽 근교에 사는 한 젊은이가 청혼하고 싶은 처녀에게 감히
마음을 전하지 못한 채, 몇 년 동안이나 일요일마다 그 집 벽난로 가에
말없이 앉아있곤 했다. 그는 들어서며 "모두 안녕하시오!"라고 인사만
할 뿐이었고, 사람들은 그에게 의자를 내주었다. 그렇게 긴 시간이 흐
르면 그는 일어나 "모두 잘 있으시오!"라는 말을 남기고 다음 일요일
을 기약하며 떠난다. 남자가 귀 끝까지 빨개진 채 용기를 내어 청혼할
때면, 처녀는 승낙의 경우 장작불을 가까이 모아 불을 더 지폈고, 거절
의 경우 불이 꺼지도록 내버려 두었다. 거절의 경우 모든 상황은 그것
으로 끝이었으나, 승낙의 경우에는 양가 부모들이 모여 결혼식 일정을
잡았다.

---

16)쇼몽(따뜻한 산)이라는 이름을 가졌음에도 북풍에 취약하다는 점을 꼬집는다.

오늘날에도 여전히 젊은이들은 사랑하는 이에게 말을 건네기 전, 오랫동안 그녀의 화롯가에 말없이 앉아있곤 한다.

옛날, 이 고장의 요새(파이요 성) 주변에서 사람들이 은전 한 닢과 날카로운 칼, 흰 셔츠, 그리고 불 켜진 양초를 가지고 폐허의 정령들을 불러내 재앙을 물리쳐달라 빌곤 했다. 내가 왜 은전이 필요하냐고 물으면 마리 베르데는 목소리를 낮춰 대답했다. "악마에게 주는 거란다." "불을 밝힌 양초는요?" "그건 하느님을 위한 거지!" "하얀 셔츠는요?" "죽은 사람들을 위한 거야." "그럼 날카롭게 간 칼은요?" "정령을 불러낸 자가 만약 맹세한 믿음을 저버릴 때 쓰는 거란다." "하지만 누구에게 맹세한 믿음이란 말인가요?" "그 분이지, 숲의 정령이란다."

그렇다면 저 데르라 불리는 참나무 숲 이야기는 또 어찌 빼놓을 수 있겠는가? (침략자의 발길이 단 한 번도 닿지 않았던 그곳에는 로마의 유적조차 전혀 남아 있지 않다.) 데르 혹은 데르프 숲 전체는 하나의 성역이었다. 참나무들의 짙은 그림자가 여전히 군림하고 있다. 아주 옛날, 역사가 기록되기도 전에, 짐승처럼 쫓기던 한 추방자가 어느 동굴로 숨어들었는데 그는 그곳에서 인육을 먹으며 스스로 맹수가 되어 살았다고 전해진다.

메로빙거 왕조 시대의 돼지치기들은 숲속 늪 주변에 기둥을 박아 그 위에 집을 얹은 농장들을 지었는데, '늑대 늪'에는 여전히 그 흔적들이 남아있다. 블랑슈탄 연못은 백악기 바다의 흔적이다. 퐁오뵈프 농장에 이르기까지 그 메마른 기슭에는 히스 풀 한 포기 보이지 않고 오직 바람에 날려 작은 물결을 이루는 모래뿐이다.

우리 고향 숲의 깊은 정적 속에 들려오는 대장간의 묵직한 망치 소리, 나뭇가지들을 떨게하는 도끼질 소리, 새들의 노래와 잎사귀 아래 벌레들의 바스락거림을 듣는 것이 얼마나 좋았던가!

가을이면 나는 어머니, 이모들과 함께 숲 깊숙이 들어가곤 했다. 그러다 갑자기 나뭇가지 꺾이는 소리가 들려오면, 그것은 나무를 줍는 가난한 노파였다. "애야! 저기 절벽 샛길에 숨어서 산지기가 오는지 망을 봐다오. 만약 산지기가 오면 노래를 불러 신호를 주렴. 나는 빗자루를 만들어야 한단다." 이 울창한 숲속에서, 저 자작나무 가지들이 빗자루로 엮이는 양은 대체 얼마나 될까! 그런데도 숲지기가 눈에 불을 켜고 다닌다니!

때로는 덤불로 숨어드는 멧돼지 소리가 들리면 가엾은 노루들이 번개처럼 달아나기도 했다. 짐승들은 가을 사냥철이 다가옴을 예감하는 듯했다. 뿔나팔 소리에 맞춰 도살당하는 그 가련한 암사슴들이 푸른 잎사귀들을 그리워하며 눈물 흘리는 그 계절을 말이다. 짐승은 생존을 위해 사냥하지만, 사냥꾼은 오로지 살생을 위해 사냥한다. 조상 대대로 내려온 야수의 본능이 깨어나는 것이다.

이제 유년의 나날들이 다 그려졌다. 보라, 여기 내 삶의 유해가 탁자 위에 놓여 있다. 이제 마음껏 해부해 보자

6.

죽음이 우리 집을 덮쳐 보금자리를 황폐하게 만들고 나를 키운 분들이 묘지의 전나무 아래 누운 뒤에야 나는 비로소 여학교 교사 자격시험 준비를 시작했다. 나는 오직 내 어머니가 행복해지기만을 바랐다. 불쌍한 나의 어머니!

유산이라곤 고작 8천에서 1만 프랑 정도 되는 땅이 전부였으나, 마치 거대한 재산을 관리하기라도 하듯 후견인들이 줄을 이었다. 전직 치안 판사인 부아쟁 씨가 후견인을 맡았고, 어머니는 법적 후견인이 되었으며 부르몽의 공증인인 지로 씨가 부후견인이 되었다. 사람들은 내가 상속받은 그 땅들을 당장 탕진하지 않게 하려면 그 정도의 인원은 있어야 한다고 떠들어댔다. 하지만 그 재산들도 이제는 아득한 옛일이 되어버렸다!

지금 내 머릿속에는 그 중 딱 한 곳만이 선명하게 떠오른다. 그것은 어머니가 포도밭 언덕에 직접 나무를 심어 가꾼 작은 숲이다. 내가 파리에서 보조교사로 일하던 1865년 혹은 1866년 무렵까지도 어머니는 오트-마른에 계신 외할머니 곁에 머물며 그 숲을 정성껏 가꾸셨다. 돌이켜보니 우리가 함께 살며 행복을 누린 시간은 그리 길지 않았다.

베르길리우스는 "사물에도 눈물이 있다"고 말했다. 어머니의 땀방울이 서린 그 작은 숲과 포도밭을 생각할 때면 나는 그 말의 의미를 뼈저리게 느낀다. 그곳에 서면 농가의 붉은 지붕과 함께 쉬즈랭 숲이 한눈에 들어왔다. 푸르게 빛나던 부르몽의 산들, 브롱쿠르 마을, 물레방아와 성, 바람을 맞아 넘실거리는 밀밭 언덕 전체가 눈앞에 펼쳐졌다. 나는 바다라는 것이 바로 저런 모습일 거라 상상하곤 했는데 실제로도 그러했다. 외할머니 마르그리트는 돌아가시기 전 마지막으로 그 포도밭을 보고 싶어 하셨다. 그래서 외삼촌이 할머니를 두 팔로 안아 그곳까지 모시고 갔다.

모든 정복자가 그러하듯, 프로이센군 또한 지나가는 길에 숲을 베어 넘기고 포도밭을 망가뜨렸다. 밭 한가운데 작은 오두막이 하나 있었는데, 내 생각에 그들은 나무를 때서 몸을 녹이며 그 오두막까지 불태워 버린 모양이다. 어머니는 내가 누메아에 유배되어 있는 동안 그 땅을 팔아야만 했다. 사람들이 파리 포위전 당시에 내가 졌던 빚을 어머니에게 청구했기 때문이다.

다시 과거로 돌아가 보자. 1851년 방학 동안 라니에서 보낸 석 달을 제외하면, 나의 교육은 브롱쿠르에 계신 조부모님과 쇼몽의 사범 과정에서 만난 베스 부인, 로예 부인에 의해 이루어졌다. 1851년 그 방학 때, 어머니와 나는 라니 근처에 사는 친척 집에서 몇 달을 보냈다.

당시 외삼촌은 내가 글 쓰는 것을 별로 좋아하지 않으셨다. 내가 교사 자격시험은 뒷전으로 미루고 시詩에만 빠져 살까 봐 늘 노심초사했다. 삼촌은 그 걱정을 덜기 위해 나를 당신의 딸이 다녔던 라니의 뒤발 부인 기숙학교에 넣으셨고, 나는 그곳에서 석 달 정도 기숙생으로 지냈다.

쇼몽에서 그랬듯, 그곳에서도 우리는 책 속에 파묻혀 살았다. 기숙학교는 현실 세계와 완전히 담을 쌓은 채, 여교사 자격시험만을 위해 단편적이고 파편적인 지식만을 습득하기에 바빴다. 그것은 지식에 대한 갈증을 불러일으키기에 딱 좋을 정도의 양이었지만, 정작 그 본질을 깊이 파고들 시간은 절대 주어지지 않았다.

시간의 부족! 그것은 1871년 파리 코뮌 이전까지 모든 여교사의 삶

을 괴롭혔던 고문과도 같았다. 자격증을 따기 전에는 지나치게 부풀려
진 커리큘럼과 사투를 벌여야 했고, 자격증을 따고 나면 그 커리큘럼
이 얼마나 보잘것없는 것이었는지 깨달으며 자신이 아무것도 모른다
는 사실을 직시해야 했기 때문이다. 물론 그건 누구나 다 아는 사실이
었다. 그 시절 모든 여교사 지망생이 같은 처지였다. 생존을 위해 싸워
야 하는 사람들에게 그 생생한 지식의 샘물은 허락되지 않았다. 공부
를 계속하면서 파리에 보조교사로 남고 싶기도 했다. 많은 이들이 실
제로 그렇게 했다. 하지만 그때의 나는 어머니와 떨어지고 싶지 않았
아 결국 어머니와 함께 오트-마른으로, 외할머니 마르그리트 곁으로
돌아왔다.

그리하여 1853년 1월, 나는 외가 친척들이 살고 있는 오들롱쿠르에
서 교사로서의 첫발을 내디뎠다. 큰외삼촌들인 시몽, 미셸, 그리고 '프
랑크푸르트 삼촌'이라 불리던 프랑시스가 여전히 살아 있었다. 그분들
의 숱 많은 붉은 머리칼에는 은사 같은 흰머리 한 가닥조차 보이지 않
았다. 어깨는 당당하고 기백이 넘치는 준수하고 건장한 노인들이었다.
어머니의 형제들답게 순박한 마음씨에 영민했던 그분들은 대체 어떻
게 배웠는지 모를 수많은 지식을 꿰고 있었고 또 그것들을 아주 잘 풀
어서 조리 있게 들려주었다.

일찍이 나의 증조부는 어느 장서가의 서고 전체를 통째로, 그것도
무게를 달아 사들인 적이 있었다. 그중에 호메로스가 등장인물들 위로
구름을 불러내던 대목마다 삽화가 그려진 낡은 성경들과 전설의 숨결
이 생생히 살아 있어 종조부들의 기질에도 영향을 주었을 고대 연대
기들이 있었다. 또한 초보적인 수준의 과학 서적들과, '국왕의 출판 허
가' 문구가 박힌 옛 시절의 소설들도 가득했다. 그 책들 속에는 아직

프랑스어 철자 'a' 대신 'o'가 쓰이고 있었다. 그 책들에 대해 어찌나 열정적으로 이야기하는지, 나 역시 낱장이 뜯겨나가거나 분실된 그 책들이 무척 아쉬웠다.

소설책들은 '에크레뉴'라 불리는 마을의 밤샘 모임을 거치며 닳고 닳았다. 그곳에서는 낭독자가 책장을 넘기려고 입술에 엄지손가락을 적셨고, 순진한 눈에서 흘린 눈물방울이 주인공의 불운 위로 비처럼 떨어지곤 했다.

우리 마을에서 '에크레뉴'란 겨울밤에 부녀자들이 모여 실을 잣거나 뜨개질을 하는 집을 말한다. 하지만 무엇보다도 그곳은 초원에서 불꽃 드레스를 입고 춤추는 도깨비가 등장하는 옛날이야기나 이웃집에 새로 일어난 소식들을 주고받는 장소였다. 이런 모임은 지금도 여전하다. 어떤 이야기꾼들은 청중을 너무나 잘 홀리는 바람에 모임이 자정을 넘기기 일쑤였다. 그러고 나면 이야기의 여운에 휩싸여 가능한 만큼 서로서로 집까지 바래다주곤 했다. 먼 곳에 사는 마지막 일행은 먼저 귀가하는 친구들이 안심시키려고 부르는 외침을 뒤로하며 집을 향해 달음박질쳤다. 눈은 온 세상을 하얗게 덮고, 날씨는 춥지만, 나뭇가지에는 5월의 꽃들처럼 서리가 눈부시게 피어 있었다.

정식 교육을 받을 만큼 넉넉하지 못했던 나의 외가 식구들이 독학하는 습관을 지니게 된 것은 어쩌면 그 서재 덕분이었을지도 모른다. 어머니의 형제들은 그곳에서 지식을 길어 올렸다. 조르주 삼촌은 놀라울 정도로 해박한 역사 지식을 얻었고, 미셸 삼촌은 기계에 대한 열정을 꽃피웠다. 나는 어릴 적 삼촌을 졸라 작은 수레를 비롯해 온갖 물건을 만들게 하며 그 재능을 마음껏 부려 먹곤 했다. 1870년 보불전쟁 당시에도 나는 삼촌의 도움을 받아 방어 수단을 고안해 냈는데, 비록 거절

은 당했지만, 꽤 훌륭한 것이었다. 나는 격의 없이 조르주와 팡팡으로
불러댔던 삼촌들을 아주 좋아했는데, 어느 날 할머니께서 어른들을 그
렇게 함부로 대하는 것은 아주 버릇없는 일이라고 꾸짖으셨다. 군 복
무를 마치고 돌아온 셋째 삼촌은 낡은 책들을 통해 여행에 대한 동경
과 꿈을 품었었다. 그는 여러 사안에 대한 정확한 판단력, 특히 규율에
대한 깊은 이해를 바탕으로 나름의 생각을 들려주곤 했는데, 정작 삼
촌은 내가 그 말을 이해할 수 있을 거라곤 전혀 생각지 않는 듯했다.
하지만 모든 규율의 밑바닥에는 아나키가 싹트는 법이다. 그 삼촌은
오래전 아프리카에서 세상을 떠났다.

어느새 어린 시절의 기억으로 다시 돌아왔으니, 잠시 그 시절을 더
응시하게 해달라(만약 이 책이 너무 길어진다면 이 대목은 건너뛰어도 좋
다). 부르몽으로 가는 길, 거친 언덕 아래 낡은 물레방아가 보인다. 연
못가 초원에는 물오른 풀이 돋아 있다. 갈대들이 오리떼에 치이거나
바람에 밀려 서석대는 소리를 낸다. 물레방앗간의 첫 번째 방은 대낮
에도 어두컴컴했다. 조르주 삼촌은 매일 저녁 그곳에서 책을 읽곤 했
다. 그렇게 책을 읽으며 깨우친 것들이 얼마나 많았던가!

산 자와 죽은 자들이 모두 옛 자리에 모여 있다. 무덤에 묻힌 그리운
이들이 모두 여기 와 있다! 고대 시인을 닮았던 브롱쿠르의 나이 많은
친척들 그리고 외할머니 마르그리트의 자매들이 보인다. 그녀들은 하
얀 고깔모자를 쓰고 가슴엔 핀으로 고정한 스카프를 두르고 사각형으
로 재단된 상의를 입고 있다. 젊은 시절 '미녀들'이라 불렸던 그때부터
그녀들이 죽는 날까지 고집스럽고도 멋스럽게 지켜온 그 농촌의 옷차
림 그대로다. 그녀들의 이름은 그녀들만큼이나 소박했다. 마르그리트,
카트린, 아폴린.

어머니의 두 자매 중 빅투아르 이모는 우리와 함께 오들롱쿠르에 있었고, 카트린 이모는 라니 근처에 살았다. 두 분 모두 우리 어머니처럼 결벽에 가까울 정도로 단정했다. 머리카락 한 올부터 발끝까지, 얼룩이나 먼지 한 톨 허용하지 않는 그 청결함이란 일종의 사치처럼 느껴질 정도였다.

이처럼 내 마음 깊은 곳엔 그녀들이 있었다! 빅투아르 이모가 아주 젊었을 적, 오들롱쿠르에 온 선교사들의 설교가 수많은 젊은 처녀를 수도원으로 이끄는 종교적 광풍을 몰고 왔다. 이모도 그중 한 명이었다. 하지만 수련기를 마치고 랑그르 구호원에서 수녀로 일하다가 과도한 금식으로 건강이 망가져 돌아올 수밖에 없었다. 그때부터 이모는 브롱쿠르의 우리 곁에 머물기 시작했고 조부모님이 돌아가실 때까지 함께 지냈다.

빅투아르 이모는 키가 아주 컸고, 얼굴은 다소 야위었으나 이목구비는 섬세하고 반듯했다. 나는 이모보다 더 열정적인 선교사를 본 적이 없다. 이모는 기독교에서 인간을 매료시킬 수 있는 모든 요소를 흡수했다. 장엄한 찬송가, 그림자가 짙게 깔린 저녁의 성당 예배, 그리고 드루이드 여사제나 베스타 신전의 처녀들, 발키리를 떠올리게 하는 성처녀들의 삶 같은 것들 말이다. 이모의 조카딸들은 모두 이런 신비주의에 휩쓸렸고, 나는 누구보다도 쉽게 그 흐름에 몸을 맡겼다.

지금도 생생하게 느껴지는 기묘한 감각이다! 나는 가톨릭 신앙에 심취한 이모의 이야기와 볼테르주의자였던 조부모님의 말씀을 동시에 경청했다. 나는 기이한 꿈들에 흔들리며 무언가를 찾아 헤맸다. 그것은 마치 태풍 속에서 미친 듯이 떨며 북쪽을 찾는 나침반 바늘과도 같았다.

그리고 그 북쪽, 나의 북극성은 바로 '혁명'이었다.

광신적인 열정은 꿈에서 깨어나 현실로 내려앉았다. 나의 삶은 제정 말기의 '라 마르세예즈' 선율에 맞춰 급박한 구보로 달려 나갔다. 훗날 페레는 나에게 "당신은 혁명의 독실한 신자"라고 말하곤 했다. 그것은 사실이었다! 우리 모두 그 광신도가 아니었던가? 전위대란 모두 원래 그런 법이다.

다시 1853년 1월에 내가 설립한 오들롱쿠르 학교 이야기로 돌아가 보자. 사람들은 그곳을 '자유 학교'라 불렀는데, 공립학교 교사가 되려 면 나폴레옹 3세 제국에 충성 서약을 해야만 했기에 나는 직접 학교를 세우는 쪽을 택했다.[17]

나는 의욕이 넘쳤고 심지어 어머니께 행복한 미래를 선사해 드릴 수 있다는 환상에 젖기도 했다. 한 달 수업료는 고작 1프랑밖에 되지 않 았지만(농촌 노동자들에게는 이조차 상대적으로 큰 액수였다), 내가 기숙생 을 둘 수 있는 법적 연령에 미치지 못했던 터라 다른 마을에서 온 아 이들을 마을 학부모들의 집에 나누어 머물게 해야만 했다. 하지만 이 런 운영 방식이나 나의 정치적 견해를 두고 아둔한 몇몇이 고발을 일 삼았음에도 불구하고, 나의 수업은 순조롭게 이어졌다. 내게는 청춘의 열정이 있었고, 열성을 다해 아이들을 가르쳤기 때문이다.

나를 지켜보던 소위 '질서의 수호자들'은 나를 '빨갱이', 공화주의자 라고 불렀다. 또한 내가 파리로 떠날 생각만 하고 있다고 수군거렸는 데, 나의 견해가 그토록 그들을 불편하게 했다면 내가 떠나는 것을 오

---

17) 자유 학교는 국가의 보조금을 받지 않는 사립 학교였다. 오들롱쿠르 학교에서 아이 들에게 시를 쓰게 하고, 함께 숲으로 나가 식물을 채집하며 자연 과학을 가르쳤다. 엄격한 규율 대신 아이들과 수평적인 관계를 맺으려 노력했고 어린 학생들에게 공 화주의 정신을 심어주었다.

히려 반가워해야 마땅하지 않았나 싶다.

그들의 비난은 전적으로 옳았다. 잠시 스치듯 본 파리는 사람들이 말해주던 그 어떤 경이로움에도 훨씬 못 미치는 모습이었지만, 그럼에도 나를 강력하게 끌어당겼다. 제국에 맞서 싸울 수 있는 곳은 오직 그곳뿐이었기 때문이다. 게다가 파리는 마치 자석과도 같은 인력으로 사람을 너무나 강렬하게 불러 세운다.

가엾은 우리 어머니의 평온을 깨뜨리던 그 고발들 덕분에, 나는 외려 기분 전환 삼아 쇼몽으로 떠날 수 있었다. 그곳에서 나는 옛 기숙학교와 선생님들 그리고 예전처럼 못된 인간들을 골탕 먹이며 함께 어울리던 친구들을 다시 만났다. 나는 일 처리를 핑계 삼아 이틀 동안 그곳에 머물렀다. 한번은 친구 클라라와 함께 공화주의자들을 때려잡겠다는(입만 살아 떠벌리는) 자들에게 큰 소동을 일으켰던 기억이 난다. 우리는 그자들의 집 대문에 빨간 분필로 기묘한 표식을 하나씩 남겼는데, 그들이 보기엔 뭔가 심상치 않았는지 어떤 이들은 거기서 평등을 상징하는 삼각형(약간 길쭉하긴 했지만)을 보았고, 또 어떤 이들은 정체 모를 고문 도구의 형상을 보았다. 하지만 이 사건과 아무 상관이 없던 구경꾼들은 그저 커다란 당나귀 귀 같다고 했다. 사실, 구경꾼들의 말이 맞았다.

나는 당시의 쇼몽을 회상해 본다. 불랭그랭 공원, 사형 집행인이 살고 있어 불길한 기억으로 남은 슈아뉴의 오래된 거리, 에콜리에 계곡을 가로지르는 거대한 고가교 그리고 내가 탐낼 만한 모든 것이 가득했던 쉬코 서점 말이다. 그 서점은 내가 학생일 때나 교사가 된 뒤에나 늘 외상을 지고 있던 곳이었다. 쉬코 씨의 곱슬머리 큰 얼굴이 고급 문구류와 새 책들 그리고 파리에서 건너온 악보들 사이로 유리창 너머를 내다보고 있었다. 그 광경을 볼 때면 어린 시절 부르몽의 게르 서점 앞에서 눈이 휘둥그레졌던 기억이 떠올랐다. 몇몇 서점의 진열대 앞에서 느꼈던 그 황홀한 기분은 지금도 전혀 사라지지 않았다.

고발이 있을 때마다 이틀 정도 걸리리라 예상한 사건처리는 쇼몽에 도착하자마자 끝나곤 했다. 나는 교육감인 파예 씨를 찾아갔다. 그곳에서 나는 마치 할아버지의 저택 벽난로 옆에 앉은 것처럼 편안하게 자리를 잡고 나를 향한 고발 내용들에 대해 해명했다.

나는 모든 고발 내용이 사실이라고 말했다. 파리에 가기를 원하며, 공화주의자라고 당당히 밝혔다. 또한 오들롱쿠르의 학부모들 집에 기숙생들을 맡긴 것은 그 가족들의 뜻에 따른 것이라고 말하며 어린 아이처럼 웃어 보였다. 하지만 나의 열정인 학문이 나를 파리로 부르고 있다는 것과 나의 사랑인 공화국에 대해 이야기할 때만큼은 나의 진심을 온전히 쏟아부었다. 교육감은 대답하기 전 한참 동안 나를 침묵 속에 바라보았다. 늘 내 편을 들어주던 그의 부인은 햇살 가득한 방 안으로 자유롭게 날아다니는 비둘기들을 보며 미소 짓고 있었다. 그분들의 집에는 계절에 상관없이 봄 내음이 났고, 어느 시간대에 가도 늘 아침 같은 청량함이 감돌았다.

오들롱쿠르의 내 교실에서는 아침 수업 전과 저녁 수업 후에 늘 '라 마르세예즈'를 불렀다.

"우리는 그 길로 들어서리니, 우리의 선배들이 더 이상 그곳에 있지 않을 때…"

이 소절은 나이가 가장 어린 (윤기 나는 검은색 머리카락 때문에 '작은 두더지'라 불렸던) 로즈라는 이름의 소녀가 혼자서 불렀고 나머지는 무릎을 꿇었다. 아이들과 내가 다 함께 합창을 다시 시작할 때면 모두의 눈에서 눈물이 비처럼 쏟아지곤 했다.

나는 이와 똑같은 감동을 누메아 유배 생활의 마지막 해에 다시 느꼈다. 7월 14일(프랑스 혁명 기념일)이었고, 당시 나는 누메아 시내 여학교에서 그림과 노래를 가르치고 있었다. 임시 시장이었던 시몽 씨는 저녁 예포가 두 번 울리는 사이, 코코넛 광장의 야외 음악당에서 아이들이 '라 마르세예즈'를 부를 수 있게 했다. 그곳은 밤이 갑작스럽게 찾아온다. 그 지역(열대)에는 황혼도 여명도 존재하지 않기 때문이다. 바람에 흔들리는 야자수들이 부드럽게 바스락거렸고, 샹들리에의 불빛이 야외 음악당을 어렴풋이 밝히고 있었다. 그 빛은 광장을 여전히 어둠 속에 남겨두었지만, 그 어둠 속에서 군중이 느껴졌다. 검은 피부와 흰 피부의 군중.

음악당 앞에는 군악대가 자리 잡았다. 식민지 최초로 부임한 공립 여교사인 페낭 부인이 내 곁에 서 있었고, 우리와 함께 노래할 어느 포병도 옆에 섰다. 아이들은 우리를 둘러싸고 원형으로 줄을 섰다.

첫 번째 예포가 울린 뒤, 심장이 멈출 것만 같은 정적이 감돌았다. 우리 목소리가 그 고요 속을 떠도는 것이 느껴졌다. 큰 날개에 실려 날아오르는 듯한 기분이었다. 아이들의 높고 맑은 합창, 각 소절을 가르는 천둥 같은 포성, 이 모든 것이 우리를 압도했다. 우리의 아버지들을 지탱해 주었던 그 리듬, 살아있는 '라 마르세예즈'를 우리는 진심으로 사랑했다. 하지만 누벨칼레도니에서 돌아왔을 때, 우리는 그 신성한 찬가가 온갖 종류의 선동에 이용되고 있는 것을 발견했다. 제정 말기의 오물 속에서 겨우 빠져나오는가 싶더니, 다시금 상처를 입은 '라 마르세예즈'는 이제 우리에겐 죽은 것이 다름없었다.

우리가 사랑한 노래는 그 외에도 많았다. 파리 포위전과 코뮌 시절,

무기를 든 채 밤을 지새우며 자주 부르곤 했던 노래들. 나는 누벨칼레도니에서 돌아온 뒤 런던의 친구들 곁에서 다시 우리의 노래들을 만났다.

이보게 친구, 들리는가? 프랑스 노래의 후렴구라네.
이 후렴구, 바로 '라 마르세예즈'라네.

죽은 이들이 남긴 빈자리가 유난히 넓게 느껴졌다. 오늘날 그 자리는 또 얼마나 더 넓어졌는지! 지금 내가 갇힌 이 감옥 안의 나막신 소리는 즐겁거나 슬프기도 했던 예전의 또 다른 나막신 소리를 떠올리게 한다. 오들롱쿠르의 일요일, 성당 안에 〈주여, 나폴레옹을 구하소서〉가 시작될 때면 종종걸음으로 다급히 문 밖으로 뛰쳐나가던 아이들의 작고 검은 나막신 소리 말이다. 나는 아이들에게 저 나폴레옹 3세를 위해 기도하는 자리에 함께 있는 것이야말로 신성모독이라고 말해주었다. 그 작고 검은 나막신들은 마치 우박처럼 경쾌한 소리를 내며 서둘러, 아주 서둘러 달려 나갔다. 그 소리는 1871년 1월 22일, 파리 시청의 창에서 비무장 군중을 향해 빗줄기처럼 쏟아지던 총탄의 그 차가운 소리와도 같다. 훗날 나는 또 다른 나막신 소리가 슬프게 울리는 것을 들었다. 그것은 오베리브 감옥에 갇힌 여죄수들의 지친 발에 신겨진 크고 무거운 나막신 소리였다. 침묵에 잠긴 행렬이 눈 덮인 전나무 앞을 느리게 지나갈 때, 그 나막신들은 얼어붙은 땅 위에서 서글픈 리듬으로 울려 퍼졌다.

내가 오들롱쿠르에 있을 때 빅토르 위고에게 시를 보내곤 했다. 어머니와 나는 1851년 가을 파리에서 그를 직접 만난 적이 있었는데, 위고는 예전에 내가 브롱쿠르의 집이나 쇼몽의 기숙학교에 있을 때 답장을 보내주었듯 유배지로도 답장을 보내주었다. 나는 또 쇼몽의 몇몇 신문들에 연재소설을 보내기도 했다. 그 원고 중 몇 조각이 남아있는데, 그것들은 그 원고를 소중히 간직해주었던 사랑하는 손길(어머니)보다 더 오래 살아남아 내 곁에 있다.

그 글 중에 '황제 폐하 모독죄'로 고발당한 글을 하나 인용한다. 사실 마땅히 받을 만한 고발이었고, 다른 구절들도 얼마든지 고발 사유가 될 수 있었을 것이다. 순교자들의 이야기를 다룬 그 연재물은 이렇게 시작되었다.

도미티아누스가 통치하고 있었다. 그는 로마에서 철학자들과 학자들을 추방했고 근위대의 급료를 올리고 카피톨리누스 축제를 부활시켰다. 사람들은 이 '자비로운 황제'를 숭배하면서도 그가 칼에 찔려 죽기만을 기다렸다. 어떤 이들에게는 신격화가 죽음 이전에 오고, 어떤 이들에게는 죽음 이후에 온다. 차이는 오직 그것뿐이다. 우리는 서기 93년 로마에 있다.

나는 오트-마른 지사에게 소환되었다.

"당신은 황제 폐하를 도미티아누스에 비교함으로써 폐하를 모독했소. 당신의 나이가 어리지 않았다면 당장이라도 카옌으로 보내버렸을 것이오."

나는 도미티아누스의 초상에서 보나파르트 씨를 알아본 자들이 있다면 그들 역시 나만큼이나 그를 모독한 셈이라고 대답했다. 물론 실제로 내가 겨냥한 인물이 바로 보나파르트라는 사실 또한 덧붙였다.

거기에 한마디를 더 보탰다. 카옌에 교육 기관을 설립하는 것은 내게 즐거운 일일 것이며 나 스스로는 그 여행 비용을 감당할 여력이 없으니 정부에서 보내준다면 오히려 내게는 큰 기쁨이 될 것이라고 말이다. 사건은 그것으로 일단락되었다!

얼마 후, 지사에게 무슨 부탁을 하려는 어느 노인이 나를 찾아와 이렇게 말했다. "댁이 지사 나으리 댁에 다녀왔다면서? 나 거기다 추천 좀 해주시오."

지사가 나를 부른 것은 나를 카옌으로 보내겠다고 경고하기 위해서였으니, 내 추천이 도리어 노인에게 해가 되면 해가 됐지, 득이 될 리 없다고 아무리 설명해도 노인은 막무가내였다.

"내가 부탁하잖소! 어쨌든 편지나 써 주시오."

결국 나는 대략 이런 내용으로 편지를 써주었다.

"지사님께서 카옌행 여행을 약속해주셨던 그 사람이 지금 X 노인으로부터 지사님께 드릴 추천서를 써달라고 들볶이고 있습니다. 이 추천서를 들고 가는 것이야말로 지사님 댁 문밖으로 쫓겨나는 지름길이라는 걸 이 노인에게 도무지 이해시킬 수가 없었습니다. 이 노인은 당나귀처럼 고집불통이거든요. 제가 거절한 게 옳았다는 걸 그 노인이 혹독하게 배우지 않기를 바랄 뿐입니다. 존경하는 지사님, 저를 위한 그 여행은 잊지 말아 주십시오."

쇼몽으로 떠났던 그 노인이 돌아오는 모습을 보며 그가 겪었을 곤욕을 생각하니 웃음이 났다. 그런데 뜻밖에도 노인은 내게 이렇게 말했다. "거 봐요! 내 그럴 줄 알았다고. 당신 덕분에 일이 아주 잘 해결됐소이다!"

오들롱쿠르의 교실에서는 끊임없이 물소리가 들려왔다. 여름에는 시냇물이 속삭였고, 겨울에는 격노한 급류처럼 거칠어지곤 했다. 시골 마을답게 외부의 유혹이라고는 전혀 없이 오직 배움에만 전념하던 학생들이 나를 둘러싸던 그 어두컴컴한 교실에서, 지금은 누가 그 물소리를 듣고 있을까? 나는 지금도 그 아이들의 이름을 하나하나 다 부를 수 있다. 작은 로즈부터 이제는 어엿한 교사가 된 큰 로즈까지 말이다. 전염병이 돌던 어느 해, 외독시는 내 품에 안겨 숨을 거두기도 했다. 그리고 클레프몽 우편 마부의 누이, 젤리도 생각난다! 내가 오랫동안 그리워했던 브롱쿠르 시절 친구의 이름이자 상상력도 풍부했던 아이라 누구보다도 아꼈다. 그 우편 마부와 젤리는 고아였다. 가족 중 맏이였고 아주 젊은 나이임에도 부모의 빈자리를 대신하고 있었는데, 누이만큼은 꼭 내 학교에 보내고 싶어 했다. 오들롱쿠르에서 쇼몽으로 가는 길에 우리는 책을 많이 읽는 사람들답게 수많은 주제로 이야기를 나누곤 했다. 그와 나눈 대화 중에서, 내 친구 클라라와 함께 돌아오던 그날의 대화만큼 진지한 대화는 일찌기 없었다. 당시 내 주머니에는 비열한 자들의 대문에 표시를 남기는 데 썼던 빨간 분필이 들어 있었다. 그날 마차에서도 그 분필을 꺼내 보나파르트를 찬양하던 어느 동승자의 등에 똑같은 표식을 그려넣었다. 그리고 나서 그를 향해 "공화국은 반드시 올 거예요. 수많은 사람들이 우리를 지지하고 있어요. 그리고 우리는 아주 용감하답니다."라고 말해주었다. 그는 얼굴이 벌게져 안절부절못했었다.

역참마다 새로운 사람들이 타고 내렸다. 어떤 이들은 푸른 무명 작업복을 입고 가죽끈으로 손목에 지팡이를 매단 채 주머니엔 벚나무로 만든 담뱃갑을 넣고 있었다. 또 어떤 이들은 모직 옷을 입고 있었는데,

어찌나 드물게 꺼내 입었는지 옷의 주름이 마치 압축기로 눌러놓은 듯 선명했다.

쇼몽에서 오들롱쿠르로 가는 길은 멀다. 길은 민둥산을 따라 나선형으로 돌다가 완만한 경사를 따라 내려간 뒤, 초가지붕이 덮인 마을들을 지나 마침내 라 쉬외르 숲까지 굽이굽이 이어진다. 그곳 뒤틀린 사과나무의 낮은 가지 아래에는 지붕이 내려앉은 작은 여관 하나가 있다. 마을 노인들의 말에 따르면, 옛날 그곳에선 여행자들의 목을 베었다고 한다. 백여 년 전, 그곳에 발을 들인 이들이 살아서 다시 나오는 일은 드물었다는 것이다.

이 시절의 이야기를 이렇게 오랫동안 늘어놓는 것이 옳을까? 금방 끝내려고 생각했으나 나도 모르게 추억에 젖어버리고 만다. 아마도 몇 페이지 정도는 더 오트-마른 시절에 할애하게 될 것 같다. 어떤 친구들은 오트-마른 시절의 이야기를 더 듣고 싶어하지만 그런 평화로운 날들은 빨리 지나치고, 파리 포위전 이야기부터 듣고 싶어하는 친구들도 있다. 이 상반된 두 의견 사이에서, 나는 결국 그 누구의 말도 듣지 않고 그저 생각나는 대로 이야기를 풀어나가기로 했다. 나는 이미 다른 사람들에게는 유치해 보일 법한 페이지를 많이 덜어냈다. 하지만 나에게만큼은 그 이야기들이 전혀 유치하지 않다. 그 속에서 나를 사랑해주었던 사람들을 다시 만날 수 있기 때문이다.

7.

생의 아침과도 같았던 그 시절, 운명은 마치 번데기처럼 날개를 접은 채, 그 날개들을 갈갈이 찢어놓을 바람에 몸을 맡길 시간을 기다리고 있었다. 오트-마른에서 보낸 나의 세월이 바로 그러했다.

어떤 운명들은 처음엔 함께 나아가다가 나중엔 서로 반대 방향으로 갈라지기도 한다. 쇼몽의 기숙학교 시절 내 친구 쥘리 L을 처음 만났다. 그녀와 함께 나는 오트마른에서 여교사로 일했고, 파리로 올라가선 볼리에 부인의 학교에서 보조교사로도 함께 일했다. 그 이후로 수많은 일들이 들이닥쳤을 때, 그녀는 그 끝내 이방인으로 남았다. 그러나 아주 오래전 방학 때, 우리가 숲속 '맹세의 떡갈나무' 아래서 맺었던 영원한 우정의 맹세를 우리 중 그 누구도 어기지 않았다.

파리에 와서도 쥘리는 주로 학업에만 전념했다. 내가 제국에 대해 품고 있던 그 증오에도 그녀는 관심이 없었다. 그녀는 음악과 시에 더 이끌렸다. 우리는 봄날 저녁이면 밀리에르에서 오르간 대용으로 피아노를 연주하며 아주 오랫동안 함께 노래를 부르곤 했다. 나는 1855년인지 1856년인지 파리로 떠나기 전 그곳에서 잠시 오르간 연주자로 있었다. 그 시절 쥘리의 목소리는 숲속의 꾀꼬리 소리 같았다. 자체적으로 운영되던 두 교육 기관이 이 시골 동네에서 서로 인접해 살아남기는 힘들었기에, 쥘리와 나는 힘을 합치기로 했었지만 내 마음은 늘 파리를 향해 있었다. 결국 내가 먼저 파리로 떠났고, 그녀는 나중에 샤토 도가 14번지에 있는 볼리에 부인의 학교로 나를 찾아 합류했다.

어머니는 그때부터 외할머니가 돌아가실 때까지, 브롱쿠르의 언덕 위 묘지 근처에 있는 집에서 사셨다. 아마 전에도 그 집 이야기를 한 적이 있을 것이다. 그곳에 있으면 우리가 사랑한 이들의 무덤에 그늘을 드리운 전나무 사이로 바람이 지나는 소리가 들려왔다. 겨울이면 눈의 무게를 이기지 못해 축 늘어진 우듬지가 보였다. 나는 오트-마른보다 서리가 내리는 계절이 긴 곳을 보지 못했다. 남극의 바다를 제외하고는 그토록 살을 에는 추위를 느껴본 적이 없었다.

어머니와 할머니 두 분만을 남겨두고 떠나는 마음은 무척 괴로웠다. 그때까지만 해도 그분들에게 행복한 미래를 선사하겠다는 희망을 포기하지 않았다. 나는 꽤 오랫동안 그 환상을 간직하고 살아야 했다.

그때로부터 파리 포위전이 일어나기 4년 전, 그러니까 볼리에 부인이 세상을 떠날 때까지, 몽마르트르에 있는 학교에서도 쥘리와 나는 한 번도 떨어진 적이 없었다. 경찰의 압수수색 과정에서 발견된 소중한 유품들 속에 그녀의 초상화도 섞여 있었다. 어머니가 나를 위해 정성껏 간직했던 것들이다. 절반쯤 지워진 초상화들, 벌레 먹은 책들, 빛바랜 꽃들, 붉은 패랭이꽃과 하얀 라일락, 주목과 전나무 가지들… 그리고 지금은 그 유품들 속에 내가 클레르몽 감옥에서 어머니께 보내드렸던, 핏방울이 맺힌 듯한 하얀 장미들도 더해졌을 것이다.

낡은 가구 속에 숨겨진 이 잔해들, 그 추억들 사이에서 불쌍한 어머니는 나를 기다렸다. 그러나 나의 6년 형기 중 어머니는 고작 2년밖에 기다리지 못하셨다.

지금 몽마르트르의 그 방에는 낯선 이들이 살고 있다. 나는 브롱쿠르 묘지 근처의 그 집처럼, 잠시라도 몽마르트르의 그 방을 다시 떠올려 보는 것을 좋아한다. 브롱쿠르를 마지막으로 본 것은 1865년 방학 때였다. 당시 약사 자격시험을 준비하던 열여섯 혹은 열일곱 살의 아주 젊은 빅토린 루베[18](훗날의 외드 부인)와 함께였다. 오랜만에 나를 다시 본 어머니와 할머니의 기쁨은 나의 기쁨만큼이나 컸다. 우리는 이 방학이 영원히 계속될 것만 같았다. 그러나 방학은 너무나 빨리 끝나버렸다. 이 가엾은 여인들을 떠나며 차마 고개를 돌려 그들을 바라보지 못했다. 심장이 터져버릴 것만 같았다. 하지만 그때는 제국에 맞선 투쟁이 더욱 격렬해지던 시기였고, 아무리 작은 역할일지라도 각자 자신의 자리를 지켜야만 했다. 우리는 공화국이 인류의 모든 고통을 치유해 줄 것이라 믿었다. 우리가 꿈꾸던 공화국은 사회적이고 평등한 공화국이었다.

나는 그 이후로 할머니 마르그리트를 다시 보지 못했다.

빅토린은 유배지에서 돌아와 젊은 나이에 병사하기 전까지도 내게 그해 가을의 이야기를 들려주곤 했다. 우리는 함께 숲을 거닐었고, 나는 그녀에게 '맹세의 떡갈나무'와 여전히 건재하던 옛 성을 보여주었다. 그녀는 어머니와 함께 온갖 어린나무들이 심어진 포도밭에 가기도 했다. 어느 저녁, 이제 막 딸을 시집보낸 늙은 산지기인 삼촌의 집에 가기 위해 톨 숲에서 클레프몽으로 이어지는 길을 따라갈 때였다. 늑대 한 마리가 번뜩이는 눈으로 조심스레 우리 뒤를 내내 쫓아왔다. 그 광경은 마치 떡갈나무의 전설을 위한 완벽한 무대 연출 같았다.

떡갈나무

거대한 떡갈나무 아래 그녀가 서 있네, 서른 해를 자라온 고목 아래.

---

18) 미셸의 학생이자 조교. 훗날 파리 코뮌에 참가하여 유배형을 받는다. 코뮌의 주요 인물인 에밀 외드(Émile Eudes)와 결혼하여 '외드 부인'으로 불리게 된다.

붉은 베르벤느 꽃가지들이 흩날리는 그녀의 머릿결을 감싸네. 검은 그림자 드리운 숲속엔 끝없는 정적만이 군림하고, 사제들은 아마포 식탁보를 펼치려 하네.

지고한 노래의 메아리는 노래가 멈춘 뒤에도 오래도록 떨리고, 유령 같은 나뭇가지 꺾여 떨어지니 수금은 스스로 울려 퍼지네. 커다란 잔에 담긴 흰 황소의 피가 떡갈나무 제단 위로 쏟아지건만, 제물이 된 짐승은 고통 속에 슬픈 신음을 내뱉을 뿐. 여사제는 불길한 전조 앞에 운명을 향해 입을 여네.

지평선에 폭풍우가 포효하니 인간의 희생이 필요하노라고, 자발적인 희생이 필요하노라고. 그때 젊은 청년이 나타나 자신의 피가 황금 낫에 들려 대지 위에 뿌려지기를 원하네.

두려운 밤의 어둠 속에 우뚝 서 죽음을 맞이하는 그 모습 얼마나 아름다운가! 오, 피비린내 나는 죽음, 순교자들의 죽음이여, 누가 그대를 이토록 가장 아름다운 운명으로 만들었는가?

여사제는 떨리는 손으로 황금 낫을 들어 자신을 스스로 가르고 제 심장을 다시 한번 찌른 채 그의 곁에 쓰러져 숨을 거두네.

머나먼 옛날 골족의 땅에서 그들의 재는 가슴 위 부적이 되었네.

골짜기의 가시 돋힌 노란 꽃과 함께 그들의 기억은 늘 간직되었네.

그때는 모든 노예가 일어나 카이사르에 맞서던 시대, 골족이 용맹을 떨치며 흩어진 아들들을 불러 모으던 시대였으니, 오, 긍지와 야성의 조상들이여, 그대들의 잠은 어찌 이리도 깊은가! 조상들이여, 이제 더 이상 전조前兆는 없는가? 우리에게는 더 이상 붉은 피가 흐르지 않는단 말인가! 무장한 그대들이여, 무엇을 위해 사는가?

사랑은 죽음보다 강한 법. 우리는 스스로 자유로와야 하지 않겠는가?

운명이 점지한 자들은 행복할지어다! 결혼은 굴레를 백 배나 더 무겁게 하고 피에 굶주린 저 독재자 티베리우스에게 새로운 노예들을 바칠 뿐이니, 그를 위한 전사는 되지 말자.

벗들이여, 떡갈나무 아래는 머물기 좋구나. 사랑이든 혹은 증오든 떡갈나무는 그 모든 맹세를 간직한다네.

핏방울 맺힌 겨우살이와 함께.

내 생각은 그때나 지금이나 변함없다. 민중을 맷돌 아래 곡식처럼 짓이기는 폭정 속에 가난한 어머니들이 겪는 고통만으로도 이미 충분한데, 결혼으로 가족의 굴레를 더 늘릴 필요가 있겠는가. 그렇다, 그럴 때는 오직 전사가 필요하다!

내 생각은 그렇다. 내게 청혼했던 이들이 형제로서라면 더없이 소중했을지 몰라도, 남편으로서는 도저히 받아들일 수 없는 사람들이었기 때문이다. 왜 그랬는지는 정말 모르겠다. 나 역시 여느 여성들처럼 눈부신 사랑에 대한 열망이 컸기에 최후의 투쟁을 위해 자유로운 몸으로 남아야 한다는 것 외에도 사랑 없는 결합은 언제나 일종의 매춘과 같다고 여겼기 때문이다.

그 후로 5년 동안 우리는 그 최후의 투쟁이 마침내 눈앞에 다가왔다고 믿었다. 결국 잔이 넘치기 위해서는 스당[19]이라는 범죄가 더해져야만 했다. 사람들은 재앙을 막을 수 있을 때는 움직이지 않고, 잔이 넘쳐 바다가 될 때까지 기다리곤 한다.

내가 이미 결혼과 거리가 먼 사람이 아니었더라도, 열 두세 살 무렵

---

19) 1870년 보불전쟁에서 프랑스군이 참패하고 나폴레옹 3세가 항복한 장소다. 이후 제2제정의 막이 내리고 임시 공화정부가 수립된다.

부터 조부모님께 나를 달라고 찾아왔던, 마치 거위나 유령처럼 따라다니던 두 명(둘 다 닮았다)의 우스꽝스러운 인간들에 대한 기억은 설령 내가 결혼에서 멀어진 상태가 아니었더라도 나를 결혼으로부터 멀어지게 했을 것이다. 그중 첫 번째는 진짜 코미디에나 나올 법한 인물이었다. 그는 말할 때마다 방울처럼 딸랑거리며 재산을 과시하며 자신의 원칙(즉, 몰리에르의 희극의 '아녜스'처럼 순진하고 무지한 여자)에 따라 길들여진 여자를 원했다. 그 많은 책을 다 읽고 내게 그런 방식을 들이밀기엔 너무 늦었는데 말이다. 이 멍청한 녀석! 그는 마치 한 이백 년쯤 잠들어 있다가 막 깨어나서 그런 소리를 읊어대는 것 같았다. 조부모님은 내가 직접 대답하게 두셨다. 마침 그날 나는 할아버지와 함께 낡은 몰리에르 선집을 읽고 난 참이었다. 그 구혼자 녀석은 어찌나 『아내들의 학교』에 나오는 아녜스의 후견인 아르놀프와 똑같던지, 나는 기회를 틈타 극 중 그 유명한 대사를 그에게 슬쩍 던져주었다.

"새끼 고양이가 죽었어요!"[20]

나는 정말로 토씨 하나 틀리지 않고 이렇게 전했건만 이 멍청이는 그게 무슨 뜻인지조차 알아듣지 못하는 게 아닌가! 결국 참다못한 나는 절망적인 심정으로 그를 똑바로 바라보았다. 그러고는 아녜스 같은 천진난만한 표정을 지으며 뻔뻔스럽게 물었다. "선생님, 저기… 나머지 한쪽 눈도 유리로 된 건가요?"(그는 의안을 끼고 있었다.) 그 말을 듣고 조부모님은 조금 당황했지만, 그는 유리 의안이 아닌 진짜 눈으로 내게 독기 어린 시선을 쏘아붙였다. 그에게서 나를 약혼녀로 삼고 싶

---

20) 몰리에르의 연극에서 세상 물정 모르는 순진한 처녀 아녜스가 자신을 가두고 키운 후견인 아르놀프에게 건네는 유명한 대사. 진지한 대화를 기대하는 남자에게 아무 상관 없는 "고양이가 죽었다"는 말만 반복하며 남자를 허탈하게 만드는 상황.

어 하는 기색이 싹 사라진 순간이었다. 당시 나는 키가 부쩍 자란 탓에 치마는 짧았고, 앞치마는 여기저기 찢어진 데다 주머니에는 두꺼비 잡는 그물이 삐져나와 있었다. 그 녀석의 주머니에 두꺼비 몇 마리를 몰래 집어넣어 주지 못한 게 아쉬울 따름이었지만, 굳이 그럴 필요도 없었다. 그는 다시는 나타나지 않았으니까.

두 번째로 찾아온 괴상한 인간을 상대할 때도 몰리에르는 내게 영감을 주었다. 내가 알기로 두 사람은 서로 모르는 사이였지만, 정말 끼리끼리였다. 어린 약혼녀를 골라 제 입맛대로 연한 밀랍처럼 주무른 뒤, 몇 년 후에 자신에게 바쳐지는 번제물로 삼겠다는 그 한심한 발상까지 똑 닮아 있었고. 어떤 존재들이 마치 서로의 궤도를 도는 별들처럼 둘씩 혹은 셋씩 짝지어 다니는 것을 본 적이 있는가?

내게 나타난 그 두개의 쌍성은 어딘가 기괴한 면이 있었으나 터져 나오는 웃음과 함께 이내 산산조각이 났다. 두 번째 녀석에게 나는 대략 이런 식으로 일갈을 날렸다. "벽에 걸린 저게 보이시나요?"(그것은 사슴뿔이었다) 자, 똑똑히 들으세요. 나는 당신을 사랑하지 않고, 앞으로도 그럴 일은 없어요. 만약 내가 당신과 결혼한다면, 나는 몰리에르의 희극 속 '조르주 당댕' 부인[21]보다 더하면 더했지, 덜하진 않을 거예요! 당신 머리 위에 저 뿔보다 더 높은 뿔을 얹어줄 테니까요!" 그는 내가 진심으로 하는 소리라고 확신했는지 다시는 나타나지 않았다. 그 덕분에 가족들에게 다음번엔 고전 작가를 인용하더라도 좀 더 조신하게 굴라는 꾸중을 들어야 했다.

---

21) 몰리에르의 희극 『조르주 당댕(George Dandin)』에서 부유한 농부 '조르주 당댕'이 귀족 신분을 얻기 위해 사랑 없는 결혼을 한 몰락한 귀족 가문의 딸 앙젤리크. 남편을 경멸하며 대놓고 다른 남자와 바람을 피우고, 당댕은 매번 아내의 부정을 잡으려다 오히려 자신이 망신을 당하게 된다.

그로부터 얼마 후, 부르몽의 우편 마차를 타고 돌아오던 할아버지는 세 번째 광인과 마주치셨다. 그 사내는 브롱쿠르 마을을 가리키며 할아버지께 말을 건넸다. "저기 낡은 쥐구멍 같은 집이 보이쇼?" "예, 보입니다만. 그건 왜 물으십니까?" "저기에 웬 노인네가 하나 사는데, 글쎄 제 손주들을 장차 감옥이나 단두대에나 갈 꼴로 키우고 있다지 뭡니까." "아, 정말입니까?" "그렇다니까요! 최근 내 친구 X가 그 집 어린 계집애를 데려다가 자기 방식대로 잘 가르쳐서 몇 년 뒤에 아내로 삼겠다고 제안했었죠." "그래서요? 어떻게 됐습니까?" "글쎄, 그 집 노인네가 애가 하고 싶은 대로 대답하게 내버려 뒀다지 뭡니까! 그 계집애가 어찌나 해괴망측한 소리를 지껄여댔는지, 내 친구가 차마 입에 담기도 싫다더군요. 나 같으면 그런 딸년은 당장 교도소에 처넣었을 거요. 땡전 한 푼 없는 주제에 행실머리 없는 계집애 같으니! 그런데 당신은 어디로 가는 길입니까?" "브롱쿠르로 가는 길입니다. 바로 내가 그 노인네거든요!"

저런 늙은 악어 같은 자들과 억지로 결혼해야 했던 가련한 아이들이 있었다니! 만약 내게 그런 강요를 했다면, 그놈이든 나든 분명 둘 중에 하나는 창문 밖으로 내던져졌을 것이다.

내가 이런 이야기를 빅토린에게도 해주었는지는 모르겠다. 내 삶의 모든 순간이 가슴속에 되살아났지만, 나는 그녀에게 주로 고향 제자들 이야기를 들려주었다. 여교사가 된 로즈와 클레르, 플로리앙의 시 속에 나오는 싱그러운 양치기 소녀 같던 커다란 에스텔 그리고 작고 가냘픈 아리시 이야기를. 다리를 절고 창백했지만, 며칠 만에 학습서를 통달하고 어제의 일부터 아주 먼 과거의 일들까지 우리를 울고 웃게 했던 세상의 모든 이야기를 스펀지처럼 흡수하던 아이였다.

우리를 웃게 했던 이야기 중에는 이런 것도 있다. 내가 전에도 언급했던 두 명의 로몽 씨 이야기다. 오지에르의 교사였던 '작은 로몽' 씨와 부르몽의 의사였던 '큰 로몽' 씨. 두 분은 우리 집에 자주 오셨다. 작은 로몽 씨는 언제나 어깨 망토만큼이나 짧은 회색 코트를 입고 엄청나게 높은 지팡이를 짚고 다녔는데, 마치 땅을 밟지 않고 둥둥 떠다니는 것 같았다. 그는 기이한 행동만큼이나 지능이 뛰어난 분이었다. 커다란 검은 망토를 두른 큰 로몽 씨는—내 사촌과 나는 그가 마치 딱정벌레 같다고 속삭이곤 했다—매주 화요일이면 묵직한 말을 타고 우리 집에 오셨다. 두 로몽 씨는 친척 관계였는데, 작은 로몽 씨는 겨울을 우리와 함께 보내곤 했다. 그는 예전에 내 고모 아가트와 어머니를 가르쳤고, 아마 그 동네 모든 사람에게 글을 가르친 것 같았다.

큰 로몽 씨는 가끔 주머니에 플루트를 넣어와 완벽하게 연주하곤 했다. 그런 날들은 참 좋은 날이었다. 할머니나 내가 피아노 앞에 앉고 할아버지가 콘트라베이스를 잡으면 우리는 시간 가는 줄도 모르고 연주를 멈추지 않았다. 나는 음악에 빠져 있으면서도 틈을 내 의사 선생님의 그 유명한 암말에게 앞치마 가득 귀리를 가져다주곤 했다. 그러면 말의 걸음걸이가 몰라보게 달라졌다(귀리를 너무 많이 먹어 기운이 넘치게 된 것이다). 덕분에 저녁 안개 속을 달려가는 의사 선생님은 넓은 망토를 휘날리며 전설 속의 검은 기사 같은 모습이 되곤 했다.

어느 날, 2주일이나 소식이 없던 큰 로몽씨가 와서 내게 대뜸 이렇게 말했다. "요 꼬마 괴물아! 네 덕분에 아주 죽을 뻔했잖니. 보름 내내 침대에만 누워있었단 말이지" 이 말에 큰 충격을 받은 나는 내 경솔함을 자책하며 눈물을 흘리러 지하실 깊숙한 곳으로 숨어들었다. 슬픈 일이 생길 때마다 내려가던 곳이었다. 아무것도 보이지 않는 어둠만

이 내 죄책감을 달래주었다. 그러자 할머니는 내가 가여웠던지 큰 로몽 씨가 내게 교훈을 주려고 꾸며낸 말이었을 뿐, 다친 곳은 전혀 없다는 말을 들려주었다. 나는 이미 충분히 벌을 받은 셈이었다. 이 두 로몽 씨는 매우 인상적인 인물들이라 나중에 더 자세히 이야기할 기회가 있을 것이다.

오늘로 브롱쿠르 이야기는 끝내려 했건만, 종이는 끝없이 검게 물들어 가고 할 말은 여전히 남아있다. 고향 이야기는 나중에 다시 하기로 하고, 우선은 내 생애의 전체적인 윤곽을 먼저 그려나가 보려 한다. 제국 말기, 빅토르 위고의 그 서슬 퍼런 시구들이 얼마나 내 가슴을 파고들었던가! 그 시구들은 차가운 강철처럼 내 심장에 박혔고, 한 음절 한 음절이 시계 소리처럼 내 귓가에 울려 퍼졌다.

아르모디우스여, 바로 지금이다!
그대는 평온한 마음으로 그자를 내리쳐도 좋으리라.[22]

나 역시 그렇게 했을 것이다. 그자 한 명만 사라진다면 수백만 명의 목숨을 구할 수 있었을 테니까. 누군가 내게 궁으로 들어갈 통행권을 주기로 약속했었다.(그자를 죽이러 가면서 정식으로 알현을 요청할 수는 없는 노릇이었으니) 하지만 약속받았던 그 통행권은 보나파르트가 이미 그곳에 없을 때, 즉 그가 전쟁터로 떠나버린 뒤에야 내게 주어졌다.

그렇다, 만약 그때 보나파르트가 죽었더라면 우리는 스당의 비극을

---

22) 당시 공화주의자들에게 위고는 정신적 지주였다. 미셸이 인용한 구절은 위고의 시집 〈징벌(Les Châtiments)〉에 포함된 시의 한 구절. 고대 그리스의 참주 살해자 아르모디우스를 소환하며 나폴레옹 3세를 처단하라고 촉구하는 내용.

피할 수 있었을 것이다. 하지만 사람들은 언제나 수많은 이들이 몰살당할 때까지 기다리곤 한다. 저 포악한 권력자들을 저지해야 할 순간에, 그들은 차라리 한 민족이 통째로 전멸하는 비극도 감수하며 기다리고 또 기다릴 것이다. 대체 무엇을 기다린단 말인가.

어쩌면 수많은 젊은이들이 이토록 처참하게 쓰러져간 것이 인류에게 교훈이 되어 더는 자신들을 제멋대로 숲처럼 베어 넘기는 저 '인간 벌목꾼'들에게 스스로를 내맡기지 않게 해줄지도 모른다.

8.

쥘리와 내가 볼리에 부인 댁에 머물 때였다. 우리는 늘 똑같은 옷을 입고 다닌 데다 둘 다 키가 크고 머리칼이 검어서, 사람들은 우리를 자매로 착각하곤 '볼리에 숙녀들'이라 부르기도 했다. 1871년, 나에 대한 대대적인 신원 조사가 이루어질 때 나 역시 이 특별한 관계를 설명해야만 했다. 당시 먼 사촌 두 명도 보조교사로 일했는데, 한 명은 퓌토에, 다른 한 명은 라 샤펠에 있었다. 우리 넷의 수입은 거의 비슷했다. 즉, 그 시절 교사라는 직업이 벌어다 주는 딱 그만큼의 쥐꼬리만 한 수입 말이다. 그렇다고 우리가 딱히 슬퍼한 것은 아니었다. 나폴레옹 3세의 치세든 그 전임자들의 치세든 교사의 처우란 본래 그런 것이라 여겨지던 때였으니까. 교사만큼 돈이 없는 직업도 없었지만, 또 교사만큼 돈 없이도 잘 버티는 직업도 없었다. 우리는 다들 약간의 보헤미안 기질이 있었던 셈이다.

볼리에 부인은 연로했지만, 노동으로 생계를 꾸리는 다른 여성들처럼 힘겨운 현실을 웃어넘길 줄 아는 분이었다. 우리 친구들 중 몇몇 여성 문인들은 우리보다 훨씬 더 혹독한 상황을 견디는 이들도 많았다. 우리는 목요일 저녁마다 다 함께 모여 김이 모락모락 나는 커피 한 잔을 나누며, 이 모든 궁상맞은 상황을 유쾌한 수다거리로 삼곤했다.

하지만 나는 어머니에게만큼은 수입이 지출을 감당하기 벅차다는 사실을 절대로 내색하지 않았다. 임대료가 비싼 통학 학교[23]를 운영하며 지출을 아무리 줄여봐도, 수입과 지출의 균형을 맞추기란 참으로 어려운 일이었기 때문이다.

교육 사업으로는 도저히 돈을 모을 수 없다는 사실을 뼈저리게 깨달은 데다, 우리 중 그 누구도 가진 것이 없었기에—물론 이런 사정을 남들에게 떠벌리고 싶지는 않았다—볼리에 부인과 쥘리, 그리고 나는 동업을 하기로 뜻을 모았다. 겉보기에도 그럴듯해 보였을 뿐만 아니라, 무엇보다 어머니께 정식 절차를 갖춘 동업 계약서를 보내드릴 수 있다는 점이 중요했다.

그 서류 덕에 어머니는 귀가 따갑도록 들어야 했던 잔소리로부터 마침내 해방되실 수 있었다. "당신 딸은 평생 돈 한 푼 못 벌 거요! 가진 건 다 써버리니 이제 더는 돈을 보내주지 마시오. 요리사로 일하는 게 열 배는 더 벌 거요" 같은 말들 말이다.

---

23) 당시 프랑스의 교육 기관은 크게 기숙학교(Internat)와 통학 학교(Externat)로 나뉘었다. 기숙학교는 학생들의 숙식비를 통해 어느 정도 안정적인 운영비 확보가 가능했다. 반면, 루이즈 미셸이 운영했던 통학 학교는 학생들에게 받는 순수한 수업료가 유일한 수입원이었습니다. 수업료는 매우 낮게 책정되었던 반면, 학교 건물의 임대료는 파리라는 대도시의 특성상 끊임없이 치솟았다 수입은 고정적인데 고정 지출인 임대료는 계속 오르는 적자 구조였던 셈이다. 나폴레옹 3세 시절, 오스만 남작에 의해 추진된 파리 대개조 사업으로 인해 파리의 풍경이 현대화되었지만, 그 부작용으로 노동자와 하층민이 살던 지역의 집값이 폭등했다. 미셸이 활동했던 몽마르트르 또한 당시 파리 시내로 편입되면서 임대료가 가파르게 상승하던 곳이었다. 미셸은 가난한 노동자의 아이들을 가르치고 싶어 했기에 수업료를 올릴 수도 없었다.

세상에, 교육으로 돈을 벌 수 없다는 걸 우리가 왜 몰랐겠는가! 하지만 정직하게 살고자 마음먹은 그 어떤 여성의 직업도 처우는 훨씬 더 열악했다. 오늘날이라 해서 여성의 처지가 더 나아진 게 있는가? 사실 남성들의 처지도 별반 다를 바 없긴 하지만 말이다! 가난한 볼리에 부인은 마치 우리들의 친어머니처럼 세심하게 신경을 쓰며 어떻게든 나와 쥘리가 예쁘게 차려입을 수 있도록 애썼다.

흰색 크레이프 천 모자에 마가렛 꽃다발 장식, 검은 그레나딘 드레스, 그리고 레이스로 된 망토가 지금도 기억에 선하다. 사실 전당포나 중고의류 시장[24]의 도움을 받은 덕분에, 우리는 생각보다 훨씬 적은 돈으로 그럴듯하게 치장을 마칠 수 있었다.

사랑하는 나의 어머니는 어떻게든 내게 얼마간의 돈을 보내주려 애쓰셨지만, 불행히도 그 돈은 늘 책이나 악보를 사는 데 쓰이고 말았다. 지금에 와서야 그때의 철없음을 자책해 보지만, 어머니 편에선 어쨌든 동업 계약서 덕분에 마음이 놓였고, 나를 억지로라도 결혼시키지 않은 것이 실수라는 멍청이들의 넋두리도 잦아들었다. 공증된 종이 한 장의 위력이 그들을 압도한 것이다. 더 이상 토를 달 사람은 없었다. 나는 무려 파리에 있는 통학 학교의 공동운영자였으니까!

우리 중 그 누구도 게으른 사람은 없었다. 하지만 우리 구역에는 교육 기관들이 다닥다닥 붙어 경쟁이 심했고, 건물 임대료는 지나치게 비쌌다. 정규 수업이 끝나면 밤늦도록 과외 수업이 이어졌다. 연로한 볼리에 부인조차 직접 수업을 이끌 정도였다. 부인 역시 자기 아들들에게 내가 어머니께 했던 것과 비슷한 거짓말을(비록 나보다는 소박한

---

24) 파리에 있었던 '카로 뒤 떵플(Carreau du Temple)' 시장을 지칭한다. 당시 중고의류와 잡화가 거래되던 유명한 시장으로, 저렴하게 옷가지 등을 마련할 수 있었던 장소다.

규모였지만) 늘어놓곤 했다. 부인은 샤토 도(Château-d'Eau) 거리 14번지 건물이 철거될 때 나올 보상금을 기대하고 계셨는데, 그 돈이 생기면 외곽 지역에 제대로 된 학교를 차릴 계획이었다. 한편, 쥘리는 가족에게서 약간의 돈을 지원받아 인구가 밀집한 구역에 자리를 잡기로 했다. 그녀는 우리와의 동업 지분을 포기하고 파리 외곽의 학교를 매입했다. 볼리에 부인은 연로했고 쥘리는 젊었기에, 나는 부인 곁에 남았지만 쉬는 날이면 우리는 늘 함께였다. 나는 목요일 저녁마다 쥘리의 학교에 가서 음악 수업을 돕기도 했다.

비록 짧고 소소한 기록일지라도, 내가 갑작스러운 죽음을 맞이해 집필을 멈추더라도, 내 삶의 근간이 된 이 시기의 기록만큼은 남겨두어야 이 책이(나라는 인간을 설명하기에) 덜 미흡해 보일 것이다.

마을 사람들은 어머니께 이렇게 묻곤 했다. "당신 딸이 그렇게 돈을 잘 번다면서, 어째서 당신한테 작은 선물 하나 안 보낸답니까?" 불안해진 어머니는 결국 파리로 올라오셨다. 나는 방학 때도 고향에 내려갈 수가 없었다. 통학 학교는 방학이 고작 8일뿐이었고, 그 이상 쉬었다 간 학생들을 다 놓칠 판이었다. 수업 시간 외에는 아이들이 집에 있다 보니, 학부모들은 8일에서 10일 내내 온종일 아이들을 데리고 있는 것을 원치 않거나 그럴 형편이 되지 못했다. 특히 개인 과외 수업은 그 정도의 휴가조차 허용되지 않았다. 게다가 수입이 한 달이라도 끊긴다면 그 지독한 임대료를 어떻게 감당할 수 있겠는가? 하지만 생존을 위한 사투를 제외한다면, 아이들을 가르치는 일에서 불행을 느낀 적은 한 번도 없었다. 당시 나는 젊었고, 솔직히 고백하건대 쉬는 시간이면 큰아이들과 어울려 정말 즐겁게 놀았다. 우리는 즉석에서 연극 대본을 만들어 어린 여자아이들을 위해 공연을 펼치기도 했다. 나는 그 모든 풍파 속에서도 젊음을 간직했고, 어쩌면 어머니가 돌아가시기 전까지는 마음만은 늘 청춘이었을지도 모른다. 하지만 그날 이후, 내 심장에는 피 한 방울 남아있지 않다. 이제 나는 삶에 어떤 미련도 없다. 모든 것을 비워냈다. 조만간 닥쳐올 저 최후의 결전—우리 모두 모든 것을 내던져야 할 그 투쟁—에서 나는 죽음처럼 차갑게 임할 것이다.

샤토 도 시절의 제자들이 무리 지어 떠오른다. 레오니 C, 알린 M, 레오폴딘처럼 키가 훌쩍 컸던 아이들 무리. 강철 같은 푸른 눈에 넓은 이마를 가졌던 금발의 엘로이즈와 가브리엘 무리. 까만 눈동자가 빛나던 알폰신 G와 L자매들. 창백한 얼굴의 조제핀 L과 어린 노엘, 마리 C. 그리고 남부 태생의 뚜렷한 이목구비를 가졌던 어린 엘리자 B, 목소리가 정말 커서 나중에 가수가 될지도 모를 쥘리 L, 네 살 때의 모차르트처럼 근사하게 수상곡을 연주하던 네 살배기[25] 엘리자 R까지. 이 아이들은 다 어디로 갔을까? 오트마른에서도, 몽마르트르에서도, 그리고 누벨칼레도니 유배지에서도 그랬듯, 내가 왜 아이들의 이름을 이니셜로만 남겨두는지 독자들은 이해할 것이다. 언젠가 누군가 내 회고록을 한 장 한 장 넘기며 나와 인연이 닿았던 이들을 잡아 가두는 단서로 삼을지 누가 알겠는가! 나와 알고 지냈다는 이유만으로 그들이 '무정부주의자'라는 죄목으로 기소될지도 모르는 일이다.

앞서 말했듯, 걱정이 이만저만 아니었던 어머니는 직접 눈으로 확인하시려고 파리로 올라오셨다. 우리 할머니를 닮으신 볼리에 부인과 어머니 사이에는 금세 깊은 우정이 싹텄다. 그 가련한 두 여인은 모여 앉

---

25) 19세기 중반 프랑스에는 오늘날의 유치원이나 어린이집의 전신인 '살르 다질(Salles d'asile, 보호소)'이라는 기관이 있었다. 보통 2세에서 6세 사이의 아이들을 수용했다. 미셸의 학교처럼 통학 학교(externat)는 종종 이 유아반을 포함하거나, 아주 어린 아이들부터 상급반 학생들까지 한 건물에서 함께 가르치는 통합 교육의 형태를 띠었다.

아 내 흥을 어찌나 보시던지! 하지만 어머니가 도착하신 그날 저녁을 제외하고는 정말 즐거운 보름을 보냈다. 우리 셋이 함께 저녁을 먹던 그 첫날 밤, 나는 너무나 행복한 나머지 이 행복이 곧 깨질 것만 같은 불길한 예감에 사로잡혔다. 그리고 내 예감은 틀리지 않았다.

갑자기 어떤 키다리 녀석이 까맣게 잊고 있던 약속어음을 들고 나타난 것이다. 그때는 마침 가엾은 어머니께(속이려는 마음이 아니라 안심시켜 드리기 위해) 이제 더는 책값을 치르기 위해 어음에 서명하는 일은 없을 거라 장담하던 참이었다. 볼리에 부인의 표정에서 불안함을 읽긴 했지만, 아니나 다를까 그 키다리 사내가 들이닥침으로써 나의 장담은 여지없이 거짓이 되고 말았다. 어머니를 안심시키기 위해 볼리에 부인은(아들들이 보태준) 임대료를 꺼내 어음을 대신 치러주었다.

어머니는 브롱쿠르로 돌아가신 뒤 그 돈을 갚아주셨는데, 그동안 내가 책을 사느라 어머니가 치러야 했던 궁핍에 대해 내게 부드럽게 일깨워주셨다. 나는 그 후로 꽤 오랫동안 책을 사지 않았지만, 그것은 참으로 힘겨운 일이었다. 나를 유혹하는 책들이 너무나 많았으니까! 솔직히 말하자면, 내 생활을 힘들게 한 건 오직 그뿐이었다. 다행히도 내가 책임진 기초 교육 과정이 있었다. 오트푀유의 강의[26]들은 대개 밤 10시에 열렸기에 자주 그곳에 나가 잠시 숨을 돌리곤 했다. 돌아올 때면 서점들이 이미 문을 닫은 뒤라 유혹을 피할 수도 있었다.

제정의 그 길고 어두운 밤 속에서 우리는 더 나은 시대에 대한 희망의 실마리를 엿보곤 했다. 하지만 그때 누가 상상이나 했겠는가? 자유에 대해 그토록 유창하게 떠들며, '12월의 학살자(나폴레옹 3세)'의 죄

---

26) Hautefeuille. 당시 진보적인 지식인들이 강연을 열거나 모였던 장소로 미셸과 동료들이 사회 변화를 꿈꾸며 학습하던 공간.

상을 그토록 소리 높여 규탄하던 남자들의 일부가 훗날 1871년 5월의 피바다 속에서 자유를 질식시키려 했던 자들의 편에 서게 될 줄을!

권력이란 그런 망상을 일으키며, 인류 전체의 소유가 되는 그날까지 계속될 것이다. 개개인의 삶에는 수 세기에 걸쳐 요동치며 이어져 온 인류 전체의 생애와 동일한 변화들이 존재한다. 즉, 인류라는 종이 겪어온 유년기, 청년기, 그리고 장년기의 변화가 그것이다. 청년기에 이르면, 자기 자신에게만 몰두했던 어린 시절의 몽상들을 가볍게 여기지 않던가? 이기적인 자아에서 벗어나거나 더 이상 자신의 보잘것없는 자아에만 어리석게 매달리지 않게 되는 법이다.

그때가 되면 충분히 폭넓게 공부할 시간이 부족했다거나 예술을 꿈꾸면서도 그저 아이들을 가르치는 기계에 불과했다는 사실 따위는 더 이상 중요하지 않다. 사람은 자기 세대 전체와 더불어 느끼고, 고통받으며, 행복해하는 법이다. 그리하여 자신이 가진 모든 사랑과 증오, 모든 조화와 힘을 자신을 휩쓸고 가는 그 격류 속에 전부 내던진다. 그 안에서 개인은 아무것도 아니나, 동시에 모든 것에 속한 존재, 즉 혁명의 일부가 된다.

볼리에 부인 댁에 머물던 시절, 나는 《시인 연맹》, 《청춘》 같은 잡지에 시를 몇 편 보내기도 했다. 하지만 이미 너무나 많은 것들을 마음속에서 털어버린 뒤라 시를 발표하는 일에 크게 마음을 쓰지 않았다. 그래서 내 글 중 무엇이 출간되었는지조차 모를 때가 많았다.

나는 망명 중이던 빅토르 위고에게 제법 괜찮다 싶은 시들을 보내곤 했다. 하지만 브롱쿠르 시절, 인자한 스승이었던 그분이 내 시에 "그대의 나이만큼이나 감미롭다"고 다독여주시던 그 시절은 이미 아득한 옛일이 되어 있었다.

나는 어둠 속에 날아오른 한 마리 흰 비둘기.

노아의 방주를 위하여, 무덤을 가로질러 올리브 가지를 찾는 자.

지금 보니 내가 보낸 시들에는 화약 냄새가 배어 있다.

대포가 소리가 들리는가?

망설이는 자는 뒤로 물러나라!

겁쟁이는 내일 배신할 것이니! 산 위로, 그리고 절벽 위로, 가자,

자유의 씨앗을 뿌리며.

폭풍에 실려 가는 숨결이여,

살아있는 마르세예즈가 되어 나아가자.

나아가자, 나아가자, 바다를 건너고 검은 골짜기를 지나

나아가자, 나아가자, 익은 밀 이삭들이 고랑 속으로 떨어질 때까지.

이 시구들, 즉 〈검은 마르세예즈〉는 어느 7월 14일, 내가 보나파르트 부인에게 보내는 다른 시과 함께 레셸 가의 우체통에 던져 넣은 것이었다. 베르모렐과 내가 공동으로 쓰기 시작한 그 시는 친구들에 의해 교정되고 덧붙여졌는데, 그들 말로는 운율 따위는 무시하고 상황에 더 적절한 표현을 담았다고 했지만 '적절한'이란 말이 그 내용을 다 담아 냈다는 의미인지는 모르겠다.

나는 첫 연과 마지막 연을 제외하고, 공동 집필자 중 누구도 이 시 전체를 큰소리로 읽을 엄두는 내지 못했을 것으로 생각한다.

말브루 가락에 맞춰[27]

안녕하신가요, 보나파르트 부인... 미롱통... 요즘 우리 괜찮죠?

아이, 근위대 나리, 미롱통... 나쁘지 않아요, 그쪽은 어때요?

... ...

이 비천한 것들, 사기꾼들 같으니, 미롱통, 매수된 자들과 협잡꾼들,

너희가 바로 나라를 주무른다는 자들이구나, 미롱통... 너희는 넝마주

이들이나 가져갈 누더기일 뿐!

제국이라는 누더기를 넝마 통에 처넣을 그날이 왔다고 믿었던 적이
대체 몇 번이었던가! 하지만 제국은 끈질기게 버텼다! 폐허만큼 견고
한 것도 없고, 누더기만큼 오래가는 것도 없다.

어느 휴일, 쥘리의 집으로 가던 길에 대로를 가득 메운 군중과 마주
쳤을 때 나는 드디어 때가 왔다고 믿었다! 하지만 그것은 J. 미오[28] 씨
가 감옥으로 끌려가는 광경일 뿐이었다. 카니발의 가면 행렬을 뒤따르
던 자들 몇몇이 제국의 하수인들에게 끌려가는 저 백전노장의 공화주
의자를 구경하기 위해 모여들었다. 애도의 날에 희희낙락하는 이 군중
은 '민중'이 아니다. 이들은 사형 집행장에서나 볼 수 있는 자들이며, 보
도블록으로 바리케이드를 쌓아야 할 때는 절대 나타나지 않는 자들이
다. 이들은 자신도 모르는 사이에 폭정을 떠받치는 무지몽매한 무리이
며, 자신을 구하려는 자의 숨통을 조르고 물속으로 끌어당길 준비가 된

---

27) 프랑스 전래 민요인 '말브루(Malbrough)'의 가락에 맞추어 쓴 시. '미롱통'은 원곡에
    서 반복되는 추임새.
28) 쥘 미오(Jules Miot). 1848년 혁명 때부터 활동한 완고한 공화주의자. 나폴레옹 3세 체
    제에 저항하다 여러 번 투옥된 인물.

자들이다. 칼날 앞에 목을 내밀고 채찍 아래를 걷는 거대한 가축 떼다.

온 나라가 도살장과 같았던 모든 시대가 그러했듯, 제국 치하의 문학은 기이했다. '트로프만[29]식의 기괴함'이 책들마다 넘쳐났다. 마치 나폴레옹 3세의 집 안을 들여다보며 글을 쓴 듯, 페이지마다 시체들이 널려 있었다. 모든 것에서 비릿한 냄새가 났고, 시체 더미의 파리들이 책 위로 날아다녔다.

그리하여 아델 에스키로스[30]의 매혹적인 작품들은 더 좋은 시절을 기다리며 잠들어 있었다. 가끔 그녀는 우리에게 몇 페이지를 읽어주곤 했는데, 그것은 이슬 맺힌 꽃들과 나뭇가지 사이로 비치는 햇살 가득한 봄날 아침의 느낌을 주는 싱그러운 사랑과 우아한 이미지들이었다. 가끔 쓰라린 구절도 있었으나, 세련된 농담이 그 슬픔을 가려주었다. 그 원고들은 모두 어떻게 되었을까, 나는 그들이 출판되었다는 소식은 듣지 못했다! 하긴, 유배지와 감옥을 전전하느라 친구를 찾을 시간도 거의 없었다. 아델 에스키로스는 수년 전부터 전신이 마비되었지만, 예나 지금이나 미소를 머금은 채 가혹한 운명을 견뎌내고 있다.

어느 일요일, 볼리에 부인의 집에 혼자 있을 때, 나는 빛을 보지 못할 것이 뻔한 내 노래의 가사와 선율을 연주해 보았다(아마도 악마에 대한 나의 애정에서 비롯된 회상이었으리라). 그것은 하나의 환상 오페라였다. 이제야 말하지만, 그 오페라의 제목은 '사바트[31]의 꿈'이었다.

유명하지 않으면 출판업자를 찾을 수 없고, 출판업자를 찾지 못하면

---

29) 1869년 일가족 8명을 살해해 프랑스를 뒤흔들었던 살인마 장 바티스트 트로프만 (Troppmann). 당시 문학이 자극적이고 잔인한 범죄와 죽음에만 몰두해 있었음을 비판하는 신조어.
30) Adèle Esquiros. 페미니스트이자 작가로 미셸의 동료.
31) 중세 전설에서 마녀들이 악마와 함께 벌이는 난교 축제.

유명해질 수 없다는 사실을 담담하게 받아들이고 나면, 누구도 원고를 들고 출판사 대기실을 서성이는 짓 따위로 시간을 낭비하지 않게 된다. 그저 묵묵히 자기 일을 계속할 뿐이다. 추천서를 구걸하러 다니느니 차라리 넝마주이가 되는 편을 택할 것이다. 심지어 자신이 쓴 시와 선율, 그림들을 바람에 날려 보내면서 어떤 즐거움마저 느끼게 된다. 혁명이여, 모든 것을 자유롭게 펼칠 그 날이 올 때까지, 이 모든 것을 네 발치 아래 떨어뜨려 흩날리게 하라!

내가 쓴 그 도발적인 시들을 시험 삼아 읊조리며, 마침 지옥의 사냥 대목에 이르렀을 때였다.

난교의 포도주가 술잔을 붉게 물들이네,

사냥꾼들이여, 잎을 떨궈라,

여인들도 꽃들도.

그때 초인종이 울렸다. 기사의 망령처럼 꼿꼿하고, 여전히 미모를 유지한 유대인 노부인이 서 있었다. 마치 대리석으로 깎아 만든 듯한 얼굴을 한 그녀는 내 제자 중 한 명의 할머니였다.

"방금 내가 들은 그 야만적인 소리를 내는 사람이 정말 당신인가요?" 그녀가 물었다.

"아… 네, 접니다."

"그런 끔찍한 소리는 감히 내 앞에선 다시 내지 못하겠지요. 자, 당신을 벌주는 셈 치고 남은 부분을 들어봐야겠어요."

그녀가 어찌나 완강하게 구는지 나는 다시 노래를 시작했다. 야만적인 선율들에 그녀는 분개했지만, 노래는 계속 이어져야만 했다. 그러다 어떤 대목들에서 그녀는 태도가 다소 누그러졌다. 그녀는 사랑의 노래들을 좋아했다. 특히 '해골의 노래'가 그녀의 마음에 들었다.

늦은 밤, 푸른 성탑의 창가에 앉아 노래하는 소녀여,

내게 문을 열어다오. 오라, 내 손은 희고 내 사랑은 변치 않으니,

눈동자 없는 내 눈에도 섬광이 일어 그대를 여왕[32]처럼 바라보리라.

노래의 끝에서, 당연하게도 소녀는 망령을 사랑하게 되어 그를 따라 미지의 세계로 떠난다. 그들은 류트 독주 소리 외에는 아무 소리도 들리지 않는 고독한 골짜기로 가버린다. 노부인은 이 음유시인의 노래를 기꺼이 인정해 주었다.

새는 나뭇잎 아래 바르르 떨며 노래했네. 바람 속으로 날아간 영혼은 울었네, 울었네.

이 극의 구성은 더할 나위 없이 단순했다. 우리 지구에서 모든 생명체가 파괴된 뒤 그 자리에 지옥이 들어선다. 지옥이 그곳에 자리 잡고 처음엔 아주 안락했다. 제1막에서 관객은 지질학적 대격변으로 지구가 종말을 맞이했음을 보게 된다. 무대는 마치 달의 풍경과도 같은 모습을 띠고 있다. 사탄은 파리의 어느 건물 꼭대기에 앉아 있는데, 도시의 다른 곳들과 마찬가지로 그 건물의 아랫부분은 용암 아래 파묻혀

---

32) 토너먼트의 여왕(La reine du tournoi). 중세 기사들의 마상 창시합(tournoi)에서 가장 아름답거나 신분이 높은 여성을 가리킴. 승리한 기사에게 화관이나 상을 수여하는 존재. 모든 기사가 찬미하고, 그 명예를 지키기 위해 목숨을 걸고 싸우는 영감과 미의 원천을 상징한다.

있다. 드루이드 여사제 한 사람을 향한 사탄과 돈 주앙의 사랑이 온갖 사건을 일으키며 지옥에 전쟁의 불을 지핀다. 역사와 시, 전설 속에서 내가 좋아했던 모든 인물이 각자의 성격에 맞춰 이곳에 등장한다.

결말은 지구가 완전히 가루가 되는 것이었다. 영혼들은 번개가 몰아치는 밤 속에 합창으로 울려 퍼지는 자연의 힘에 흡수된다. 웅장한 오케스트라의 연주가 점차 잦아든다. 이 악기 저 악기가 하나둘 침묵에 잠긴다. 마지막에는 하프들의 합창만이 남고, 그 하프들마저 하나씩 연주를 멈춘다. 오직 단 하나의 하프만이 남아, 나뭇잎 위로 떨어지는 물방울 소리보다 더 부드러운 피아니시모 속에서 사라져 간다. 마지막 음표들은 그렇게 정적 속으로 흩어진다.

거기에는 크고 파괴적인 소리와 가장 작고 섬세한 소리에 이르기까지 모든 악기가 동원되었다. 하프, 리라, 플루트, 나팔, 기타까지. 악마들의 합창은 가사 없이 오직 바이올린들(약 20대)만으로 표현된다. 이 거대한 오케스트라를 수용하려면, 산들이 병풍처럼 둘러싸고 관객들은 골짜기 아래 평석에 앉는 거대한 천연 공연장이나, 혹은 신대륙의 거대한 만灣 전체가 필요할지도 모른다.

피아노로 하프의 음색을 기괴하게 흉내 낸 연주가 끝나자, 그 유대인 부인은 경악한 표정으로 나를 빤히 쳐다보았다.

"세상에! 이 끔찍한 것들이 다 당신 머리에서 나왔단 말이에요?"

나는 대답하지 않았다.

"더 유감스러운 건, 이 안에 정말 훌륭한 부분들이 있다는 거예요. 만약 아무것도 없었다면 나 역시 여기에 매달릴 만큼 바보는 아니었을 겁니다. 하지만 이런 예술적인 일에 몰두하려면 부유하거나, 최소한 이름이라도 알려져야 한다는 건 당신도 잘 알잖아요."

"그래서 전념하지 않는 겁니다. 저는 교육자로 남을 거예요. 그 증거로, 극장에는 도저히 올릴 수 없는 이 작품을 그냥 이대로 내버려 둘 생각이니까요. 이것은 그저 하나의 꿈일 뿐입니다. 마녀들의 집회에 관한 꿈이든, 아니면 인생이라는 꿈이든 말이죠. 저는 이미 다른 꿈들은 내던졌고, 앞으로도 그렇게 할 겁니다."

그녀가 내 손을 잡았다. 그녀의 손은 얼음장처럼 차가웠다.

"그렇다면 당신의 마음은요? 그것은 어디에 내던질 건가요?"

"혁명에 던질 겁니다!"

그녀는 피아노 앞에 앉았다. 얼어붙은 듯한 그녀의 손이 차가운 건반 위를 미끄러지며, 이스라엘의 신을 향한 정체 모를 기도를 시작했다. 그 선율 속에는 사막과 죽음의 고요함이 서려 있었고, 그 고요함이 심장까지 파고들었다.

그로부터 얼마 지나지 않은 어느 토요일, 나의 유령 부인은 나를 유대교 회당으로 이끌었다. 기이한 의식과 독특한 리듬, 장엄한 기개를 띤 일종의 자비송과 같은 선율이 나를 사로잡았다. 내가 눈물을 글썽이는 것을 본 그녀는 내가 여호와의 은총에 감복한 줄로 믿었다.

"아니에요" 내가 대답했다. "그저 그 분위기에 매료되었을 뿐입니다. 그리고 아마 세상 모든 것이 다 그런 식일 겁니다."

내가 왜 이토록 길게 '사바트의 꿈'에 대해 서술했는지 모르겠다. 코뮌이 일어나기 몇 년 전, 우리의 친구 샤를 드 S에게 주려고 그중 일부를 알아볼 수 있게 정서까지 했던 것 같다. 하지만 나는 게으름 탓에 원래의 종말론적 결말 대신 원고지 열 장 분량을 아낄 수 있는 평화로운 화해로 결말을 바꿔해버렸다. 깔끔하게 옮겨 적는 일은 정말이지 너무 지루한 일이다. 오케스트라가 하프의 마지막 선율로 잦아들다가,

영혼이 소멸하며 그 소리마저 사라지는 장면조차, 그중 어떤 것도 내게는 노동의 노력을 들일 만큼 가치 있게 느껴지지 않았다. 혁명이 일어나고 있었다! 그런데 드라마가 무슨 소용인가? 진짜 드라마는 거리에 있었다. 오케스트라가 무슨 소용인가? 우리에게는 나팔과 대포가 있었는데.

샤를 드 S와 나는 종종 만나서 같은 생각을 나누었다. 우리가 마지막으로 만났을 때 나눈 대화는 피아노에 관한 것이었다. 피아노에 해머 대신 현을 달아서, 피아노의 그 출렁이는 심장에 바이올린의 정열을 조금이나마 불어넣어 보자는 아이디어였다.

나는 이 주제로 잡지 《음악의 진보》에 '루이 미셸(Louis Michel)'이라는 서명으로 기사를 발표한 적이 있었다. 나는 여러 번 경험을 통해 깨달은 사실이 하나 있는데, 어떤 신문사의 투고함에든 '루이즈 미셸(Louise Michel)'이라는 이름으로 원고를 넣으면 실리지 않을 확률이 백 대 일은 된다는 점이었다. 반면에 '루이 미셸(Louis Michel)'이나 '앙졸라스(Enjolras)[33]'라고 서명하면 실릴 확률이 훨씬 높았다.

<h2 style="text-align:center">9.</h2>

사람의 생애도 인류의 역사와 마찬가지로, 자라서 잎을 틔우고 꽃을 피운다. 설익은 열매에 지나지 않은 우리 세대는 그저 대지를 비옥하게 만드는 거름이 되는 것으로 족할지도 모른다. 하지만 우리 뒤에 올 이들은 정의와 자유의 열매를 맺게 될 것이다. 이 전환의 시대에 솟구

---

33) Enjolras. 미셸의 필명. 빅토르 위고의 소설 『레 미제라블』에 등장하는 혁명가.

쳐 오르는 수액의 힘은 실로 강력하다. 오늘날 인류가 무한한 시련을 거치고 서로 부대끼는 속에서 새롭게 태어날 세대는 오직 혁명적인 세대뿐이다. 이는 심지어 혁명이 코앞에 닥쳤음을 부정하는 자들 사이에서조차 거스를 수 없는 흐름이다. 서서히 진행되어 온 진화의 과정은 끝났다. 이제 번데기는 낡은 허물을 찢고 나와야만 한다. 그것이 바로 혁명이다.

인류가 날개를 접고 웅크려 있는 동안 새로운 감각이 싹텄다. 심지어 신체적으로도 새로운 인간은 더 이상 우리를 닮지 않을 것이다. 그러니 우리 같은 비참한 존재들은 죽어 없어져 버리자. 우리의 괴물 같은 과오들이 마지막 하나까지 우리 위로 무너져 내리게 하자. 그리하여 인류가 도살당하던 그곳에서 진정한 인류가 기개를 펼치고 살아가게 하자. 자유롭고 강인한 인류에게 경의를 표한다! 그들은 우리가 왜 그토록 오랫동안 동굴 속 조상들처럼 무기력하게 살아왔는지 이해하지 못할 것이다. 우리는 이제 더 이상 서로의 살점을 뜯어 먹지는 않지만(이제 인간은 그럴 힘조차 없으므로), 대신 서로의 삶을 갉아먹고 있다.

오늘날에도 소수의 즐거움을 위해 수많은 군중이 무수한 대학살과 비참함 속에서 쓰러져가고 있지 않은가? 조상들의 시대와 다른 점이 있다면, 그 규모가 훨씬 더 커졌다는 사실 뿐이다. 민중들은 마치 수확기의 곡식처럼 베어지고 있지 않은가? 하지만 그루터기를 벨 때, 씨앗은 다가올 세기의 봄을 위해 땅 위로 털려 나간다. 인류가 부대끼며 흘린 모든 핏방울이 우리 혈관 속에서 끓어오르고 있다. 바로 격동 속에서 새로운 시대가 도래할 것이다.

땅 밑에서 포효하는 혁명이 만약 구세계의 잔재를 조금이라도 남겨둔다면, 모든 것은 언제나 다시 시작되어야만 할 것이다! 인류라는 번데기의 낡은 허물은 영원히 사라질 것이다. 나비는 날개를 펼쳐야만 한다. 피를 흘리며 자기의 감옥에서 탈출하든 아니면 그 안에서 죽든 둘 중 하나뿐이다. 모두가 정의롭고 조화로우며 힘차고 빛날, 따뜻하고 붉은 피가 흐르는 저 인류에게 경의를 표한다!

그날이 오면, 사람들은 온갖 감언이설과 술수 대신 무엇이든 곧고 정직한 길을 택할 것이다. 또한 우리가 밤하늘의 별이라 믿었지만, 실상은 보잘것없는 반딧불이에 불과했던 그 가냘픈 불빛들은 찬란한 대낮의 광명 속으로 흔적도 없이 사라질 것이다.

친구들이여, 그 모든 낡은 오류의 틀들이 얼마나 처참하게 무너져 내렸던가! 우리 또한 그 먼지 속에서 휩쓸려 갈 테지만, 적어도 바보처럼 쓸려가지 않도록 노력하자.

저 멀리 누벨칼레도니의 숲에서, 거의 영겁의 세월을 살아온 늙은 니아울리 나무의 썩은 몸통이 둔탁한 소리와 함께 한 번에 무너져 내리는 것을 본 적이 있다. 먼지 소용돌이가 사라지고 나면, 그곳엔 가루만 남는다. 그 위로는 마치 묘지의 화환처럼 초록색 잔가지들이 놓여 있다. 그것은 몸통에서 떨어져 나온 늙은 나무의 마지막 새순들이다. 수백 년 동안 그 안에서 번식해온 무수한 곤충도 그 붕괴 속에 파묻힌다. 그중 몇몇은 간신히 헤치고 나와 자신들을 죽음으로 몰아넣는 햇빛을 보며 놀라움과 불안에 떤다. 어둠 속에서 태어난 그들의 종족은 빛을 견뎌내지 못할 것이다.

이처럼, 우리도 낡은 사회라는 나무에 살고 있다. 사람들은 그 나무가 여전히 살아있다고 고집스럽게 믿지만, 사실 가장 작은 바람결에도 무너져 가루로 흩날릴 나무일 뿐이다. 어떤 존재도 변화를 피할 수는 없다. 몇 년이 지나면 마지막 한 조각까지 모조리 변해버리기 마련이다. 그러고 나서 자신의 폭풍 속에 이 모든 것을 뒤흔드는 혁명이 도래한다. 우리가 처한 상황이 바로 이렇다! 생명체들, 인종들, 그 인종들 안에서 인류의 두 부분인 남성과 여성은 마땅히 손을 잡고 걸어야 한다. 그러나 이들의 대립은 강한 쪽이 다른 쪽을 지배하거나 지배한다고 믿는 한 계속될 것이다. 약한 쪽은 노예들의 무기인 간계와 은밀한 지배력에 의존하게 될 뿐이다. 사방에서 투쟁은 시작되었다.

만약 남녀 사이의 평등이 인정된다면, 인류의 어리석음에 아주 큰 균열을 내게 될 것이다. 하지만 현실은 여전히, 저 옛날 몰리에르가 말했듯 여자는 그저 '남자의 수프'로 취급받고 있다. 소위 '강한 성'이라는 이들은 상대를 '아름다운 성'이라고 치켜세우며 아첨하는 수준으로 전락했다.

우리는 오래전에 그런 관계를 청산했다. 투쟁의 현장에서 그 누구의 허락도 구하지 않고 당당하고 자연스럽게 우리의 자리를 차지하는 혁명적인 여성들은 수도 없이 많다. 당신들이라면 세상이 끝날 때까지 의회에서 토론이나 하고 앉아 있겠지!

동지들이여, 나로 말하자면 남자의 수프 따위는 되고 싶지 않았다. 그리하여 나는 이 '비천한 군중'과 함께 삶의 여정을 걸어왔고, 황제에게 바칠 그 어떤 노예도 낳아주지 않았다. 그 비천한 무리 또한 때가 되면 아첨을 받으며, '주권자'라 불리기도 한다. 인류의 강한 집단들에 대해 몇 가지 진실을 말해 보자. 아무리 많이 말한다 해도 결코 지나치지 않을 것이다.

우선, 우리의 비겁함이 만들어낸 저들의 '힘'에 대해 말해보자. 그 힘은 겉보기보다 훨씬 보잘것없는 것이다. 만약 악마가 존재한다면 남자가 요란하게 군림하는 동안 여자가 조용히 통치한다는 것을 알 것이다. 그러나 어둠 속 은밀하게 이루어지는 모든 것은 아무런 가치가 없다. 이 의문스러운 권력이 평등으로 전환될 때, 보잘것없는 작은 허영심과 거대한 기만은 사라질 것이다. 그때가 되면 주인의 잔인함도, 노예의 배신도 더 이상 존재하지 않게 될 것이다.

이 힘에 대한 숭배는 우리를 동굴 시대의 야만으로 되돌려 놓는다. 이는 원시 부족들이나 고대 인류에게서 공통으로 나타나는 현상이다. 저 멀리 누벨칼레도니에서, 나는 남자가 노새에게 짐을 지우듯 자기 아내에게 물건을 가득 지우는 모습을 보았다. 그들은 누군가와 마주칠 법한 곳에선, 오직 전사의 창만을 든 채 당당하게 걸어갔다. 그러나 만약 인적이 끊긴 산골짜기에서 연민을 느낀 남편은 피땀을 흘리며 고생하는 아내의 등에서 어망이나 바구니 혹은 아이를 대신 들어주었다. 짐을 덜어낸 아내는 비로소 숨을 몰아쉰다. 이제 그녀의 등에는 작은 아이 하나만 매달려 있고, 다른 한두 명의 아이는(치맛자락을 붙잡는 대신—그녀들에겐 치마가 없으므로) 엄마의 무릎을 가터벨트처럼 팔로 감싸 쥔 채 어린 자고새처럼 민첩한 발놀림으로 아장아장, 때로는 타박타박 곁을 따라 걷는다. 그러다 지평선 끝에 그림자 하나라도 나타나면—그것이 설령 목장의 소나 말 그림자일지라도—타요는 얼른 무거운 돌이며 바구니, 아이를 다시 아내의 등에 짊어지우고는, 마치 짐이 무너지지 않게 고정해 주는 척한다.

이 보게 친구, 전사라는 자가 하찮은 여자들을 염두에 두는 법은 없지 않은가! 이제 그녀들은 더 이상 아무것도 아닌 존재로 살아가기를 거부할 것이네!

어디나 상황은 마찬가지다. 힘에 대한 어리석은 허영심으로 여성이 모성이나 여러 조건들로 전투에 적합하지 않다는 식의 궁색한 논리를 들이대며 여성의 열등함을 증명하려 들지 않나?

이런 꼴을 보면서 인간이 서로 살육하는 것을 언제까지 지켜보고만 있을 것인가? 여성들은 정말 싸울 가치가 있는 일이라면 절대 물러서지 않는다. 인간의 어리석음이 빚어낸 야만적 살육이 없는 더 넓은 세상을 향한 전투가 시작될 때, 모든 여성의 마음 깊은 곳에 있던 오랜 반란의 효모는 빠르게 끓어오른다. 여성은 이제 신물이 났다, 여성은! 그 비열한 짓거리들에 여성들은 속이 뒤집힌다.

조금 비꼬자면, 여성은 소위 멋쟁이니 귀족의 자제니 하며 으스대고, 온갖 불결함에 물들어 바보천치가 되어 이제는 종말을 맞이한 그 한량들이 자신들의 그 더러운 손으로 여성의 지성을 저울질하려 드는 가당치 않은 꼴을 금세 간파한다. 그들은 마치 지식에 굶주린 여성들이 이 낡은 세계에 요구하는 유일한 것, 즉 자신들이 가진 적은 지식조차 빼앗길까 전전긍긍하는 듯하다. 아무것도 하지 않으려는 그 게으른 자들은 이 낡은 시대의 황혼에서 마지막 남은 지식의 꿀을 채취하려는 여성들의 뜨거운 열망을 시기하는 것이다.

미국과 러시아의 여성들이 성별이라는 해묵은 굴레를 벗어던지고 남성과 나란히 공부하기 시작한 지는 이미 오래되었다. 그곳의 남성들은 자신들도 그만큼의 열정을 가질 능력이 있다고 믿기에 이를 시기하지 않고 피부색을 따지는 것 이상으로 성별을 따지는 것을 이해하지 못한다.

세상에서 가장 문명화되었다는 자들이여, 보라. 프랑스에선 여성이 남성과 동등한 교육을 받는다는 것은 저 머나먼 누벨칼레도니 부족 사회에서만큼이나 생소한 일이다. 여성들이 통치권이라도 쥐려 할까 봐 그리도 두려운 것일까. 하지만 안심해도 좋다. 우리는 그 정도로 어리석지 않다. 권력을 탐하는 것은 결국 압제의 역사를 연장하는 꼴일 뿐이니, 그 권력을 유지하라, 더 빨리 끝낼 수 있게.

그러나 안타깝게도 그 종말의 날은 여전히 멀어 보인다. 인간의 어리석음은 낡은 편견이라는 수의를 우리 모두에게 씌워 앞을 가로막고 있지 않은가. 그래, 그 편견은 앞으로도 꽤 오래 지속될지도 모른다. 하지만 그대들이라 해서 밀려오는 시대의 해일을 막을 수는 없으며, 군중의 머리 위에서 깃발처럼 나부끼는 새로운 사상의 흐름을 가로막을 수도 없을 것이다.

마치 인류에게 지능이 너무 넘쳐나기라도 하는 듯이, 특정 성별의 지능을 강제로 퇴화시키려 드는 행태를 나는 도무지 이해할 수 없다.

소녀들을 세상 물정 모르는 순진한 아이들로 키우는 것은 여성을 더 쉽게 기만하려는 의도로 무장해제 시키는 것과 같다. 이것이 바로 그들이 의도하는 바다. 이는 수영하는 법을 배우지 못하게 막거나 심지어 사지를 묶어놓고서, 사람을 깊은 물 속에 던져 넣는 것과 다를 바 없다. 소녀의 순결을 지켜준다는 구실로, 사람들은 그녀를 깊은 무지 속에 내버려 두어 헛된 환상을 품게 만든다. 만약 그것들을 식물학이나 자연사의 단순한 지식으로 접했다면 그저 자연스레 아무런 동요 없이 받아들였을 평범한 진실들조차 모른 채 살아가게 만든다. 만약 진실을 마주한다면 소녀는 수천 배는 더 순결해질 수 있을 것이다. 자신을 혼란스럽게 만드는 수많은 일들을 오히려 담담하게 지나칠 수 있을 테니 말이다.

과학과 자연의 이치에 속하는 것들은 결코 인간의 감각을 어지럽히지 않는 법이다. 해부학 실습실에 익숙한 이들이 시체를 보고 동요하는 일이 있겠는가?

자연은 그것이 살아있든 죽어있든, 사람을 부끄럽게 만들지 않는다. 신비라는 이름의 장막이 걷히고 시체가 메스 앞에 놓일 때, 그곳에 부끄러움이란 없다. 자연과 과학은 그 자체로 깨끗하다. 정작 지저분한 것은 사람들이 그 위에 억지로 씌워놓은 베일일 뿐이다.

늙은 실레노스의 포도 줄기[34]에서 드리워진 저 포도 잎사귀들은 그냥 무심코 지나쳤을 모든 것들을 오히려 도드라져 보이게 할 뿐이다.

영국인들이 도축을 위해 가축의 품종을 개량하듯, 소위 문명인이라는 자들은 소녀들이 기만당하기 쉬운 상태가 되도록 길러낸다. 그러고는 정작 소녀에게는 범죄가, 유혹자에겐 거의 명예가 된다.

이 무리 중에 반항하는 존재가 나타날 때 그들이 느끼는 경악이란 얼마나 대단한가! 만약 어린 양들이 더 이상 도살당하기를 거부한다면 어찌 되겠는가? 목을 내밀든 말든 그들은 여전히 칼을 휘두를 것이다. 상관없다. 제 발로 목을 내밀지 않으면.

때때로 어린 양들은 암사자로, 호랑이로, 혹은 거대한 문어[35]로 변하기도 한다. 자업자득이다. 처음부터 여성이라는 존재를 인류라는 범주에서 떼어놓지 말았어야 했다. 민중의 아름다운 딸들은 가판대의 물건처럼 거리에서 팔려나가고, 부유한 집 딸들은 지참금 때문에 팔려나가는 이 파렴치한 시장판이 버젓이 존재하고 있지 않은가.

한쪽은 원하는 자가 취해가고, 다른 한쪽은 원하는 자에게 넘겨진다. 어느 쪽이든 매춘인 것은 매한가지다. 우리 사회에서도 저 먼 대양의 도덕률은 이토록 널리 행해지고 있다. 보잘것없는 존재들을 대단한

---

34) 그리스 신화에서 술의 신 디오니소스의 스승. 늘 술에 취해 비틀거리고 방탕한 모습으로 묘사된다. 포도 잎사귀는 실레노스의 방탕과 쾌락을 가리는 도구.
35) 19세기 문학에서 한 번 잡으면 놓지 않는 끈질긴 저항이나 거대한 힘을 상징.

것처럼 여기는 저 원주민보다 우리가 나을 것이 무엇인가! 노동자가 노예라면, 노동자의 아내는 그 노예 중에서도 가장 처참한 노예다.

여성의 임금은 또 어떤가. 잠시 그 이야기를 해보자. 그것은 한마디로 기만일 뿐이다. 그것은 현실에 존재하지 않는 환상에 불과하며 차라리 없는 것보다도 못하다.

왜 그 많은 여성이 일을 하지 않느냐고? 거기엔 두 가지 이유가 있다. 일을 구하려 해도 찾지 못하는 이들이 있고, 또 어떤 이들은 터무니없는 노동을 하느니 허름한 방이나, 그조차 없다면 길바닥에서든 차라리 굶어 죽는 쪽을 택하기 때문이다. 그 노동이라는 것은 정작 본인에게는 바느질에 들어가는 실값조차 벌어주지 못하면서 사업가에게는 막대한 이득을 안겨주는 착취에 불과하다. 그래도 살아남으려는 이들이 있다. 결국 굶주림과 추위, 참혹한 빈곤에 등 떠밀려, 그런 처지를 이용하는 파렴치한 남녀들에게 유린당한다. 썩어가는 모든 곳에는 구더기가 끓기 마련이니까. 그 가련한 여인들은 결국 생-라자르 감옥에서 시체 공시소로 이어지는 저 음산한 행렬 속으로 속절없이 휩쓸려 들어가고 만다.

설령, 진흙탕 속을 뒹구는 가련한 여인이 그들의 은어로 말하는 '호구'의 주머니에서 돈을 훔쳐낸다 해도, 나는 오히려 잘한 일이라 생각한다. 애초에 그 남자는 왜 그곳에 갔단 말인가? 그토록 많은 구매자가 없었다면, 여성을 상품 삼아 거래하는 일 또한 없었을 것이다.

그리고 어떤 정숙한 여성이 터무니없는 비방과 위협에 시달리다 자기를 괴롭히던 비열한 자를 처단한다면 나는 기꺼이 박수를 보낼 것이다. 다른 이들을 위험에서 구하고 원수를 갚는 일이기 때문이다. 그런 결단을 내리는 여성이 그리 많지 않지만.

프루동의 주장[36]대로라면 '가정주부' 아니면 '요부'가 될 수밖에 없는 저주받은 존재인 여성(이 낡은 세계 안에서라면 여성은 결코 그 이상의 존재가 될 수 없을 것이다)이 때때로 파멸을 초래한다면 그것이 과연 누구의 잘못인가? 즐거움을 위해 여성들의 교태를 부추기고, 비위에 맞도록 온갖 악덕을 길러낸 이들이 누구인가? 기나긴 세월 동안 남성들이 선호하는 그 악덕들만 선택적으로 살아남아 강화되었다. 달리 방도가 없었다. 이제 그 악덕은 노예의 무기가 되었다. 소리 없으나 끔찍한 그 무기를 애초에 그들 손에 쥐여주지 말았어야 했다. 이 또한 자업자득이다. 저주받은 이 사회 어디에서나 남성 역시 고통받고 있으나, 그 어떤 고통도 여성의 그것에 비할 수는 없다.

거리에서 여성은 단지 하나의 상품일 뿐이다. 무덤과도 같은 수녀원에 숨어들면, 무지가 그녀를 짓누르고 규율이라는 톱니바퀴가 마음과 정신을 처참히 부순다. 사교계에 나가면 역겨움에 눌려 휘청이고, 가정에서는 가사라는 짐에 눌려 살아야 한다. 남성은 그녀가 그저 그런 상태로 남기를 고집한다. 남성의 자격과 권위를 침범하지 못하도록 확실히 해두는 것이다.

신사들이여, 다시 한번 안심해도 좋다. 우리가 원하기만 하면 그대들의 일을 해내는 데 그 어떤 자격도 필요치 않다. 그대들의 그 거창한 자격? 우리는 그런 넝마에는 관심도 없다. 그것들이 어떻든 그대들 마음대로 하라. 그것은 우리에겐 누더기이자 몸에 맞지도 않을 만큼 옹색할 뿐이다.

---

36) Proudhon. 피에르 조제프 프루동. "소유는 도둑질이다"라는 명제로 유명한 프랑스의 사상가, 초기 아나키스트. "여성은 가사 노동자이거나 창녀"라는 주장도 펼쳤다. 미셸은 이를 인용하며, 그런 이분법적인 틀 자체가 낡은 세계의 산물임을 꼬집는다.

우리가 진정으로 원하는 것은 과학과 자유다.

그대들의 자격이라니! 머지않아 그대들이 먼저 우리에게 그 자격을 내미는 척해서라도 그 낡은 체제를 조금이나마 수선해 보려 애걸할 날이 올 것이다. 하지만 그 낡은 옷가지들은 그대들이나 계속 걸치고 있어라. 우리는 그런 것을 원치 않는다.

우리의 권리는 이미 우리에게 있다. 우리가 거대한 투쟁 그 최후의 전투 현장에서 당신들 곁에 서 있지 않은가? 남성과 여성이 인류의 권리를 함께 쟁취했을 때, 당신들이 감히 여성의 권리만을 따로 떼어 나누어 줄 수 있을 것 같은가? 이것은 결코 부차적인 주제가 아니다. 나는 여성으로서, 여성에 대해 말할 권리가 있다.

10.

여성에 대해 이야기했으니, 이제 사랑에 관해 이야기해 보자. 사람들은 내가 사랑 이야기를 전혀 하지 않는다고 늘 비난하곤 하니까. 어린 시절 시골에서 공상에 잠기던 그 행복한 순간으로 되돌아가 보자.

인생의 아침, 낡은 책장 사이사이에서는 수많은 사랑의 노래가 흘러나왔다. 그 안에서라면 우리는 원하는 만큼 마음껏 사랑할 수 있다. 즉, 현실에서 마주친다면 사랑에 빠질지도 모를 그런 고결한 성품을 마음껏 찾아 헤맬 수 있다.

골족의 아들 중에서 용사 중의 용사를 골라 보고, 야만인 중에서도 또 그와 같은 이를 찾아본다. 먼 과거로 시선을 돌려 북방의 아들들과 죽은 자를 위해 한 잔, 조상을 위해 한 잔, 그리고 자유를 위해 싸운 용사들을 위해 마지막 한 잔을 무덤 위에 부었던 길드[37]의 사내들을 바라본다.

불타오르는 탑 안에서 죽어갔던 바가우다들, 그리고 그 전사들을 노래한 바르드들, 방랑 시인 트루바두르들, 성채 안의 부유한 도적들의 재물을 빼앗아 오막살이의 비참한 거지들에게 나누어 주었던 위대한 의적들까지도 모두 살펴본다.

이런 사랑에서 변심이란 셀 수조차 없다. 그 대상이 너무나 많기 때문이다. 악마에서부터 망드랭[38]까지, 파우스트에서 생쥐스트[39]까지, 어린 시절 얼마나 많은 그림자가 나를 꿈꾸게 했던가! 그리고 중세의 자크들[40]과 코뮈니에[41](공동체주의자)들까지!

내 머릿속엔 반란자들의 거대한 형상들이 끊임없이 떠올랐고, 그들과 함께 거대한 혁명의 물결이 지나가곤 했다. 아이들의 꿈속에는 참으로 많은 것들이 떠다니기 마련이다! 내 생각의 심연 속에서 반란자들의 깃발은 언제나 피처럼 붉거나 상복처럼 검었다. 그리고 서로 사랑하는 이들의 결혼은 피로써 지고의 계약을 맺는 순교자들의 붉은 혼례였다. 반란자들의 이야기를 사랑한 것은 나만이 아니었다. 마을 소녀들과 나는 고장의 옛 노래나 전설로 이야기 꽃을 피우곤 했다.

---

37) Ghilde. 중세의 상인이나 수공업자 조합과는 조금 다른, 더 고대적이고 근원적인 의미를 담고 있다. 고대 게르만어 Geld(비용, 보상)에서 유래. 서로의 안전을 책임지는 상호부조적 결사체이자 전사들의 결사체.
38) Louis Mandrin. 18세기, 귀족과 세금 징수원들의 재물을 빼앗아 민중에게 나눠주었던 프랑스의 유명한 의적.
39) Saint-Just. 프랑스 혁명의 주역 중 한 명으로, '혁명의 천사' 또는 '죽음의 천사'라 불렸던 단호하고 열정적인 혁명가.
40) Les Jacques. 14세기 프랑스 농민 반란인 '자크리의 난'에 참여했던 농민들.
41) Les communiers. 중세에 공동의 재산과 권리를 지키기 위해 결성된 공동체.

그녀가 사랑한 이, 참으로 당당한 사내였네.

머리에 쓴 투구 위에는 그를 위해 노래하는

종달새 한 마리 앉아 있었네.

그녀는 참으로 결백했네.

그녀의 손은 숲속 여기저기 참나무

겨우살이와 버베나[42] 꽃을 꺾어 모았네.

살다 보면 과거의 인상들이 얼마나 많이 되살아나는지! 그 참혹했던 해, 기운차고 생기 넘치던 동지들이 스러지는 것을 보며 문득 과거로 되돌아간 듯 어린 시절 나를 사로잡았던 기억 하나를 떠올렸다. 그것은 가슴에 박힌 듯 도끼가 박힌 어느 참나무였다. 죽음의 낙인이 찍힌 채, 줄기가 깊게 파인 절단면 위로 수액이 도끼날을 적시던 그 나무의 모습이 다시금 눈앞에 선했다. 그때 내 머릿속을 스친 것은 잎이 무성하고 드높은 바로 전설 속의 참나무였다. 그늘에 우거진 풀숲, 그곳에 가득 피어 있던 하얀 데이지와 미나리아재비꽃들, 그리고 숲의 풍경까지 모든 것이 그대로였다. 이처럼 옛 기억들은 바람에 쓸려온 낙엽처럼 불쑥 찾아와 생생하게 되살아나곤 한다.

내가 누벨칼레도니에서 돌아온 뒤로 내가 떠나기 직전 그곳에서 세상을 떠난 파스두에[43]의 마지막 순간을 여러 번 떠올렸다. 오랫동안 병을 앓아온 파스두에는 기억력마저 상실한 상태였다. 아내의 정성 어

---

42) 마편초馬鞭草. 고대 로마와 켈트 사회에서 버베나는 '제단을 정화하는 성스러운 풀'로 쓰였다. 사랑의 묘약을 만드는 데 쓰이거나, 평화를 상징하는 사절들이 몸에 지니기도 했다. 이 꽃을 꺾는 행위는 어떤 신성한 약속이나 운명적인 사랑의 의식을 의미한다.

43) 파리 코뮌에 참여했다가 누벨칼레도니로 함께 유배되었던 동료. 죽음 직전의 초자연적인 목격담을 통해 유배 생활의 비극과 신비로움을 동시에 드러내고 있다.

린 간호에도 불구하고 그는 마지막 순간에 다다른 듯 보였고 더 이상 침대에서 일어나지 못했다. 그런데 바로 전날까지 그런 상태였던 파스두에를 서쪽 만에서 마주쳤을 때, 내가 얼마나 놀랐는지 모른다. 그의 정신은 맑게 깨어있었다. 그는 숲 아래 있는 여성 거주 막사[44]로 찾아와 쉬며, 여느 때처럼 이야기를 나누었다. 안색은 창백했고 두 다리는 가늘게 떨고 있었다.

어쩌다 혼자서 여기까지 왔는지 묻지는 못했지만, 그의 아내가 얼마나 걱정하고 있을지 짐작이 갔기에 그의 거주지 눔보까지 동행하기로 했다. 내 팔에 다소 힘을 주어 의지하니, 그는 제법 잘 걸었다.

엔지만과 서쪽만 사이에 솟은 고갯마루에 올라섰을 때였다. 그곳에서는 수평선 너머 붉게 물든 누섬[45] 가장자리에 자리 잡은 수용소 건물들이 선명하게 보였다. 파스두에는 껑충하게 큰 키를 곧게 세우더니 앙상하게 마른 긴 팔을 그쪽으로 뻗으며 한 음절 한 음절 끊어 내뱉듯 내게 말했다.

"프루동이 옳았어. 지금까지 우리가 시도했던 모든 것들이 실패로 끝난 원인은 결국 똑같아. 운명의 불평등과 이해관계의 대립이지. 프루동이 말했듯, 모든 것을 생산하는 자는 오직 비참과 죽음만을 얻고, 국가가 내놓는 그 어떤 거창한 상업 조약도 결국 착취자들만을 보호할 뿐이야!"

"이 모든 것은 끝이 있겠지. 하지만 얼마나 많은 고통이, 얼마나 많은 고통이…"

---

44) 미셸과 파리 코뮌 전사들이 유배되었던 누벨칼레도니의 상황은 일반적인 감옥과는 다른 독특한 형태였다. 이동의 자유가 어느 정도 있었지만, 동시에 엄격한 감시와 거주 구역의 제한이 공존했다.
45) Île Nou. 누벨칼레도니 유배지 중에서도 가장 통제가 엄격한 중앙 형무소가 있던 곳.

때로는 프루동의 말을 토씨 하나 틀리지 않고 읊조렸고, 때로는 긴 침묵 사이에 짧은 문장들로 자기 생각을 덧붙이며, 누섬을 향해 팔을 뻗은 채 그대로 서 있었다. 그것은 분명 예전 전성기 시절의 파스두에 였다. 하지만 한편으로는 1871년의 대학살 현장으로 돌아가려는 망령 과도 같은 파스두에였다. 그는 몇 번이고 되풀이해서 외쳤다. "프루동! 프루동!" 그러더니 갑자기 입을 다물었고, 그 후로는 아무 말도 하지 않았다. 눔보에서는 내 짐작대로 사람들이 그를 찾아 헤매고 있었다. 파스두에는 그 후 며칠을 버티지 못하고 세상을 떠났다. 그가 왜 그 몸 을 이끌고 서쪽 만까지 찾아왔던 것인지, 우리는 끝내 알지 못했다. 지 금도 나는 고갯마루에 서서 누섬을 향해 팔을 뻗은 그의 모습을 떠올 린다. 마지막 이성의 빛과 가슴속 최후의 숨결을 해방의 날을 향해 쏟 아붓던 그 뒷모습을.

그래, 살아있는 동지들이여, 그리고 죽어간 동지들이여. 그날은 반드 시 오고야 말 것이다! 베어진 곡식 다발의 힘으로, 마침내 모두가 굶주 리지 않고 빵을 나누는 그날이 밝아올 것이다.

<h2 style="text-align:center">11.</h2>

강자들에 대한 반항의 기저에는 아주 어린 시절부터 동물들에게 가 해지는 고문에 대한 끔찍한 혐오가 자리 잡고 있다. 나는 동물이 복수 하기를 바랐다. 개에게 매질하는 자가 그 개에 물어뜯기를, 채찍을 맞 고 피 흘리는 말이 그 주인을 거꾸러뜨리기를 간절히 바랐다. 그러나 언제나 말 못 하는 짐승은 길든 부류 특유의 체념을 품고 자신의 운명 을 감내한다. 짐승이란 얼마나 가련한가!

농부들이 반으로 잘라버려 상체로 기며 눈은 끔찍하게 튀어나온 채 떨리는 앞 다리로 햇볕을 피해 땅속으로 파고들려 애쓰는 개구리부터, 발이 못 박힌 거위, 거머리 떼에게 피를 빨리거나 투우의 뿔에 받혀 배가 갈라지는 말에 이르기까지 짐승은 인간이 가하는 고문 아래 그 비참한 고통을 온몸으로 견뎌낸다.

인간은 짐승에게 잔인하면 할수록 자신을 지배하는 자들 앞에서는 더욱 비굴하게 굴기 마련이다. 나는 시골에서 동물에게 자행하는 잔인한 짓과 그들의 비참한 처지를 목격하며 그들에 대한 연민과 더불어 힘의 논리가 저지르는 범죄의 본질을 깨닫게 되었다.

민중을 거머쥔 자들 역시 민중에게 이처럼 행하고 있지 않은가! 이런 생각이 내 머릿속을 떠나지 않는 것은 당연한 일이었다. 그러니 시골에 사는 나의 친애하는 벗들이여, 내가 그곳 동물들이 겪는 고통을 이토록 깊이 파고들더라도 부디 나를 용서해 주기를 바란다. 의붓어미처럼 가혹한 대지 위에 몸을 굽힌 채 거친 노동을 이어가다 보면, 그대들 스스로가 너무나 고통스러운 나머지 모든 고통에 대해 무심해지고 만다. 이런 일은 과연 언제쯤 끝이 날 것인가?

시골 사람들에게는 어린 동물들을 자식들의 장난감으로 던져주는 슬픈 관습이 있다. 봄날이면 여느 집 문턱에서, 여름이면 건초 더미 사이에서 이런 광경을 목격하곤 한다. 겨우 두세 살 먹은 꼬마들이 입을 벌리고 있는 가련한 새끼 새들의 입속에 천진난만하게 흙을 집어넣는다. 아이들은 어린 새를 날게 하겠다며 다리 하나를 묶어 매달아 놓고, 아직 깃털도 채 나지 않은 작은 날개가 버둥거리는 것을 지켜본다. 때로는 어린 강아지나 새끼 고양이들을 마치 수레처럼 자갈 위나 개울 속으로 끌고 다닌다. 그러다 고통을 참지 못한 짐승이 아이를 물기라도 하면, 아버지는 그 짐승을 발로 짓이겨 죽여버린다.

이 모든 일은 별생각 없이 일어난다. 노동이 부모를 짓누르고, 그들의 운명은 아이가 짐승을 움켜쥐듯 그들을 움켜쥐고 있다. 이 지구 끝에서 저 끝까지(어쩌면 모든 천체에서!), 모든 존재가 거대한 톱니바퀴에 끼인 채 신음하고 있다. 어디에서나 강자는 약자의 숨통을 조인다. 어린 시절, 나는 수많은 동물을 구조했다. 집에는 이미 동물이 많았기에 '동물원'에 식구를 좀 더 늘리는 건 그리 큰 문제가 아니었다. 처음에는 물물교환으로 종달새나 방울새 둥지를 구해왔지만, 내가 이 작은 짐승들을 애지중지 키운다는 걸 아이들도 알게 되었다. 아이들은 그 자체에 흥미를 느꼈고, 나중에는 기꺼이 내게 새들을 가져왔다. 아이들은 사람들이 생각하는 것만큼 그렇게 잔인하지 않다. 그저 그들에게 이해시키려는 노력을 기울이지 않았을 뿐이다. 나라고 해서 고약한 자들에게 두꺼비를 던진 적이 없었던가. 하지만 그 두꺼비들이 어떻게 되었을지 생각한 끝에 저들을 상대하는 나의 방식을 근본적으로 바꾸기로 마음먹었다. 나는 그들이 비난받을 만한 온갖 행실들을 나열한 시를 써서 그들에게 보냈다. 운율이 다소 거칠고 투박한 시들이었지만 말이다. 지금껏 내가 보아온 자들에 비하면, 그때 그 사람들은 참으로 무해한 수준이었다.

이 돈키호테 같은 행동 때문에 할아버지 앞으로 편지가 숱하게 날아들었다. 할아버지가 나를 직접 훈육하지 않으니, 자신들이 직접 와서 따끔하게 본때를 보여주겠다는 내용이었다. 하지만 실제로 나를 보러 온 사람은 아무도 없었다.

그 복수의 시들 중 몇 편이 기억난다. 마지막 작품이었던 '그뤼제이

드[46]'는 우리 고장의 어느 성주가 저자를 향해 퍼붓는 저주로 끝이 났다. "시여, 내 분노의 유일한 대상이여!" 이는 코르네유의 비극 속 '카미유의 저주'[47]를 패러디한 것이었다. 성주가 시 원고를 갈가리 찢는 삽화와 열두 마리 올챙이 유령이 '크로크-아레트[48]' 신부 앞에 나타나는 삽화도 그려 넣었다.

이 시는 베르길리우스의 『아이네이드』처럼 시작된다.(그뤼제이도스—제1권—줄거리)[49] 시의 소재는 어느 공원의 열쇠에 관한 것이었다. 어느 노인이 공원 열쇠를 빼앗긴 뒤 슬픔에 잠겨 세상을 떠났는데, 이는 '크로크-아레트' 라는 젊은 신부가 올챙이들을 가지고 바보 같은 장난질을 친 결과였다.

권력에 대한 증오와 마찬가지로, 어떤 자질이 정당하게 인정받는 일이 드물다는 관찰은 나의 가장 어린 시절로 거슬러 올라간다.(살아오며 그런 사례를 수천 번이나 보았기에, 오직 처음에 겪은 그 일만이 내게 놀라움을 주었을 뿐이다) 나는 청소년용 도서나 여타의 다른 책들에서도 항상 그와는 반대되는 이야기만을 보아왔다.

그 주인공은 소박한 성품의 브롱쿠르의 교사였다. 늙은 선생님이 수학에 놀라운 재능을 지녔음을 알아본 사람은 아마 우리 가족과 나뿐이었을 것이다. 당시 아주 어린아이였던 나조차도, 그 선생님의 설명

---

46) Grugéide. 베르길리우스의 서사시 『아이네이드(Énéide)』를 패러디한 제목. 아마도 '그뤼제(Gruget)'라는 특정 지명이나 인물 이름을 서사시 풍으로 바꾼 것으로 보인다.

47) 피에르 코르네유의 비극 『오라스(Horace)』에 나오는 유명한 대사. "로마여, 내 분노의 유일한 대상이여"

48) '생선 가시(Arête)'를 씹는(Croque)' 신부라는 뜻의 별명. 미셸이 지어낸 익살스러운 이름으로, 그를 골탕 먹이기 위해 그가 괴롭혔던 올챙이들의 유령을 등장시킴.

49) 고전 서사시의 엄숙한 형식을 그대로 흉내 내 자신의 장난기 가득한 시에 가짜 권위를 부여한 유머.

을 듣기만 하면 어떤 계산이든 즉시 이해하게 된다는 사실을 알아차렸다.

나는 아주 오래전부터 책에 나오는 글자들을 흉내 내어 나만의 글자체로 시를 써왔는데, 가족들은 이제 내가 남들처럼 글 쓰는 법을 배워야 할 때가 되었다고 판단했다. 바로 그해 부르몽의 의사이자 늘 엄숙하게 말하던 큰 로몽 씨가 내게 왜 산문은 쓰지 않느냐고 진지하게 물으셨다. 나는 그 길로 '엘렌의 못된 짓들'이라는 제목의 이야기를 쓰기 시작했다. 첫 문장은 이랬다. "엘렌은 매우 못됐고 아주 고집이 셌다." 사실 나의 장난기 가득한 행동들을 모아놓은 기록이었는데, 이야기의 교훈을 위해 본보기 삼을 만한 엄한 벌을 받는 결말을 덧붙여 두었다.

엘렌은 늙은 의사의 집에서 백과사전(가죽 양장본) 한 권을 훔쳤는데, 그 대가로 한 달 동안 다른 책은 일절 보지 못한 채 커다란 문법책 한 권만 읽어야 하는 벌을 받았다. 엘렌은 그 문법책에 전혀 관심이 없었다. 이 글을 본 큰 로몽 씨가 외쳤다. "아! 요 꼬마 괴물 같으니, 내 책을 가져간 게 바로 너였구나! 이 말썽쟁이야, 그 책은 그냥 네가 가지렴!"

'엘렌의 못된 짓들'을 통해서 사람들은 이 외에도 훨씬 더 많은 것을 발견했다. 사람은 누구나 어린 시절부터 선이든 악이든 자기 본성 안에 있는 모든 것을 행할 수 있는 존재 아니겠는가? 무엇보다 좋았던 건, 이제 더 이상 그 사전을 숨길 필요가 없게 되었다는 사실이었다. 마치 끊임없이 앞으로 나아가는 무언가를 어떤 틀 안에 가둘 수 있기라도 한 것처럼 그 신비로운 목록들이 인간의 온갖 지식을 담고 있을 거라 상상하며 꿈에 젖어 들곤 했다. '엘렌의 못된 짓들'은 내가 인쇄체 글자(책의 활자를 흉내 낸 글씨)로 쓴 마지막 작품이 되었다. 집안에 글씨를 잘 쓰는 사람이 아무도 없었고, 또 내 맘대로 시간을 보내지 못하게 하려고 매일 마을 학교에 다니게 했다.

선생님의 성함은 미셸이었는데, 나와 친척 관계는 아니었다. 살면서 '미셸'이라는 이름을 가진 사람을 얼마나 많이 만났던지! 나는 곧 공부에 열중하면서도 장난 칠 궁리만 했다. 선생님이 높은 나무 의자에 앉아 받아쓰기를 시키며 정확하게 받아 적으라고 신신당부 할 때면, 나는 써야 할 내용 옆에 쓸 필요 없는 말들까지 모조리 덧붙여 쓰는 정성을 들였다. 그러면 대략 이런 식의 결과물이 나왔다.

"로마인들은 세계의 주인이었다. (루이즈, 펜을 막대기처럼 쥐지 마라. 세미콜론) 하지만 골족은(비르지니, 허리 펴고 앉으렴.) 그들의 지배에 오랫동안 저항했다. (크로 언덕의 아이들아, 왜 이리 늦게 오니? 마침표. 페르디낭, 코 풀어라. 방앗간 집 아이들아, 발 좀 녹이렴.) 카이사르가 그 역사를 기록했다. 생략."

나는 선생님이 하지 않은 말까지 보태기도 하며, 한순간도 쉬지 않고 아주 열정적으로 휘갈겨 써 내려갔다. 만약 선생님이 내게 무뚝뚝하게 이렇게 말씀하지 않으셨다면, 나는 평소 듣던 잔소리나 선생님의 불호령처럼 눈 하나 깜짝하지 않았을 것이다. "장학사님이 이걸 보시면 나를 파면하겠지. 너 때문에!"

슬픔이 차갑게 나를 덮쳐왔다. 선생님이 앞으로는 자기 담배에 넣을 장미 꽃잎을 가져오지 말라고 했을 때도 나는 대답할 말을 찾지 못했다. 나는 매번 선생님을 위해 겨울이면 말린 것으로, 여름이면 싱싱한 것으로 장미 꽃잎을 준비해 가져갔었다. 선생님은 가죽끈을 당겨 여는 작은 덮개가 달린 벚나무 껍질 담배 합에 그 장미 꽃잎을 넣어 두길 참 좋아했다.

다음날, 내 받아쓰기에는 단 하나의 실수도 없었다. 하지만 여드레가 넘도록 선생님의 무덤덤한 눈길 아래 아무런 희망도 없이 준비해 간 말린 장미 꽃잎이 가득 든 하얀 종이봉투를 앞치마 주머니 속에 넣고서 만지작거리기만 했다. 마침내 내가 무척 상심해 있는 것을 본 선생님이 내게 꽃잎을 달라고 하셨고, 그렇게 사랑을 다시 받게 되었다. 그 후로도 나는 다른 말썽들을 부렸지만, 장학사가 선생님을 나무랄 만한 그런 말썽은 한번도 없었다.

선생님은 긴 여름 방학 동안에도 온갖 잡다한 일을 해야 했던 것에 비해 적은 월급을 받으면서도 늘 쾌활했다. 나는 그분이 누구를 원망하거나 불평하는 소리를 들어본 적이 없다. 브롱쿠르 학교는 방이 두 개뿐인 어두컴컴한 집이었다. 거리 쪽으로 난 큰 방은 교실이었고, 나머지 하나는 풀이 우거진 언덕 쪽으로 나 있어 늘 어둑어둑했는데, 그 창문은 마치 지하 저장고의 통풍구처럼 지면에 맞닿아 있었다. 그곳이 바로 선생님의 숙소였다. 교실 창문과 마찬가지로 그 방 창문에도 아주 작은 유리창들이 끼워져 있었고, 붉은 무명천 커튼이 드리워져 있었다.

겨우내 교실 창가에서는 선생님의 부인은 삯바느질을 했다. 크고 하얀 머릿수건 아래로 보이는 사모님의 옆모습은 조금 엄격해 보였지만, 내게는 무척 아름다워 보였다. 교리 문답이 있는 날이면, 빅투아르 고모가 그녀 옆에 앉아 내가 내용을 잘 외웠는지 확인하곤 했다. 책상은 세 면을 따라 배치됐고, 출입구 쪽은 비어 있었다. 그곳에는 아직 글을 쓰지 못하는 어린아이들을 위한 벤치가 두세 개 놓여 있었다. 글씨를 잘 쓴다고 칭찬받은 몇몇 큰 아이들도 종종 무릎 위에 대고 글을 쓰느라 그곳에 섞여 앉기도 했다. 그 아이들은 이제 글씨의 모양을 내는데 더 이상 전전긍긍할 필요가 없었기에 스스로 무척이나 자랑스러워했다. 브롱쿠르 학교에서 배운 다섯 가지 서체와 쇼몽 사범학교에서 익힌 그 아름다운 영국식 서체에도 불구하고, 나는 우리 집안 식구들이 모두 그렇듯 제멋대로 휘갈겨 쓰는 필체로 다시 돌아갔다. 단어들을 굴리고 흩뜨리며, 생각이 흐르는 대로 글씨의 모양이 바뀌게 내버려 두는 것. 나의 필체를 흉내 내기 꽤 어려운 것은 바로 이런 이유 때문이다.

그런데도 누군가는 기어코 그 일을 해내고 말았다. 2년 전, 나의 가여운 어머니는 꽤 정교하게 위조된 편지 한 통을 받았다(서명은 그야말로 걸작이었다). 내가 위독하여 생-라자르 감옥으로 어머니를 부른다는 내용이었는데, 이는 명백한 범죄였다. 여기에 범죄가 하나 더해졌다. 어머니 곁으로 가기 위해 내가 감형을 신청한다는 (듣기로는 아주 똑같이 흉내 낸) 서류가 제출된 것이다. 하지만 그 위조범이 모르는 사실이 하나 있었다. 바로 그 무렵, 내가 이미 며칠 전부터 어머니 곁에 가 있었다는 사실을 말이다.

다시 과거의 시간으로 돌아가 보자. 나는 선생님이 문제를 내는 방식만으로도 이미 답을 제시한다는 사실을 알아차렸다. 이른바, 정답을 코앞에 들이밀어 주시는 분이었다. 늙은 선생님의 숨결을 느끼며 칠판 위에서 연산이 이루어질 때면, 긴 개암나무 지팡이 끝으로 숫자가 놓일 자리를 짚어 주곤 했다. 그것은 마치 어떤 환영을 보는 듯한 경험이었다. 숫자가 명확하게 눈에 들어오는 선생님의 설명엔 리듬이 실린 듯 막힘이 없었다. 나는 할아버지께 이 이야기를 말씀드렸고, 그 덕분에 어느 날 저녁 할아버지와 선생님이 나누는 대화를 엿듣게 되었다. 두 분의 대화는 나의 사소한 문제들로부터 까마득히 먼 방대한 주제를 넘나들었는데, 나는 그 이야기를 언제까지라도 들을 수 있을 것만 같았다. 그날 나는 선생님이 그저 숫자에 천부적인 재능이 있는 분일 뿐만 아니라, 위대한 천문학자이자 음유시인이라는 사실을 깨달았다. 또한 대수학이 산수보다 더 쉽다는 사실도 그때 알게 되었다.

"왜 수학에 관한 책을 쓰지 않으셨습니까?"라고 할아버지가 묻자 늙은 선생님은 씁쓸한 미소를 지었다. 그들은 그에 관해 몇 마디를 주고받았는데 그 의미를 이해하기까지는 오랜 세월이 걸렸으나, 그때 선생님의 미소만은 뇌리에 박혀 잊히지 않았다. 그 후로 나는 자격을 갖춘 이는 인정받고, 선한 이는 보상받는다는 책 속의 문구들을 볼 때마다 냉소적인 웃음을 터뜨리게 되었다.

나는 훌륭한 인품을 지닌 이들에게서 그 노스승의 소박함을 여러 번 발견했다. 어느 날, 비르지니 호의 선장이 북극 항해 이야기를 들려줄 때도 나는 선생님을 생각했다. 그 노련한 바다 늑대는 그날의 폭풍우와 희망봉의 거친 파도, 선체에 흐르는 바다의 기운에 전율하며 그 항해의 순간들을 생생하게 되살려내고 있었다.

"왜 이것들을 글로 남기지 않죠?"

"나는 작가도 아니고, 학자들이 이미 이런 일을 다루지 않겠소?"

과연 수많은 학자 중에 선생님만큼 깊이 있고, 직접 눈으로 확인하며 탐구하는 이가 얼마나 될까? 교육이 시야를 넓힐 수 있도록 백과사전적인 방법론을 갖추지 못하는 한, 늙은 선생님의 발목을 잡았던 가난이라는 장애물에 편견이라는 장애물이 더해질 것이다. 이 편견은 마치 '비르지니 호'의 선장에게 일어났던 일처럼 자신이 탐험한 구역을 벗어난 것에 대해 두려움을 품게 만든다. 세상 모든 것이 서로 연결되어 있지 않은가? 포괄적인 안목으로 접근하지 않는 것은 인간의 발달과 새로운 감각의 발현을 가로막는 일이 아니겠는가? 거대한 전체상이 세워졌을 때에야 비로소 각자가 전체 그림과 조화를 이루며 자신의 작은 구석을 탐색하게 되지만, 이는 사회의 전반적인 조건이 바뀔 때나 일어날 일이다.

내가 또 다시 느낀 것은 누군가에 피해를 줄까 봐 차마 살려줄 수 없는 동물을 죽여야만 할 때 밀려오는 슬픔이다. 살고자 갈망하는 생명을 우리 손아귀에 쥐고 있다는 것이다. 목이 잘린 독사를 본 적이 있는가? 잘려 나간 조각들은 다시 서로 붙으려고 몸부림치며 뒤틀린다. 그 모습을 보고 있으면 가슴 저미는 고통을 느끼게 되지만, 그래야만 했다. 독사가 누군가를 물 수도 있었을 테니까.

한번은 마을 사람들이 포도밭 언덕 위에서 울부짖는 가련한 암컷 늑대 한 마리를 포위한 적이 있었다. 늑대는 새끼들을 발치에 끼고 있었다. 고백하건대 나는 그 늑대를 살려달라고 애원했지만, 당연하게도 나의 청은 받아들여지지 않았다. 하지만 마음을 쥐어짜는 동정심이 아무리 클지라도, 해를 끼치는 존재는 사라져야만 한다. 내가 아이였을 때 늑대를 위해 빌었던 그 자비를, 인류에게 늑대보다 더한 짓을 저지르는 어떤 인간들을 위해선 절대 빌지 않을 것이다.

차르처럼 홀로 한 민족을 노예로 만들고 죽음으로 몰아넣는 자들을 제거해야 한다면, 나는 길 위에 놓인 위험한 덫을 치울 때처럼 그 어떠한 망설임도, 동요도 느끼지 않을 것이다.

그러니 평온한 마음으로 그자를 처단하라.

기회가 온다면 나의 신념은 언제나 이러할 것이다. 어제도 그랬고 오늘도 그러하며 내일 또한 마찬가지일 것이다. 사람들은 종종 내가 사람보다 짐승을 더 가엽게 여긴다고 비난하곤 했다. 이성적 존재인 인간들이 이토록 불행한데, 어찌하여 미물들에게 마음을 쓰느냐는 것이다. 그러나 둥지가 짓밟힌 새부터 전쟁으로 보금자리가 파괴된 인간에 이르기까지 모든 것이 하나로 이어져 있다. 짐승이 굴속에서 굶어 죽어갈 때, 인간 또한 저 멀리 외딴곳에서 죽어간다.

동물의 심장은 인간의 심장과 다르지 않고, 그들의 뇌 또한 인간의 뇌와 같아서 느끼고 이해할 줄 안다. 아무리 짓밟혀도 언제나 그 안의 온기와 불꽃은 다시 살아난다. 실험실 해부대 위에 누인 채로도 동물은 다정한 손길과 잔인한 폭력을 고스란히 구분한다. 하지만 그들에게 돌아가는 것은 폭력뿐이다. 한쪽을 절개하고 나면 다른 쪽을 절개하려 뒤집어 놓는다. 아무리 단단히 묶어 두어도 짐승은 고통을 이기지 못하고 몸을 뒤튼다. 공들여 드러내 놓은 섬세한 조직을 흐트러뜨리기도 하면 위협이나 매질로 인간이 동물의 왕임을 가르쳐 준다. 또한 강의 중인 교수는 마치 바늘꽂이에 바늘을 꽂듯 메스를 동물의 몸에 아무렇게나 꽂아 두기도 한다. 손에 그걸 계속 들고 강의를 이어갈 수는 없으니, 어차피 희생된 동물이고 이제는 아무래도 상관없다는 식이다.

그러한 실험들은 이미 오래전부터 알려진 사실이 아니던가? 알포르 수의학교에서 말 한 마리를 대상으로 자행되는 예순 가지가 넘는 생체실험처럼 말이다. 실제로는 아무런 쓸모도 없으면서, 발굽이 뽑혀 피투성이가 된 발로 부르르 떨고 있는 그 짐승에게 고통만을 안겨줄 뿐이다. 과학이라는 무대 위에 올려진 이 모든 불필요한 연극들을 이제는 끝내야 하지 않겠는가? 이 모든 행위는 화학이 걸음마를 걷던 시기, 질 드 레[50]를 비롯한 광인들에 의해 목이 베인 어린아이들의 피만큼이나 아무런 결실도 얻지 못할 것이다. '위대한 작업[51]'의 도가니에서 나온 것은 황금이 아니라 하나의 과학이었다. 그러나 과학은 지금의 화학이 물질 분해에 도달한 것과 마찬가지로 미래 언젠가는 다시 결합해낼 저 원소들 속에 깃든 자연의 섭리에 따라 나타난 것이다. 결국 과학은 자연의 이치대로 탄생한 것인데, 왜 인간들은 마치 피를 흘려야만 지식을 얻을 수 있는 것처럼 야만적으로 구는가?

미래의 인류는 현재 우리에게 익숙한 죽음이 깃든 살덩이 대신, 그보다 훨씬 풍부한 철분과 영양 성분을 갖춘 화학적 화합물을 섭취하게 될지도 모른다. 그렇다. 나는 꿈을 꾼다. 모든 이가 빵을 얻게 될 시대, 과학이 인류의 최고의 요리사가 될 그날을 말이다. 과학이 내놓을 요리가 '인간이라는 짐승'의 입맛을 당장 사로잡지는 못할지라도, 그것은 기생충에 감염되지도, 썩지도 않을 것이며, 조상들의 오랜 굶주림이나 지나친 과식으로 인해 기력을 다한 후대 사람들에게 더 강하고 깨끗한 피를 제공할 것이다.

그때가 되면 모든 것이 모두의 소유가 될 것이다. 다이아몬드조차 예외는 아니다. 다이아몬드를 태워 탄소 재로 만들 줄 알듯, 화학이 탄소를 결정화해 다이아몬드로 만드는 법 또한 알아낼 것이기 때문이다. 아마 그 시대에는 흔한 다이아몬드 따위보다 훨씬 더 값진 눈부신 승리들이 자연의 모든 힘을 손에 넣은 과학의 품에 안겨 있을 것이다.

---

50) Gilles de Rais. 15세기 프랑스의 귀족이자 잔 다르크의 전우. 화학이 체계적인 학문으로 자리 잡기 전, 황금을 만들기 위해 온갖 기이하고 잔인한 실험을 했다.
51) 비금속을 금으로 바꾸려는 연금술. 미셸은 연금술사들이 피에서 금을 찾으려 했으나 결국 얻은 것은 의도치 않게 탄생한 과학의 기초였음을 말하며, 폭력이 진리의 필수 조건이 아님을 역설.

12.

나는 기초 교육 과정에 대해 짧게 언급했을 뿐이다. 이 주제에 대해 몇 줄을 더 덧붙여 본다. 먼저 세상을 떠난 이들에 대한 기억이다. 우리가 그토록 좋아했던 오트푀유 거리의 저녁 강좌에서 머리가 하얗게 센 노인이 거의 알려지지 않은 유용한 기술 하나를 설명하고 있었다. 그것은 바로 속기였다. 속기 덕분에 수많은 시간이 단축될 수 있었다. 배움에 주어진 시간은 너무나 짧은데, 우리는 그 시간을 너무 많이 낭비하고 있기 때문이다. 존경하는 그로슬랭 씨만큼 형언할 수 없이 선량한 얼굴은 일찍이 본 적이 없다.

유배 10년과 감옥에서의 2년, 그 시간 동안 또 누가 세상을 떠났단 말인가? 그 이후로 신문을 읽지 못했으니, 누가 우리 곁을 떠나갔는지 알지 못한다. 제정 시대, 여성들에게 허락된 지식이란 훔쳐내듯 얻어낸 조각들뿐이었기에, 젊은 교사나 혹은 교사가 되기를 꿈꾸던 여성들은 지식에 굶주려 있었다. 그들은 과학과 자유에 더욱 목마른 채 오트푀유 거리로 모여들었다. 그곳에서 소중한 우정들이 얼마나 많이 맺어졌던가. 그중 어떤 이들은 죽음으로 이별했고, 또 어떤 이들은 키질하는 농부의 손에 흩날리는 곡식 낱알처럼, 우리를 사방으로 흩뿌려 놓은 거대한 사건의 소용돌이 속에서 길을 잃고 멀어졌다.

아직 살아 있는 이들을 위해서는 단지 이니셜만 표기할 것이다. 우리가 오트푀유 거리의 그 작은 방에서 자주 어깨를 나란히 했다는 사실이 밝혀진다면, 그녀들에게 어떤 일이 닥칠지 누가 알겠는가! "뭐라고! 루이즈 미셸을 안다고? 가서 감옥에 있는 그 여자랑 합류하시지. 그런 여자를 아는 건 무정부주의자들뿐일 테니까!"

이 비천한 여자가 '모든 사람은 삶의 만찬에 참여할 권리가 있다'라고 수백 번이나 떠들어대지 않았던가? 기아로 죽어가는 이들이 없다면, 배불리 먹은 자의 즐거움이 대체 어디에 있겠는가? 비참함 속에 허덕이는 이들이 없다면, 자신의 견고하고 안락한 지위를 어찌 느낄 수 있겠는가?

게다가 여자라니! 가당찮게. 여자들이 남자들에게 간청하면 권리를 얻을 수 있을 거라는 생각으로 속으면 좋으련만 감히 이런 파렴치한 주장을 내뱉는다. 남성 또한 여성만큼이나 노예 상태에 있으니 자기도 갖지 못한 자유를 남에게 줄 수는 없다는 것이다. 한술 더 떠 남성과 여성이 결정적인 투쟁을 위해 함께 나설 때, 모든 불평등이 한꺼번에 무너질 것이라고 주장한다. 이 괴물 같은 여자는 남녀를 막론하고 우리 인간에게는 그 어떤 책임도 없으며 모든 악의 근원은 다름 아닌 인간의 어리석음이라 주장한다. 정치란 인류의 자부심을 일깨우는 대신, 보잘것없는 허영심을 채우는 데 급급한 저능한 행태에 불과하다고 말이다. 만약 이런 여자가 단 한 명뿐이라면 병적인 사례라고 치부해 버리면 그만일 것이다. 하지만 이제는 모든 권위를 비웃으며, 러시아인들의 저 슬로건인 '토지와 자유!'[52]를 외치는 이들이 수만, 수백만 명에 달한다.

그렇다, 신사들이여. 이제 어떤 권위도 우습게 여기는 여성들이 수백만 명에 달한다. 권력이라 불리는, 수많은 칼날이 박힌 저 낡은 도구가 그간 저질러 온 해악을 똑똑히 목격했기 때문이다. 보잘것없는 것

---

52) 러시아의 혁명 조직 젬랴 이 볼랴(Zemlya i Volya)의 구호. 미셸은 자신의 투쟁이 프랑스에 국한된 것이 아니라, 제국주의에 저항하는 국제적 연대 속에 있음을 명확히 한다.

을 차지하기 위해 얼마나 오랜 시간 학살이 되풀이되어왔던가. 부루섬의 오세아니아인들이 이 섬 저 섬으로 옮겨가며 지켜낸 저 옥도끼[53]만큼이나, 권력이 정말로 소중한 무엇이라도 되는 듯이 말이다. 지금의 정치가 낳는 결과는 새로운 세대의 탄생이 아니다, 지배받는 자들은 모두 죽어가고 지배하는 자들은 아둔한 백치가 되어갈 뿐이다. 이제 썩어빠진 제도 따위는 단번에 물속으로 던져버리자. 그때 인간은 스스로 깨어있는 의식을 지닌 자유로운 존재가 될 것이다.

어떤 이들은 기초교육협회 위원장을 맡기도 했는데, 당시 그들은 권위가 자신들에게 장차 어떤 일들을 저지르게 할지 꿈에도 생각지 못했다.

과학과 자유! 제정 시대의 억압 속에서도 파리의 그 작고 외진 방에서 숨 쉬듯 들이마셨던 그 가치들이 우리 가슴을 얼마나 뛰게 했던가! 저녁마다 소그룹으로 모일 때면 우리는 참으로 행복했다. 큰 강연이 열려 사람들이 많이 모이는 날이면, 우리는 기꺼이 외부인들에게 자리를 내어주곤 했다. 열정에 찬 우리 무리는 교탁 옆 구석진 자리, 해골 상자와 온갖 잡동사니들이 놓여 묘한 즐거움을 주던 그 좁은 틈에 자리를 잡았다. 어두컴컴한 구석이었지만, 오히려 그곳에서 세상의 소리는 더 잘 들렸고 진실은 더 또렷이 보였다. 작은 강연장은 생명력과 젊음으로 넘쳐났다. 우리는 그곳에서 이미 미래를 살고 있었다. 노동과 피를 착취당하는 짐승 같은 삶이 아니라, 모든 이가 온전한 인간으로 살아갈 그 먼 미래를 향해 우리는 누구보다 앞서 나아가고 있었다.

---

53) 오세아니아 원주민들이 신성시하며 지켜왔던 유물인 '옥도끼'. 기득권층이 권력을 절대적인 가치로 숭배하는 모습이, 외부인의 눈에는 그저 미신적인 집착이나 다름없음을 비꼰다. 그들에게는 생명보다 소중할지 몰라도 깨어난 민중의 눈에는 그저 섬에서 섬으로 옮겨 가며 지키는 돌덩이처럼 무의미한 유물일 뿐이다.

특히 파리 포위전이 일어나기 5~6년 전, 오트푀유 거리는 제국의 수도 파리 한복판에서 제정 치하의 시체 썩는 냄새가 미치지 않는 깨끗한 은신처와도 같았다. 가끔 역사 강의가 열릴 때면 장내는 '라 마르세예즈'를 부르는 함성으로 뒤덮였고, 그곳에선 마치 화약 냄새가 나는 듯했다.

주 몇 회씩 열리는 이 강의에 참석할 시간을 대체 어떻게 냈던 것일까? 물리, 화학은 물론 법학 강의까지 있었고, 새로운 교수법을 시도해보기도 했다. 각자 학교 수업도 진행하면서 어떻게 이 강의들까지 들을 수 있었는지, 시간이 그토록 고무줄처럼 늘어날 수 있다는 사실이 지금도 도무지 이해되지 않는다! 하기야 우리는 단 1분도 허투루 쓰지 않았고, 하루를 늘려 썼으니 자정조차 이른 시간처럼 느껴지곤 했다.

우리 중 몇몇은 중단했던 대입 자격시험 공부를 다시 시작하기도 했다. 오래전 나의 열정이었던 대수학에 다시금 빠져들었는데, 바보가 아닌 이상 수학은 스승 없이도 독학이 가능하다는 것을 그때 확실히 깨달았다. 그 어떤 공식도 이해하지 못한 채 넘기지 않고, 그 어떤 문제도 끝내 풀어내고야 만다면 말이다. 배움에 대한 갈망이 우리를 사로잡고 있었다. 일주일에 두세 번, 가끔은 우리 학생 중 성적이 우수한 아이들을 데리고 강의실 벤치에 나란히 앉아 수업을 듣는 것이 우리에겐 더없는 휴식이었다. 자부심에 부푼 아이들은 시간 가는 줄도 몰랐다. 이 모든 것에 열광하면 할수록, 우리는 때때로 어린아이 같은 즐거움에 빠지기도 했다. 참 좋은 시절이었다. 잡히는 대로 풍자화를 그려대고, 엉뚱한 짓을 하며, 아이 같은 장난을 주고받던 우리는 정숙한 여교사보다는 혈기 왕성한 대학생들에 더 가까웠던 것 같다.

어느 날 저녁의 일이 기억난다. 우리는 영국이나 독일처럼 음계의 이름을 알파벳 글자에서 따오는(오선지에 그리지 않아도 되는) 다넬 교수법을 연습하고 있었다. 오트퐈유 거리에서 늦게 나오는 바람에 승합마차가 이미 끊겨 각자의 거처로 걸어서 돌아가고 있었다. 웬 바보 같은 녀석 하나가 나를 따라오기 시작했다. 왜가리처럼 긴 다리를 가진 그자가 성큼성큼 걷는 모습을 보며, 나는 우선 가로등 아래로 미끄러지듯 움직이는 그 새 같은 그림자를 구경하며 즐거워했다. 그러다 상대를 전혀 고려하지 않고 뻔뻔하게 되풀이하는 그 한심한 수작에 짜증이 났다. 긴 다리로 종종걸음을 치던 그 기묘한 새가 흥을 깨버린 것이다. 나는 그자의 얼굴을 정면으로 바라보며 가장 굵직한 목소리로 다넬 식 음계를 내리꽂기 시작했다. "도, 시, 라, 솔, 파, 미, 레, 도!" 효과는 대단했다. 내 목소리가 다소 남성적이었던 탓인지, 아니면 마지막 네 글자가 만들어낸 그 기괴한 발음 때문이었는지는 모르겠지만, 그 '왜가리'는 순식간에 사라져 버렸다.

또 다른 날의 일이다. 나는 몸을 완전히 감싸는 커다란 외투를 입고, 얼굴 전체를 덮을 정도의 큰 털모자를 쓴 채(탕플 시장에서 산) 새 장화를 신고 밤늦게 걸어가는 중이었다. 당시 신문에는 야간 습격 사건이 자주 보도되던 터라 사람들은 겁에 질려 있었다. 그런데 내 장화 굽이 내는 요란한 발소리를 들은 어느 점잖은 신사가 옆에서 다가오는 검은 형체를 제대로 보지도 못한 채 겁에 질려 헐레벌떡 뛰기 시작했다. 나는 그를 제대로 골려주고 싶은 마음에 잠시 그를 뒤쫓았다. 그 신사는 누군가 구하러 오지 않을까, 사방을 살피며 달리고 또 달렸다! 칠흑 같은 밤 텅빈 거리에서 그는 사색이 되어 겁에 질려 있었다. 나는 그 모습이 마냥 즐거웠다. 그가 큰 걸음으로 달아나면, 나는 어둠 속에서 장화 굽 소리를 요란하게 울리며 뒤를 쫓았다. 그 소리가 그의 공포를 계속해서 부채질했다. 그를 한참 뒤쫓다가 어느 동네까지 왔는지도 모를 때쯤, 그 신사에게 "이런 멍청이!"라고 소리치며 그를 보내주었다.

그러다 보니 그날은 밤을 꼬박 새우고 새벽에 귀가하고 말았다. 나는 더 이상 웃지 않았다. 밤의 어둠 속에서 타인을 먹잇감 삼아 살아가는 자들과 스스로 먹잇감이 되어버린 자들을 목격했기 때문이다. 그것은 소위 문명사회라 불리는 곳의 적나라한 밤 풍경이었다. 집에 돌아와 쓴 우울한 시가 아직 남아있다. 매일 같이 시계를 늦춰놓았음에도 볼리에 부인은 어머니처럼 걱정과 잔소리를 늘어놓았다. 내가 그 밤길의 소동을 들려주자 그날의 피로를 무척이나 염려한 것이었다.

어둠은 그 침침한 항아리를 모두 쏟아부었고,

검은 밤은 말없는 유령들을 모두 풀어놓았다.

물은 불길하고 탁하게 잠들어 있고,

그 깊은 강바닥, 음울한 침묵 속에 언제나 열려 있는 심연,

문득 아득한 신비를 향해

다리 위에서 무언가 떨어지는 소리가 들린다

창백한 가로등 불빛 아래,

밤거리를 배회하는 숭고한 비참함들,

차가운 주검보다 더 섬뜩한 유령들.

어둠 속, 문간에 숨어 있는 망령들,

이미 지워진 다른 망령들 속으로

이름도 없고 그림자조차 없이 스며드는 망령들.

그렇다, 나는 부랑자들과 매춘부들을 보았다.

그리고 그들에게 말을 걸었다. 당신들은 그들이

태어날 때부터 지금의 모습으로, 누더기를 끌며

피와 진흙 속을 헤매고 악행을 저지를 운명이었다고 믿는가?

아니다, 그들을 지금의 모습으로 만든 것은 당신들이다.

모든 것을 먹잇감으로 삼는 당신들.

그렇다. 나는 부랑자들과 매춘부들을 보았고, 그들과 대화를 나누었다. 그 이후로도 얼마나 많은 그들을 만났던가, 그들이 내게 들려준 사연은 또 얼마나 많았던가! 당신들은 사람이 태어날 때부터 누군가를 찌르기 위해 칼을 쥐고 나오거나, 자신을 팔아먹기 위해 매춘 허가증을 손에 쥐고 태어난다고 생각하는가? 마찬가지로, 누군가의 앞잡이가 되기 위해 몽둥이를 들고 태어나거나, 권력의 현기증에 빠져 나라 전체를 파멸로 몰아넣기 위해 장관의 지갑을 차고 태어나는 이도 없다. 범죄자라고 해서 정직한 삶을 꿈꾸지 못할 이유는 없다. 하지만 낡고 썩어빠진 세상의 편견이 빚어내는 저 광기 어린 혼란 속에서, 단 한 번의 범죄도 저지르지 않을 만큼 완벽하게 결백한 인간 또한 존재하지 않는다.

훗날 권력에 중독되어 파리 시민들을 학살하는 데 가담했던 그 쥘 파브르(권력이란 마치 '네소스의 셔츠[54]'처럼 그것을 입은 모든 이의 뇌를 피로 오염시킨다)도 예전엔 우리가 아버지처럼 사랑했고 그 또한 우리에게 부성애 넘치는 친절을 베풀곤 했다. 그가 우리 단체의 회장을 맡고 있을 때 나는 상담이 필요하지만, 비용을 낼 형편이 안 되는 이들을 그에게 자주 데려갔다. 어느 날 피해망상에 걸려 누군가의 위로와 조언

---

54) 그리스 신화에서 입는 순간 살이 타들어가 죽게 만드는 저주받은 옷.

이 절실한 한 노파를 그에게 데려간 기억이 난다. 어쩌면 그를 만나면 병이 나을지도 모른다는 생각이었다. 쥘 파브르는 그녀를 설득하느라 꽤 많은 시간을 허비했고, 평소의 온화한 인상은 찾아볼 수 없었는데 이는 아주 좋지 않은 징조였다.

노파가 "20년 동안이나 쫓기고 있어요…"라고 연신 중얼거리며 굽실거리는 동안, 그는 내게 다가와 낮은 목소리로 말했다. "이건 정말 너무하지 않소!" 그 일이 벌어졌던 장소가 지금도 눈에 선하다. 그의 지지자들이 선물한 커다란 항아리[55] 옆이었다. 나는 왜 그리 웃음이 터져 나오던지, 정말 마음껏 웃고 말았다. 그러자 굳어 있던 쥘 파브르의 옆얼굴이 특유의 온화한 표정으로 돌아온 것이다. 그 역시 참지 못하고 웃음을 터뜨렸고, 노파는 연신 절을 하며 인사했다. "정말 감사합니다! 다음에 또 봬요! 곧 또 올게요!"

나는 사토리 수용소[56]에서 갈증을 견디다 못해 수감자들이 움푹한 손바닥으로 웅덩이 물을 떠 마시던 모습을 지켜보며 이 일을 떠올렸다. 그들이 물을 마실 수 있었던 건, 쏟아지는 장대비가 웅덩이 위의 분홍빛 거품을 씻어냈기 때문이다. 정부군은 그 웅덩이에서 손을 씻곤 했는데, 그들의 손은 종종 백정의 손보다 더 붉게 물들어 있었다. 그 피비린내 나는 웅덩이의 물은 마치 옛날 쥘 파브르의 사무실에 있던 그 화려한 항아리에서 흘러나오는 것처럼 보였다.

권력의 범죄, 그리고 권력이 인간을 그토록 기괴하게 변모시키는 방

---

55) 장식용 커다란 단지. 동시에 투표함을 의미한다. 정치인의 사무실에 놓인 이 물건은 그가 선거를 통해 선출된 권력자임을 은연중에 드러낸다.
56) Satory. 1871년 5월, '피의 일주일' 동안 아돌프 티에르가 이끄는 정부군은 파리를 탈환하며 코뮌 가담자들과 무고한 시민들을 무차별적으로 학살했다. 체포된 코뮌 생존자들을 가두고 즉결 처형하던 장소였다.

식을 누가 기록할 것인가? 그리하여 소수의 권력을 만인의 동등한 권력으로 확장해서 그 범죄를 영원히 소멸시킬 날은 언제 올 것인가? 파멸을 막고 구원으로 가는 길은 인류 보편의 권리를 확장하는 길뿐이다. 조국에 대한 애착을 전 세계로 확장하고, 복지와 과학을 전 인류에게 확장하는 것이다. 우리가 사랑하는 이들을 앗아가는 '죽음'이라는 고통만으로도 이미 충분하지 않은가?

다시 오트푀유 거리의 기억으로 돌아가 본다. 교육 단체의 또 다른 회장 중에 우리와 격의 없이 지냈던 외젠 펠르탕[57]이 있었다. 짙은 회색 눈썹 아래 이글거리는 숯불 같은 눈을 가진 그의 얼굴에는 기묘한 분위기가 서려 있었다. 마치 니콜라 플라멜이나 칼리오스트로(신비주의 마법사)처럼 전설 속에나 나올 법한 학자 같았다. 특히 그가 집무실에 있을 때면, 우리는 해골이 놓인 작은 방에 몸을 웅크리고 숨어서 집무실을 내다보고 귀를 기울이며, 과학의 시와 자유의 언어들 그리고 공화국에 대한 사랑과 독재자들에 대한 증오에 사로잡히곤 했었다.

지금은 낱낱이 흩어져 사라져 버린 수많은 글이 바로 당시의 그런 감흥 속에 쓰였다. '어느 광인의 지혜'라는 방대한 분량의 원고가 기억난다. 당시 외젠 펠르탕에게 원고를 보내고 의견을 구했다. 그 난해하고 방대한 원고를 다 읽고 구절구절 주석까지 달아주느라 그가 얼마나 큰 인내심을 발휘해야 했을지, 나중에야 깨달았다. 그는 원고에 이렇게 적었다. "아니, 이것은 광인의 지혜가 아니다. 언젠가 온 민중의 지혜가 될 것이다."

---

57) Eugène Pelletan(1813-1884). 19세기 프랑스의 정치인, 작가, 저널리스트, 민중 교육 후원자. 당시 공화주의 운동과 민중 교육의 중심인물. 나폴레옹 3세의 제정 체제에 반대한 그는 자유, 평등, 그리고 세속주의(정교분리)를 신봉했으며, 1870년 제정이 무너진 뒤 세워진 국방정부의 멤버로 활동. 무상 교육과 여성 교육의 확대를 주장.

그 원고를 돌려받아 돌아오는 길에, 나는 마치 구름 위를 걷는 기분이었다! 원고를 세심하게 다시 검토하기 시작했으나 갈수록 시간이 부족했다. 본 수업이 끝난 뒤에도 보충 수업을 해야 하는 날들이 늘어갔고, 결국 '어느 광인의 지혜'는 다른 원고들과 마찬가지로 어디론가 처박히고 말았다. 만약 시간만 허락했다면 아마 그 원고만큼은 출판업자를 찾아다녔을지도 모른다.

마리아 L 역시 많은 글을 쓰고 지웠으며, 잔 B와 그녀의 동생에게도 집필 중인 원고들이 있었을 것이다. 쥘리 L과 (이미 세상을 떠났기에 실명을 밝힐 수 있는)풀랭 양은 수많은 시를 바람 속에 날려 보냈다. 1871년이 오기 전 마지막 2년 동안, 오트푀유 거리는 그야말로 문학소녀들의 진정한 묘목장이었다.

하지만 산문도, 시도, 노래의 선율도 모두 바람을 타고 흩어져 버렸다. 우리는 거리에서 밀려오는 극적인 숨결, 인류라는 거대한 드라마의 진짜 숨결을 아주 가까이서 느끼고 있었다. 전사들은 새로운 서사시를 노래하고 있었고, 그 외의 다른 것이 들어설 자리는 더 이상 남아 있지 않았다.

우리가 쥘 시몽[58] 씨를 존경하며 따랐던 까닭은 바로 그가 세운 직업 학교들 때문이었는데 당시 우리의 모든 열정을 사로잡고 있었다. 고작 몇 안 되는 소녀들이 그곳에서 견습공 신세를 면하고, 각자의 적성에 따라 직업이나 자격증을 얻었다. 그중에는 예술가가 된 이들도

---

58) Jules Simon(1814-1896). 프랑스의 철학자이자 온건 공화파 정치인. 미셸 같은 혁명적 아나키스트와는 나중에 정치적 궤적이 달라지지만, 이 시기에는 '민중 교육'과 '무상 교육'을 강력히 주장했기에 미셸을 비롯한 진보 지식인들의 존경을 받았다. 쥘 시몽이 주도한 직업 학교는 여성들에게 실질적인 기술(예술, 공예, 사무 등)을 가르쳐 경제적 자립을 돕고자 했다.

있었기에 우리는 이렇게 말하곤 했다. 보라, 공화국이 오고 있다. 이 한 줌의 사람들이 곧 전체가 될 것이다. 아!

포위전 동안 풀랭 부인[59]의 직업 학교에 각계각층의 여성들이 모여들었다. 그들은 항복하느니 차라리 죽음을 택하려 했다. 우리는 모든 구호물자를 최대한 잘게 쪼개어 나누었고 돈을 낼 만한 이들에게는 "파리는 저항해야 한다, 끝까지 저항해야 한다"라고 말하며 기부금을 받아 파리의 저항을 뒷받침했다. 그것이 바로 전쟁 피해자들을 위한 협회였다.

몇몇을 제외하고 지금도 그녀들의 예전 그 모습 그대로 눈에 선하다. 누가 아직 살아 있는지는 모르겠으나, 그들 중 단 한 명도 신념을 저버리지 않았다. 그녀들은 패배의 날, 양산 끝으로 죽은 연맹병들의 눈을 파헤치던 그 파렴치한 도망자[60]들이 아니었다.

내가 포로가 되었을 때 처음으로 나를 면회한 이도 그들 중 한 명인 뫼리스 부인이었다. 나의 마지막 재판 때, 선정된 방청객들 너머로— 어렵게 들어온 이들 사이에서—동료 두 명의 검은 눈동자가 빛나고 있는 것을 보았다. 한 명은 키가 큰 잔느 B였고, 다른 한 명은 체구가 작은 F 부인이었다.

나중에 그녀들에게 허락을 얻게 되면 감시위원회부터 최근의 진전을 보인 '여성 연맹'에 이르기까지 여성들과 여성 단체들에 대해 더 자세히 이야기할 것이다. 그룹에서 그룹으로, 마치 봉우리에서 봉우리로

---

59) 풀랭 부인의 직업 학교(l'école professionnelle de Mme Paulin)는 전쟁이 일어나자 단순한 교육 기관을 넘어 여성 혁명가들의 거점이 되었다. 상류층부터 노동자 계층까지 다양한 여성들이 풀랭 부인의 학교를 중심으로 뭉쳐 항복 대신 저항을 선택했다.

60) franc-fileuses. 파리가 위험에 처했을 때 비겁하게 도망갔다가 나중에 돌아와 코뮌 전사들의 시신을 모욕한 부르주아 여성들.

이어지듯 전위에 배치된 이 용감한 여성들 모두에게 경의를 표한다. 여성들이 "이제 이만하면 충분해!"라고 말하는, 그날, 낡은 세계는 각오하라. 그녀들은 절대 포기하지 않으며, 그들에겐 힘이 깃들어 있기에 아직 지치지 않았다. 여성들이 온다! 자유의 깃발을 흔들며 유럽을 누비는 폴 밍크[61] 같은 이들부터, 들판의 거대한 체념 속에 잠든 갈리아의 딸들까지, 그래, 눈앞에 벌어지는 이 모든 일에 환멸을 느끼며 여성들이 일어설 때, 낡은 세상은 끝나고, 새로운 세상이 시작될 것이다.

제국 말엽, 우리는 테브노 거리에 무료 직업 학교를 열었다. 우리 각자가 일주일에 세 번 몇 시간 수업을 맡고 기초교육협회에서 임대료를 부담하며 학교를 꾸려나갔다. 우리가 '프랑콜리누스 박사'라고 불렀던 한 선생님은 그곳에서 거의 신들린 듯 정력적으로 활동했다. 때때로 제국 경찰들이 우리의 수업을 참관하는 즐거움을 주기도 했는데, 그 상황은 그저 웃음만 나올 뿐이었다. 우리는 때때로 나폴레옹 3세의 추잡한 하이에나 같은 콧수염을 잡아챌 듯 날카로운 독설을 날리며 수업 시간을 알차게 채웠다.

문학과 고대 지리 강의는 이틀은 내가, 이틀은 샤를 드 S가 맡았는데, 우리는 완전히 똑같은 방식을 취했다. 사라진 도시들을 눈앞에 생생하게 그려내며, 소설이라고 여길 만큼 도시와 민족에게도 개인이나 인류 전체의 삶과 마찬가지로 유년기, 청년기, 노쇠함이 있다는 것을 실재적인 측면에서 다루었다. 당시 나의 친구이자 원장인 마리아 A는 쥘리 L과 함께 생-앙트완 외곽 지구[62]에 있었다.

---

61) Paule Minck(1839-1901).는 19세기 프랑스에서 루이즈 미셸과 함께 활동했던 가장 영향력 있는 혁명적 사회주의자, 페미니스트.

62) faubourg Antoine. 파리의 동부 지역으로, 전통적으로 노동자 계급이 밀집해 살며 혁명이 일어날 때마다 가장 먼저 바리케이드가 세워지던 혁명의 성지 같은 곳.

서점 진열대의 책을 구경하거나 밖에 내놓은 책의 페이지도 넘길 수 없는 시간이 훨씬 지나 늦게까지 우리는 서로의 집까지 바래다주겠다며 같은 길을 반복해서 왔다 갔다. 그러다 보면 어느새 우리도 모르는 사이 몇 리[63]를 걸어, 생-앙트완 외곽에서 샤토 도까지 몇 번이나 오갔는지 모른다! 슬픔에 잠긴 저녁이면 우리는 또 얼마나 많은 농담을 주고 받았던가! 그 웃음소리가 어둠을 갈라놓곤 했다.

어느 날 저녁, 나는 흉측한 초상화 하나를 구해서는 기괴한 장식을 잔뜩 그려 넣었다. 그러고는 부르몽 사투리를 약간 섞어 사진사에게 이렇게 말했다. "선생님, 저기 문 앞에 '전신사진'[64]이라고 적힌 걸 보았습니다. 여기 제 남편 초상화에 발 좀 달아주시죠." 그때도 마리아 A는 나와 함께 사진관 안으로 들어가려 하지 않았다. 내가 터무니없는 설명을 늘어놓자 사진사는 분통을 터뜨렸고, 나는 웃으며 도망쳐 나왔다. 그 남자의 당황한 표정이라니!

어느 휴일, 내가 직업소개소에 들러 어느 점잔 떠는 부르주아의 요리사로 취직시켜 달라고 했을 때도 그녀는 가담하려 하지 않았다. 나는 그들에게 첫 저녁 식사를 대접하자마자 곧장 쫓겨날 요량으로 그런 일을 꾸민 것이었다. 그곳은 바스티유 근처의 어느 건물 3층이었다. 나는 신분증이 없었기에(깜빡 잊었다고 둘러대며), 내가 이전에 모셨노라고 주장하는 제국의 온갖 부패한 권력자들의 이름을 늘어놓았다. 직업소개소 직원은 그 이름들을 확인하느라 정신없이 허둥댔다. 결국 그가 가엾다는 생각에, 나는 미친 듯이 웃음을 터뜨리며 그에게 사실대로 다 털어놓았다. 이름이 주는 영향력이란 얼마나 기막힌 환상인

---

63) lieue(리)는 거리를 나타내는 옛 단위(약 4km).
64) 'en pied'는 '전신'을 뜻하지만, 미셸은 발(pied)에 착안해 사진사를 골탕 먹였다.

가! 가련하고 불쌍한 자에게 준 이 교훈은 일류 요리사에 익숙한 이들에게 달착지근한 음식에 후추를 뿌린 요리를 내어주고 보란 듯이 쫓겨나는 즐거움만큼이나 값진 것이었다. 진실을 알게 된 직원은 나에게 욕설을 퍼붓기 시작했다. 나는 늘 그렇듯 대놓고 한 마디 던지고 웃으며 그곳을 나왔다. "다음번에는 그따위 이름들에 그렇게 쉽게 속아 넘어가 왕당파의 농간에 놀아나지 마시오."

기억이 나는 한 계속해서 이야기를 이어가려 한다. 포위전이 시작된 해부터 너무나 많은 일이 쌓여 있어 끝이 보이지 않을 정도다. 오트푀유 거리에서 만난 여교사 중 부스러기 같은 지식이라도 그것을 모으는데 간절했던 이는 몽마르트르의 교사였던 폴랭 양이었다. 그녀는 오랫동안 폐질환으로 쇠약해져 있었으나 본인은 그것을 느끼지도 못하는 듯했다. 무덤으로 가기 전 가능한 한 더 많은 지식을 쌓으려는 사람처럼 말이다. 제정이 완전히 막을 내릴 무렵, 볼리에 부인이 세상을 떠나고 나와 몇 달을 함께 보낸 사촌 마틸다마저 떠난 뒤, 우리는 둘의 학교를 우동 거리 24번지에 하나로 합쳤다.

내가 폴랭 양의 무덤을 마지막으로 본 것은 1871년 5월의 어느 날이었다. 내 기억으로 22일에서 23일로 넘어가던 밤이었을 것이다. 우리는 너무도 적은 수의 전사들로 몽마르트르 묘지[65]를 사수하려 애쓰고 있었다. 할 수 있는 만큼 담벼락에 총구를 수도 없이 내고 싸웠으나 상황은 좋지 않았다. 언덕 위의 우리 포대가 쏘아 올린 포탄은 사거리가 짧아 아군의 머리 위로 떨어졌고, 높은 지대에 자리 잡은 적군 쪽에서도 일정한 간격으로 포탄이 날아들었다. 그것만 아니었으면 진지는 나

65) 당시 몽마르트르 묘지는 정부군과 코뮌의 마지막 격전지 중 하나였다. 죽은 자들의 공간이 산 자들의 요새가 된 비극적인 역설을 보여준다.

쁘지 않았을 것이다. 공기를 가르며 날아오는 포탄은 마치 시계처럼 정확하게 시간을 알리고 있었다. 하얀 대리석 묘비들이 마치 살아 움직이는 듯한 그 맑은 밤의 풍경은 실로 장엄했다. 항쟁의 첫날부터 나와 함께했던 대원들이 그 자리에 있었다. 우리는 번갈아 가며 정찰을 나갔다. 포탄이 헤집어 놓은 적막한 묘지를 거니는 것이 좋았다. 동료들의 만류에도 불구하고 나는 몇 번이고 다시 가고자 했다. 포탄은 언제나 나를 비껴가듯 너무 일찍 혹은 너무 늦게 떨어지곤 했다.

이미 우리 쪽엔 부상자들이 속출하고 있었다. 나는 동료들의 만류를 뿌리치고 다시 정찰에 나섰다. 그때 포탄 하나가 나무 사이로 떨어졌고, 포탄에 꺾여 부러진 꽃가지들이 나를 뒤덮었다. 나는 그 꽃가지들을 두 무덤 위에 나누어 놓았다. 하나는 풀랭 양의 무덤이었고, 다른 하나는 뮈르제[66]의 무덤이었다. 그 비범한 영혼이 우리에게 꽃을 던져주기라도 한 듯했다.

"이런 제기랄!" 동료 중 한 명이 내게 소리쳤다. "당신 거기서 한 발짝도 움직이지 마쇼." 그러고는 나를 카베냐크[67]의 무덤 옆 벤치에 억지로 앉혔다. 하지만 여자만큼 고집 센 존재도 없는 법이다. 게다가 기이하게도 운명의 확률을 확인하고 싶어 했던 것은 나뿐만이 아니었으니 나나 동료들이나 이보다 더 좋은 기회는 없었다. 포탄은 언제나 우리가 지나가기 직전이나 직후에 떨어지곤 했다.

오트푀유 거리에서 만난 또 다른 이가 떠오른다. 아주 작고 가냘픈 체구의 여인으로 음악 수업을 맡았지만 사실 그 외에 다른 것들도 가

---

66) Henri Murger. 소설 『보헤미안의 생활상』으로 유명한 작가.
67) Louis-Eugène Cavaignac는 1848년 6월 봉기를 잔인하게 진압한 인물. 미셸이 아이러니하게도 그 탄압자의 무덤 옆 벤치에 앉아 포격을 피하고 있는 상황.

르칠 능력이 충분한 사람이었다. 그녀는 마치 리듬에 맞춰 걷는 듯했고 전체적으로 조화가 깃들어 있었다…. 그리고 다행히 수많은 동료들이 지금까지도 살아있다.

오트푀유 거리는 다양한 활동의 중심지였다. 무료 초등 교육 과정 외에도 직업 학교, 주부들을 위한 강연, 어린 나이에 온종일 일하느라 학교에 한 번도 가보지 못한 수많은 가난한 아이들을 위한 청소년 강좌들도 있었다. 쥘 시몽 부인, 앙드레 레오[68], 마리아 드렘[69] 같은 이들이 주축이 된 초창기 여성 단체들은 테브노 거리의 직업 학교에서 자주 모이곤 했다. 제정 치하에서의 오랜 정체기가 끝나가고 모든 것이 시작되고 있었고, 정확히는 다시 시작되고 있었다. 이런 흐름 속에서 러시아 혁명가들의 급진적인 사상이 나를 이끌고 있었다.

여성 권리 모임에서는 성평등 사상에 뜻을 같이하는 가장 진보적이라는 남성들에게서도 자주 목격했고 앞으로도 계속 보게 될 한 가지 사실을 주목했다. 남성들이 오랜 관습과 낡은 편견으로 자기도 모르게 우리를 돕는 척은 하겠지만, 언제나 생색내기에 만족하리라는 점이었다. 그러니 구걸하지 말고 우리의 자리를 직접 쟁취하자. 정치적 권리는 이미 죽은 것이나 다름없다. 동등한 수준의 교육, 그리고 매춘이 유일하게 돈벌이가 되는 직업이 되지 않도록 정당한 보수를 지급하는 노동, 이것이야말로 우리 강령의 실질적 핵심이었다.

이제 시간은 흘렀고, 모든 것을 뒤엎는 거대한 붕괴가 필요하다. 그렇다, 러시아인들의 말이 옳다. 진화의 단계는 끝났다. 이제는 혁명이다. 그렇지 않으면 나비는 번데기 허물 속에서 죽어버리고 말 것이다.

---

68) André Léo. 작가이자 저널리스트로 파리 코뮌의 핵심 여성 인물.
69) Maria Deraismes. 작가, 나중에 프랑스 최초의 여성 프리메이슨이 된다.

13.

사랑하는 나의 어머니는 1865년, 내가 몽마르트르의 통학 학교를 할부로 구입할 수 있도록 당신에게 남은 밭들 중 포도밭 하나만을 남겨 두고 모두 팔았다. 가엾은 우리 어머니! 어머니는 밭을 판 대금을 받는 대로 갚아 나갔다. 볼리에 부인과 나는 그녀의 아들들이 보내주는 연금으로 생활하고 있었다. 학생 수가 많이 늘면서 여교사치고는 거의 남부럽지 않게 살 수 있는 순간이 오리라 예감했다. 우리는 얼마나 많은 계획을 세웠던가! 할머니는 아직 살아 계셨고, 나는 할머니와 어머니로부터 좋은 소식들을 전해 듣곤 했다. 이따금 형언할 수 없는 기쁨이 가슴 속에서 차올랐다.

그 기쁨이 어떻게 끝났는지 여기 적어본다. 어느 저녁, 쥘리 L과 아델 에스키로스가 우리와 함께 저녁을 먹으러 왔다. 볼리에 부인이 연금을 받은 상태라 우리에게 돈이 좀 있었서 오트마른으로 작은 선물을 보내자는 이야기를 나누었다. 쥘리는 고향에서 온 무언지 모를 것들을 가져오곤 했다. 아델 에스키로스는 맛있는 간식거리를 챙겨 왔다. 그날은 쉬는 날이었고, 우리 넷은 위층의 작은 방 안에서 아주 안온하게 유쾌한 수다를 떨었다. 특히 볼리에 부인은 내가 한 번도 본 적이 없을 정도로 무척 쾌활한 모습이었다.

나는 전날 공화국 포스터 한 장을 시경 경관의 등 뒤에 몰래 붙였던 이야기를 들려주었다. 포스터는 딱 한 장 남았고 어디든 붙이긴 붙여야 했으니까. 덮개 열린 피아노 위로는 커다란 검은 고양이가 오가며 발바닥 밑에서 울리는 선율에 귀를 기울이고 있었다. 녀석의 이름은 라통이었는데 내가 모른 척 내버려 둔 커피 크림 한 사발을 다 비우고는 만족스레 머리를 치켜들고 있었다.

볼리에 부인은 학교 살림을 위해 어떻게 열쇠들을 자기 주머니에 챙겨 넣었는지 이야기했다. 그녀는 열쇠들을 짤랑거렸는데, 그때 눈가에 띤 미소는 나의 할머니에게서 보았던 것이자, 내가 무언가 작은 도둑질을 하려 할 때마다 어머니가 그것을 낚아채며 지으셨던 바로 그 미소였다. 친구들은 그녀의 이야기에 박수를 보냈지만, 내가 아침에 몰래 서랍장을 열고 지갑을 숨겼던 장난이 미안해져서 지갑을 돌려주자 다들 훨씬 더 크게 웃음을 터뜨렸다. 지갑 속의 돈은 거의 그대로였다. 문득 왠지 모르게 가슴이 저려 왔다. 지금의 이 행복이 그리 오래 갈 리 없다는 예감이 들었다. 하지만 나는 그런 생각을 억지로 떨쳐버리려 애썼다.

꽤 늦은 시각, 친구들을 마르카데 거리의 승합마차 정류장까지 배웅해주었다. 밤은 어둡고 쓸쓸했다. 어둠 속에서 개 한 마리가 울부짖고 있었다. 돌아오는 길에 그 개가 나를 따라오기 시작했다. 내 길목에 그 불길한 짐승이 나타난 우연은 곧 닥쳐올 일과 맞닿아 있었다. 볼리에 부인에게는 이 울적함을 절대 들키지 않으려 조심했다. 그녀는 여전히 유쾌한 모습이었다. 그러나 그 모습은 오래가지 않았다. 그날 밤, 그녀에게 두 번째 뇌졸중 발작이 찾아온 것이다. 내 침대 곁 붉은 패랭이 꽃다발 맞은편에 놓인 사진이 바로 그녀의 초상화다. 그녀의 아들들은 나를 누이처럼 대해주며 그녀와의 추억이 담긴 유품들을 내 몫으로 남겨주었다.

볼리에 부인이 세상을 떠난 뒤 막막한 슬픔이 나를 집어삼켰다. 하지만 자신의 고통에 귀를 기울이고 있을 여유조차 없었다. 제정은 그 종말에 가까워질수록 더욱 위협적으로 변해갔고, 우리 또한 더욱 단호해지고 있었기 때문이다.

몽마르트르에 처음으로 자리를 잡았던 여교사 카롤린 롬 양은 그 동네 사람들 모두에게 글을 가르쳤다고 입버릇처럼 말하곤 했는데, 사실이었다. 이제 노쇠하고 몸이 불편해진 그녀는 여전히 가르치던 몇몇 학생을 데리고 어느 날 나를 찾아와서 함께 지내게 되었다. 그녀는 몸도 마음도 지쳐 있었다.

북유럽의 전설을 읽어본 적이 있는가? 소리 없이 움직이는 그녀의 모습은 마치 운명의 여신 '노른' 중 한 명 같았다. 창백한 얼굴과 긴 백발에 고풍스러운 긴 비녀로 꽂은 그녀에겐 무언가 숙명적인 분위기가 감돌았다. 그것은 그녀의 삶 깊은 곳에 영웅적인 전설이 깃들어 있었기 때문이리라. 부드러우면서도 당당한 그녀의 성격은 그 무엇보다 매력적이었다! …하지만 그녀 역시 세상을 떠났다!

불쌍한 나의 어머니! 어머니는 나로 인해 평온한 날이 거의 없었다. 할머니의 죽음으로 상심한 채 몽마르트르로 올라왔을 때는 혁명이 들이닥치고 있었다. 나는 긴 저녁 시간 내내 어머니를 혼자 두곤 했다. 나중에는 그 시간이 며칠이 되고, 몇 달이 되고, 몇 년이 되었다. 가엾은 어머니! 이제는 잠든 이들이 머무는 그 땅으로 돌아가 어머니를 다시 만날 때에야 비로소 행복이란 걸 느낄 수 있을 만큼 어머니를 너무나 사랑했다. 과연 우리네 어머니들이 과연 행복할 수 있을까?

무심코 흘러나온 몇 마디 말을 통해, 나는 이 가난한 여인들이 몽마르트르 학교 대금을 치르기 위해 얼마나 많은 희생을 감내했는지 깨닫게 되었다.

제국 말기의 들끓는 분위기 속에서, 혁명적 사상이 싹을 틔우며 자라더니 사방으로 불꽃을 흩뿌리며 횃불을 놓았다. 사람들은 이제 이 부패와 타락에 진저리를 치고 있었다. 그때까지만 해도 우린 아직 전쟁을 겪어보지는 못했다.

그러다 마침내 시체 더미를 쌓아 올려 보나파르트의 권력을 지탱하려는 전쟁[70]이 일어났다. 비밀리에 열리던 집회들은 점점 백일하에 모습을 드러냈고, 땅 밑에서 솟구친 반란의 기운은 뜨거운 태양 아래까지 다다랐다. 제국 일당의 선동에도 전쟁은 좀처럼 민중의 마음속에 불붙지 않았다. 민중의 열기를 고조시키기 위해 결국 그들이 한때 금지했던 '라 마르세예즈'의 날개를 풀어주어 자유롭게 부르게 할 수밖에 없었다. 언제나 고분고분했던 군대조차 제정을 찬양하는 낭만적인 노래 '아름다운 뒤누아[71]'를 부르며 행군할 수는 없었기 때문이다. 그 시절의 상황을 그린 시 몇 구절이 떠오른다. 그중 일부를 옮겨본다.

붉은 패랭이꽃

그 시절, 우리는 어둠 속에서 밤마다 모여들었지.
12월의 학살자가 씌운 저 어둡고 불길한 멍에를 흔들며
도살장의 짐승처럼 몸서리치던 비장한 마음들.
제국은 종말을 향해 가고 피 냄새가 진동하는 죽음의 방에서
제멋대로 살인을 저지른다. 그가 군림하고는 있으나,

---

70) 보불전쟁(1870-1871). 프로이센과 프랑스가 에스파냐 국왕 선출 문제를 둘러싸고 벌인 전쟁. 프로이센은 이 전쟁 승리후 독일 통일을 이룬다.
71) 이 곡의 정식 명칭은 〈시리아로 떠나며(Partant pour la Syrie)〉다. 나폴레옹 3세의 어머니인 오르탕스 드 보아르네(Hortense de Beauharnais)가 작곡한 것으로 알려진 보나파르트 가문을 상징하는 노래. 심자군을 배경으로 한 전형적인 중세 기사도 이야기.

공기 중에는 이미 '라 마르세예즈'가 흐르고 있다.

태양은 붉게 떠오르고, 붉게 물든 시인의 영감이

우리를 감싸면 심장이 고동치는 순간들이 자주 찾아왔고,

사람들은 영웅적인 노래를 부르는 이들에게 꽃을 던지곤 했지.

우리가 서로를 알아보기 위해 품었던 그 붉은 패랭이꽃들이여,

다시 피어나라. 머지않아 다가올 미래의 주역들이

그대들을 다시 집어 들 것이니,

그들이야말로 진정한 승리자가 되리라.

〈붉은 패랭이꽃〉의 두 번째 구절은 1871년의 대학살을 겪으며 베르사유에서 쓰였고, 사형 선고를 받은 페레[72]에게 보냈다.

베르사유 구치소에서

테오필 페레에게. 1871년 9월 4일.

내가 만약 어두운 묘지로 간다면,

형제들이여, 그대들의 누이 위에 던져주오,

마지막 희망처럼,

활짝 핀 붉은 패랭이 꽃을.

제국의 마지막 날들,

민중이 깨어나던 그때,

---

72) Théophile Ferré((1846-1871).루이즈 미셸과 가장 가까웠던 파리 코뮌의 핵심 인물.
    1871년 11월 처형당했으며, 미셸은 그를 향한 깊은 존경과 애정을 평생 간직했다.

붉은 패랭이 꽃이여,
너는 미소지으며 말해지,
모든 것은 다시 태어난다고.

오늘 저 어둡고 슬픈 감옥의 그늘 속으로 가
꽃을 피우렴.
침울한 죄수 곁에 피어나
우리가 그를 사랑한다고 꼭 전해주렴.

흐르는 시간 속에
모든 것은 미래의 것이라고 그에게 말해주렴.
창백한 이마의 승자가
패자보다 더 처참히 죽을 수도 있음을.

내 인생에는 정말 많은 꽃이 있었다. 벌들이 모여 들던 밭 안쪽의 붉은 장미들, 마리가 자신의 관 위에 놓아달라던 흰 라일락, 그리고 내가 클레르몽에서 어머니께 보내드렸던, 핏방울이 튄 듯한 살굿빛 장미들까지! 다시 시를 통해 과거를 돌아보자.

평화 시위

어둠 속에 긴 행렬이 지나간다. 대로를 따라 걸으며 "평화를! 평화를!" 외친다. 그 뒤를 비굴한 사냥개 무리가 뒤쫓고 있다. 오, 자유여, 당신의 날은 영영 오지 않는 것인가? 내리치는 창대에 보도블록이 둔

탁하게 울린다. 악당은 어떻게든 버티려 한다. 닥쳐올 몰락을 조금이라도 늦춰보려, 프랑스가 침몰하는 한이 있더라도 그는 전쟁을 벌여야만 한다. 저주받은 자여, 네 궁궐 안에서 저들의 행진 소리 들리는가? 이것이 너의 끝이다! 무시무시한 꿈속에서 유령처럼 파리 시내를 훑고 지나는 그들이 보이는가? 들리는가? 네가 그 피를 들이켜게 될 이곳, 파리의 소리가.

기이한 박자에 맞춘 그 발걸음은, 무자비한 매질 속에도 거대한 무리처럼 나아간다. 악당 카이사르는 군대를 수백 배로 불리고, 민중의 목을 치려 칼날을 갈고 있다. 그들이 전투를 원하고 전쟁을 원하기에, 죽음보다 더한 슬픔에 고개 숙인 민중들이여, 함께 맞서 싸워야 할 적은 오직 폭군들뿐이다. 보나파르트와 빌헬름, 그들 모두 같은 운명을 맞이하리니.

어머니가 애태우지 않도록, 나는 그 어떤 일에도 적극적으로 관여하지 않는 척하고 있었다. 그러던 어느 날 저녁, 친구 두 명이 집회에 데려가려고 나를 찾아왔다. 어머니가 무슨 일인지 눈치채지 못하게 집 밖에서 기다리고 있었다.

"이 늦은 시간에 개인 지도를 하러 간다는 게 말이 되니!" 가여운 우리 어머니가 말씀하셨다. "쥘리가 사람을 보내서 저를 찾고 있어요."

하지만 어머니는 창가로 가더니 "내 그럴 줄 알았지! 또 너희들 집회에 가는 거구나!" 어머니는 우리가 웃으며 떠나는 모습을 보고는, 당신도 모르게 따라 웃었다. 이런 집회들은 주로 파리 외곽에서 열리곤 했다. 들길을 따라 돌아오는 길에 얼마나 많은 이야기를 나누었던가!

때로는 저물어가는 20년[73]의 치욕을 쓸어버리며 솟구쳐 오르는 사상의 그 눈부신 광휘 속에서 모두가 말을 잊기도 했다. 아! 나의 동지들이여, 우리는 모두 시인이나 다름없었다. 우리는 비록 고통받았으나, 참으로 아름다운 것들을 보았다! 내게 남아 있는 이 시들이 아니면 어찌 그 시절을 더 생생하게 되살릴 수 있을까!

밤의 파수꾼들 (1870.8.15.)

I

땅 밑에서 진격의 나팔 소리 울려 퍼진다. 앞으로! 앞으로! 나아가자!
93년의 깃발[74] 높이 들고. 오, 나의 동지들이여, 가자! 어서 가자!
저 부패한 독수리에서 벌레가 먹을 살점이라도 남아 있는 한
사람들은 저 불결한 송장 앞에 무릎을 꿇으려 한다.
무기를 들라, 시민들이여! 대열을 갖추라! 전진하라
놈들의 더러운 피가 우리의 밭고랑을 적시도록!

II

제국이 무너지기 전에, 좀먹은 해골이 거대한 파도 아래 바스러지기 전에, 민중이 무엇을 원했는지 보여주자. 이 불의한 노예의 사슬을 끊어버리자. 폭군 티베리우스 앞에서 우리 모두 20년을 무릎으로 기어다녔어야 했단 말인가? 동지들이여, 공화국 만세!
무기를 들라, 시민들이여!

"전진하라! 공화국 만세!" 우리가 외치면 파리 전체가 응답할 것이

---

73) 1851년 나폴레옹 3세의 쿠데타 이후 지속된 제2 제정 20년의 독재 정치.
74) 프랑스 혁명사에서 가장 치열했던 1793년(공포정치와 민중 혁명의 정점).

라 믿었다. 마침내 과거를 기억해낸 자부심 넘치고 영웅적인 파리가 들고일어나, 그 숭고한 피로 제국의 오염을 씻어낼 것이라고. 우리는 그렇게 믿었다. 하지만 도시는 침묵했다. 저 멀리 안개 속에 그날의 기억이 여전히 선명하다.

창문의 덧문들이 하나 둘 닫히고 거리는 텅 비어버렸다. 우리의 용감한 동지들을 향해 사람들은 이렇게 소리쳤다.

"프로이센 놈들이다!"[75]

그렇다. 제국이 저지른 온갖 죄악에 치를 떨며 "공화국 만세!"라고 외쳐야 했을 파리였건만, 그날 파리에는 기묘할 정도의 침묵만이 흘렀다. 모든 창문의 덧붙이 닫혔고 라 빌레트 대로는 텅 비어 버렸다. 에드와 브리도가 갇힌 호송마차 주위로 사람들은 "프랑스의 적, 프로이센 놈들이다!"라고 비난을 퍼부어댔다.

파리는 언제나 범죄를 막고 치욕을 씻기 위해 즉각 행동하는 대신, 그 수치와 죄악이 하늘까지 쌓여 끝장이 날 때까지 기다려야 한다는 기묘한 논리에 속아 넘어갔다.

보나파르트가 프랑스를 완전히 망쳐놓기 전에 공화국을 선포하려 했다는 죄목으로 우리 동지들이 사형 선고를 받았을 때, 앙드레 레오, 아델 에스키로스, 그리고 나에게 수천 명의 서명이 담긴 항의서를 트로슈 장군[76]에게 전달하라는 임무가 주어졌다. 서명한 이들 대부분은 분노에 차서 동참했으나, 내가 명부를 챙기자 그중 두세 명은 명부에서 자신의 이름을 빼달라고 요구해왔다. 자칫하면 목숨이 날아갈지도

---

75) 혁명가들은 자신들이 파리를 구원할 것이라 믿었지만, 전쟁의 공포에 질린 시민들은 오히려 그들을 적국인 프로이센의 첩자로 몰아세웠다.

76) Général Trochu. 당시 파리 방위 정부의 수장이자 군사령관. 혁명 세력에 대해 매우 회의적이고 보수적인 인물,

모른다는 공포에 질려 뒤늦게 몸을 사린 것이다. 아니, 지금 정작 목이 날아갈 위기에 처한 건 사형 선고를 받은 우리 동지들이 아니었단 말인가? 나는 겁쟁이가 되어버린 그들의 서명을 끝내 지워주지 않았음을 고백한다. 오히려 나는 그들에게 이렇게 쏘아붙였다.

"어머, 잘됐네요! 우리 다 같이 단두대로 가면 되겠네요."

트로슈 장군에게 접근하는 일은 결코 쉬운 일이 아니었다. 그를 만나기 위해서는 여성 특유의 그 집요함이 온전히 필요했다. 거의 돌격하듯 대기실까지 밀고 들어갔지만, 그들은 트로슈의 얼굴도 보여주지 않고 내쫓으려 했다. 그곳에서 "우리는 민중의 이름으로 왔다"라는 말은 환영받지 못하는 불길한 소리에 불과했다. 물러가라는 요구를 뒤로 한 채, 우리는 벽면의 긴 의자에 자리를 잡고 앉아 답을 듣기 전까지는 절대 나가지 않겠다고 버텼다.

우리가 물러날 기색 없이 기다리자, 지친 비서 하나가 트로슈를 대리 한다는 인물을 데려왔다. 그는 수많은 서명으로 두툼해진 명부를 들어보더니(그 무게에 내심 겁을 먹은 듯했다), 서명의 숫자가 워낙 방대하니 이를 반드시 고려하겠다고 우리에게 약속했다.

만약 제국이 스스로 붕괴하지 않았더라면, 그 약속은 종잇장보다 가벼웠을 것이다. 하지만 이미 속부터 썩어 문드러진 제국은 스당 전투의 패배로 단번에 송장이 되어 바닥으로 고꾸라졌다. 시청사에는 단 하나의 붉은 띠뿐이었다. 오직 로슈포르[77]가 두른 것이었다. 그런데도 사람들은 "민중이 저기 있다"라며 희망을 품었다. 아, 9월 4일 공화국

---

77) Henri Rochefort(1831-1913).잡지 《라 랑테른(La Lanterne)》 창간. 황제 나폴레옹 3세를 비판하다 감옥에 갇혔다. 미셸이 트로쉬 장군을 찾아가 집요하게 요구했던 핵심 사항 중 하나가 바로 투옥된 로슈포르의 석방이었다. 나중에 두 사람은 누벨칼레도니로 함께 유배되기도 했다. 두 사람의 개인적 유대 관계는 매우 깊었다.

이 선포된 뒤에도 통치 방식은 제국 시절과 다를 바 없었다! 그런데도 민중은 오랫동안 그저 지켜만 보며 내버려 두었다.

얼마나 사무치는 기억들인가! 진실인지 거짓인지조차 알기 어려운 전투 소식들을 간신히 전해 들으며, 명칭만 바뀌었을 뿐 변한 것 하나 없는 현실을 지켜봐야 했던 그 시절이라니. 정부는 결사 항전[78]을 거부했고, 우리는 결코 올 수 없다는 것을 잘 알면서도 지원군[79]만을 하염없이 기다렸다. 사람들은 "어떤 도시도 홀로 봉쇄를 푼 사례는 없다"라고들 말했다. 하지만 한 번도 일어난 적 없는 일이라 해서 불가능한 것은 아니다. 오히려 전례가 없기에, 단 한 번쯤은 일어날 기회가 있는 법 아닌가.

10월 31일[80], 시청사에서 우리의 '코뮌'이 선언되었다. 하지만 그것은 마치 마술사가 컵 속의 공을 가로채듯 허망하게 도둑맞고 말았다. 우리가 어떤 적들을 상대하고 있는지 깨닫기 위해서는 바로 이런 일들을 겪어보아야만 한다. 플루랑스[81]는 코뮌의 전초기지 근방에서 자

---

78) Sorties désespérées 필사의 출격. 당시 파리는 프로이센 군대에 의해 완전히 포위되어 성문 밖으로 나갈 수 없는 상태였다. 시민들은 굶주림과 추위 속에서도 항복하기보다는 성문을 열고 나가 적진을 돌파하는 총출격을 원했다. 그러나 정부는 민중 무장 세력이 커질 것을 꺼렸다. 일부러 소극적인 전투만을 지시하거나, 무리한 작전으로 민중의 힘을 빼놓기도 했다.

79) 나폴레옹 3세가 스당에서 항복하고 파리가 포위되자, 새로 들어선 공화정 정부의 레옹 강베타(Léon Gambetta)는 기구를 타고 파리에서 탈출하여 지방에서 새로운 군대를 조직했다. 대표적으로 루아르 군(Armée de la Loire), 북부군, 동부군 등이 있었다.

80) 1870년 10월 31일 파리 시청에서 파리 코뮌이 제안되고, 이듬해 3월 28일 공식적으로 선포된다.

81) Gustave Flourens. 소르본 대학의 교수. 혁명가. 시청 봉기 당시 군중은 무능한 정부 요인들을 즉각 처단하라고 요구했지만 "공화국 동지들끼리 피를 흘려서는 안 된다"라며 그들의 안전을 보장해주었다. 1871년 4월 3일, 코뮌 군이 베르사유로 진격하다 실패하고 포로가 되었을 때 베르사유 군의 헌병대 대위는 그 자리에서 플루랑스의 머리를 칼로 내리쳐 살해했다. 아무런 무장도 하지 않은 채 적의 도덕성을 믿었던 그의 태도가 결국 암살에 가까운 죽음을 불러온 것이다.

신의 그 무모한 너그러움에 대한 대가를 목숨으로 치렀다. 그곳에서 베르사유 군은 함정을 파고 매복해 있다가 그를 살해했다. 만약 다가올 투쟁에서 우리가 한 치의 자비도 없는 냉혹하고 비정한 전사가 된다면, 그것은 대체 누구의 잘못이란 말인가?

1월 19일, 마침내 정부는 국민방위군에게 몽트르투와 뷔장발[82] 탈환을 허락했다. 처음에 우리는 기세 좋게 그곳들을 점령했다. 그러나 발목까지 푹푹 빠지는 진흙탕 속에서 대포를 언덕 위로 끌어올릴 수 없었고, 결국 통한의 후퇴를 해야만 했다.

그곳에서 수백 명의 국민방위군이 쓰러져 갔다. 민중의 아들들, 예술가, 그리고 찬란한 청춘들이 삶에 대한 미련 따위 던져버린 채 쓰러져 갔다. 대지는 파리가 바친 이 첫 번째 제물의 피를 들이켰다. 하지만 그것은 시작일 뿐이었다. 대지는 앞으로도 훨씬 더 많은 피를 마셔야만 할 운명이었다. 파리는 결코 항복을 원치 않았다.

1월 22일, 우리는 쇼데[83]가 지휘하던 시청 앞으로 구름처럼 모여들었다. 정부는 항복[84]은 없을 것이라고 강변했으나, 민중은 이미 저들

---

82) 뷔장발 전투. 1871년 1월 9일 파리 포위망을 뚫기 위한 마지막 시도. 처참한 실패로 끝났고, 이는 파리 시민들이 정부의 무능과 배신감을 확신하는 계기가 되었다.

83) Gustave Chaudey. 1871년 1월 22일 시청 앞 시위 당시 군대에 사격 명령을 내려 시민들을 살상하게 한 인물로, 이후 코뮌 측에 의해 처형된다.

84) 당시 국방정부는 이미 승산이 없다고 판단하고 독일과 비밀리에 휴전 협상을 진행하고 있었다. 정부가 시민들의 불만을 잠재우기 위해 무리하게 출격 명령(뷔장발 전투)을 내렸으나, 제대로 된 지원 없이 수많은 젊은이를 사지로 몰아넣었다. 1월 22일 시청 앞 시위는 바로, 이 의심이 확신으로 변했을 때 일어났다. 정부는 "항복을 논의한 적이 없다"고 발뺌했지만, 시민들은 정부가 조만간 파리를 적군에게 넘겨줄 것임을 직감하고 있었다. 실제로 이 시위가 있은 지 불과 며칠 뒤인 1월 28일, 정부는 공식적인 항복(휴전 협정)을 발표한다. 정부가 맺은 항복 조건은 굴욕적이었다. 거액의 배상금과 알자스-로렌 지방 할양. 무엇보다, 파리를 지켰던 민중들의 무기(국민방위군의 대포 등)를 압수하려 한 것이 결정타가 되어 훗날 파리 코뮌이라는 거대한 민중 봉기로 폭발하게 된다.

의 입술 아래 감춰진 비겁한 배신의 낌새를 본능적으로 느끼고 있었다. 군중이 결국 짓밟히고 마는 '평화적 시위'라는 성격을 유지하기 위해, 무기를 든 이들은 자리를 피해주었다. 광장에 무방비한 군중만이 남았을 때, 창가에서 우박 떨어지는 소리가 들려왔다. 청사 창문 너머로는 브르타뉴 병사들[85]의 창백한 얼굴이 보였고, 광장의 군중 속에는 총탄이 뚫고 지나간 빈자리들이 생겨나기 시작했다.

그렇다, 아르모르[86]의 야만인들아, 금발의 야만인들아. 이 일을 저지른 건 바로 너희들이다. 하지만 적어도 너희는 돈에 팔려 나온 자들이 아니라 신념에 따른 자들일 뿐. 너희가 지금 우리를 죽이고 있구나! 너희는 그것이 의무라고 믿고 행하겠지만, 언젠가 너희는 자유를 위해 우리와 함께하게 될 것이다. 그때가 되면 너희는 지금의 그 결연한 신념 그대로 우리와 함께 낡은 세계를 무너뜨리러 돌격하게 될 것이다.

라주아[87]가 몽마르트르 대대를 지휘하고 있었다. 브르타뉴 병사들의 일제 사격이 시작되기 전까지 군중 쪽에서는 단 한 발의 총성도 울리지 않았다. 하지만 생자크 탑 광장 주변에 늘어서 있던 이들은 분노했고, 총알이 계속해서 비 오듯 쏟아지자 바리케이드를 쌓기 시작했다. 그곳엔 1848년 6월 봉기에서 살아남은 노병 말레지외가 있었다. 총알

---

85) 정부 측 군대는 가톨릭 신앙심이 깊고 보수적인 브르타뉴 출신 병사들이 많았다.

86) Armor. '바다 근처'라는 의미의 켈트식 표현. 프랑스 북서부 브르타뉴 해안지방을 지칭한다.

87) Henri Razoua(1830-1884). 군인 출신의 정치인이자 언론인. 1월 22일 그는 파리 북부의 혁명적 요충지인 몽마르트르의 국민방위군 제61대대를 지휘하고 있었다. 정부군의 선제공격으로 학살이 시작되자, 라주아와 그의 대원들은 곧바로 바리케이드를 쌓으며 저항의 선봉에 섰다. 이후 3월 18일, 정식으로 파리 코뮌이 성립되자 코뮌 의회 의원으로 선출되었고, 군사 위원회에서 활동하며 끝까지 베르사유 정부군에 맞서 싸웠다. 코뮌이 처참하게 진압된 후(피의 일주일), 그는 사형 선고를 피해 스위스로 망명했고 훗날 사면되어 프랑스로 돌아왔고, 제네바에서 생을 마감했다.

구멍이 숭숭 뚫린 외투 따위는 아랑곳하지 않은 채, 그 옛날을 회상하며 6월의 깃발을 몸에 두른 듯 당당하게 서서 우리를 이끌었다. 나는 광장 한복판에서 깊은 생각에 잠겨 저 저주받은 창문들을 응시하며 다짐했다. '이 악당들아, 결국 너희는 우리 손에 들어오게 될 것이다.'

총탄은 여전히 우박 소리를 내며 쏟아졌고, 광장은 어느덧 텅 비었다. 시청에서 무차별적으로 날아온 총탄들이 행인들의 목숨마저 닥치는 대로 앗아갔다. 내 옆에서 나와 비슷한 키에 검을 옷을 입어 나와 똑 닮았던 어느 여인이 총에 맞아 쓰러졌다. 그녀와 함께 왔던 청년도 목숨을 잃었다. 우리는 끝내 그들이 누구였는지 알지 못했다. 그저 남부 혈통 특유의 선 굵은 얼굴이었다는 것밖에. 많은 이들이 여기서 멈춰서는 안 된다고 울부짖었다. 하지만 우리는 물러나야 했다. 이번만은 때가 아니라는 결정이 내려졌기 때문이다.

그날 1월 22일, 사피아가 목숨을 잃었다. 그 외에도 많은 이들이 쓰러졌다. 블랑키 그룹[88]의 P는 팔이 부러졌다. 우리 동지들뿐만 아니라 평범한 행인들도 죽어 나갔다. 우리는 그들의 무덤 앞에서 복수와 자유를 맹세했다. 나는 저항의 증표로 나의 붉은 스카프를 무덤 위로 던졌고, 한 동지가 그것을 집어 버드나무 가지에 단단히 묶어두었다. 항복 따위는 절대 없으며 그런 소문은 프로이센 놈들이나 퍼뜨리는 것이라며 군중을 기만하고 총격을 가했던 던 1월 22일로부터 엿새 후 항복 선언이 발표되었다. 파리의 분노는 이번만큼은 가라앉지 않았다.

---

88) Group Blanqui. 당시 가장 급진적이었던 혁명가 루이 오귀스트 블랑키를 따르는 세력. 파리 코뮌의 핵심 동력이었다.

14.

몽마르트르 감시위원회의 역사는 따로 기록될 것이다. 이제 우리 중 살아남은 이는 몇 안 되지만, 포위전 동안 위원회는 반동 세력들을 벌벌 떨게 했다. 우리는 매일 밤 클리냥쿠르가 41번지[89]에서 파리 전역으로 흩어졌다. 때로는 투항론자들의 클럽을 무너뜨리고 때로는 혁명의 기운 불어넣었다. 속임수의 시대는 이미 끝났기 때문이다. 우리는 몰락해가는 권력이 시민의 생명과 약속을 얼마나 가볍게 여기는지 뼈저리게 알고 있었다. 몽마르트르에는 남성 위원회와 여성 위원회, 두 개의 감시위원회가 있었다. 나는 주로 남성 위원회에서 활동했는데, 그곳 동지들이 러시아 혁명가들과 같은 기질을 지니고 있었기 때문이다. 나는 지금도 당시 두 번째 방 벽에 걸려 있던 낡은 파리 지도를 가지고 있다. 대양을 건넜다가 다시 돌아오는 내내 기념으로 소중히 간직해 온 것이다. 지도에 장식되어 있던 제국의 문장은 잉크로 지워버렸었다. 그런 상징이 우리 아지트를 더럽히게 둘 수는 없었으니까. 나는 그토록 곧고, 순수하며, 고결한 지성을 일찍이 본 적이 없었다. 그토록 선명한 개성들도 본 적이 없다. 그 그룹이 어떻게 유지되었는지 알 수 없으나, 거기엔 어떤 나약함도 없었다. 그곳에는 사람의 마음을 평온하게 해주는 강인함과 선량함이 있었다. 여성 동지들 또한 똑같은 용기를 보여주었다. 그들 중에도 눈에 띄는 지성을 갖춘 이들이 많았다. 나는 처음에 남성 위원회가 있는 41번지로 갔기에 그곳에 계속 머물렀지만, 지향점이 같았던 두 위원회 모두에 속해 있었다. 여성 위원회 역시 나름의 역사를 갖게 될 것이고, 아마도 두 위원회의 기록은 하

---

89) 몽마르트르 감시위원회의 본부가 있던 곳. 미셸은 이곳을 혁명의 심장부로 여겼다.

나로 합쳐질 것이다. 자신의 의무를 다하는데 성별 따위는 전혀 고려 대상이 아니었기 때문이다. 그 어리석은 성별의 문제는 이미 끝난 일이었다.

저녁이 되면 나는 두 곳의 클럽을 쉼 없이 오갔다. 라 샤펠 거리의 치안재판소에서 열리는 여성 클럽이 먼저 시작했기에, 그곳을 마치고 달려가면 페로 강당에서 열리는 회의로 달려가면 절반, 아니 운이 좋으면 처음부터 끝까지 지켜볼 수 있었다. 두 위원회 모두 그랑-카리에르 구역의 위원회와는 별개로 혁명 클럽이라는 명칭을 사용했다. 나는 지금도 그 호명 소리가 들리는 듯하고, 그들의 이름을 전부 다 댈 수도 있다. 하지만 오늘날은 유령들을 불러내는 호명이 되어버렸다. 몽마르트르 감시위원회는 그 누구도 거처 없이 버려두지 않았고, 그 누구도 굶주리게 내버려 두지 않았다. 위원회에서는 청어 한 마리를 네댓 명이 나누어 먹을 정도였으나, 도움이 필요한 이들을 위해서라면 구청의 자원이나 혁명적인 수단인 징발을 아끼지 않았다. 제18구는 사재기꾼이나 그와 유사한 부류에게는 공포의 대상이었다. '몽마르트르가 내려온다!'라는 말 한마디면 반동 세력은 쫓기는 짐승처럼 구멍 속으로 숨어들었고, 파리가 굶어 죽어가는 동안 식량을 썩혀두었던 은닉처들을 내놓았다.

우리 중 누군가가 선량한 시민인 줄 알고 밀정 하나를 데려오기라도 하면 우리는 진심으로 호탕하게 웃어젖혔다. 다른 모든 혁명 단체들과 마찬가지로 감시위원회 또한 속절없이 쓰러져 갔다. 이폴리트 F, 바르, 아브, 비브, 루이 M 등 살아남은 소수의 이들은 그곳에서 우리가 얼마나 자부심을 느꼈으며, 어떻게 혁명의 깃발을 치켜들었는지 알고 있다. 그들에게는 투쟁 속에서 이름 없이 바스러지든, 만천하에 이름을 알리며 스러지든 그것은 중요치 않았다. 맷돌이 어떤 방식으로 돌아가는지가 무엇이 그리 중요하겠는가? 그저 그 맷돌이 돌아가 맛 좋은 빵만 만들 수 있다면.

지난 15년이라는 시간 동안 어떻게 그토록 많은 일이 일어날 수 있었는지 가끔 스스로도 놀라곤 한다. 마음만 먹는다면 끝도 없이 써 내려갈 수 있겠지만, 우선은 이 이야기의 전체적인 윤곽을 그려두려 한다. 독자가 어느 대목에서든 책을 덮더라도 이해할 수 있게 말이다.[90]

이 책은 흔히 말하는 세간의 이목을 끄는 저술이 아니며, 혁명에 투신한 한 여성의 삶과 사상을 빠르게 훑어보는 글일 뿐이다. 우리가 짓밟히고 부서질 때도 세상은 아무런 관심이 없다. 바로 그때가 혁명적 투쟁에 투신하는 데 걸림돌이 되는 여러 장애 요인이 우리에게서 사라지는 순간이다. 우리에게 닥칠 일에 대해 더 이상 고통스러워할 사람이 아무도 없기에 우리를 막을 수 있는 것은 아무것도 없다. 나는 바로 그 자리에 서 있다. 그리고 이것이 대의를 위해서는 차라리 잘된 일이다. 나 역시 지금 그 자리에 서 있다! 그리고 이것이 대의를 위해서는 차라리 잘된 일이다.

가슴에서 도려내져 피 흘리는 이 심장을 향해, 까마귀 부리 같은 펜촉들이 달려들어 헤집어 놓는다 한들 이제 무슨 상관이란 말인가. 내가 받는 모함과 비방으로 마음 아파할 이가 이제는 세상에 없다. 나의 어머니는 돌아가셨다!

---

90) 15년은 프랑스 역사뿐 아니라 미셸의 삶에서도 가장 격동적인 시기. 보불전쟁, 파리 포위전, 파리 코뮌과 처참한 학살, 그리고 누벨칼레도니 유배와 귀환까지. 본문에 묘사된 사건들의 시기를 나누어 보면 크게 1871년 파리의 상황과 이 글을 집필하던 1880년대 중반의 상황으로 나뉜다.

어머니께서 몇 년, 아니 단 몇 달이라도 더 사셨더라면 나는 그 시간 내내 어머니의 곁을 지켰을 것이다. 하지만 이제 감옥이나 거짓 비방, 그 밖의 모든 것들이 다 무슨 상관이란 말인가? 죽음인들 무엇을 할 수 있겠는가? 그것은 오히려 해방일 뿐이다. 나는 이미 죽은 것이나 다름없지 않은가?

만약 내가 이 감옥을을 나간다면, 그것은 미지의 숨결이 얼굴을 휘갈기는 저 뜨거운 화염 속으로 뛰어들기 위해서일 것이다. 사람들이 용기에 대해 떠들어대는데, 그것이 무슨 소용인가? 나는 그저 나의 동지 마리와 나의 어머니를 하루빨리 다시 만나고 싶을 뿐! 가련한 나의 어머니, 만약 내가 작년에 생-라자르 감옥에 있었더라면 어머니가 내 온기를 곁에서 느끼셨을 테니 아직 살아계셨을지도 모른다. 어머니의 임종 직전에야 도착한 나의 모습은 어머니에게 고작 한 달의 생명을 더 연장해주었을 뿐이다.

생-라자르 이감 요청[91]은 오로지 어머니의 임종을 지키기 위한 선택이었다. 나는 그 대가로 누벨칼레도니로 유배를 떠나 카나크 부족들에

---

91) 1883년 미셸은 파리에서 '앵발리드 실업자 시위'(빵 폭동)를 주도하다 체포되어 6년 형을 선고받는다. 당시 수감 장소는 파리에서 멀리 떨어진 클레르몽 여성 감옥이었다. 파리에 홀로 남겨진 어머니 마리 미셸이 위독한 상태였기에 그녀는 어머니 곁을 지키기 위해 파리에 있는 생-라자르 감옥으로 이감을 요청했다. 이때 그녀가 내건 조건이 바로 "임종을 보게 해주면 다시 누벨칼레도니 유배지로 가겠다"는 것이었다. 정부는 이를 즉각 들어주지 않고 시간을 끌었다. 그러다 어머니 마리 미셸의 임종 직전인 1885년 1월 초, 여론의 압박과 인도적 차원을 고려한 정부의 결정으로 며칠 간의 가석방을 얻는다. 이 글은 어머니를 잃은 직후의 처절한 심경을 담고 있다. 어머니의 장례식은 1885년 1월 파리에서 거행되었다. 수천 명의 인파가 몰려든 거대한 혁명적 시위 같았던 장례식이 끝나자, 루이즈 미셸은 약속대로 클레르몽 감옥으로 당당히 되돌아갔다. 클레르몽 감옥으로 돌아간 지 얼마 지나지 않아, 그녀는 다시 파리의 생-라자르 감옥으로 옮겨진다. 결국 미셸은 6년 형기를 다 채우지 않고, 1886년 1월에 대통령 사면으로 생-라자르 감옥에서 석방되었다.

게 약속했던 학교를 세우겠노라고 했다. 그들이 내 제안을 받아들이지 않았으니 그것은 내 잘못이 아니었다. 어쨌든 나는 죽어가는 어머니의 곁으로 갔다. 통치자들은 늘 그렇듯 자신들이 만든 법보다는 덜 사악했고, 덕분에 그들은 내가 며칠 동안 어머니의 곁에 머무를 수 있게 해주었다.

인간은 언제나 자신을 그물처럼 얽어매고 타인에게까지 드리운 그 법을 스스로 허물 수밖에 없다. 모두를 파멸로 몰아넣는 권력, 한쪽이 지배하고 또 다른 쪽은 지배받는 그 권력만 없다면 그 누구도 괴물이나 희생자가 되지 않을 것이다. 만약 이 책이 나의 유서가 된다면, 책장을 넘길 때마다 낡은 질서에 대한 저주가 매 페이지에서 쏟아져 나오기를. 머지않아 우리가 최후의 일격을 가하고, 붉은 깃발과 검은 깃발이 나란히 휘날릴 그 날이 올 것이라 믿지 않았다면, 나는 이미 오래 전에 죽었을 것이다.

권력자들이 한 가지 잘한 일이 있다면, 그것은 감정에만 치우쳐 나를 석방하라 요구했던 이들의 말을 듣지 않은 것이다. 어머니의 시신이 채 식기도 전에 나를 풀어주는 따위의 배려는 필요 없었다! 불쌍한 우리 어머니, 내가 곁에 없었기에 돌아가신 분! 나의 자유라니, 어머니의 시신을 대가로 자유를 얻는 꼴 아닌가! 하지만 그들은 나를 석방하지 않았고, 당연히 옳은 결정이었다. 어머니가 더 이상 고통받지 않게 된 지금, 이 세상 그 무엇이 나를 흔들 수 있겠는가? 나는 이제 고통도, 기쁨도 기대하지 않는다. 나는 오직 전투를 위해 준비된 몸일 뿐이다.

자, 이제 다시 과거로 빠르게 돌아가 보자. 1월 22일의 시위, 3월 18일의 봉기, 투쟁과 패배, 남녀 위원회들, 유배와 귀환, 그리고 그 귀환 전후의 감옥 생활까지, 모든 사건을 하나하나 다시 짚어볼 것이다.

1871년 3월 18일 새벽, 희뿌연 안개 속에 새벽의 첫 햇살이 젖어 드는 몽마르트 언덕으로 수많은 사람이 개미 떼처럼 몰려들고 있었다. 언덕은 이제 막 습격을 당한 참이었고 위로 올라가면 죽을 수도 있다는 생각을 하면서도 발걸음을 멈추지 않았다. 반동 세력이 몽마르트르를 목표로 삼은 이유는 명백했다.[92] 국민방위군이 십시일반 성금을 모아 사들였던 대포들이 정전 협정에 따라 프로이센군에 넘겨진 지역의 황량한 벌판에 방치되어 있었기 때문이다. 파리 시민들은 이를 용납할 수 없었다. 우리는 와그람 공원에서 대포들을 되찾아왔다. 제6구의 한 대대가 먼저 용기를 내자 그 기세는 순식간에 파리 전역으로 번졌다.

대포를 되찾아야 한다는 생각은 이미 대기 중에 가득 차 있었고, 모든 대대가 각자의 대포를 찾아 나섰다. 남녀노소 가리지 않고 직접 대포를 끌며 깃발을 앞세우고 대로를 행진했다. 해군들은 마치 배를 습격하듯 요새를 다시 탈취하자고 제안했다. 우리는 대기 중에 떠도는 이 뜨거운 열망에 취했다. 그러나 대포마다 포탄이 장전되어 있었지만, 그 누구도 사고를 당하지 않았다. 그렇게 몽마르트르와 벨빌, 바티뇰은 자신들의 대포를 지켜냈다. 보주 광장에 있던 대포들은 생앙투안 외곽으로 옮겨졌다. 1월 22일 이후 클럽들은 폐쇄되고 신문 발행이 중단된 상태였다. 만약 민중들이 깨어있지 않았더라면, 3월 18일은 인민의 승리가 아니라 이름 모를 어느 왕의 승전일이 되었을 것이다.[93]

---

92) 파리 시민들은 대포들이 방치되어 있다가, 패전 후 프로이센군에게 압류되거나 정부가 몰래 가져갈 것을 우려했다. 이에 시민들은 대포를 끌어내어 정부군의 손이 닿지 않는 몽마르트르 언덕이나 벨빌 같은 높은 지대로 옮기기 시작했다. 훗날 3월 18일 정부군이 이 대포를 강탈하려다 실패하면서 파리 코뮌의 불꽃이 당겨진다.

93) 아돌프 티에르의 임시 정부와 국민의회는 왕당파가 다수를 차지하고 있었다. 당시 왕위를 노리던 여러 파벌들은 보나파르트 가문, 오를레앙 가문(루이 필리프 국왕의 후손을 지지하는 세력), 부르봉 가문(정통 왕조의 후손을 지지하는 세력)이 있었다.

나폴레옹 3세의 아들이 아직 살아있던 시절, 몽마르트르의 무장을 해제시키는 것은 곧 보나파르트나 오를레앙 가문의 왕을 맞아들이는 길을 열어주는 꼴이었다. 거짓 선전에 속았거나 공모자가 된 군대, 그리고 요새에 주둔한 프로이센군이 그들을 비호했을 테니 말이다.

하지만 3개월 뒤[94] 파리를 짓밟는 데 동원될 그 군대조차, 이번만큼은 공모자가 되기를 거부했다. 군인들은 시민군, 특히 자기 몸으로 대포를 감싸 안은 여인들에게서 대포를 빼앗고 발포하라는 명령을 거부하고 총을 거꾸로 치켜들었다. 이번만큼은 병사들도 이해하고 있었다. 민중이 무기를 지키는 것이 곧 공화국을 수호하는 길임을 말이다. 만약 그 무기를 내주었다면 프로이센군과 결탁한 왕당파와 제국주의자들이 그 총구의 방향을 파리로 돌렸을 것이기 때문이다.

그렇다, 3월 18일은 왕들의 동맹자인 외세의 차지가 되거나, 아니면 인민의 차지가 되어야만 했다. 그리고 그날은 결국 인민의 승리로 돌아갔다. 승리의 추가 우리 쪽으로 기울었을 때 주변을 둘러보니, 내가 죽을지도 모른다는 생각에 나를 따라온 가엾은 어머니가 보였다.

클레망 토마가 군중을 향해 발포 명령을 내리는 순간 그와 르콩트 장군 두 사람이 체포되었다.[95] 그들은 자신들이 저지른 행위만으로도 이미 오래전부터 단죄된 상태였다. 클레망 토마의 경우에는 멀리 1848년 6월부터 시작된 일이었다. 그는 파리 포위전 당시 국민군을 모욕한

---

94) 3개월 뒤의 사건은 '피의 일주일'(5.21-28). 티에르의 베르사유 정부군은 파리를 탈환하기 위해 총공격을 감행했고 파리 시내 바리케이드마다 처참한 시가전이 벌어졌다. 정부군은 남녀노소를 가리지 않고 코뮌 가담자들을 즉결 처형했다.

95) 3월 18일, 티에르 정부의 명령을 받아 대포를 압수하려던 두 장군. 르콩트는 병사들에게 시민을 향해 발포하라고 세 번이나 명령했으나 병사들이 거부, 그를 체포했다. 클레망 토마는 과거 1848년 노동자 학살의 주역 중 한 명으로 민중의 증오를 한 몸에 받던 인물. 이들은 결국 분노한 군중과 병사들에 의해 즉결 처형되었다.

전력이 있었다. 르콩트 역시 그와 마찬가지로 치러야 할 과거의 빚이 있었고, 그의 병사들은 그것을 똑똑히 기억하고 있었다. 그 복수는 그 어떤 명령 없이 과거로부터 솟아오른 것이었다. 마침내 심판의 종소리가 울려 퍼졌다. 그 종소리는 앞으로도 수많은 이들을 향해 울릴 것이다. 도도히 흐르는 혁명의 물결은 그런 종소리에 상관없이 가던 길을 지체하지 않을 것이다. 사람들은 인민의 보복으로 죽어간 자들의 숫자를 세지만, 그것은 오직 한쪽 편의 숫자일 뿐이다. 반대편의 죽음은 아예 세지도 않으며, 사실 다 셀 수도 없다. 그것은 낫질 아래 쓰러지는 짚단 같고, 한여름 볕 아래 베어 나가는 풀잎과도 같다.

우리 측도 여러 명이 목숨을 잃었다. 밤사이 로지에 가 6번지[96]를 공격하던 중 내 곁에서 쓰러진 튀르팽은 며칠 후 라리부아지에르 병원에서 숨을 거두었다. 그는 자기 아내를 클레망소[97]에게 부탁한다는 말을 내게 남겼다. 죽은 자의 그 유지는 충실히 이행되었다.

나는 나중에 작성된 3월 18일 조사보고서에 실린 클레망소의 증언을 읽어본 적이 없다. 당시 우리는 신문을 읽지 않았기 때문이다. 그가 결단력이 부족했다고 비난받았던 이유는 이미 생명력을 잃고 죽어버린 의회주의가 여전히 진보를 가져다줄 것이라는 환상에 빠져 있었기 때문이다. 그 환상은 그가 보르도 의회[98]를 박차고 나오면서 그곳에서

---

96) 몽마르트르 언덕의 전략적 요충지이자, 나중에 두 장군이 끌려와 처형된 장소이기도 하다.

97) Georges Clemenceau. 당시 몽마르트르의 구청장. 루이즈 미셸과 가까운 사이였지만, 그는 코뮌 세력과 정부 사이를 중재하는 역할을 했다.

98) Assemblée de Bordeaux. 보불전쟁 기간 중 임시 수도인 보르도에 소집된 임시 의회. 대다수가 왕당파로 구성되어 파리 시민들의 원한을 샀다. 클레망소는 당시 이 의회의 의원이었으나, 파리에 대한 정부의 가혹한 태도와 굴욕적인 강화 조약에 항의하며 의원직을 사퇴하고 파리로 돌아왔다.

묻어온 세균과 같은 것이다. 그가 있어야 할 곳은 거리이며, 분노가 폭발하는 날엔 상황이 그를 거리로 끌어낼 것이다. 그에게는 혁명적 기질이 남아 있기 때문이다. 거대한 범죄가 자행되던 날, 반란에 대한 차가운 분노가 그를 보르도 의회에서 끌어냈듯 그 환상에서 나오게 할 것이다.

자, 의회에 마지막 남은 정직한 이들이여! 여러분에게 길을 제시하는 저 위대한 자코뱅파, 델레클뤼즈[99]를 따르는 것이 더 낫지 않겠는가! 이 썩어빠진 상태가 너무 오래 지속되었고, 부패한 토양에서는 더 이상 아무것도 자라나지 않는다. 그곳에 아무리 씨를 뿌리고 아무리 피를 흘려도 다 소용없는 일이다. 그것은 끝났다. 완전히 끝났다. 제국과 공화국, 이름만 바꾼들 무슨 소용인가. 대통령궁이나 파리 시청은 민중의 시신 위에서 춤판을 벌이지 않으면 부상자도 구호할 수 없는 곳이다. 그 와중에 굶어 죽어가는 민중은 옛 제국 시절 8월 15일 축제[100]의 불꽃놀이처럼 그저 바라만 보고 있을 뿐이다.

권력이란 무엇인가!

그것은 대리석을 조각하려 유리 가위를 휘두르는 것이나 다름없다. 자, 보라! 지배하는 것은 폭군이 된다는 것이요, 지배당한다는 것은 겁쟁이가 된다는 것이다! 그러니 이제 인민이여, 일어서라. 늙은 사자가 재갈을 끊어낼 만큼 채찍질을 당해온 지도 이미 너무 오래되지 않았는가. 사람들은 묻는다. 혁명 이후의 미래는 어떠할 것인가?.

---

99) Charles Delescluze. 파리 코뮌의 지도자 중 한 명으로, 자코뱅적 혁명 정신을 상징하는 인물. 나중에 '피의 일주일' 당시 바리케이드에서 스스로 죽음을 맞이한 인물.
100) 나폴레옹의 날 (Saint-Napoléon) 프랑스 제2제국 시대(나폴레옹 3세 치하)에 8월 15일은 성모 승천 대축일인 동시에 나폴레옹 가문의 축일(Saint-Napoléon)이었다. 당시 나폴레옹 3세는 민중의 불만을 잠재우고 황제의 위엄을 과시하기 위해 이날 파리 전역에서 화려한 축제와 불꽃놀이(fusées)를 성대하게 열었다.

글쎄, 그 미래는 새로운 인류의 몫이다. 그들은 새로운 세상에서 스스로 길을 찾아낼 것이다. 우리가 감히 그날의 모습을 다 이해할 수나 있겠는가? 미래의 세대가 우리를 다리 삼아 딛고 건너가게 하라. 우리는 오직 그것만으로도 충분하다. 눈먼 자와 다름없는 우리가 이제 막 떠오르는 저 새벽의 여명을 두고 논쟁하지 말자.

혁명에서 과거를 모방하는 시대는 망하기 마련이다. 오직 앞으로 나아가야 한다. 사방이 포위된 채 지평선 너머 죽음만을 마주했던 코뮌이 할 수 있는 일은 오직 용기를 내는 것뿐이었으니, 코뮌은 기꺼이 용기를 냈다. 코뮌은 미래를 향한 문을 활짝 열어젖혔다.

인류는 결국 그 문을 통과할 것이다. 파리라는 이름의 배는 지금 새로운 대륙의 해안 근처에 닻을 내린 채 파도 위에서 춤을 추고 있다. 최고의 선원들은 상어 떼에게 던져졌지만, 저 배는 반드시 상륙할 것이다.

우리의 슬픔과 희망 위로 붉은 깃발과 검은 깃발이 나부끼는 저 배의 모습은 얼마나 아름다운가! 이것이야말로 영원히 기억될 저 잔인한 5월의 날들에 대한 전 인류의 복수다.

물이 잔디를 자라게 하듯 피는 복수를 꽃피운다고 용사들은 말하곤 했다. 개인적인 복수심은 거칠게 몰아치는 파도 속의 물방울처럼 사라져버릴 것이다. 그 누구도 모래알 하나하나의 역경을 세지는 않는다. 모래알들은 그저 다른 모래알들과 함께 구를 뿐이지만, 그 속에 모두 존재한다.

15.

코뮌 기간 내내, 내가 어머니 집에서 보낸 밤은 단 하룻밤뿐이었다. 사실상 잠자리에 든 적이 거의 없었다고 말해도 좋을 것이다. 딱히 할 일이 없을 때면 그저 아무 데서나 잠깐 눈을 붙였을 뿐이며, 다른 수많은 이들도 나와 다를 바 없었다. 해방을 갈망했던 이들은 저마다 자신의 모든 것을 아낌없이 바쳤다.

만약 반동 세력에 맞선 여성들이 남성들만큼이나 많았더라면, 베르사유는 훨씬 더 큰 고통을 겪었을 것이다. 우리의 남성 동지들은 우리 여성들보다 동정심에 훨씬 더 흔들린다. 하지만 흔히 마음이 약하다고 여겨지는 여성은 정작 필요한 순간, 남성보다 더 단호하게 "그래야만 한다!"라고 말할 줄 안다. 여성은 창자가 끊어지는 고통을 느끼면서도 태연함을 유지한다. 증오도 분노도 없이, 자신이나 타인에 대한 연민도 버리고, 마음에서 피가 흐르든 말든 그저 그래야만 하는 것이다. 코뮌의 여인들은 바로 그러했다.

나는 평소 입는 여성복 외에도 정부군 군복과 국민방위군 군복을 가지고 있었다. 주머니에는 내가 어디 소속인지 증명할 수 있는 신분증들을 넣고 다녔다. 그렇게 전선을 누볐지만, 손목에 총알이 스친 상처 하나와 구멍 난 모자, 그리고 오랫동안 무리하게 걷다 생긴 발목 염좌 외에는 별다른 부상이 없었다. 하지만 결국 그 염좌 때문에 삼사일은 아예 걸을 수 없게 되었고, 어쩔 수 없이 마차 한 대를 징발해야 했다. 꽤 근사해 보이는 사륜마차였다. 마차에 연결한 말도 제법 괜찮아 보였는데, 불행히도 이 녀석은 매질에만 익숙해진 말이었다. 점잖게 대접해 주니 이 고약한 짐승은 도통 움직이려 하지 않았다. 몽마르트르 묘지까지 장례 행렬을 따라 아주 천천히 걸어갈 때만 해도 모든 게 완벽했다. 하지만 장례가 끝나고 다른 곳으로 가야 할 때가 문제였다. 이 저주받은 짐승은 서서 졸 법한 느릿느릿한 걸음걸이조차 마음에 안 들었는지 아예 길 한복판에 멈춰 서버렸다. 그 덕에 멍청이들이 모여들어 우리 주변에서 쑤군거릴 시간만 벌어준 꼴이 되었다. "어머! 저 사람들 마차 탄 것 좀 봐! 돈을 물 쓰듯 하네! 저 마차 유지비도 엄청나겠구먼!" 친구가 옆에서 "잠깐만요, 내리지 마세요! 내가 뛰게 만들 테니까!"라고 말하며 빵 한 조각을 주며 그 괴물 같은 녀석을 달랬지만, 녀석은 비웃기라도 하듯 입술을 씰룩이며 빵을 씹어댈 뿐 돌기둥처럼 꿈쩍도 하지 않았다.

결국 나처럼 가련한 짐승들의 노예를 자처하는 사람[101]에게는 유감스러운 일이지만, '필요의 법칙'을 적용할 수밖에 없었다. 말에게 채찍질을 세게 한 번 가하자, 녀석은 귀를 파닥거리며 다시 달리기 시작했다. 그렇게 우리는 뇌이에 있는 페로네 바리케이드를 향해 출발했다.

몽마르트르에 갈 때도 불쌍한 나의 어머니 집에는 들를 엄두를 내지 못했다. 내가 발목을 삐었다는 것을 어머니가 분명 알아챌 것이기 때문이었다. 그 며칠 전에도 클라마르 역 근처 참호에서 예기치 않게 어머니와 마주친 적이 있었다. 내가 어머니를 안심시키려고 편지에 썼던 말들이 진짜인지 직접 확인하러 온 것이었다. 다행히 어머니는 결국 내 말을 믿어주었다….

이어서 우리 투쟁에 관한 몇 가지 이야기를 전하고자 한다.

지방 사람들은 언제나 정부의 공식 발표를 믿곤 했다. 국가는 체제

---

101) 미셸은 동물 애호가로도 유명하다. 감옥에서도 쥐를 길들여 먹이를 주고, 유배지에서도 동물들을 보살폈다.

유지를 위해 기층민중의 다양한 집단들 사이에 끊임없이 반목과 갈등을 조장한다. 그들은 민중에게 일을 시키기에 부족함이 없을 만큼만 남겨두고, 반란을 꿈꾸기에는 턱없이 부족하도록 그 삶을 통제한다. 하지만 민중은 그들의 주기적인 벌목에도 갈리아의 떡갈나무처럼 다시금 무성하고 강인하게 자라난다.

가장 헌신적인 이들 중 몇몇은 파리를 떠나 지방으로 향했다. 폴 밍크를 비롯한 여성들도 그 속에 있었다. 우리는 할 수 있는 모든 수단을 동원해 우리를 알렸다. 만약 지방이 파리의 진실을 이해했더라면, 그들도 우리와 함께했을 것이다. 프랑스 전역에 보낼 선전문들을 풍선에 가득 실어 띄워 보내기도 했다. 그중 몇몇은 다행히 목적지에 잘 떨어졌다.

사실 모두가 베르사유의 터무니없는 거짓말에 속은 것은 아니었다. 리옹, 마르세유, 나르본에서도 각자의 코뮌이 탄생했다. 그러나 그곳들 역시 우리와 마찬가지로 혁명가들의 피바다 속에 침몰하고 말았다. 우리의 깃발이 그토록 붉은 것은 언제나 그 피 때문이다. 그런데 왜 우리를 피 흘리게 만든 자들이 정작 그 피로 붉게 물든 우리의 깃발을 보고 공포에 떠는 것인가?

농민들이 겪는 고통은 우리의 고통보다 훨씬 더 어둡고 깊다. 계모처럼 가혹한 대지 위로 쉼 없이 몸을 굽혀 일하지만, 그들이 땅에서 얻는 것이라고는 지주에게 바치고 남은 찌꺼기뿐이다. 게다가 그들에게는 우리처럼 배움이 주는 위안조차 허락되지 않았다. 농민들이여, 이 분노의 노래를 그대들에게 바친다. 이 노래가 그대들이 일군 밭이랑마다 뿌려져 싹을 틔우기를. 이것은 우리가 치열하게 싸웠던 그 시대의 기억이다.

대마의 노래[102]

봄이 푸른 가지 속에서 웃고, 깊은 숲속 둥지에 새들이 지저귀네.

온 생명이 날개를 활짝 펴고 노래하니 생기로 가득 차고,

새들은 저마다 새끼를 품는구나.

하지만 우리 인민에게는 단 한 푼의 동전도, 비바람 피할 안식처도,

기운 차릴 빵 한 조각도 없네.

굶주림과 추위가 그들의 창자를 갉아 먹는구나.

대마를 심어라, 농민이여! 대마를 심어라, 농민이여!

가난한 자크에게도 사랑할 여유가 있다면,

둘이 함께 길을 떠나는 것도 참 좋으련만!

하지만 사랑과 빛은 우리에겐 머나먼 일,

가난한 자들을 위한 것이 아니다!

아내들을 고통 속에 홀로 남기지 말자,

아들들을 폭군에게 맡기지 말자,

우리는 그들의 공범이 되고 싶지 않으니,

대마를 심어라, 농민이여! 대마를 심어라, 농민이여!

쇠를 벼려 사슬을 만들고 요새를 쌓고,

가축들처럼 모든 것을 바치는구나.

땀과 피, 노동과 고난까지 전부 다.

공장이 성채처럼 높이 솟아오르는구나. 자크여, 보이는가?

---

102) 농촌에서 재배되었던 작물. 당시 대마로 교수형의 밧줄이나 수의도 만들었다. 미셸은 폭군들을 매달 밧줄을 만들기 위해 혹은 압제에 맞서 죽을 각오로 수의를 만들기 위해 대마를 심으라는 의미로 읽힌다.

어둠에 잠긴 문턱마다, 마치 불꽃이 치솟는 꿈속인 양,

붉은 횃불이 일렁이며 번져가는 것을.

대마를 심어라, 농민이여! 대마를 심어라, 농민이여!

친구들이여, 보다시피 나는 사랑이든 증오든 무엇이든 할 수 있는 사람이다. 나를 실제보다 더 나은 사람으로 만들지 마라. 당신들 또한 마찬가지다! 우리는 그저 같은 부스러기를 갉아먹고 같은 먼지 속을 뒹구는 인간이라는 이름의 곤충일 뿐이다. 하지만 우리의 날개는 바로 저 혁명 속에 비로소 고동치게 될 것이다. 그때가 되면 번데기는 허물을 벗고 변신할 것이며, 우리 세대의 비극은 끝날 것이다. 그리고 그다음의 더 나은 시대는, 지금의 우리가 감히 상상조차 할 수 없는 환희를 맞이하게 될 것이다. 우리 인류에게 예술과 자유의 감각은 아직 초기 단계에 머물러 있다. 그 감각들은 더 발달해야 하고, 결실을 보아야 한다. 바로 그 감각들이 자라나 경이로운 수확을 이루게 될 것이다.

저 멀리 어느 봄날 밤의 미적지근한 어둠 속에 붉게 일렁이는 빛, 그것은 5월의 나날들에 불타오르는 파리다. 그 화염은 여명黎明이었다. 이 글을 쓰는 지금도 내 눈에는 그 빛이 생생하다.

우리의 이 저주받은 시대를 지나, 깨어있는 자유로운 인간이 더 이상 인간도 짐승도 고통스럽게 하지 않을 그날은 반드시 오고야 만다. 그러한 희망이 있다면, 삶의 온갖 참혹함 속을 걷는 것 또한 충분히 가치 있다. 쓰다 보니 내가 지금 회고록을 쓰고 있다는 사실을 자꾸만 잊는다. 만약 사람이 죽는 순간까지 자신의 존재조차 잊고 살 수만 있다면 얼마나 좋을까! 이제 그 5월의 날들에 벌어진 나의 세 번째 체포에

대해 말하기 전에, 그에 앞서 일어난 일들을 먼저 이야기해야겠다.

　파리 포위전 당시 앙드레 L부인과 함께였을 때의 일이다. 우리는 포위망을 뚫고 죽어가는 스트라스부르[103]로 가서, 마지막 결사 항전을 감행하거나 아니면 그 도시와 운명을 같이할 자원자들 모집했다. 그러자 수많은 자원자가 몰려들었다. 우리는 길게 줄을 지어 파리 시내를 가로지르며 외쳤다. "스트라스부르로! 스트라스부르로!" 우리는 스트라스부르 조각상의 무릎 위에 놓인 방명록에 서명한 뒤 파리 시청으로 향했다.

　그곳에서 L양과 나, 그리고 운 나쁜 어느 할머니 한 분이 체포되었다. 그 가련한 노인은 그저 기름을 사러 광장을 지나가다 시위대 한복판에 끼어버린 분이었다. 할머니는 그 와중에도 기름병을 꼭 쥐고 있었다. 우리의 증언과 무엇보다도 가장 확실한 증거물인 그 기름병 덕분에 할머니는 풀려날 수 있었다. 하지만 손을 얼마나 떨었는지 기름이 옷 위로 다 쏟아지고 있었다. 그때 덩치 큰 사내가 들어오기에 나는 상황을 설명하려 애썼다. 그러자 그자는 내게 이렇게 말했다. "스트라스부르가 망하든 말든 당신과 무슨 상관이오? 당신은 거기에 없잖소!" 화려한 예복을 차려 입은 이 지각없는 자는 그저 호기심에 우리를 구경하러 온 것이었다.

　임시 정부 위원 중 한 명이 우리를 석방해 주었다. 우리가 풀려나던

---

103) 프랑스 동부 알자스 지방의 핵심 도시. 1870년 8월-9월. 프로이센 군대가 스트라스부르를 포위하고 무차별 포격을 가했다. 이 과정에서 유서 깊은 도서관과 성당이 불타고 수많은 민간인이 희생되었다. 당시 프랑스인들에게 스트라스부르는 침략에 맞서 처절하게 저항하다 죽어가는 조국의 상징이었다. 미셸이 자원자를 모집하던 시점은 도시가 함락되기 직전의 절박한 순간이었다.

바로 그 시각, 스트라스부르는 결국 함락되고 있었다.

　나의 두 번째 체포 또한 포위전 중에 일어났다. 당시 몇몇 여성들은 판단력보다는 용기가 앞섰던 모양인지 뭔지 모르지만 어떤 방어 대책을 정부에 제안하길 원했고 자신들이 직접 그 일에 투입되기를 요청했었다. 그들은 모 시민 단체의 이름으로 몽마르트 여성 클럽에 찾아왔다. 의욕이 너무 앞선 나머지, 정작 그들은 그 시민 단체와 사전에 협의도 하지 않은 모양이었다. 설령 그들이 단체의 이름을 빌리지 않고 개인 자격으로 왔더라도, 우리는 다음 날로 예정된 그들의 면담에 동행하는 것을 조금도 주저하지 않았을 것이다. 다만, 우리는 시민으로서가 아니라 여성으로서 그들과 동행하여 그들의 위험을 함께 나누겠다는 조건을 붙였다. 파리가 스스로를 방어하는 것조차 가로막는 무능한 정부를 우리는 더 이상 인정하지 않았기 때문이다.

　우리는 약속대로 시청으로 가서 일어날 일을 예상하며 기다렸다. 거기서 나는 시위를 주도한 혐의로 체포되고 말았다. 나는 당당히 응수했다. 나는 내가 더 이상 인정하지도 않는 정부에 대화를 구걸하려고 시위를 조직할 이유가 없다. 만약 내가 내 의지로 시청에 발을 들인다면, 그때는 무기를 든 인민들과 함께일 것이라고 답했다.

　나의 해명은 충분치 않은 것으로 보였고, 결국 감옥에 갇혔다. 하지만 바로 다음 날, 테오필 페레, 아브롱사르, 뷔를로, 크리스트, 네 명의 동지가 제18구를 대표해 나의 석방을 요구하러 왔다. 반동 세력이 가장 두려워하던 경고문, "몽마르트르가 내려올 것이다!"[104]

　그 한마디에 나는 석방되었다.

---

104) 당시 몽마르트르는 고지대에 자리 잡은 노동자들의 요새였다. 그들이 무장하고 시내 중심가로 내려온다는 것은 곧 전면적인 민중 봉기를 의미했다.

전쟁 희생자들을 돕는 여성 협회 자격으로 뫼리스 부인도 석방을 요구하러 와주었다. 하지만 그녀가 경찰서에 도착했을 때는 이미 우리가 떠난 뒤였다. 다시 한번 말하지만, 당시 여성 중 비겁하게 행동한 이는 한 명도 없었다. 우리 중 그 누구도 자기 발을 더럽히고 싶지 않았기 때문이다. 어쩌면 우리 여성들은 약간 고양잇과에 속하는지도 모른다.

무려 30만 명의 선택을 받아 코뮌이 탄생했다. 그러나 그 참혹했던 '피의 일주일' 동안, 고작 1만 5천 명 남짓한 이들이 정부군 전체의 무시무시한 공격을 온몸으로 받아냈다. 공식적으로 총살당한 이들만 약 3만 5천 명에 달했지만, 소리 없이 죽어간 이들은 대체 얼마나 더 많겠는가? 가끔은 대지가 품고 있던 시신들을 스스로 뱉어내는 듯한 날들이 있을 정도였다.

5월의 그 뜨거운 날들, 여성들은 블랑슈 광장에 바리케이드를 쌓고 이를 지켜냈다. 그들은 죽음을 맞이할 때까지 그 자리를 떠나지 않았다. 그들 중 블랑슈 르페브르는 마치 평범한 나들이라도 나온 양 델타 바리케이드에 있는 나를 찾아오기도 했다. 우리는 그때까지만 해도 우리가 승리할 수 있을 거라 믿었다. 봉기의 불길이 타올랐다. 하지만 우리 혁명은 베르사유 군대의 총사령관이자 교활한 늙은 여우인 푸트리케[105]의 손에 목이 베어 피를 흘리고 있었다. 돔브로프스키 장군[106]이 죽음을 각오한 듯 슬픈 표정으로 우리 앞을 지나갔다.

---

105) Foutriquet. 프랑스 역사에서 아돌프 티에르(Adolphe Thiers) 당시 임시 정부 수반을 비하하여 부르던 별명이다. '보잘것없는 놈', '잔챙이' '쥐새끼'정도의 의미가 담긴 표현이다.

106) 야로슬라프 돔브로스키 (Jarosław Dąbrowski, 1836-1871) 파리 코뮌 군대의 총사령관. 폴란드 출신의 귀족이자 혁명가로, 러시아 군대에서 장교 훈련을 거친 군사 전문가였다. 폴란드의 독립운동을 이끌다 프랑스로 망명했다. 코뮌 군 내에서 실전 경험이 가장 풍부한 지휘관 중 한 명이었다. 바리케이드에서 전투 중 전사했다.

"이제 다 끝났소." 그가 내게 말했다.

"아니요, 절대 그렇지 않습니다." 내가 대답했다.

그러자 그는 내 두 손을 꼭 쥐었다.

나는 어떻게 된 일인지 늘 모든 위험을 용케 빠져나갔다. 마침내 나를 잡으려던 자들은 내가 나타나지 않으면 어머니를 총살하겠다며 그녀를 끌고 갔다. 나는 내 몸을 내주고 어머니가 풀려날 수 있게 자수를 하러 갔다. 가엾고 소중한 나의 어머니는 한사코 나가길 거부했다. 그녀를 설득하기 위해 수많은 거짓말을 해야만 했다. 그녀는 이번에도 나를 믿어주었다. 그렇게 그녀를 집으로 돌려보낼 수 있었다. 포로들을 가두어 두는 수용소는 몽마르트르 철길 근처의 제37보루였다. 불타는 파리 시내에서 날아온 타다 남은 검은 종이재가 마치 검은 나비 떼처럼 그곳까지 날아왔다. 우리 머리 위로는 화염의 여명이 붉은 상복처럼 일렁였다. 대포 소리는 끊이지 않고 28일까지 이어졌다. 우리는 28일까지도 이렇게 말했다. 혁명은 반드시 복수할 것이다. 우리는 순진하게도, 배신이 우리를 기다리고 있을 줄은 꿈에도 몰랐다. 우리가 갇혀 있던 커다란 흙먼지 광장 앞, 초록 잔디 언덕 아래에는 방호 포대가 있었다. 그곳에 갈리페 후작[107]이 도착하자마자 죽고 싶지 않아 몸부림치는 불행한 두 남자가 우리 눈앞에서 총살당했다. 그들은 아마도 우리를 모욕하러 거리로 나왔다가 붙잡힌 모양이었는데, 처음엔 별로 걱정하지 않는 기색이었다. 자신들은 곧 풀려날 것이라 장담하고 있었다. 하지만 갈리페의 연설이 시작되고, 누구든 조금이라도 움직이면

---

107) M. de Gallifet. 가스통 드 갈리페는 '파리의 도살자'라는 별명이 붙을 정도로 코뮌 포로들을 잔인하게 학살한 인물. 그는 포로들을 줄 세워놓고 '머리가 하얗거나 신발이 지저분한 자들은(오래 투쟁했거나 바리케이드에 있었다는 증거라며) 앞으로 나오라' 한 뒤 즉석에서 처형하곤 했다.

무조건 발포하라는 명령이 떨어지자 그들은 미친 듯한 공포에 사로잡혀 도망치기 시작했다. 우리 모두 "저들은 모르는 사람이다, 우리 동료가 아니다!"라고 소리 높여 외쳤음에도 불구하고, 결국 그들은 총살당했다. 가련한 그들은 겁에 질려 제대로 서 있지도 못한 채, 자신들은 그저 몽마르트르의 상인일 뿐이라고 애원했다. 하지만 공포로 머릿속이 하얗게 비어버린 탓에, 남겨진 아이들을 다른 이들에게 부탁할 집 주소조차 떠올리지 못했다.

우리 역시 그곳에서 살아서 나갈 수 있으리라곤 생각지 않았다. 총살당한 그 두 남자는 서로를 쏙 빼닮아 형제처럼 보였다. 사람들은 그중 한 남자가 '아!'라고 탄식했다고 생각했지만, 적어도 내 귀에는 '안느'로 들렸고, 아마 자기 딸의 이름을 불렀으리라 믿고 있다. 제37보루에서 죽은 불행한 두 사람처럼, 코뮌에 반대했음에도 이렇게 붙잡혀 죽은 이들이 대체 얼마나 많았던가! 참으로 기괴한 일들이 곳곳에서 벌어졌다.

훗날 우리가 사토리에서 베르사유로 압송될 때였다. 분노에 찬 한 여성이 우리에게 달려들며 우리가 자기 자매를 죽였다고, 목격자도 있다며 고함을 내질렀다. 그런데 바로 그 순간 두 개의 외마디 비명이 동시에 터져 나왔다. 죽었다던 그녀의 자매가 정부군에 포로로 잡혀 바로 우리 속에 섞여 있었기 때문이다.

사토리 수용소에 도착했을 때의 일이다. 장대비가 쏟아져 미끄러운 언덕길에서 군인들은 우리에게 몽마르트르 언덕을 점령할 때처럼 기어 올라가라며 조롱 섞인 명령을 내렸다. 우리는 빠르게 언덕을 올랐다. 우리를 향해 조준되는 기관총들 앞으로 걸어가면서, 총살당한 남편 때문에 비명을 지르려던 옆의 할머니에게 포로들이 도착할 때마다

하는 관례일 뿐이니 걱정말라고 나지막이 말하자 할머니는 입을 다물었다. 우리는 모두 한목소리로 '코뮌 만세!'라고 외칠 준비가 되어 있었다. 다행히 기관총은 철수되었다. 하지만 베르사유를 통과할 때, 망나니 부잣집 아들놈들이 토기 사냥하듯 우리에게 총을 쏴댔다. 그 바람에 어느 국민방위군 대원은 턱이 부서졌다. 우리를 호송하던 기병들이 포로 사냥을 나선 그 망나니들과 그들의 천박한 계집들을 밀쳐내 주었는데, 그 점만큼은 공평하게 인정해 주어야겠다.

사토리!

밤사이에 포로들이 무더기로 호명되었다. 그들은 빗속에 누워있던 진흙탕에서 일어나 앞서가는 등불을 따라갔다. 그들에게 제 무덤을 팔 삽과 곡괭이를 등에 지게 하고 그들을 총살하러 가는 것이다.

밤의 정적 속으로 간헐적인 사격 소리가 이어졌다. 내가 도착한 다음 날 나를 총살할 것이라던 자들은, 다시 저녁에 집행하겠다고 했다가, 또 다음 날로 미루기를 반복했다.

나는 잔인한 승리자들 앞에서 패배자가 부릴 수 있는 가장 오만한 태도로 그들을 대했는데도 왜 나를 죽이지 않았는지는 모르겠다. 그 후 우리 여성 서른 명가량은 베르사유의 샹티에 감옥으로 이송되었다. 그곳 2층의 널찍한 사각형 감방에서, 낮에는 맨바닥에 앉아 지냈고 밤에는 되는대로 몸을 뉘어 잠을 청했다. 보름쯤 지나서야 겨우 두 명당 지푸라기 한 단이 지급되었다.

위쪽으로 난 구멍을 통하면 취조실로 올라갈 수 있었고, 아래쪽으로 난 또 다른 구멍은 어린 포로들이 갇힌 1층으로 연결되어 있었다.

밤이면 등불 두 개가 이 '시체 공시소' 같은 방을 비추었는데, 시신처럼 누운 사람들 위로 줄에 매단 누더기들이 더해져 가관이었다. 오랫동안 어머니와의 면회가 금지되었었다.

나와 말 한마디 나눌 수 없었지만, 어머니는 매번 몽마르트르에서 나를 보러 왔다. 그러던 어느 날, 가여운 나의 어머니가 울타리 너머로 내게 커피 한 병을 건네려다 헌병에게 거칠게 밀려나는 모습을 보았다. 나는 즉시 그 병을 어머니를 밀친 헌병의 머리에 내던졌다. 어느 장교가 이를 보고 내게 윽박지르자 나는 이렇게 대답했다. "나의 유일한 후회는 명령을 내린 윗놈을 치는 대신 그저 시키는 대로 움직이는 도구를 맞췄다는 사실뿐이다." 결국 한참이 지나서야 어머니와의 면회가 허용되었다.

샹티에 감옥에도 다른 곳처럼 우스꽝스러운 일들이 있었다. 듣지도 말하지도 못하는 어느 여성이 '코뮌 만세!'를 외쳤다는 죄목으로 이곳에서 몇 주를 보냈다. 두 다리가 마비된 어느 노파는 바리케이드를 쌓았다는 혐의로 잡혀 왔다! 또 다른 여인은 한쪽 팔에 바구니를 걸로 다른 팔에는 우산을 낀 채 사흘 동안 방 안을 뱅글뱅글 돌았다. 그녀의 바구니 안에는 그녀의 주인이 승리자를 찬양하기 위해 지은 노래 가사들이 들어있었는데, 당국은 다음과 같은 구절을 보고 코뮌을 찬양하는 시라고 착각해 그녀를 잡아 온 것이었다.

'베르사유의 훌륭하신 나리들이여, 어서 파리로 들어오소서.'

하지만 웃음은 이내 입가에서 사그라졌다. 실성한 여인들의 울부짖음, 생사조차 알 길 없는 가족과 친구들에 대한 걱정, 그리고 홀로 집을 지키고 있을 가련한 어머니들 때문이었다.

그러나 패배 속에서도 우리는 당당했다. 마치 동물원 짐승 구경하듯 우리를 보러 온 얼간이들은 우리 눈에서 단 한 방울의 눈물도 보지 못했다. 그들의 멍청한 면상에 비웃음 섞인 미소로 화답했다. 1층에는 아버지를 잡지 못한 대신 끌려온 아이들이 있었다. 그중 몇몇은 벌써 랑비에[108]처럼 당당한 기개를 보였고, 그런 아이들이 자랑스러웠다.

바닥에는 은빛 줄기가 뱀처럼 구불구불 이어졌다. 등에 거친 털이 삐죽삐죽 나고 약간 굽은 것이 마치 멧돼지를 닮은 거대한 이 떼의 이동이었다. 어찌나 우글거리는지 그 움직이는 소리가 들릴 정도였다. 군인들의 감시 속에 여인들은 옷을 갈아입는 것조차 쉽지 않았다(그나마 갈아입을 옷이 있는 이들도 드물었다). 다행히 나는 옷을 구할 수 있었는데, 안뜰의 격자문으로 옷가지를 전해주시던 어머니의 모습은 참으로 처량해 보였다. 하지만 그것은 비극의 시작일 뿐이었다.

나는 밤마다 이 '시체 공시소' 같은 풍경을 기묘한 호기심으로 지켜봤다. 늘 이런 광경에 사로잡히곤 한다. 사물들이 뿜어내는 섬뜩한 웅변에 압도되어 그 속의 인간 존재조차 잊어버리는 것이다.

때때로 이 '시체 공시소[109]'는 황혼이나 새벽녘에 베어낸 수확물 같은 풍경을 자아냈다. 속 빈 이삭과 야윈 볏단들이 햇살 아래 밀알처럼 금빛으로 물드는가 하면, 어떤 때는 거대한 잔영들이 일렁이며 마치 별들을 수확해 놓은 듯 했다. 하지만 그것은 사실 동이 트면서 등불이

---

108) Gabriel Ranvier(1828-1879). 파리 코뮌의 핵심 인물이자 미셸의 동지. 파리 코뮌의 지도부 중 한 명이었으며, 특히 파리 20구(벨빌 지역)의 구청장이었다. 그는 코뮌이 선포될 때 시청 광장에서 코뮌의 성립을 공식적으로 선포한 인물로도 유명하다. 랑비에는 코뮌이 무너질 때 끝까지 항전한 인물로 '피의 일주일' 동안 벨빌의 바리케이드에서 마지막까지 지휘를 맡았다. 랑비에는 코뮌 패배 이후 극적으로 탈출해 영국으로 망명했지만, 미셸은 체포되어 유형을 떠난다.

109) 샹티에 감옥의 참혹한 내부를 '시체 공시소'라고 부른 것이다. 원래 자재 창고였던 곳에 수천 명을 몰아넣었다. 굶주림, 전염병, 그리고 수시로 집행되는 처형으로 그곳은 산 자들의 거처라기보다 죽음을 기다리는 장소 혹은 시신들이 쌓여가는 장소와 다름없었다. 산 사람들이 시체처럼 변해가는 공간. 수천 명의 여성이 맨바닥의 썩은 짚 위에서 잠을 자야 했다. 제대로 된 화장실조차 없어 배설물이 넘쳐났고, 전염병이 창궐했다.

잦아드는 모습일 뿐이었다.

마르스루가 부임하자, 샹티에 감옥에서 소위 가장 죄질이 나쁜 여자 마흔 명이 베르사유 교도소로 이송되었고 나도 그 무리에 포함되었다. 장대비가 쏟아지는 마당에서 이송을 기다리고 있을 때, 한 장교가 이에 대해 유감을 표했다. 나는 당신들 쪽에서도 모든 것이 일관된 편이 더 나을 것이고 내 쪽에서는 그게 더 편하다고 말해주었다. 베르사유 교도소에 도착하니, 가장 죄질이 나쁜 마흔 명에 대한 처우는 이상하리만큼 부드러워졌다.

우리가 떠난 뒤 샹티에 감옥에서 어떤 일이 벌어졌는지는 카돌 부인과 아르두앵 부인이 이미 기록한 바 있다.[110]

코뮌 위원들에 대한 본격적인 재판을 앞두고 여성들을 먼저 재판대에 세웠다. 그녀들은 단지 야전 병원의 간호병이었을 뿐인데도 사형 선고를 받았다. 그중 레티프와 마르셰라는 두 여인은 서로 일면식도 없는 사이였음에도, 재판에서는 그들이 수많은 일을 공모했다는 사실이 '증명'되었다. 윌랄리 파파부안[111]은 단지 성姓이 같다는 이유만으로 강제 노역형을 선고받았다. 그녀는 악명 높은 파파부안[112]과 아무 관계

---

110) 이곳에 남겨진 여성들은 제대로 된 변호도 받지 못한 채 줄줄이 군사 재판에 넘겨져 사형이나 강제 노역형을 선고받았다. 수감자들을 짐승 취급하며 사소한 이유로 매질을 가하거나 비가 오는 데도 밖에 오래 서있게 하는 등의 고문을 가했다. 아이들을 부모와 강제로 떼어 놓거나 곧 총살될 것이라는 공포 분위기를 조성해 여성들을 정신적으로 무너뜨리기도 했다.

111) 그녀는 사실 아주 조용한 성격의 야전 간호병이었으나, 정부군은 그녀를 체포한 뒤, 코뮌 여성들을 비하하는 용어인 '여성방화범(Pétroleuse)'이라는 굴레를 씌워 강제 노역형을 내렸다. 샹티에 감옥은 승리한 정부군이 패배한 코뮌 여성들에게 가한 보복적 폭력의 상징적 장소.

112) 1824년, 루이 파파부안(Louis Papavoine)이라는 남성이 뱅센 숲에서 두 아이를 잔혹하게 살해한 사건이 있었다. 이 사건은 프랑스 사회에 엄청난 충격을 주었고, 이후 파파부안은 아이를 죽이는 괴물이나 피에 굶주린 살인마의 대명사가 되었다.

도 없었지만, 당국은 그 이름을 재판정에 울려 퍼지게 하는 것만으로도 무척 만족스러워했다. 마찬가지로 야전 간호병이었던 쉬에탕 역시 그들과 함께 카옌으로 압송되었다. 당국은 가장 용맹한 여성들의 재판은 철처히 피했으며, 엘리자베스 레티프도 마르세도 감히 처형할 엄두조차 내지 못했다.

공화국 선포기념일 전날인 9월 3일, 파리 코뮌 위원들에 대한 재판이 끝났다. 제1군 관구 최고 사령관인 파리 총독의 결정에 따라 군의 공식 명령서에 등재된 지침에 따라, 제3 군사 법정은 다음과 같이 구성되었다.

재판장: 메를랭 대령
판사: 고레 소령, 드 기베르 대위, 마리그 외, 카세뉴 중위, 레제 소위
검사: 가보 소령(제68보병연대)
검사 대리: 세나르 대위

피고인들은 다음 순서대로 분류되어 있었다.

페레, 아시, 위르뱅, 비요레, 주르드, 트랭케, 샹피, 르제르, 리스본, 륄리에, 라스툴, 그루세, 베르뒤르, 페라, 데샹, 클레망, 쿠르베, 파랑.

페레는 변호인을 선임하려 하지 않았으나, 재판장은 법에 따라 마르상 변호사를 국선 변호인으로 지명했다. 페레는 공화국의 적들이 준비한 쿠데타와 파리의 시의회 선거마저 거부당했던 상황을 묘사한 뒤, 코뮌의 역할을 다음과 같이 설명했다.

정직하고 진실한 신문들은 폐간되었고, 진정으로 나라를 아꼈던 이들에게는 사형 선고가 내려졌다. 왕당파들은 프랑스를 분할 점령할 준비를 하고 있었다. 마침내 3월 18일 밤, 준비가 끝났다고 믿은 그들은 국민방위군의 무장을 해제하고 공화주의자들을 대거 체포하려 시도했다. 그러나 그들은 파리 전체의 저항과 군인들의 이탈 앞에 무너졌고, 베르사유로 도망쳐 숨어버렸다.홀로 남겨진 파리에서, 정열적이고 용기 있는 시민들은 목숨을 걸고 질서와 치안을 회복하려 애썼다. 며칠 뒤 시민들은 투표장으로 호출되었고, 그렇게 파리 코뮌이 구성되었다.

베르사유 정부의 책무는 이 투표의 유효성을 인정하고 코뮌과 접촉하여 화합을 도모하는 것이었다. 하지만 그들은 정반대로 행동했다. 외세와의 전쟁이 남긴 불행과 폐허만으로도 모자란 듯, 그들은 내전을 일으켰다. 오직 민중을 향한 증오와 복수심에 불타 파리를 공격하고 또다시 포위 공격을 퍼부었다.

파리는 두 달간 저항했으나 결국 정복당했다. 그 후 열흘 동안 정부는 시민들을 학살하고 재판 없는 총살을 자행했다. 이 참혹한 나날들은 성 바르톨로메오 축일의 대학살을 떠올리게 하며, 심지어 1848년 6월과 1851년 12월 쿠데타의 참상을 뛰어넘는다. 도대체 언제까지 민중은 기관총에 쓰러져야 하는가?

파리 코뮌 위원으로서 나는 지금 승리자들의 손에 넘겨져 있다. 그들이 내 목을 원한다면 가져가라! 나는 자유인으로 살았고, 자유인으로 죽을 것이다. 마지막으로 한마디만 덧붙이겠다. 운명은 변덕스러운 법이니, 나의 명예와 복수는 미래의 몫으로 남겨두겠다.

— 테오필 페레[113]

판결 결과는 다음과 같았다.

사형: 테오필 페레, 륄리에

종신 강제 노역: 위르뱅, 트랭케

요새 유배: 아시, 비요레, 샹피, 르제르, 페라, 베르뒤르, 그루세

일반 유배: 주르드, 라스툴

징역 6개월 및 벌금 500프랑: 쿠르베[114]

무죄 석방: 데샹, 파랑, 클레망

1871년 11월 28일 오전 7시, 페레는 로셀, 부르주아와 함께 사토리 평원[115]에서 총살당했다. 당시 그의 아버지와 형제도 여전히 수감 중이었다. 그의 어머니는 이미 미쳐서 세상을 떠난 뒤였다. 아들의 행방을 쫓던 자들이 병든 딸의 목숨을 담보로 아들을 넘기라고 협박했을 때, 가여운 어머니가 무심결에 내뱉은 말 몇 마디가 추적자들에게 단서가 되었기 때문이었다. 마리 페레[116]는 용기를 내어 가족 중 홀로 형제들과 아버지가 수감 된 감옥을 일일이 찾아다녔다. 그녀의 어머니는 결

---

113) 테오필 페레의 이 법정 진술은 파리 코뮌의 정신을 가장 집약적으로 보여주는 문서 중 하나다.
114) 유명한 화가인 귀스타브 쿠르베는 코뮌 기간 중 권위의 상징인 방돔 기둥을 파괴했다는 혐의로 상대적으로 가벼운 형을 받았으나, 이후 기둥 재건 비용을 모두 부담하라는 정부의 압박에 결국 스위스로 망명하게 된다.
115) Plaine de Satory. 베르사유 인근의 군사 훈련장으로, 코뮌 패배 이후 수많은 혁명가가 처형된 비극적인 장소..
116) Marie Ferré. 테오필 페레의 여동생이자 미셸의 가장 소중한 동료 이 비극을 겪고도 살아남아 미셸과 깊은 우정을 나누며 혁명가들의 뒷바라지를 도맡았다.

국 생트-안느 정신병원에서 숨을 거두었다.

'사면위원회'라 불렸지만, 실상은 열다섯 명의 도살자들에 불과한 이들의 명단이 여기 있다.

마르텔(파드칼레 의원), 프리우(오트가론), 바스타르(로테가론), 펠릭스 부아쟁(센에마른), 발바(제르), 마예 백작(멘에루아르), 타네기 뒤샤텔(샤랑트앵페리에르), 펠트뢰 드 빌뇌브(오트마른), 라카즈(바스피레네), 탈반(아르데슈), 비고(마옌), 파리(파드칼레), 코른(노르), 메르베이외 뒤비뇨(비엔), 캉조나스 후작(이제르).

수감 중에도 페레와 나는 몇 통의 편지를 주고받을 수 있었다. 하지만 누군가의 밀고로 인해 나는 아라스로 이송되었다가, 그가 처형되던 당일 다시 이송되었다. 충분히 예상했던 일이었다.

나는 베르사유역에서 오빠의 시신을 인도받으러 가던 마리를 만났다. 그녀는 안색이 매우 창백했지만, 눈물을 흘리거나 나약한 모습을 보이지 않았다.

마치 죽은 사람 같았다!

온통 검은 옷을 입은 그녀의 짙은 갈색 곱슬머리가 대리석 같은 피부 위에서 더욱 선명하게 대비되었다. 훗날 내가 그녀를 관 속에 눕히며 마지막 매무새를 만졌을 때도, 그날보다 더 차갑지는 않았다. 대지는 온통 하얀 눈으로 뒤덮여 있었다. 광기 어린 학살이 끝난 지 여섯 달이 지난 11월 28일, 이제 비정한 살육이 시작되었다.

우리에게 얼마나 많은 죽음이 있었던가! 광기 어린 학살과 냉혹한 사냥이 얼마나 몰아쳤던가!

플루랑스는 매복으로 살해되었다. 지난해 10월 31일, 적들이 창문과 문, 심지어 화장실을 통해 도망치도록 내버려 둔 것이 그가 죽은 이유였다. 그는 결코 패잔병들을 뒤쫓아 사냥하는 성격이 아니었기 때문이다. 그리고 뒤발, 바를랭, 세리지에, 그리고 위대한 자코뱅인 백전노장 델레클뤼즈와 그 밖의 수많은 이들.

그 명단을 다 적자면 책 몇 권은 족히 채울 것이며, 파리 대지 아래 잠든 무명의 희생자들 또한 끝이 없을 것이다. 가끔 지하실 구석이나 거리 모퉁이에서 유골이 발견되곤 하는데, 사람들은 그것이 어디서 왔는지 알지 못해 '의문의 사건'이라 부른다. 베르사유 왕당파들이 승리했을 때, 그 모든 곳이 공동묘지나 다름없지 않았던가?

사토리 평원도 파헤쳐본다면 시신들이 쏟아져 나오지 않겠는가? 곳곳에 생석회를 뿌려 시신을 덮으려 애써봐야 소용없다. 쟁기질 한 번에 시신들이 드러나고, 들춰낸 보도블록에서 진실을 마주할 것이다. 15년 전에는 산 사람을 죽이는 도살장이었던 이곳이, 이제는 그 죽은 자들의 뼈가 가득한 납골당이 되었다.

횃불을 들고 개를 풀어, 마치 짐승을 쫓듯 코뮌 전사들을 사냥했던 카타콤[117]은 또 어떠한가! 그 수백 년 된 유골들 사이에 현대인의 해골이 섞여 있지 않다고 믿는가! 구역질이 날 정도로 쏟아졌던 그 수많은 밀고와 어리석은 공포, 그리고 그 모든 환멸과 참혹함이여!

내게 그 당시의 편지들이 남아 있다. 여기 아페르[118]장군에게 보낸 편지 한 통을 소개한다.

---

117) 패배한 코뮌 전사들이 파리의 지하 묘지인 카타콤으로 숨어들자, 정부군이 사냥개와 횃불을 동원해 지하 동굴 안에서 이들을 잔인하게 소탕했던 사건.
118) Général Appert는 당시 군사 법정의 기소를 책임졌던 인물 중 하나.

베르사유 감옥, 1871년 12월 2일.

장군,

지난 화요일 아침, 세 명의 처형은 정당한 법 집행이 아니라 살인입니다. 만약 나를 공개 재판에 부칠 생각이 없다면, 이미 나에 대해 충분히 알고 있을 터이고, 나는 준비가 되었습니다. 사토리 평원은 여기서 그리 멀지 않으니까요.

당신들 모두 잘 알고 있겠지만, 만약 내가 여기서 살아서 나간다면 반드시 그 순교자들의 원수를 갚을 것입니다! 코뮌 만세!

루이즈 미셸.

그들은 나를 사토리의 처형대로 보내려 하지 않았다. 그리하여 죽음이 내 주변을 낫질하듯 휩쓸어 가는 것을 지켜보며 여전히 이곳에 살아남아 있다. 사랑하는 이들이 떠나간 뒤 남겨진 이 거대한 공허를 겪어보지 않은 사람은 살아간다는 것에 얼마나 큰 용기가 필요한지 결코 알지 못할 것이다.

자, 이제 약해지지 말자. 그렇다, 잠든 코뮌 만세! 영원히 살아 숨 쉴 혁명 만세!

16.

1872년 6월까지 집계된 베르사유 법정의 판결 건수는 32,905건에 달했다. 이미 72명에게 사형이 선고된 상태였으나 판결은 계속 이어졌고, 궐석 재판으로 사형을 선고받은 33명을 포함하면 사형 확정자만 총 105명이었다.

우리가 배를 타기 위해 오베리브 교도소를 떠날 때도 사토리 평원에서는 여전히 총성이 울리고 있었으며, 사면령[119]이 내려질 때까지도 새로운 유배자들은 끊임없이 밀려오고 있었다. 16세 미만의 아이들 46명은 감화원에 수용되었다. 반역자의 자식이란 이유였다. 투쟁의 광기가 극에 달했을 때는 그보다 더 어린아이들의 머리가 벽에 부딪혀 으스러지기도 했다.

그 시각, 엘리제궁의 화려한 거실에서 '푸트리케'는 느무르 공작을 맞이하고 있었다. 저녁 무렵에는 파리 백작 부부와 알랑송 공작, 작센코부르크고타의 왕자들과 공주들도 속속 도착했다. 오를레앙가 왕자들의 등장은 그날 연회의 화제였다. 공화국 대통령이자 오를레앙파였던 티에르가 주최한 세 번째 만찬이었다. 그 후에는 제국의 군부 수장이었던 마크마옹[120]이 푸트리케의 뒤를 이었다. 바뀌어봤자 결국은 똑같았다.

우리는 유배지로 떠나는 길을 비탄 속에 보내지 않았다. 사실, 더 이상 조국의 현실을 보지 않는 편이 낫지 않겠는가? 내가 그때까지 본 것들에 비하면 미개인이라 불리는 저 먼 땅의 원주민들이 오히려 더

---

119) 파리 코뮌 가담자들에 대한 사면령은 크게 두 단계에 걸쳐 이루어졌으며, 전면 사면은 1880년 7월에 시행되었다. 부분 사면(1879년 3월)은 당시 프랑스 대통령 쥘 그레비(Jules Grévy)가 당선된 후, 일부 가담자들에게 제한적인 사면을 발표했다. 하지만 이는 국가가 선별한 대상에게만 베푸는 시혜의 성격이었기에, 루이즈 미셸을 포함한 많은 코뮌 전사는 "모두가 아니면 아무도 안 된다"며 이를 거부했다. 전면 사면 (1880년 7월 11일)은 프랑스 하원에서 코뮌 가담자 전체에 대한 전면 사면 법안이 통과되었다. 이 사면령을 통해 누벨칼레도니 등에 유배되었던 모든 정치범이 자유를 얻고 프랑스로 귀환할 수 있게 되었다. 미셸은 1873년 11월 28일 프랑스에서 출발하여 4개월 항해 끝에 누벨칼레도니에 도착했다. 그로부터 7년, 1880년 사면령과 함께 11월에 파리로 귀환한다.

120) Mac-Mahon. 나폴레옹 3세의 제2제국 시절 군 원수였던 인물로, 코뮌 진압의 군사적 책임을 맡았다. 티에르의 뒤를 이어 대통령이 된다.

선량하게 느껴질 수밖에 없었다. 실제로 가보니, 누벨칼레도니의 태양이 프랑스의 태양보다 훨씬 따스하게 느껴졌다.

어머니는 여전히 강인한 모습으로 이모 댁에 머물고 있었기에 마음이 놓였다. 훗날 알게 되었지만, 당시 어머니의 침착함 뒤에 그 깊고도 처절한 슬픔이 감춰져 있었다는 것은 알아채지 못했다.

내가 쇼몽에서 기숙사 생활을 하던 시절처럼, 어머니는 내게 줄 맛있는 간식들을 챙겨 오시곤 했다. 이모는 어머니와 함께 오베리브와 가까운 클레프몽에 있었다. 가여운 나의 어머니, 그 노쇠한 손으로 작년까지도 클레프몽에서 얼마나 많은 꾸러미를 보내주셨던가![121]

내가 유죄 판결을 받은 지 1년이 지났음에도, 나의 외삼촌은 단지 나를 조카로 두었다는 죄목으로 여전히 수감용 선박[122]에서 죗값을 치르고 있었다. 내가 유배를 떠난 뒤에야 삼촌은 비로소 자유의 몸이 되었고, 나의 사촌 두 명 또한 옥고를 치러야 했다. 우리는 가족에게 행복을 거의 가져다주지 못한다. 하지만 가족이 깊이 고통받을수록 우리는 그들을 그만큼 더 사랑하게 된다. 우리가 집에서 보내는 그 드문 순간들이 얼마나 재빨리 지나가 버릴지, 그리고 남겨진 이들이 그 시간을 얼마나 그리워하게 될지 잘 알고 있기에, 우리는 그 짧은 순간들을 그만큼 더 행복하게 여긴다.

전나무 아래로 좁고 하얀 길들이 굽이굽이 이어져 있던 오베리브의 모습이 다시금 눈에 선하다. 옛날 브롱쿠르처럼 폭풍 같은 바람이 몰아치던 드넓은 공동 침실, 그리고 농촌 여인들이 쓰던 하얀 고깔모자

---

121) 미셸이 유배지로 떠나기 전까지 약 2년 간 머문 오베리브 교도소는 오트-마른에 있었으며 미셸의 고향 마을과 멀지 않은 곳이었다.

122) 당시 포로들이나 죄수들을 수용하기 위해 항구에 띄워 놓은 낡은 배들. 위생 상태가 극도로 나쁘고 환경이 열악하여 수많은 이들이 병사했다.

를 쓰고 핀으로 고정한 주름진 스카프를 두른 채 침묵 속에 줄지어 걷던 여성 수감자들의 모습이 눈에 선하다.

우리 중 몇몇은 색다른 형벌을 주겠다는 듯 강제 노역형을 선고받기도 했다. 그중 쉬퐁은 자기의 팔에 죄수 번호를 새기면서 "코뮌 만세!"라고 외쳤다. 유배를 떠나기에는 몸이 너무 약하다고 판정받은 이들 중 여러 명이 세상을 떠났다. 파리 포위전과 코뮌 기간 내내 그토록 용감했던 푸아리에, 그리고 마리 부아르를 비롯해 수많은 이들을 유배에서 돌아온 후에도 끝내 다시 보지 못했다. 이미 노쇠했던 루이 부인은 누벨칼레도니에서 유배 생활을 하던 중 다시 보지 못할 자식들의 이름을 마지막 순간까지 부르며 숨을 거두었다. 엘리자베스 드 기는 랭글레 부인이 된 후 귀환하는 배 위에서 사망했다. 파리를 그토록 그리워했으나 배가 목적지에 닿기도 전에 예포가 두 번 울리는 사이 바다 밑으로 수장되었다.

용감했던 마리 슈미트는 작년에 세브르 거리의 구제 병원에서 세상을 떠났다. 1871년에 구급 대원이자 군인으로 활약했던 그녀였지만, 귀환 후에는 일자리가 없어, 빈곤이 빠르게 그녀의 목숨을 앗아갔다.

사이클론이 몰아치는 땅이나 거친 파도 아래 혹은 이름 없는 공동묘지에 잠든 용맹한 여인들이여, 평안히 잠들라. 어쩌면 당신들이야말로 진정 행복한 이들이다.

살아남은 이들에 대해서는 굳이 말하지 않겠다. 하지만 그녀들 역시 빵 한 조각 구하기 힘든 실업의 고통 속에서 삶이라는 가혹한 전투를 치열하게 이어가고 있다. 유배 생활에 대한 상세한 기록은 이 책에서 별도로 다룰 것이다.

카옌으로 유배된 이들 중에서는 두 명이 죽었다. 가난하고 순박한 처녀였던 엘리자베스 르티프는 빗발치는 총탄 아래 기꺼이 부상자들을 구할 줄은 알았지만, 누구라도 거기서 어떤 잘못을 찾아낼 수 있다는 사실을 끝내 이해하지 못했다. 비록 저 멀리 지평선이 그들의 죽음 위로 새벽의 찬란한 별 무리를 뿌려주지는 못했을지라도, 우리 뒤에 올 세대를 위해 고통을 짊어졌던 이름 없는 여인들의 죽음에 경의를 표한다.

내가 투쟁과 망명, 그리고 유배의 생존자들에 대해 쓰게 된다면, 르멜[123] 부인이 전투 현장과 유배지에서 보여주었던 그 고결한 용기를 가장 먼저 증언할 것이다. 그녀에게 해가 되지는 않을 것이다. 그녀가 일하는 곳은 파리 코뮌의 강제 노역수이자 베르사유 법정의 전과자들이 한데 모인 둥지이기 때문이다. 이후 이어질 상세한 기록에서는 다음과 같은 말을 듣지 않을 이들에 대해서만 언급할 생각이다. "아! 코뮌 때문에 유배를 다녀오셨군! 그럼 가보시오, 우리에겐 당신에게 줄 일자리가 없소." 이런 일은 과거에도 흔했고, 지금도 자주 일어나는 비극이다.

나는 다시 비르지니호를 타고 떠났던 항해와 팽팽하게 돛을 올린 배, 그리고 거대한 파도를 떠올린다. 저 먼 곳의 풍경들이 세세하게 눈

---

123) Nathalie Lemel(1826-1921). 프랑스 여성 노동 운동사의 주요 인물 중 한 명. 그녀의 직업은 제본 노동자였다. 1864년 제본 노동자 파업을 이끌었으며, 1866년에는 여성 제본 노동자 조합을 창설했다. 이는 당시 여성 노동자가 스스로의 권리를 주장하기 위해 조직을 만든 선구적인 사례다. 동료들과 함께 식당 조합인 '라 마르미트(La Marmite)'를 운영하며 노동자들에게 저렴한 식사를 제공하고 정치적 토론의 장을 마련했다. 엘리자베스 드미트리에프와 함께 파리 방어와 부상자 간호를 위한 '여성 동맹'을 공동 창설했다. '피의 일주일' 동안 그녀는 직접 무기를 들고 바리케이드에서 싸웠다. 특히 레퓌블리크 광장 근처의 바리케이드에서 끝까지 저항한 것으로 유명하다. 코뮌 패배 후 사형 선고를 받았으나 감형되어, 미셸과 누벨칼레도니로 유배되었다. 사면으로 파리에 돌아온 후에도 다시 제본 노동자로 일하며 자신의 정치적 신념을 버리지 않았다. 앙리 로슈포르(Henri Rochefort)의 도움으로 신문사 《렝트랑지장(L'Intransigeant)》의 야간 관리직으로도 일했다.

앞에 선명하게 되살아난다. 뒤코 반도의 바닷가 서쪽 숲 근처에 머물던 시절, 귀에는 늘 암초를 때리는 파도 소리가 머물렀다. 사방에는 거칠게 갈라진 산봉우리들이 버티고 서 있었고, 장대비가 쏟아지는 날이면 산 위에서 급류가 굉음을 내며 폭포처럼 밀려 내려왔다. 해가 저물 때면 태양은 붉은빛을 토하며 파도 속으로 자취를 감추곤 했다.

계곡에는 하얀 줄기의 니아울리 나무들이 기묘하게 뒤틀린 채 서 있었고, 그 은빛 잎사귀들은 어둠 속에서 인광처럼 신비롭게 빛났다. 산 너머에는 눔보[124] 마을이 있었다. 덩굴식물들이 아라베스크 문양처럼 흙집들을 휘감고 있는 그곳을 멀리서 바라보고 있노라면 절로 마음을 빼앗기곤 했다. 마치 지금 그곳에 있는 것만 같다. 그곳에서 우리 동료들은 저마다의 성품대로 오두막을 짓거나 굴을 팠다. 크루아제 영감은 유배지에서 유일하게 굴뚝을 손수 만들었다. 덕분에 3월 18일 같은 기념일은 지붕을 태워 먹을 걱정 없이 마음 놓고 커피를 끓일 수 있었다.

G는 농사를 짓겠다며 산허리를 절반이나 뒤엎어 일구었다. 그 모습은 마치 로빈슨 크루소의 섬에 와 있는 것만 같았다. 바위 아래에 굴을 파서 만든 그의 집에는 온갖 동물들이 있었고 그 중앙에 고양이가 왕처럼 앉아 있었다.

반대편 해안가에 있는 샹피의 오두막은 어찌나 작은지 여러 명이 모여 앉으면 마치 바구니 속에 옹기종기 들어앉은 기분이 들었다. 북쪽 숲과 누섬의 서쪽에서 황소 뿔이 뽑힐 정도로 거센 바람이 불어올 때면, 덩굴로 엮은 지붕이 춤을 추듯 요동치곤 했다. 산꼭대기 가장 높은

---

124) Numbo. 누벨칼레도니의 중심 도시이자 항구인 누메아 북서쪽에 자리한 작은 만과 그 주변 지역을 일컫는다. 파리 코뮌 유배자 중 단순 유배형을 받은 사람들이 주로 누메아 근처의 뒤코(Ducos) 반도에 수용되었는데, 눔보는 바로, 이 뒤코 반도 내에 있는 마을이었다. 비록 유배 생활이지만, 각자의 개성에 맞춰 집을 짓고 살았다

곳에는 망루 같은 뷔를로의 집이 있었다. 그곳에 누군가 들어오면 마치 개가 짖듯 암탉이 꽤 요란한 소리를 냈다. 우리는 모두 저마다 반려 동물을 키웠는데, 주로 고양이가 많았다. 동료의 집에 저녁 식사 초대를 받아 갈 때면 우리는 자기 고양이를 데리고 가곤 했다. 그러다 문득, 마치 고대 골족 시대처럼 어마어마한 외침이 허공을 가를 때가 있었다. 그것은 프로뱅이 이쪽 만에서 저쪽 만에 있는 누군가에게 말을 거는 소리였다. 그 정도로 엄청난 폐활량을 가진 사람은 그뿐이라, 대답이 그에게까지 닿는 일은 드물었다.

저기 말레지외 노인의 대장간이 보이고, 그 옆에는 발장크가 니아울리 기름을 추출하는 오두막이 있다. 그 풍경을 보고 있노라면 마치 연금술사의 집에 와 있는 듯한 착각에 빠지게 된다. 모든 일은 마치 석기 시대처럼 원시적인 방법으로 이루어졌다. 필요한 도구는 직접 만들어야 했고, 없거나 구할 수 없는 물건들은 어떻게든 주변의 것들로 대신해야만 했다. 허리춤에 작은 도끼를 차고 숲으로 향하는 뷔낭의 모습이 눈에 선하다. 마치 강도처럼 무장한 그의 아내도 그 곁을 함께했다. 군영 쪽에는 감옥이 있었다. 우리 친구 중 상당수가 그곳에서 긴 시간을 보내야 했다. 알레롱 총독 시절 그곳은 늘 만원이었다. 여성을 위한 별도의 감방이 없었기에 당국은 우리를 한꺼번에 눔보에서 서쪽만으로 아예 보내버림으로써 골칫덩어리를 치워버렸다. 그 바람에 내가 이어받아 운영하던 청년 수업도 끝이 나고 말았다. 본래 그 수업은 베르뒤르[125]가 시작했던 것이었다.

---

125) Henri Verdure. 1825 – 1873. 언론인이자 사회주의자, 코뮌 평의회 의원. 특히 교육
    과 아동 복지 위원회에서 활동하며 노동자 자녀들을 위한 교육 개혁에 앞장섰다.
    유배지에서 교육에 헌신하다 편지를 기다리며 쓸쓸히 죽음을 맞이했다.

우리가 서쪽만으로 가는 것에 동의하기까지 벌인 저항과 그 과정에서 당국이 수용해야 했던 조건들에 관해서는 이 책의 제2부에서 다룰 것이다. 우리가 양보한 이유는, 만약 우리가 끝까지 고집을 부린다면 행정책임자 리부르 씨가 감당해야 할 곤란함이 더 클 것이었기 때문이다. 우리가 싸움을 계속하면 감옥에 넣어야 하는데 거듭 말하지만, 당시에는 여성 대여섯 명을 수용할 만한 별도의 감옥이 없었다.

앞서 베르뒤르가 시작했던 청년 수업에 대해 언급했는데 내가 뒤코반도에 도착하자마자 가장 먼저 찾았던 이가 바로 베르뒤르였다. 하지만 그가 막 세상을 떠난 뒤였다. 당시에는 우편물이 정기적으로 오가지 않았다. 그가 오랫동안 기다리던 편지들은, 그가 죽고 나서야 한 꾸러미로 묶인 채 도착했다. 스승은 거기 잠들었고 지금 그 제자들은 어떻게 되었을까.

뮈리오는 스스로 목숨을 끊었고, 다른 이들은 삶의 현장으로 흩어졌다. 하지만 '유형수'라는 꼬리표는 그들에게 공장의 문조차 쉽게 열어주지 않았다. 그들 중에 눈부시게 총명한 이들이 많았기에 더욱 안타까울 뿐이다.

알레롱이 지휘관으로 있던 시기는 그야말로 광기 어린 시기였다. 정해진 시간보다 고작 몇 분 늦게 귀가했다는 이유로 유형수를 향해 총을 쏘기도 했다. 점호 시간에는 말도 안 되는 도발이 일상적이었고, 유형수들은 걸핏하면 징벌로 빵조차 배급받지 못했다.

그런 와중에도 늘 그렇듯 희극은 있기 마련인데, 밤마다 눔보 마을 주변에 배치된 초병들이 정적 속에서 주고받는 외침은 마치 오페라의 한 장면 같았다. 솔직히 말해서 나는 그 순간을 꽤나 즐겼음을 고백한다. 마치 〈넬의 탑〉[126]공연을 거대한 무대에서 관람하는 기분이었달까. 우연히도 처음 배치된 초병들의 목소리가 깊고 아름다웠던 덕분이다. 하지만 시간이 흐르며 그들의 목소리도 쉬어갔고, 우리도 무덤덤해졌다. 인간 벌집을 목격했던 우리에게 그 어떤 군중도 이제는 작아 보일 뿐이다. 세계를 가로지르는 긴 항해를 겪고 난 뒤라 그 어떤 여정도 짧게만 느껴진다. 매년 모래시계를 뒤집고는 있는지조차 잊은 채, 그렇게 날들은 켜켜이 쌓여만 갔다.

감옥 근처 산비탈에 덩굴식물로 뒤덮인 우체국 건물이 있었다. 우편선이 도착하는 날이면, 우리는 가슴을 졸이며 정해진 시간에 맞춰 그 가파른 언덕길을 오르곤 했다. 만약 편지를 제때 보내지 못했다면, 다음 우편선까지 기다려야만 했다. 편지를 보내고 답장을 받기까지 족히 6개월에서 8개월이 걸렸는데, 나중에는 정기적으로 6개월이 걸렸다. 오, 나의 사랑하는 편지들이여! 그 편지들을 받을 때 얼마나 기뻤던가! 내게 가장 긴 편지를 써주던 그 사람은 내가 돌아온 지금, 이미 세상을 떠나고 없다.

몽마르트르의 장학사였던 드 플뢰르빌 씨는 나의 일들, 즉 여러 채무 문제를 도맡아 처리해 주었다. 오베리브에서 쓴 『아이들을 위한 이야기』를 비용까지 부담하며 출판해 준 이도 그였다. 우리는 신문을 볼 수 없었기에, 그는 내게 새로운 소식들을 편지로 적어 보내주곤 했다.

사라진 그 시절이 다시 눈앞에 선하다. 나는 손에 편지를 쥐고 언덕길을 내려왔다. 꽃이 가득 그려진 마리의 편지, 몽마르트르 시절처럼 내용의 절반을 꾸지람으로 채운 드 플뢰르빌 씨의 편지, 그리고 여전히 건강하니 걱정하지 말라는 어머니의 편지. 어머니는 늘 그렇듯 지

---

126) La Tour de Nesle. 알렉상드르 뒤마의 희곡.

난 12월 초에도 주변에서 당신의 건강을 내게 알리는 걸 막았다.

우체국에서 서쪽만으로 돌아오는 길에는 바닷가를 따라 걸었다. 코끝을 찌르는 강렬한 바다 내음이 공기 중에 가득했다. 거대한 파도가 뿜어내는 향기는 참으로 좋았다! 길을 걷다 보면 L의 오두막에선 눔보의 크로아제 신부가 만든 기타 소리가 흘러나왔다.

해변의 기운은 평화로웠지만, 마음은 가장 고통받는 이들, 즉 누섬에 갇힌 이들에게 향했다. 슬프게도 그곳에 가장 훌륭한 이들이 모여 있었다. 수많은 장애물 탓에 소식을 접하기는 매우 어려웠으나, 우리는 늘 그들의 안부가 몹시 궁금했다.

계곡 사이로 하얀 부르누스[127]를 입은 아랍인들이 지나가는 모습이 보인다. 때때로 우스꽝스러운 일들이 일어나기도 했다. 어느 날은 동료와 나눈 사소한 논쟁이 하마터면 큰 사건으로 번질 뻔한 적도 있었다. 우리는 뒤코 반도에서 초미의 관심사였던 카나크족의 반란[128]에 대해 이야기를 나누고 있었다. 그런데 우리가 어찌나 크고 격양된 목소리로 이야기를 나누었던지, 감시병 한 명이 폭동이나 반란이라도 일어난 줄 알고 초소에서 급히 달려왔다. 그는 우리가 단둘뿐이라는 사실을 확인하고는 몹시 당황하고 겸연쩍게 돌아갔다.

뒤코 반도에서 5년을 머문 끝에 나는 교사로서 누메아로 갈 수 있었다. 그곳은 이 나라를 연구하기에 훨씬 수월했고, 다양한 부족의 카나크인들을 만날 수도 있었다. 일요일 수업에는 마치 벌집처럼 수많은 이들이 내 집으로 모여들었다. 내가 반도를 떠나고 얼마 지나지 않아,

---

127) 1871년 알제리 카빌리 반란 등 누벨칼레도니로 유배된 아랍인들이 입었던 흰색의 전통 겉옷.
128) 누벨칼레도니 원주민인 카나크족이 프랑스 식민 통치에 저항해 일으킨 봉기

누섬에 있던 나의 친구 몇몇이 그곳에 도착했다. 유배 중 커다란 기쁨이 아닐 수 없었다. 우리는 그들이 다른 누구보다 더 큰 고통을 겪었기에 그들을 더욱 아끼고 반겼다. 그 고통은 5월의 그날들만큼이나 그들의 자부심을 지탱해 주는 힘이 되었다.

바닷가 바위에 앉아 있노라면, 지나간 사건들이 밀려드는 파도처럼 되살아나곤 했다. 침묵 속에서 하루하루가 저물어갔고, 모든 과거는 마치 잿빛 메뚜기 떼처럼 우리 주변을 소용돌이치며 맴돌았다. 수많은 이들이 그곳에 남겨진 채, 머나먼 땅에서 영원한 잠에 빠져들었다. 참으로 수많은 망령이여! 그중에는 온화한 이들도 있고, 강인한 이들도 있다. 그곳, 사이클론이 몰아치는 대지 아래에는 죽어가는 순간에도 과거를 기억하며 복수의 날을 염원하던 이들과 함께 우아한 유령들도 머물고 있다. 열여섯 살의 아름다운 소녀 외제니 피포, 그리고 자신의 탄생을 위해 쓰인 시 구절을 그 작은 손에 꼭 쥔 채 관 속에 누워있는 어린 테오필 플라스 같은 아이들 말이다. 부드러운 넝쿨 꽃을 닮은 블랑슈 아르노는 귀환 중에 숨을 거두어 저 차가운 물결 아래 잠들어 있다. 연약하고도 눈부신 어린 소녀들과 아이들의 그림자여, 그대들을 떠올리며 이 페이지를 갈무리한다.

<h2 style="text-align:center">17.</h2>

나는 사면 소식과 가련한 나의 어머니가 뇌졸중으로 쓰러졌다는 소식을 동시에 접했다. 어머니를 죽음으로 몰아넣은 것은 나에 대한 그리움이었다. 만일 내가 돌아오지 않았더라면 어머니는 그때 돌아가셨을 것이다. 이제 나는 마리를 보냈을 때처럼, 어머니를 내 손으로 직접

관 속에 뉘어드렸다.[129] 마리는 나의 붉은 숄에 감싸였고, 어머니는 당신이 좋아하시던 부드러운 붉은 담요에 덮이셨다. 그렇게 두 사람은 무덤이라는 영원한 겨울로 떠났다.

그런 내게 사람들은 묻는다. 여전히 자유를 갈망하는지, 가지마다 다시 꽃을 피울 봄을 기다리고 있는지 말이다. 심장을 땅속에 묻어버린 내가 비겁한 것일까? 아니, 나는 마지막 순간까지 꼿꼿이 서 있을 것이다.

우리가 돌아온 이듬해 겨울, 페레의 유해는 10년 동안 머물던 곳을 떠나 가족 묘역으로 이장되었다. 어느 친구가 여전히 간직하고 있던 71년의 깃발을 가져왔고, 유골은 그 깃발에 감싸였다. 그 안에는 붉은 패랭이꽃 한 다발도 함께 놓였다. 삶을 가만히 들여다보면 온통 검게 보인다는 사실을 눈치챘는가. 그 암흑 속에서 기억들은 마치 우주의 칠흑 같은 공간 속 별들처럼, 서로에게 이끌리며 궤도를 돌고 있다.

나는 유배지에서 돌아왔고, 내가 목숨 바쳐 지킬 그 신념에 여전히 충실하다. 나를 초청한 강연들에 대해서는 조만간 몇 페이지의 설명을 덧붙이게 될 것이다. 그에 앞서, 결코 아군이라 믿을 수 없는 이의 증언을 여기 남긴다. 우리를 무너뜨리겠다는 어리석은 생각으로 신문사를 차렸으나, 결국 그 자신까지 함께 무너뜨리고만 앙드리외 씨의 이야기다. 지성인이 부리는 싸움 방식치고는 참으로 기괴한 일이 아닐 수 없다! 교활하게 파놓은 함정은 결국 실패로 돌아갔다. 나 역시 다른 동료들처럼 그 신문에 직접 여러 통의 편지를 실어 내 뜻을 분명히 밝혔기 때문이다. 그 편지들에서 나는 오직 정부를 향한 비판에 대해서만 책임을 질 뿐, 혁명의 길을 함께 걷는 다른 분파들을 어리석게 공격

---

129) 결국 어머니는 딸이 돌아온 후 얼마 지나지 않아 세상을 떠난다.

하는 글들에 대해서는 절대 동조하지 않겠다고 선언했다.

　나는 언제나 잘못된 원칙에 맞서 싸워왔을 뿐이다. 사람들이 나를 어떻게 대하든, 나 자신이 어떻게 비치든 그런 것은 내게 중요하지 않다. 이 부분은 앞으로 이어질 이야기들의 배경에 불과하므로 여기서는 더 덧붙이지 않겠다. 방금 말했던 나의 첫 번째 강연에 대해 앙드리외 씨가 남긴 기사는 다음과 같다.

루이즈 미셸 양과 사회 혁명

11월 21일. 오늘 오후 1시, 엘리제 몽마르트르 공연장에서 루이즈 미셸의 귀환을 기념하는 첫 강연이 열렸다.

1시 30분, 연단에 오른 루이즈 미셸은 단숨에 이렇게 외쳤다. "사회 혁명 만세!" "죽음을 맞이한 혁명은 곧 부활하는 혁명입니다!"

청중들은 "루이즈 미셸 만세! 혁명 만세!"를 연신 외치며 화답했다. 이 시대의 여전사에게 수많은 꽃다발이 쏟아졌다.

잠봉 씨는 코뮌의 정신이 그 어느 때보다 생생히 살아 숨 쉬고 있으며, 프랑스는 영원히 세계 혁명의 선봉에 설 것이라고 역설했다. 그는 왕의 배신으로 희생된 잔 다르크를 기리며, 루이즈 미셸 역시 공화국이라는 이름의 배신에 희생되었다고 비판했다.

루이즈 미셸이 다시 발언권을 얻어 말을 이었다.

"우리는 파리가 피의 강으로 물드는 비극을 다시는 보지 않기를 갈망합니다. 코뮌을 모욕했던 자들이 역사의 뒤안길로 사라지는 날 우리의 복수는 완성될 것이며, 갈리페 일당이 권좌에서 추락하는 날 우리는 비로소 민중 앞에 당당히 설 것입니다. 우리는 피의 복수를 바라지 않습니다. 그들이 역사 속에서 겪을 수치심만으로도 충분한 응징이 될 것입니다. 낡은 종교는 시대의 바람 앞에 흩어지고 있으며, 이제 우리는 우리 운명의 유일한 주인입니다. 우리가 받는 이 환호는 우리가 아니라 코뮌과 그 길을 지켰던 수호자들에게 바치는 것임을 잊지 맙시다. 비록 과거에는 우리와 맞섰던 자들이라 할지라도, 혁명의 승리를 위해 함께 걷고자 한다면 우리는 기꺼이 그들과 손을 잡을 것입니다. 사회 혁명 만세! 니힐리스트들 만세!"

함성은 파도처럼 번져 나갔다. 장내에는 "트랭케 만세! 피아 만세! 코뮌 만세!"라는 외침이 끊이지 않았다.[130]

12월 1일. 어제 그라파르 홀에서는 사면 투사들을 돕기 위한 비공개 강연이 열렸다. 시민 제라르가 이번 모임을 조직하는 데 도움을 준 루이즈 미셸에게 감사를 표했다. 그는 그녀를 향해 '위대한 혁명가와 위대한 업적을 일구어내는 유일한 원동력인 증오의 원칙[131] 그 자체'라

---

130) Alexis Trinquet(1835-1882). 알렉시 트랭케는 구두 수선공 출신의 혁명가로, 파리 코뮌 당시 시의회 의원이자 치안위원회 위원으로 활동했다. 그는 최후까지 바리케이드를 지키며 싸우다 체포되었다. 1871년 재판에서 종신 강제 노동형을 선고받고 미셸과 함께 누벨칼레도니로 유배되었다. 유배지에서 고난을 겪으면서도 굴하지 않는 모습으로 민중의 존경을 받았다. 1880년 대사면으로 돌아온 뒤에도 투쟁을 이어갔다. Félix Pyat(1810-1889). 펠릭스 피아는 언론인이자 작가, 정치가로 활동하며 프랑스 혁명 정신을 전파했던 인물이다. 파리 코뮌 당시 가장 영향력 있는 신문 중 하나인 《복수자(Le Vengeur)》를 발행하여 민중의 목소리를 대변했다. 매우 날카롭고 급진적인 필설로 유명했으며, 코뮌 정부 내에서도 강경파에 속했다. 사형 선고를 받았으나 영국으로 망명하여 투쟁을 이어갔고, 사면 후 귀국했다.
131) 여기서 말하는 '증오'는 사적 원한이 아니라 압제, 불평등, 그리고 민중을 탄압하는 구체제의 모순에 대한 타협 없는 분노를 의미한다.

며 경의를 표했다.

그가 그녀에게 두 다발의 꽃을 건네자, 루이즈 미셸은 사회 혁명의 이름으로, 그리고 해방을 위해 싸운 여성들의 이름으로 이 꽃을 받겠노라고 답했다.

시민 미셸은 발언을 이어갔다.

"그렇습니다. 내가 여기서 경의를 표하는 대상은 바로 민중이며, 그들 안에 깃든 사회 혁명입니다." (박수갈채와 함께 '코뮌 만세!'라는 함성이 터져 나왔다.) 사토리에서 기관총 세례를 퍼붓던 시절이 우리 눈앞에 생생합니다. 우리를 심판했던 자들, 트랑스노냉의 학살자[132], 바젠[133]과 시세[134] 같은 자들이 여전히 보입니다. 영원히 사라진 줄 알았으나 그 어느 때보다 고개를 높이 쳐들고 돌아온 저들을 쓰레기통에 처넣읍시다! 반동 세력은 이제 정부가 억지로 일으켜 세운 송장에 불과합니다. 정부가 독사처럼 우리 사이를 기려 하겠지만, 그 순간 우리 발에 짓밟히고 말 것입니다. 보십시오, 지금 유령선은 전진하고 있습니다. 여전히 쇠사슬을 끄는 죄수의 신세일지언정, 우리를 파멸시킨 자들로부터 우리를 구원하고 스스로 자유를 쟁취할 주체는 바로 민중입니다."

---

132) 1834년 파리 트랑스노냉 거리에서 일어난 민간인 학살 사건을 주도한 세력.

133) François Achille Bazaine(1811-1888). 보불전쟁 당시 프랑스군의 원수. 메츠(Metz) 공성전에서 충분히 싸울 수 있는 병력이 있었음에도 프로이센군에 허망하게 항복하여 17만 명의 군대를 포로로 만들었다..

134) Ernest de Cissey(1810-1882). 베르사유 정부군의 장군으로 1871년 파리 코뮌 진압 당시 군대를 이끌고 파리로 진격한 핵심 인물. 이후 국방부 장관과 국무총리까지 지냈다.

루이즈 미셸은 자신의 저작인 『유령선』의 판매 수익금을 사면된 이들을 위해 기부하겠다고 덧붙였다.
192

나는 나의 신념에 충실했다. 하지만 그 대가로 어머니, 사랑하는 나의 불쌍한 어머니를 잃고 말았다. 나 또한 언제쯤이면 붉은 깃발과 검은 깃발의 그림자 아래서 잠들 수 있을까? 그날이 올 때까지, 무덤 위에 흩뿌려진 이 장미 꽃잎들을 애도의 페이지 속에 그대로 남겨두길!

장미

향기로운 장미여, 꽃을 피워라.
희망과 여름의 꽃들이여,
감미로운 산들바람이
너희를 자유의 품으로 이끄는구나.

떠오르는 태양이 금빛으로 물들이는
야생의 찔레꽃들이여,
너희는 폭풍에 휩쓸려 꽃잎마다
급류 속으로 흩어지겠지.

당당하고 아름다운 백장미여,
죽음의 날개가 내려 앉은
고귀한 이들의 이마 위에 피어나라.

부드럽고도 연약한 오월의 장미여,
어린 아이들의 무덤을 수놓아다오.
오, 장미여, 바람은 덧없이 지나가고
대지에 온기가 남아 있는 한,
새로운 장미들은 끊임없이
무덤을 위해 싱그럽게 피어나리라.

그리고 너, 묘지의 장미여,

그늘 속에서 고요히 꽃을 피워라.

흰색이든 붉은색이든, 담쟁이덩굴 사이로

빛나는 네 얼굴을 들어 올려라.

클레르몽, 내 창가에 서 있던

키 큰 백장미 꽃을 피우면,

그 하얀 살결 위로

핏줄 같은 붉은 선이 감돌았지.

어머니는 이 아름다운 장미들을 사랑하셨네.

막 피어난 꽃송이를 보내드린 날

더할 나위 없는 축제였지,

이제 어머니는 그 꽃을 영영 받지 못한다네.

DEUXIÈME PARTIE
2부

1.

씨앗이 나무를 품고 있듯 모든 생명은 그 시작 속에 장차 무엇이 될지, 온갖 풍파에도 불구하고 결국 어떤 존재가 될지를 이미 담고 있다. 나는 이제 내 사상의 근원과 내 생애를 뒤흔든 몇몇 사건들을 거슬러 올라가 보려 한다. 내 오래된 서류뭉치 속에서 찾아낸 시 한 편이 그 궤적을 그려내고 있다. 시신을 해부하기 전에는 언제나 그것을 먼저 반듯하게 눕혀야 하는 법이니, 여기 그 시를 옮겨본다.

여행[135]

광활한 사막의 입구처럼 지평선은 끝이 없구나!

아이여, 이 새로운 오솔길을 따라 어디로 가느냐?

저 멀리 미지의 땅에서 네가 바라는 희망은 무엇이냐?

내가 어디로 가느냐고? 나도 모른다.

다만 선善이나 미美를 향해 갈 뿐.

---

135) Le Voyage. 미셸이 왜 평범한 여성의 삶을 거부하고 '검은 깃발'을 들 수밖에 없었는지를 보여주는 그녀의 영혼의 자서전과도 같다.

나는 울고 싶지도, 고개 돌려 뒤를 돌아보고 싶지도 않다.

나의 어머니가 아니라면, 아! 훨씬 더 먼 곳까지,

폭풍우 몰아치는 불확실한 삶을 뚫고,

멀리서 들려오는 뿔나팔 소리를 따라 나아갔으리라.

칠흑 같은 신비의 심연에서 군악 소리가 울려 퍼지고,

내가 다시 만날 수많은 이들이 이미 그곳으로 향하고 있다.

들어보라! 대지 위로 울리는 장중한 발걸음 소리를.

그것은 인류가 내딛는 한 걸음이니, 나 또한 그들과 함께 가리라.

나는 잡초 무성한 울타리 안의 그늘을 사랑했다.

굶주린 늑대가 울부짖으며 무너진 벽 틈으로 찾아오던 겨울밤을,

여름날의 묵직한 보릿단과 푸른 참나무 사이를 휘몰아치던 돌풍을.

어린 처녀여, 새들처럼 차분하고 평온하게

감미로운 둥지를 틀고 싶지 않느냐?

자, 들어라! 늦기 전에 이 고통스러운 길에서 도망쳐라.

네 운명이 불행과 저주로 점철될 그 길에서.

무슨 상관인가! 나를 내버려 두라.

저 모래알들을, 익어가는 밀알을, 그리고 우주의 별들을 보라.

그 모든 것은 닮아 있지 않은가?

만물이 흘러가는 그곳으로, 우리 또한 나아가고 있을 뿐.

나는 여기서부터 시작하겠다. 해부가 얼마나 길어질지는 알 수 없으나 나는 내 삶을 가차 없이 파헤쳐볼 생각이다. 어쩌면 이를 심리-생물학이라 불러야 할지도 모르겠다. (내가 이런 신조어를 이해시킬 능력이 아직 남아있는지조차 의문이지만 말이다) 사람들은 이미 어느 정도 밝혀

진 생체 구조를 연구한답시고 가련한 동물을 고문하는 일을 흥미롭게 여긴다. 하지만 고통으로 인해 유기적 기능이 뒤틀린 상태에서는 결코 생명의 진실을 제대로 파악할 수 없다. 그보다는 차라리 마음의 작용을 연구하는 편이 훨씬 가치 있지 않겠는가?

이제 '인간이라는 짐승'의 생애에서 이 마음과 뇌가 일으키는 현상들을 찾아내려 한다. 이 질문부터 시작해보자.

나는 죽음 이후에 우리 안의 무언가 살아남는 것은 불가능하다고 본다. 촛불이 꺼졌을 때 불꽃이 흔적도 없이 사라지는 것과 같다. 뇌엽을 하나씩 차례로 제거했을 때 생각하는 부분 역시 조각조각 사라질 수 있다면, 죽음이 뇌를 태워버림으로써 생각 또한 꺼뜨린다는 점에는 의심의 여지가 없다. 그러나 우리를 에워싼 끝없는 시공간처럼 만약 영원이란 것이 존재하여, 사고의 부분이 미지의 에너지 흐름 속으로 사라지고 육체의 원소들이 물질계로 되돌아가듯 그곳에 흡수된다고 하더라도, 그것은 기적이 아닐 것이다. 눈에 보이든 보이지 않든 그것 역시 자연의 섭리일 뿐이다.

나는 왜 사람들이 이 에너지가 의식이 있든 없든, 보이지 않는 거대한 순환의 용광로 속으로 사라지는 현상이 지상에서 꿈틀대며 태어나는 유기체들의 탄생보다도 더 신의 존재를 증명할 것이라고 상상하는지 자주 의문스러웠다.

안타깝게도, 뇌에서 분비된 생각은 그것을 만들어내던 존재가 더 이상 존재하지 않을 때 살아남을 수 없다. 하지만 평생을 지배하는 핵심적인 사상들이 특정 인상이나 유전적 현상 같은 물질적 원인에 그 뿌리를 두고 있다는 사실만큼은 분명히 확인할 수 있다. 어떤 일들의 기원을 거슬러 올라가다 보면 수년이 흐른 지금까지도 그때와 똑같이 느껴지는 강렬한 감각을 발견하곤 한다.

잘린 목으로 피투성이가 된 채 걷던 거위의 모습은 내게 여러 갈래의 결론을 남겼다. 깃털 위로 핏방울이 뚝뚝 떨어지던 그 흰 거위는 마치 술에 취한 듯 비틀거렸고 한쪽 구석 땅바닥 위에 눈이 감긴 머리가 놓여 있었다. 그 강렬한 광경은 내게 수많은 결과를 불러일으켰다.

당시 나는 아주 어렸던 것이 분명하다. 마네트가 마치 여행이라도 떠나는 듯 내 손을 잡고 복도를 지나가던 기억이 나기 때문이다. 그때의 나는 이 강렬한 인상을 논리적으로 설명할 수 없었으나, 동물에 대한 연민과 사형제도에 대한 강한 거부감 속에서 그때의 기억을 다시 발견하곤 한다.

몇 년 후, 이웃 마을에서 부모 살해범의 사형이 집행되었다. 그가 죽어야 했던 시간, 내가 느꼈던 그 처형에 대한 공포는 어린 시절 보았던 거위의 고통스러운 최후와 뒤섞여 있었다. 이 어린 시절의 기억이 남긴 또 다른 결과는 여덟 살에서 열 살 무렵까지 고기만 보면 속이 뒤집혔다는 사실이다. 그 메스꺼움을 극복하기 위해서는 강한 의지와 할머니의 설득이 필요했다. 내가 그런 별난 식성을 갖는다면 앞으로 삶을 살아가며 겪어야 할 어려움이 아주 클 거라고 타이르셨다.

마네트와 내가 어렵게 허락을 얻어 가곤 했던 브롱쿠르의 야회[136]에서 들었던 잔혹한 처형 이야기들 또한, 거위에 대한 기억을 생생하게 간직하는 데 한몫했을 것이다. 나는 물레가 도는 소리와 뜨개질바늘이

---

136) l'écrègne. 에크레뉴는 미셸이 태어난 프랑스 동북부 오트-마른 지방의 농촌 공동체의 독특한 문화를 보여준다. 겨울철 마을 사람들이 한곳에 모여 불을 쬐며 일하던 공동 작업장. 주로 여성들이 모여 뜨개질을 하거나 삼을 잣고, 양모를 빗질하는 등의 수작업을 하던 곳으로 단순히 일만 하는 곳이 아니라, 마을의 전설, 유령 이야기, 그리고 각자가 겪은 삶의 비극이 공유되던 '소통의 장'이었다.

부딪는 소리를 들으며 그런 이야기들을 듣는 것을 좋아했다. 눈이, 그 하얀 눈이 땅 위에 거대한 수의를 펼쳐놓은 듯 내렸으며, 때로는 얼굴을 세차게 때리기도 했다.

우리는 밤 열 시가 되면 집에 돌아가야 했지만, 늘 그보다 늦게 발걸음을 옮기곤 했다. 그때가 바로 가장 흥미진진한 시간이었기 때문이다! 마리 베르데는 무릎 위에 뜨개질감을 내려놓았다. 지붕처럼 앞으로 툭 튀어나온 모자 아래로 그녀의 눈동자가 커졌고, 백 살 가까운 노인 특유의 쉰 목소리로 유령 이야기를 들려주었다. 도깨비불, 하얀 옷을 입은 빨래하는 여인들, 마녀의 골짜기 같은 이야기들은 그곳 분위기와 완벽하게 어우러졌다. 그녀의 동생 팡셰트는 그 모든 광경을 직접 본 증인이라도 되는 양, 고개를 끄덕이며 맞장구를 쳤다.

마네트와 나는 아쉬움을 뒤로한 채 길을 나섰다. 묘지 담장을 따라 걸어오는 동안 우리가 본 것이라곤 쌓인 눈뿐이었고, 들리는 것이라곤 매서운 겨울바람 소리뿐이었다. 마을의 야회에서부터 훗날 내가 수없이 되새기게 될 저항의 감정이 싹트기 시작했다.

농부들은 밀을 심지만, 늘 먹을 빵이 없었다! 어느 노파가 흉년(사재기꾼들이 온 나라를 굶주리게 했던 해를 그렇게 불렀던 것 같다)에 네 아이와 함께 겪었던 일을 들려주었다. 그녀도, 남편도, 어린 자식들도 매일 끼니를 때울 수가 없었다. 집안에는 더 이상 내다 팔 물건조차 없었고, 오직 몸에 걸친 옷가지가 전 재산이었다. 자식 중 둘이 세상을 떠났는데, 노파는 아이들이 굶어 죽었다고 생각했다. 밀을 가진 이들은 귀리 한 홉조차 외상으로 주려 하지 않았다.

"하지만 그저 체념할 수밖에! 세상 모든 사람이 매일 빵을 먹을 수는 없는 노릇이니까." 노파는 그렇게 말했다. 아이들이 죽어가는 와중

에, 일 년 뒤에 두 배로 갚겠다는데도 끝내 돈을 빌려주지 않은 고리대
금업자를 요절내려 했던 남편을 노파가 말렸다. 하지만 살아남은 나머
지 두 아이는 견뎌냈고, 아이러니하게도 남편이 그토록 증오했던 바로
그 사람 밑에서 일하게 되었다. 고리대금업자는 거의 품삯을 주지 않
았지만, 가난한 이들은 스스로 막을 수 없는 일이라 여기면 그저 감내
하려고 한다! 노파가 그 모든 이야기를 담담한 표정으로 들려줄 때면,
나는 분노로 눈시울이 뜨거워져 이렇게 말하곤 했다. "남편이 하려는
대로 내버려 뒀어야죠! 그분이 옳았어요!"

　나는 배고픔에 신음하며 죽어가는 불쌍한 아이들을 상상했다. 노파
가 들려주는 비참한 광경은 너무나 가슴 아파서 마치 내 일처럼 가슴
이 저려 왔다. 해진 옷을 걸치고 맨발에 나막신을 신은 채, 사악한 고
리대금업자에게 찾아가 애원하다가 결국 빈손으로 슬프게 길을 되돌
아오는 남편의 모습이 눈앞에 선했다. 아이들이 차갑게 식어 마지막
남은 짚단 위에 눕혀졌을 때, 분노에 찬 남편의 모습도 보였다. 그리고
자기 가족과 다른 이들의 원수를 갚으려던 그 남편을 가로막는 노파
의 모습과 그런 기억을 안고 자라나 결국 그자의 집으로 일하러 간 두
형제의 모습도 떠올랐다. 비겁한 사람들 같으니!

　나는 만약 그 고리대금업자가 지금이라도 들어온다면 당장 목덜미
를 물어뜯으러 달려들 것만 같았고, 그 심정을 그대로 쏟아냈다. 모든
사람이 매일 빵을 먹을 수는 없다고 믿는 사람들의 태도에 울분을 참
을 수 없었다. 가축 떼처럼 미련한 그 모습에 경악했다. "애야, 그렇게
말하면 안 된단다." 노파가 말했다. "그러면 하느님께서 눈물을 흘리
신단다."

　칼날 앞에 순순히 목을 내미는 양들을 본 적이 있는가? 그 노파는

딱 암양 같은 얼굴을 하고 있었다. 어느 날 교리 문답 시간에, "올바른 자선은 자신부터 챙기는 것에서 시작된다"라는 유명한 격언에 내가 격렬히 반기를 들었을 때 생각난 것도 바로 그 이야기였다. (진심으로 이를 믿었던) 늙은 신부님이 나를 불러 세웠다. 나는 벌을 받을까 봐 조마조마했다. 신부님은 나에게 책 한 권을 건네주셨다. 그런데 그 책은 타인의 피를 빨아먹는 인간 흡혈귀들에 대한 혐오뿐만 아니라 정복자들에 대한 혐오를 내 마음속에 심어주기에 충분했다. 그 책은 바빌론 유수의 시편들을 알기 쉽게 풀어 쓴 책이었다.

"강변의 버드나무 가지에 하프가 걸려 있네."

"포로가 된 예루살렘이 거리에서 눈물을 흘리네."

나는 민중을 굶주리게 하는 자들 못지않게 짓밟는 자들을 저주했다. 하지만 훗날 이와 같은 범죄들이 얼마나 극에 달하는 걸 보게 될지 그때는 미처 짐작조차 하지 못했다. 사소하지만 덧붙이자면, 고백할 것이 하나 있다. 그 책은 라몽 씨의 작은 백과사전처럼 가죽으로 제본된 책이었는데, 신부님이 그 책을 옆에 내려놓는 순간부터 나는 갈색 가죽 표지 속에 대체 어떤 내용이 담겨 있을지 온통 그 생각뿐이었다. 분명 어린아이들을 위한 책은 아닐 터였다. 아마 신부님도 눈치채셨을지 모른다.

라몽 씨에게서 슬쩍했던 그 작은 책 이야기가 나온 김에, 그리고 우리 각자는 저마다의 좋은 면과 나쁜 면을 가지고 있다고 내가 말한 적이 있으니 하나 더 고백하겠다. 어린 시절, 나는 집 안에 있는 돈부터 과일이나 채소에 이르기까지 아무런 가책 없이 가져가곤 했다. 나는 그 모든 것을 가지고 나가서 부모님의 이름으로 사람들에게 나누어 주었는데 이 사실을 모르는 사람들이 나중에 부모님께 감사 인사를 전할 때면 아주 재미있는 풍경이 벌어지곤 했다. 나는 구제 불능인 아이처럼 그 상황을 보며 웃어댔다.

어느 해인가, 할아버지는 내가 더 이상 물건을 훔치지 않는 조건으로 매주 20수를 주겠다고 제안하셨다. 나는 그렇게 하면 손해가 너무 크다고 생각했다. 나는 배나 다른 과일이 든 찬장을 열기 위해 열쇠를 갈아서 만들곤 했는데, 물건을 꺼낸 자리에는 작은 쪽지를 남겨두었다. 예를 들면 이런 식이었다. "자물쇠는 할아버지에게 있지만, 열쇠는 저에게 있어요."

마침내 토지에서 나오는 수익이 너무나 적었기에 절반을 떼어 농사를 짓던 삼촌도 우리 가족도, 그 누구도 생계를 꾸려나가기가 힘들었다. 나는 이와 같은 세월이 자주 되풀이되고 있음을, 그리고 사람들이 언제나 서로를 도울 수는 없으며 모두가 빵을 먹기 위해서는 자선 이상의 다른 무언가가 필요하다는 것을 느꼈다.

부자들에 대해서 말하자면, 솔직히 나는 그들을 거의 존경하지 않았다. 그때 공산주의가 내 머릿속에 떠올랐다. 척박한 땅에서의 노동은 그 실상을 적나라하게 드러냈다. 인간을 소처럼 밭고랑 위에서 등이 굽게 만들고, 더 이상 일을 할 수 없게 되면 도살장이 기다리듯 남는 건 구걸 자루를 차는 일뿐이었다. 우리 오트-마른 지방의 말로 하자면 '삼베 배낭'을 메게 되는 것이다. 땅을 일궈서는 결코 재산을 모을 수 없다. 노동은 오직 이미 너무 많이 가진 자들의 부를 쌓아줄 뿐이다.

가축을 돌보는 아이들이 들판에 핀 꽃과 싱그러운 풀밭을 보며 즐거워할 거 같은가! 아이들은 그저 정오에 잠시 누워 잠을 청하기 위해서만 풀밭을 찾을 뿐이다. 내 눈으로 확인한 것이다. 지친 농부이 숲 그늘과 바람에 물결치는 황금빛 곡식을 아름답다고 느낄 여유조차 있겠는가? 일은 고되고 하루는 길지만, 체념하고 또 체념할 뿐이다. 의지가 꺾여버리지 않겠는가? 인간은 짐승처럼 혹사당하고 있다. 그렇게 자신에게 가해지는 불의에 대한 감각조차 무뎌진 채, 반쯤 죽은 상태로 아무런 생각 없이 착취자를 위해 일한다. 많은 이들이 내게 야회의 그 노파처럼 말했다. "애야, 그렇게 말하면 안 된단다. 그건 하느님을 모독하는 거야!"

그렇다. 내가 같은 봄에 태어난 어린 새들이 함께 곡식을 줍듯 인간에게도 자신의 보금자리와 땅 위의 모든 것에 대한 권리가 있다고 말하면 그들은 그렇게 대답하곤 했다. 고통받는 모두에 대한 나의 연민, 어쩌면 인간보다도 더 말 못 하는 짐승을 향했던 나의 그 마음은 깊은 곳까지 닿아 있었다. 사회적 불평등에 대한 나의 반항은 그보다 훨씬 더 멀리 나아갔다. 그 반항심은 투쟁을 거치고 대학살을 겪으며 끊임없이 자라나고 또 자라났다. 그것은 대양 너머에서 돌아와서도 나의 고통과 나의 삶을 지배하고 있다.

동물을 대하는 인간의 가혹함으로 다시 돌아가 보자. 여름이면 오트-마른의 모든 시냇가와 버드나무 그늘의 습한 풀밭은 개구리들로 넘쳐난다. 어느 멋진 저녁이면 개구리 한 마리의 울음소리가, 때로는 거대한 합창이 들려온다. 옛날 고대 연극의 장중한 합창이 바로 이들에게서 영감을 얻은 것인지 그 누가 알겠는가!

내가 말했던 잔인한 일들이 벌어지는 것은 바로, 이 계절이다. 가엾은 짐승들은 살지도 죽지도 못한 채 흙먼지 속이나 거름더미 구석으로 몸을 숨기려 애쓴다. 이글거리는 태양 아래서, 여전히 부드럽고 큰 눈망울로 우리를 비난하듯 형형하게 빛나는 것을 보게 된다. 어린 새들은 아이들의 손에 잡혀 고문당한다. 설령 아이들의 손에서 벗어난다

해도, 가을이면 숲길을 따라 쳐진 덫에 발이 걸린 채 죽을힘을 다해 파닥거리며 절망 속에서 죽어간다. 늙은 개와 고양이들이 가재의 먹이로 던져지는 것도 보았다. 만약 그들을 던진 여자가 구덩이에 빠졌더라면, 나는 그녀에게 손을 내밀지 않았을 것이다.

그 후로 나는 짐승처럼 취급받는 농촌의 노동자들과 굶주려 죽어가는 도시의 노동자들을 보았다. 무방비 상태인 군중 위로 총알이 비처럼 쏟아지는 것도 보았다. 기병들이 말 가슴을 앞세워 집회 현장을 뭉개버리는 것도 보았다. 사람보다 나은 짐승은 사람을 짓밟을까 두려워 발을 치켜들고, 매질을 당하면서 마지못해 앞으로 나아갔다.

오! 농촌의 행복을 노래하는 전원시들은 모두 기만이다! 대자연에 대한 묘사는 진실일지 몰라도, 노동하는 농부들의 행복은 거짓이다.

대지! 이 단어는 내 삶의 가장 깊은 곳에 자리 잡고 있다. 양가 가족 모두가 작은 로몽 씨에게 글을 배울 때 교재로 썼던, 그림이 잔뜩 그려진 두꺼운 로마 역사서 속에도 그 단어가 있었다. 할머니께서는 커다란 뜨개바늘로 글자를 하나하나 짚어 주며 내게 글을 가르쳐주셨다. 할머니가 당신께서 직접 공부하셨던 오래된 이탈리아 창법 교본을 펼쳐놓고 내게 계명창을 가르치실 때도, 그 역사서는 같은 독서대 위에 놓여 있었다.

시골에서 자란 덕분에 나는 고대 로마의 농민 반란을 깊이 이해할 수 있었다. 그 책을 보며 참 많은 눈물을 흘렸다. 그라쿠스 형제의 죽음은 훗날 러시아의 교수대 소식을 들었을 때처럼 내 가슴을 짓눌렀다. 이 모든 것을 겪으며 나의 삶을 혁명에 던지지 않기란 불가능했다. 내 지인들이 종종 나에 대해 비난을 제기하는 이야기가 있다. 파리 코뮌 당시 뇌이의 페로네 바리케이드에서 내가 위험에 처한 고양이를 구하려고 대책 없이 뛰어들었다는 것이다. 그렇다, 인정한다. 하지만 그렇다고 해서 내 임무를 저버린 적은 없다. 포탄이 할퀴고 간 구석에 웅크린 채 울부짖는 가련한 짐승의 소리는 마치 사람의 목소리처럼 들렸다. 정말 그랬다! 나는 고양이를 구하러 갔지만, 1분도 채 걸리지 않았다. 딱 한 걸음이면 닿을 수 있는 비교적 안전한 곳으로 녀석을 옮겨주었을 뿐이다. 나중에 누군가 그 고양이를 거두어주기까지 했다.

동물에 관한 또 다른 이야기가 있다. 이건 비교적 최근의 일이다. 클레르몽 감옥의 벽에 생쥐들이 나타나기 시작했다. 당시 내게는 어머니와 친구들이 보내준 자수용 털실 뭉치가 잔뜩 있었는데, 나는 생쥐 구멍을 다 막아버릴 때까지 쉬지 않고 움직였다.

그런데 그날 밤, 막아버린 구멍 뒤편에서 가냘프고 작은 울음소리가 들려왔다. 그 소리가 너무나 애처로워, 돌덩이 같은 심장을 갖지 않고서야 구멍을 다시 열어주지 않을 수 없었다. 나는 즉시 구멍을 텄고, 녀석은 내 앞으로 쏙 기어 나왔다. 생쥐가 조심성이 없었던 것일까, 아니면 상대를 알아볼 줄 아는 영특한 녀석이었을까? 그건 알 수 없지만, 그 순간부터 녀석은 뻔뻔하게 내 침대까지 올라오기 시작했다. 침대 위로 빵 조각을 물고 와서는 편하게 갉아 먹었고, 내가 쫓아내려고 몸을 뒤척여도 완전히 무시했다. 심지어 내 베개 밑을 자신의 식량 창고나 그보다 더 지저분한 용도로 쓰기도 했다.

내가 감옥을 떠날 때 녀석은 방에 없었다. 주머니에 넣어 데려갈 수도 없었기에, 그 가여운 작은 생명이 어떻게 되었는지는 알 길이 없다. 떠나오면서 모두에게 그 녀석을 가엾게 여겨달라고 부탁했다는 것만은 고백한다.

요람으로 거슬러 올라가거나, 혹은 뇌에 깊은 인상을 남긴 특정 사건들을 추적해 보면, 삶을 실어 나르는 강물의 생생한 원천이자 사물을 분별하는 일련의 사고가 처음 시작되는 기점을 발견하게 된다. 어떤 때는 다른 생각들이 사라지는 사이 한 줄기 생각이 갑작스레 솟아오르기도 한다. 그것은 고대의 대륙 아래에서 화산을 일으키고, 다가올 대격변에 대비해 존재에게 새로운 감각을 싹틔우는 시간의 작용이다. 삶을 관통하며 흘러가는 사상은 수많은 미지의 힘을 끌어들여 스스로 변모하고 성장한다. 그렇다, 분명 미래의 인간은 새로운 감각을 갖게 될 것이다! 우리 시대의 존재들 속에서 이미 그 감각들이 싹트기 시작했음을 느낀다.

예술은 모두의 것이 될 것이며 색채가 주는 조화의 힘과 대리석의 웅장한 조형미는 인류 전체의 소유가 될 것이다. 과거에 얽매여 자신의 천재성을 억누르는 대신 발전시켜 자신들의 낡은 전통과 관습에 묶인 닻줄을 풀어낼 것이다. 이제는 모든 곳에서 닻을 올려야 한다.

가자, 어서 가자! 모두를 위한 예술, 모두를 위한 과학, 그리고 모두를 위한 빵을 향해! 무지는 이미 충분한 해악을 끼쳤다. 지식의 특권은 부의 특권보다 더 끔찍하지 않은가! 예술은 인간이 당연히 요구해야 할 권리이며 모두에게 필요하다. 그때 비로소 인간 무리는 진정한 인류가 될 것이다.

누가 자랑스러운 예술로 피어난 '라 마르세예즈'를 노래할 것인가? 지식에 대한 갈증을, 대리석 조각의 그 황홀한 살결을, 인간의 목소리를 내는 악기를, 생명처럼 고동치는 화폭을 누가 말할 것인가? 아마 조각일지도 모른다! 웅장하면서도 소리 없는 대리석 조각이야말로 인간의 권리 주장을 담은 강렬한 시가 될 것이다. 아니, 조각도, 회화도, 노래도 그것들만으로는 새로운 세계의 '라 마르세예즈'를 다 표현할 수 없다! 모든 것을, 그 모든 것을 해방해야 한다. 살아있는 존재들과 이 세상, 아니 어쩌면 우리가 미처 알지 못하는 저 너머의 세상까지도. 우리는 얼마나 야만적인가! 소외된 군중에게 고작 빵 부스러기 몇 조각을 던져준들 무슨 소용이 있겠는가? 예술도, 과학도, 자유도 없는 빵만으로 도대체 무엇을 할 수 있단 말인가?

가자, 어서 가자! 각자의 손에 횃불을 들고, 새로이 밝아오는 시대의 빛 속으로 행진하자!

모두 일어나라, 위대한 별을 쫓는 사냥꾼들이여! 대담한 항해사들이여, 죽음을 두려워하지 않는 그대들이여, 모든 돛을 활짝 펼쳐라! 어서 모두 일어나라, 곧 다가올 시대의 전설이 될 영웅들이여!

흔히들 내력은 어쩔 수 없는 것이라 말한다! 저 아래, 울타리 안의 붉은 장미와 함께 저물고 꿀벌과 함께 사라져간 우리 집안의 옛이야기들이 바로 나의 뿌리다. 하지만 이제 그 내력을 내게 들려주며 영혼을 깨우던 이들은 모두 세상을 떠나 다시는 그 목소리를 들을 수 없게 되었다. 그 전설들은 스핑크스처럼 어둠에 싸인 채 나를 내려다보고 있다. 바다의 딸들처럼 초록빛 눈으로 깊은 바닷속을 들여다보고, 마녀처럼 크고 여윈 몸으로 숲과 황무지를 내달린다. 이 아득한 전설은 거친 협곡의 코르시카에서 브르타뉴까지, 요정들이 출몰하는 고인돌 지대까지 이어진다. 북풍이 번개처럼 몰아치는 플로고프의 붉은 심연에서부터 크레노의 어두운 호수까지 뻗어나간다.

얼마나 많은 것들이 보잘것없는 한 인간의 주변에서 그의 지평을 넓혀주고 있나. 그것은 그가 더 많은 것을 보고 느낄 수 있게, 더 많이 고통받도록, 그리하여 모든 것이 무너진 상황에서 삶이라는 사막을 더 잘 이해할 수 있게 하려는 것 아닌가. 하지만 그런 고통이 없다면 사람이 제 몫을 다하며 쓸모 있게 살 수 있겠는가? 아마 그렇지 못할 것이다. 설령 나에게 대물림된 기질이 조금도 없었을지라도, 시를 쓰든 아니든 사람들은 자신의 고독 속에서 시인이 된다. 겨울의 폭설을 몰고 오는 바람이 북방의 시보다 더 야성적인 시를, 오솔길의 산사나무와 장미를 흔드는 봄의 미풍이 음유시인의 시보다 더 부드러운 시를 거기에 불어넣는다.

　나네트와 조제핀, 그 두 시골 처녀 역시 시인이 아니었겠는가? 그녀들의 노래 〈숲속의 검은 새〉는 전에 내가 말했던가? 수많은 세월과 대양을 가로질러 온 나는 바닷가에서 그 노래의 숨결을 다시금 마주한다. 그렇다, 내가 파도 앞에서 다시 마주한 것은 바로 거친 들판의 그 검은 새였다. 그들은 대자연의 생명력을 담은 야성적인 구절들을 노래하고 있었다.

2.

　우리의 감각이 우리를 속이지 않는다고 누가 확언할 수 있겠는가? 그것은 마치 주변 환경이 변하고 있다고 믿는 여행자와 같다. 사실 움직이는 것은 길 위를 걷고 있는 여행자 자신인데도 말이다. 분명한 사실은 진보는 끊임없이 나아가며, 혁명은 돛을 가득 부풀리고 있고, 우리는 언젠가 그 모든 진실을 알게 되리라는 것이다!

　누구도 자신이 한 일로 찬사받을 이유는 없다는 것 또한 진실이다. 사람들은 그저 사건에 매료될 뿐이다. 거기에 영웅적인 것은 없다. 인간은 자신이 이루고자 하는 위업에 압도되고 이끌리는 존재일 뿐 언제나 그에 닿지 못한다.

사람들은 나더러 용감하다고 말한다. 그렇지 않다. 위험을 상상하고 마주하는 순간, 나의 예술적 감수성이 그 장면에 사로잡히고 매료될 뿐이다. 투쟁의 참혹함조차 마치 고대 전사들의 찬가처럼 내 머릿속에 하나의 화폭으로 남고 투쟁의 공포는 시가 된다.

1871년 3월, 몽마르트르에서 사토리까지 끌려가던 죄수들의 행렬이 지금도 내 눈앞에 선명하게 그려진다.

우리는 기병대 사이에 끼어 밤길을 걸었다. 라 뮈에트 성 근처, 가파른 협곡을 내려가며 보았던 그곳의 풍경보다 더 소름 끼치도록 아름다운 것은 없었다. 어둠 속에서 희미하게 비치는 달빛은 골짜기를 거대한 벽으로 바꾸어 놓기도 하고, 때로는 끝없는 울타리처럼 보이게도 했다. 길게 늘어선 우리 행렬의 양옆으로 기병들의 그림자가 검은 띠처럼 드리워졌고, 그 덕에 길은 더욱 하얗게 도드라져 보였다.

이튿날의 폭우를 머금은 하늘은 우리 위로 낮게 내려앉은 듯했다. 앞서가는 기병들과 포로들의 선두 행렬을 제외하고는, 흐릿해진 모든 사물이 마치 꿈속의 형체들처럼 변해갔다. 말들의 발치 아래로 스며든 한 줄기 넓은 빛이 말들을 환하게 비추고 있었다. 우리와 군인들의 붉은 옷자락들이 마치 피처럼 뚝뚝 떨어지는 듯했다. 행렬은 긴 먹물 자국처럼 늘어져 밤의 심연 속으로 사라져 갔다.

사람들은 우리가 그곳에서 총살당할 것이라고 속삭였다. 왜 그런지는 모르겠으나, 다시 위로 올라가라는 명령이 떨어졌다. 나는 우리가 어디에 있는지도 잊은 채 그 눈앞의 풍경을 바라보고 있었다.

그날은 바로 돔브로프스키와 함께 이곳 라 뮈에트 성에 야전 병원을 세우기로 약속했던 날이었다. 과거의 약속과 현재의 위기가 교차하는 이 기묘한 우연이 내게 강렬한 인상을 남겼다. 대의에 마음을 온통 빼앗긴 나로서는, 닥쳐올 위험 따위는 아예 안중에도 없게 된다. 그러니 위험을 무시했다 해서 나를 대단한 용기나 공적이 있는 사람으로 치켜세울 필요는 없다. 그저 눈앞의 장면에 사로잡혀, 그 광경을 바라보고 기억에 새길 뿐이다.

미지의 세계가 뿜어내는 시적 정취에 매료된 사람은 나뿐만이 아니다. 우리와는 전혀 사상이 달랐던(그렇다고 정부군의 편은 더더욱 아니었던) 한 학생이 기억난다. 그는 주머니에 보들레르의 시집 한 권을 넣은 채 클라마르와 물랭 드 피에르에서 우리와 함께 총격전에 참여했다. 우리는 시간이 날 때마다 그 시집의 몇 페이지를 함께 즐겨 읽었다. 운명이 그 학생을 위해 무엇을 남겨두었는지는 알 수 없으나, 우리는 함께 죽음의 고비를 두 번이나 넘기는 묘한 경험을 했다.

사실 생각해보면 꽤 기막힌 일이었다. 우리 동료 세 명이 연이어 같은 자리에서 전사했는데도, 우리는 죽음의 위협을 코앞에 두고 거기서 커피를 마셨다. 우리를 지켜보던 동료들이 억지로 우리를 끌어냈는데, 그들에게는 그 자리가 불운한 자리로 보였기 때문이다. 그런데 우리가 자리를 옮기자마자 포탄 하나가 떨어졌고, 방금 우리가 비운 찻잔들은 산산조각이 났다.

그것은 무엇보다 시인의 기질 때문이었다. 그러니 그 현장에 우리 중 누군가의 특별한 용맹함 같은 건 없었다. 어둠 속에서 하얗게 빛나는 이시 요새의 무너진 성벽에 매료되는 것 혹은 밤의 출격 때 클라마르의 낮은 언덕이나 오트 브뤼예르를 향하는 우리의 대열과 지평선을 붉게 물들이고 있는 기관총의 화염을 지켜보는 것이 어찌 용기란 말인가? 그것은 그저 아름다웠을 뿐이다. 내 심장과 귀가 대포 소리에 매혹되듯, 내 눈 또한 그 풍경에 응답했을 뿐이다. 그렇다, 나는 야만

적이라 대포 소리와 화약 냄새, 빗발치는 총탄을 사랑한다. 하지만 내가 무엇보다 깊이 사랑에 빠진 대상은 바로 혁명이다.

모든 것이 그렇게 될 수밖에 없었다. 내가 자란 낡은 성터에 몰아치던 바람, 나를 키워준 노인들, 고독, 어린 시절의 드넓은 자유, 전설들, 그리고 여기저기서 조금씩 훔쳐 배운 지식의 파편들까지. 이들이 내 귀를 온전한 조화에, 내 정신을 모든 빛에, 나의 마음을 사랑과 증오에 열어주었다. 그리고 이제 이 모든 것은 단 하나의 노래, 단 하나의 꿈, 단 하나의 사랑인 혁명 속에 녹아들었다.

내가 신을 믿어본 적이 있던가? 성가 〈지존하신 성체〉의 벅차오르는 감동에 사로잡히거나 〈천상의 왕후〉의 날개를 타고 날아오른 적이 있었던가? 나도 잘 모르겠다! 다만 나는 들판의 대마 냄새만큼이나 성당의 향냄새를 좋아했고, 누벨칼레도니 숲의 덩굴 냄새만큼이나 화약 냄새를 사랑했을 뿐이다. 촛불의 미광, 아치형 천장에서 돌아오는 메아리, 오르간 소리. 이 모두는 결국 나를 뒤흔드는 감각의 울림이었다.

볼리에 부인 집에서 보조교사로 일하던 시절, 성당에서 노래를 부르며 성당 천장에 울리는 소리의 날갯짓을 온전히 느꼈다. 하지만 그때 나는 이미 믿음을 잃었거나 혹은 의심하는 것 자체가 곧 믿음이 없음을 뜻한다는 사실을 깨달은 지 이미 오래였다.

따라서 관념이란 진정 인간유기체의 산물이지만 마치 전철수가 전차를 몰아가듯, 인간을 뜨겁게 달구고 앞으로 나아가게 한다. 그것은 다음과 같이 설명된다. 존재들은 그들 시대의 산물이며, 다른 먼지들과 함께 그들을 들어 올리는 것은 바로, 그 시대이기 때문이다.

대학 입시용 교재라면 영혼은 부분으로 구성된 것이 아니기에 해체될 수 없다고 답할 것이다. 하지만 우리는 뇌의 특정 부위가 손상됨에 따라 정신이 부분적으로 꺼져가는 것을 목격하며, 광기가 정신을 부분적으로 혹은 완전히 잠식하는 것도 보게 된다.

보편적 믿음이니 뭐니 하는 것들, 인간 불변의 본성이니 뭐니 하는 상투적인 말들은 내가, 죽음 이후에는 아무것도 없다고 단언하는 반증이기도 하다. 영혼 불멸이나 천국에의 갈망은 부질없지만, 그것이 우리의 야만적 조상의 긴 혈통 속에서 태어나고 사라지는 개별 존재를 위해서가 아니라과 인류라 불리는 집단을 위해서라면 터무니없는 것은 아니다. 인류는 우리가 이해하지 못한 채 먼 빛처럼 바라만 보는 저 진보에, 또한 지금으로선 그 누구도 누릴 수 없으나 우리가 열망해 마지않는 저 행복에 도달할 것이다.

어느 시인이었는지 기억나지 않지만 이런 말을 했다.

"모든 인간의 마음속에는 잠자는 돼지 한 마리가 있다."

이 말이 진실이 되려면 딱 한 단어만 바꾸면 된다.

"모든 인간의 마음속에는 잠자는 괴물이 있다."

검은 짐승. 사람들이 흔히 혐오하고 피하는 괴물과는 다르다. 우리 각자는 수억 년에 걸친 변화와 혁명을 거치며 때때로 자신의 혈통을 지배해 온 조상의 야성적인 기질이 되살아나는 것을 느낀다. 우리가 짐승을 닮은 것인가, 짐승에 끌리는 것인가, 어쩌면 그 둘은 같은 것인지도 모른다. 나로 말하자면 호랑이든 사자든 고양이든 고양잇과 동물을 사랑한다. 특히나 거대한 맹수들을 사랑한다.

그렇기에 만약 내게 자유가 주어진다면, 나는 서쪽 지방으로 가서 그곳의 야수들, 왕당파 무장 유격대들에게 혁명을 이야기할 것이다. 저 무법자들도, 때로는 자신 안에서 야만적인 조상의 핏줄이 되살아나는 것을 느낀다. 그들은 우리와는 다른 믿음을 갖고 있지만, 어쨌든 무언가를 굳게 믿는다! 우리, 신념을 가진 자들끼리, 어디 한번 두고 볼일이다. 그들과 함께라면 한 발의 총알이나 단검의 위험은 있을지언정, 비겁하게 모욕당하는 일은 없다. 그곳에서의 죽음은 정갈하다.

고립된 한 개인의 삶은 그를 둘러싼 수많은 삶과 연결될 때 흥미롭다. 오직 군중만이, 그리고 그 거대한 전체 속에서 각자가 자유롭게 존재할 때, 비로소 지금 이 시대의 진정한 무언가가 될 수 있다. 그렇기에, 낡은 관례에 기반하거나 온갖 형식적 절차에 얽매여 있는 단체들은 갈수록 더 힘을 잃어갈 것이며 단 하나의 생명력 있는 결사체, 바로 혁명적 인류의 결사체가 일어설 그날까지 결코 살아남지 못할 것이다. 그들은 유령의 몰골로 그날을 목격하게 될 뿐이다.

1871년, 혁명을 도륙하는 왕당파에 맞서 프리메이슨[137]이 용기 있게 나섰을 때 나는 그들이 성벽 위에 서 있는 유령들의 집회 같다는 인상을 받았다. 그것은 죽은 자들 앞에서 느끼는 비장하고도 차가운 아름다움이었다. 나중에 누벨칼레도니에서, 열대의 수액이 주는 젊음의 기운 속에서 다시 프리메이슨을 만났다. 그들은 진보에 대한 강렬한 열망으로 가득 차 있었고, 뜨거운 태양 아래 기꺼이 그 일에 동참하려 했다. 그 후 네덜란드(용감한 이들의 모국)[138]에서 프리메이슨은 봄의 생기로 다시 젊어지고 있는 것 같았다.

---

137) 파리 코뮌 당시 프리메이슨은 평화 중재를 위해 성벽으로 나섰다. 미셸은 그들의 용기를 높이 사면서도, 그들이 여전히 구시대의 형식에 갇혀 있었기에 차갑고 장엄한 죽은 자들의 모습으로 느꼈다.
138) 네덜란드는 역사적으로 유럽에서 가장 먼저 전제 왕정에 맞서 공화국을 세운 나라 중 하나이다. 특히 16~17세기에 스페인의 압제에 저항해 독립을 쟁취한 역사는 유럽 혁명가들에게 불굴의 투쟁과 자유의 요람이라는 상징성을 주었다.

3.

영국인들이여, 아니 세상 사람들이여, 그 누구든 상관없다. 어찌하여 당신들을 억압하는 주인들을 위해 쟁기질을 하는가? 어디를 가나 다 마찬가지 아닌가. 그런데도 당신들은 여전히 밭을 갈고, 씨를 뿌린 자리에는 어김없이 수확이 뒤따르는다.

실제로 행동에 나선다면, 그 끝에는 아마도 교수대가 기다리고 있을 것이다! 하지만 그것이 우리의 미래를 망치지는 못한다. 자! 한때는 밧줄 끝에 매달려 사람들에게 일그러지진 얼굴을 보여준다는 생각이 끔찍하기도 했다. 러시아에서는 사람을 자루에 넣어 처형한다는 사실도 알게 되었다. 영국에서도 아마 나름의 격식에 맞게 그 일이 이루어질 것이다. 독일은 라인스도르프와 여타의 사건 이후 단두대를 갖추게 됐다. 이 모든 것은 그저 죽음의 한 형태일 뿐, 그 장면이 음울하면 음울할수록 새벽의 붉은 빛은 더욱 선명하게 그 죽음을 감쌀 것이다.

죽는 방식에도 나름의 동경이 있던 시절에는, 군중에게 마지막 인사를 건넬 수 있는 처형대나 사토리 평원의 총살 집행대를 꿈꾸기도 했다. 페르-라셰즈 묘지의 하얀 벽이나 파리 시내의 어느 벽 모퉁이에서 최후를 맞이한다면 참 좋겠다고 생각했다. 하지만 이제는 그런 것들에 무뎌졌다. 어떻게 죽든, 어디서 죽든 피하지 않겠다. 대낮이든 깊은 밤 숲속이든 무슨 상관이란 말인가? 낡은 세계와 새로운 세계 사이의 전투가 어디에서 벌어질지는 알 수 없다. 하지만 나는 그곳에 있을 것이다. 그곳이 로마든, 베를린이든, 모스크바든 상관없다. 나는 그곳으로 갈 것이며 수많은 이들이 함께할 것이다.

어디가 되었든 그 불꽃은 전 세계로 번져나갈 것이다. 군중은 곳곳에서 일어설 것이며, 사자가 갈기를 털듯 자신들을 괴롭히는 기생충을 털어버릴 준비를 마칠 것이다. 그날이 오기 전까지 사람들은 여전히 말만 무성할 뿐 행동하지 않는다. 이것은 화산의 으르렁거림과 같다. 용암은 누구도 예상치 못한 순간에 넘쳐흐를 것이다. 그런 날 저녁에도 엘리제궁에서는 여전히 춤판이 벌어질 것이며, 의회에서는 여전히 이렇게 말할 것이다. "오래전부터 들려오던 소리일 뿐이야. 늘 그래왔으니 우리가 신경 쓸 일은 아무것도 없어" 그러다 거대한 파국이 닥칠 것이다. 때가 되면 대륙의 융기가 일어나듯, 민중의 봉기도 때맞춰 일어나는 것이다. 인류는 이미 새로운 발전을 향해 나아갈 준비가 되어 있으며, 누군가 틀에 가두려 하지 않는다면 그 진보는 멈추지 않을 것이다.

나의 해외 강연을 두고 반동 세력은 두 가지 질문을 던졌는데, 우리가 가진 신념이 그토록 숭고한 것이 아니었다면, 그저 비웃어주고 말았을 질문들이었다.

여행 경비는 어디서 났는가?

강연 수익금은 어디에 썼는가?

여행 경비는 나를 초청한 단체에서 제공하지 않을 경우, 로슈포르가 빌려주곤 했다. 물론 나는 그 돈을 한 번도 갚은 적이 없다. 돌아올 때는 강연 수익금에서 단체가 떼어준 비용으로 돌아왔다. 친구들이 직접 가서 기차표를 끊어주기도 했다.

강연 수익금은 어떻게 되었냐고? 혁명 단체들이 그 돈이 어디에 쓰였는지 잘 알고 있으니, 내가 굳이 대답할 필요도 없다. 나는 단 한 푼도 챙기지 않았다. 이런저런 소문이 무성했던 브뤼셀 강연도 서너 번째 강연까지는 순조롭게 진행되었다. 그런데 파루라 불리는 정체불명의 젊은 녀석 하나가 나타나 소동을 피우기 시작했다. 그자는 순진하게도 자기가 나를 따라 파리에서부터 왔노라고 떠들고 다녔는데, 그 사실 하나만으로도 놈의 정체는 더 설명할 필요가 없을 것이다. 그자는 내가 《사회 혁명》[139]지에 티에르의 동상을 세워야 한다고 요구했다는 주장을 펴며 소란을 피우려 했다. 그는 신문을 가지고 있다고 우겨댔고, 꽤 많은 사람이 그 헛소리에 속아 넘어갔다. 아마도 내가 "그 난쟁이의 귀퉁이가 떨어져 나갔다! 어린아이의 손이 휘두른… ."[140]으로 시작하는 기사를 썼기 때문일 것이다. 이른바 질서의 수호자라는 자들이 강단 위로 의자를 집어 던지며 방해했지만, 강연은 끝까지 이어졌다. 그 소동은 말보다 더 명확하게 진실을 보여주었다. 그들이 말하는 질서란, 꿀벌들이 영원히 말벌들을 위해 일해서는 안 된다고 주장하는 사람들을 때려눕힐 권리를 의미한다.

헨트[141]에서는 낮에 여러 조합의 당당한 행렬을, 밤에는 중세 도시에서 한 편의 중세극 같은 장면을 목격했다. 밤이라는 배경이 그 장면을

---

139) 1880년부터 1881년 사이 파리에서 발간된 아나키즘(무정부주의) 주간지다. 겉으로는 가장 과격한 혁명적 목소리를 냈지만, 실상은 프랑스 경찰청이 혁명가들을 감시하고 덫에 빠뜨리기 위해 직접 만든 위장 잡지였다. 당시 파리 경시청장이었던 루이 앙드리외(Louis Andrieux)는 아나키스트들의 동태를 파악하고 그들을 한곳에 몰아넣어 관리하기 위해 이 잡지를 기획했다. 그는 정보원이었던 에그론 세로(Égron Serraux)를 내세워 잡지사를 설립하게 하고, 막대한 비밀 자금을 지원했다.
140) 1877년 티에르가 죽은 뒤, 그를 기리는 동상들이 곳곳에 세워졌다. 1880년 말, 생-제르맹(Saint-Germain)에는 티에르를 기리는 동상이 세워졌는데, 얼마 지나지 않아 누군가에 의해 이 동상의 일부가 파손되는 사건이 발생했다.
141) Gand. 벨기에 플랑드르 지역에 위치한 유서 깊은 도시.

한층 더 기괴하게 만들었다. 강연장의 한 구역은 파리에서 파견된 경찰들이 점령하고 있었고, 그중 한 명은 마치 지휘자처럼 소란을 피우라는 신호를 보내고 있었다. 강연장 높은 곳은 가톨릭 대학교 학생들이 차지하고 있었는데, 그들의 커다란 귀가 그림자를 드리웠다. 그들은 지휘자가 지휘봉을 들어 올릴 때마다 신호에 맞춰 괴성을 질러댔다. 그 합창 속에 짐승의 포효 같은 기개라도 있었다면 좋았으련만, 들려오는 것이라고는 그저 깽깽거리는 울음소리뿐이었다.

내 친구들은 내가 강연장을 벗어나야 한다고 조언했다. 나는 내키지 않았지만, 동지들의 뜻에 따랐다. 참으로 허망한 일이었다! 나와 동행했던 한 친구와는 인파 속에서 떨어지게 되었다. 상황은 급박했고 나와 마부 둘뿐이었다. 마부는 30분 동안 침묵한 채 말들에게 채찍질만 해댔고, 친구를 찾으러 돌아가야 한다는 내 말을 들으려 하지도, 내가 그의 팔을 잡아당기는 것도 느끼지 못했다. 결국 그는 마차를 돌려 돌을 던져대는 학생들 사이를 가로질러 집회장까지 되돌아갈 수밖에 없었다. 마차의 유리창은 깨졌고, 말은 거의 걷지 못했다. 칠흑 같은 어둠 속에서 때때로 사냥의 쾌감에 취해 얼굴이 벌겋게 달아오른 젊은이가 깨진 유리창 사이로 고개를 들이밀며 욕설을 퍼부었다. 검게 드리워진 도시, 유령 같은 옛 도시의 풍경이 펼쳐졌다.

친구 잔느에 대한 걱정 속에서도, 나는 그 옛날 아르테벨데 가문[142]을 떠올렸다. 그 시절 길드들은 권력을 탐한다고 의심되는 자들을 도끼 한 방으로 처단했다. 나는 운하의 주변을 바라보았다. 밤과 물이라는 거대한 액자 속에서 그것은 하나의 장엄한 그림이었다. 강연장 앞

______
142)14세기 플랑드르(현 벨기에)의 강력한 직조공 조합 지도자 가문. 조합의 권력이 절
　정에 달했던 시대의 상징.

에는 여전히 학생들과 그들을 보호하는 자들이 서 있었다. 중세가 그대로 부활한 듯한 모습이었다.

나는 마음을 졸이며 혹시 나와 함께 있던 키가 크고 머리가 검은 여성을 보았는지 묻기 위해 마차에서 내렸다. 그들이 죽이고 싶은 사람은 나뿐일 텐데 그녀에게 해 꼬지를 한 건 아닌지 묻자, 그중 몇몇은 표정이 진지해지며 내게 정보를 알려주었다. 그리하여 헨트의 한 경찰 서장이 내가 잔느를 찾는 일을 도왔다. 그는 그것 말고는 그 밤에 일어난 그 어떤 일에도 관여하지 않겠다고 말했는데, 실제로도 그 약속을 지켰다. 심지어 내가 기억하기로, 그는 학생들이 무례하게 구는 것을 보고는 놀랍게도 내 앞을 막아서서 보호해주기까지 했다. 모욕을 당한 내가 오히려 감옥에 끌려갈 것이라 예상했었다. 파리라면 분명 그러고도 남았을 터였다.

네덜란드에서는 내가 아주 좋은 추억을 간직하고 있는 친구들 외에도 여러 사람을 만났다. 우선 혁명가라는 존재가 대체 어떤 부류인지 가까이서 확인하고 싶어 하는 학자들이 있었는데, 이들은 자기 연구에 편견 없이 진지하게 임하는 사람들이었다. 또한 악의 없는 반대자들도 만났다. 그들은 반동적인 신문들이 떠드는 헛소문으로만 우리를 알고 있었을 뿐이나, 자신들이 속았다는 사실에 매우 놀라며 결국 혁명가들을 이해하기에 이르렀다.

런던! 그렇다, 나는 추방당한 내 친구들을 언제나 따뜻하게 품어준 런던을 사랑한다. 엄격한 법이 집행되는 보수적인 영국의 런던, 스스로 공화주의자라 자처하며 아마도 정말 그렇다고 믿고 있을 법한 저 부르주아들의 파리보다 훨씬 더 자유로운 런던말이다.

민중을 상대로 죄를 짓는 자들이 자신들의 행위를 모두 자각하고 있다고 생각하는가? 그들 중에는 환상에 빠져 자신의 도덕성과 지성을 스스로 추켜세우는 이들이 존재한다! 지성이라니, 천만에! 지성은 민중 속에 있다! 그들에게 지식이 없는 것은 사실이지만 그렇다고 해서 오늘날의 지식이라는 것이 뭐 그리 순수하고 대단한가! 지식은 이제 겨우 싹을 틔우고 있을 뿐이다. 내일이면, 비로소 때가 올 것이다! 그리고 내일이면 지식은 모두의 것이 될 것이다.

민중이 비록 특정 지식은 모를지언정, 개똥벌레를 보고 별이라고 우길 만큼 고집스럽지는 않다. 그것만으로도 충분한 가치가 있다. 런던 회의가 열리기 전, 고티에와 나는 앙드리외의 하수인들에 대해 익명의 경고를 여러 차례 받았다. 하지만 익명의 편지를 누가 믿겠는가?

나는 나대로 런던에 있는 몇몇 친구에게 부탁하여, 세로 씨에게 자금을 댔다는 한 부인을 찾아가 보게 했다. 친구들이 가본 그 부인의 아파트는 급하게 가구를 들여놓은 듯한 인상을 주었다고 한다. 하지만 증거도 없이 단지 인상만으로 누군가를 비난할 수는 없는 노릇이었다. 부인의 설명은 그럴듯했고, 내 친구들도 나도 그녀가 앙드리외의 첩자일 것이라고는 생각지도 못했다.

무슨 상관이랴! 우리 앞에 놓였던 함정은 우리보다 그것을 판 자들에게 더 큰 해를 입혔다. 저 모래알들과 무르익어 풍성하게 쌓인 저 곡식들을 보라. 그리고 저 깊은 하늘에 무수히 무리 지은 별들을 보라. 모두 닮지 않았나? 우리가 이미 알고 있는 곳, 바로 그곳을 향해 우리는 나아가고 있다. 보라, 위대한 수확이 오고 있다. 우리 가슴의 피 속에서 자라난 이삭은 더욱 묵직하게, 더욱 드높이 자랄 것이다.

암울한 삶의 언저리에서 슬픈 나날들을 달래주는 노래들이 되살아나곤 한다. 그것은 가슴을 저미면서도 묘한 매력으로 우리를 사로잡는 선율들이다.

　　흐르라, 흐르라, 포로의 피여!

　바고드와 자크들이여, 목에 쇠사슬을 차고 고통받는 자들이여, 때가 오기를 기다리며 우리 함께 이야기하자. 봄 내음 속에 꿈이 피어나고 있으니, 바야흐로 새로운 전설의 아침이 밝아오고 있다. 농부여, 대기를 떠도는 이 탄식이 들리는가? 그것은 그대 조상들이 불렀던 노래, 고대 골 전사들의 드높은 외침이다.

　　흐르라, 흐르라, 포로의 피여!

　대지 위를 적신 저 붉은 이슬을 보라, 그것은 다름 아닌 피다. 원래 죽음이 깃든 곳에서 풀은 더 높고 푸르게 자란다. 만민의 거대한 무덤인 이 땅 위에서 풀은 무성하게 자라야 한다. 하지만 굶주림에 신음하는 민중은 그런 풀조차 허락되지 않을 때가 있다. 도시의 보도블록 사이에서는 풀이 자랄 수 없기 때문이다.
　도살장으로 끌려가는 소가 되든 제물이 되는 소가 되든, 밭고랑을 가는 소가 되든 축제에 끌려다니는 소가 되든, 민중이 그 운명을 받아들이는 한 가슴을 찢으면서도 우리를 매혹하는 저 가혹한 후렴구는 멈추지 않을 것이다.

　　흐르라, 흐르라, 포로의 피여!

4.

아, 71년! 나는 마리가 내 시 몇 편을 옮겨 적어주었던, 이제는 그녀의 유품이 된 애도의 노트를 펼친다. 그 안에는 붉은 잉크로 쓰인 구절들이 마치 피처럼 여전히 선연한 빛을 띠고 있다. 마리는 이 노트를 제 형제인 이폴리트에게 남겼고, 그는 다시 이것을 내게 주었다. 내가 세상을 떠난 뒤에야 이 노트는 다시 그의 손에 돌아갈 것이며 그때는 비어 있던 페이지들도 새로운 기록들로 채워져 있을 것이다. 붉은 잉크로 쓰인 시들 중 몇 장을 여기에 옮겨본다.

나의 형제들에게
-베르사유 감옥에서, 1871년 9월 8일.

흘러가라, 흘러가라, 시간이여, 나날들이여!
죽은 이들 위로 풀이 자라나게 두라!
갓 태어난 것들이여, 쓰러져라.
배들이여, 항구에서 멀어져 가라.
깊은 밤들이여, 흘러가고 또 흘러가라.
오랜 산맥들이여, 가루가 되어 흩어져라.
감옥에서, 무덤에서, 파도에서,
추방자로든 죽은 자로든 우리는 반드시 돌아오리라.

우리는 돌아오리라, 셀 수 없는 무리가 되어.
모든 길을 통하여 우리는 돌아오리라.

어둠 속에서 걸어 나오는 복수의 망령이 되어,

서로의 손을 굳게 맞잡고 우리는 오리라.

어떤 이는 창백한 수의를 입고,

어떤 이는 여전히 피를 흘리며,

옆구리에 총탄 자국이 선명한 채로,

붉은 깃발 아래 창백한 얼굴로 우리는 오리라.

모든 것이 끝났다! 강인하고 용감했던 이들,

오 나의 친구들이여, 모두가 쓰러졌구나.

그 자리엔 벌써 노예들과 배신자들,

그리고 비겁한 자들이 기어 다니고 있다.

어제 나는 너희들을 보았다, 나의 형제들이여,

승리한 민중의 아들인 당신들이 우리 조상들처럼 당당하고 용감하게,

눈 속에 마르세예즈를 품고 행진하는 것을.

형제들이여, 그 거대한 투쟁 속에서

나는 당신들의 뜨거운 용기를 사랑했다.

붉게 포효하던 기관총의 불꽃과 바람에 펄럭이던 깃발들을 사랑했다.

용솟음치는 거대한 파도 위에서

운명에 맞서는 것은 아름다운 일이다.

목적은 민중의 구원이요, 그 보상은 죽음뿐일지니.

추악하고 노회한 자들이여, 우리의 피가 그토록 필요하다면,

이 비옥한 피의 물결을 마음껏 부어라.

그 붉은 대양을 마음껏 들이켜라.

우리는 우리의 붉은 깃발로 죽어는 몸을 감싸 안으리라.

이 아름다운 수의를 함께 덮는다면,

그것은 진정 평온한 안식이 되리라.

당시의 시들 중 한 편을 나는 코뮌 위원들을 재판했던 제3 군법회의에 보냈다. 하지만 냉혹한 총살형에 대한 진짜 책임은 무엇보다도 사면위원회에 있다. 피에 취한 정부군의 발목이 피로 잠겼다면, 소위 사면이라 내걸었던 그 위원회는 배꼽까지 피가 차올랐다.

제3 군법회의에 부쳐

-1871년 9월 4일, 베르사유 감옥

자유로운 파리가 선택한 선출자들이 여기 있구나, 평온하고도 숭고한 모습으로. 너희는 그들이 보낸 정당한 경멸에 분노하며 오히려 너희의 죄악을 그들에게 뒤집어씌우는구나. 그들은 변명할 것이 하나도 없다. 정작 비겁하게 도망쳤던 것은 너희들이었기에. 너희들이 팔아치우려 했던 그 모든 것을 그들은 용맹하게 지켜냈을 뿐이다.

카세뉴, 망게, 기베르, 메를린, 이 살인마들아! 가보! 가보! 메를린, 골레, 라바, 재판이 가관이로다!

이 참혹한 시절은 모두 너희가 저지른 업보다. 머지않아 더 나은 날들이 찾아오면 역사는 너희의 광기 어린 외침 따위는 외면한 채, 거짓을 일삼는 너희 판사들을 심판하리라. 먹잇감을 쫓아다니던 자들이 이제는 너희의 뒤를 쫓게 되리니, 테러를 찬양하는 저 동원된 군중과 밀고자, 악당, 그리고 거리의 여자들까지 너희를 쫓으리라.

카세뉴, 망게, 기베르, 메를린, 이 살인마들아! 가보! 가보! 메를린, 골레, 라바, 재판이 가관이로다.

응징의 시간은 오래 걸리지 않았다. 광기 어린 기소로 온 세상이 다 아는 가보 소령은 미쳐서 죽었다. 그는 죽기 얼마 전부터 격리 수용되어야만 했다. 당시 신문들에 따르면, 그는 상상할 수 있는 가장 끔찍한 임종의 고통을 겪었다고 한다. 죽기 전날 내내 그의 눈앞에는 기괴한 형상들이 소용돌이치며 나타났고, 마치 망치로 머리를 얻어맞는 듯한 고통에 시달렸다는 것이다.

또한, '화폐를 불태워라!'라는 위조 문구가 페레의 친필이라고 증언했던 감정인 들라뤼는, 이후 또 다른 허위 감정으로 무고한 사람을 5년 동안 노역장에 보내게 한 죄가 드러나 처벌받았다. 정작 우리 동지들을 사토리의 처형장 벽으로 내모는 데는 그만한 노력도 하지 않았단 말인가! 펠트로 드 빌뇌브 소유의 농장은 화재로 소실되었다. 코뮌 위원들에게 사형을 선고하고 11월 28일의 학살집행을 지휘했던 메를린 대령에게는 또 어떤 사고가 닥쳤는지는 알지 못한다. 범죄자들이 어찌 자기 행위의 결과에서 자유로울 수 있겠는가? 누구나 스스로 자신의 운명을 준비하는 법이 아니던가? 클레망 토마[143] 역시 1848년에 뿌린 씨앗을 1871년에 거둔 것이 아니었나?

코뮌 위원들에 대한 재판은 온갖 절차상 하자로 가득했다. 뒤쿠드

---

143) Clément Thomas. 그는 1848년 6월 봉기 당시 민중을 잔혹하게 진압했던 인물이다. 1871년 파리 코뮌 초기, 분노한 군중에 의해 붙잡혀 처형당했는데, 미셸은 이를 두고 23년 전 그가 저지른 악행이 71년에 되돌아온 준비된 운명이라고 일갈한다.

레, 마르샹, 뒤퐁 드 뷔사크 씨가 제기한 상고는 베르사유식 사법 체계의 민낯을 끝까지 확인해 보려는 목적이었을 뿐, 사형수 중 그 누구도 승소를 기대하지 않았다. 가보는 재판 도중 페레를 향해 "살인자의 기억 따위!"라고 모욕했다. 재판 기록 초안에는 그의 이 독설이 한층 더 악의적으로 기록되어 있었다. 바로 그 가보는 검사석을 두 번이나 비웠으며, 9월 2일 공판에는 단 한 순간도 나타나지 않았다. 심지어 위조된 증거물들이 제출된 판결문을 낭독할 때조차 그는 자리에 없었다.

코뮌 위원들은 자신들의 행위를 당당하게 밝혔다. 페레는 사토리의 처형대 기둥 앞에서, 다른 이들은 노역장과 유배지에서 자신들의 행위에 대한 책임을 당당히 짊어졌다. 하지만 저들은 자신들의 명분을 위해 조작된 위조 증거들까지 끼워 넣으려 했다. (심지어 그 위조문은 제대로 된 프랑스어로 쓰이지도 않았다!) 낡은 세계를 휩쓸어 가는 폭풍은 보지 못한 채, 우리 같은 모래알에 매달리는 그 증오의 어리석음이란!

아무 일도 저지르지 않았을 때 무혐의 처분을 받아내는 것도 쉽지 않았지만, 자신의 행위에 책임을 지려 할 때 제대로 된 재판을 받는 것도 불가능한 일이었다! 나는 재판을 받는 대신 경찰청의 농간으로 아라스 감옥에 보내졌던 경위를 이미 밝힌 바 있다. 먼 곳의 감옥으로 이송될 명단에서 누군가의 이름이 지워지고 내 이름이 그 자리에 대신 들어갔다. 분명히 밝혀두건대, 군법회의는 이 사실을 몰랐으며 승인하지도 않았다. 마르샹 씨의 편지는 내가 직접 설명하는 것보다 훨씬 더 명확하게 이 의도적인 지연책[144]의 실체를 보여줄 것이다. 마르샹 씨

---

144) 베르사유 정부는 미셸이 법정에서 대중을 선동하고 자신의 정당성을 설파하는 것을 불편해했다. 그래서 그녀를 재판 없이 행정적 구금 상태로 두기 위해 명단을 조작하고 아라스라는 먼 곳으로 이송하는 꼼수를 부린다. 미셸은 자신이 정치범이자 전사로서 당당히 군법회의의 재판을 받길 원했다.

가 이 편지에서 언급한 항의문은 내가 아라스로 떠나기 전, 베르사유 교도소의 수감 기록부에 직접 적어 넣은 것이다. 내가 그곳에서 항의한 것은 감옥 생활 그 자체 때문이 아니었다. 베르사유는 사토리나 다른 수용소에서의 처우와는 분명히 달랐다. 나의 항의는 이송이라는 이름으로 자행된 저열한 농간을 향한 것이었다. 나는 군법회의의 재판을 받아야 할 몸이지, 경찰청의 소관이 아니었기 때문이다. 경찰청은 레티프와 마르셰[145] 사건의 재판정에서 내 이름을 들먹이며 나를 모욕하면서도, 정작 내가 당당히 맞설 수 있는 나의 재판은 영원히 미루려 들었다. 다음은 마르샹 씨의 편지다.

미셸 양에게,

당신의 편지를 받자마자 답장을 씁니다. 어제 당신이 편지를 보냈던 뒤쿠드레 씨는 그제, 페레를 면회하려던 감옥 안에서 동맥류 파열로 급사했습니다. 서무과에 남긴 당신의 항의는 몸으로 맞서 물리적인 저항을 하는 것보다 확실히 현명한 처사였습니다. 만약 조속한 재판을 원한다면 아페르 장군이나 가야르 대령에게 편지를 보내야 할 것입니다. 우편물이 분실되지 않도록 가급적 배달 증명이 포함된 등기 우편으로 보내도록 하십시오. 제 인사를 전하며.

1871년 11월 16일. 변호사.

H. 마르샹.

---

145) 레티프와 마르셰는 방화 혐의로 재판을 받았다. 재판에서는 미셸의 이름을 끊임없이 거론하며, 그녀가 이 모든 방화와 폭동을 배후에서 조종한 것처럼 묘사했다. 엘리자베트 레티프(Elisabeth Rétiffe)는 마분지 상자를 만들던 노동자였으며, 코뮌 당시 부상병을 돌보는 간호병으로 활동했다. 사형 선고를 받았으나 이후 유배형으로 감형되었다. 레오니 마르셰(Léonie Marchais)는 코뮌의 병사로 참전했다. 그녀 역시 방화 혐의로 사형 선고를 받았으나 유배형으로 감형되었다.

5월, 봄날의 사과꽃처럼 거리마다 하얀 꽃송이들로 뒤덮였던 그 나날들. 하지만 그곳에 나무는 없었다, 그것은 시신들 위에 뿌려진 생석회였다. 행방불명된 이들의 엄청난 숫자는 학살의 규모가 얼마나 축소되었는지를 증명한다. 병사들은 살육에 지쳐갔고, 기관총은 아마도 고장이 났을 것이다. 땅 위로 삐져나온 팔들, 즉결 처형되어 쌓인 시신더미 속에서 터져 나오던 단말마의 비명, 거대한 공동묘지에서 들끓는 파리들을 잡아먹다 중독되어 죽어간 제비들.

이제 뜨거운 학살의 뒤를 이어 차가운 살육이 이어졌다. 이 일을 저지른 자들은 무엇보다도, 가보가 먼저 간 저 샤랑통 정신병원에 더 가까이 있는 셈이다. 하지만 지금은 빛바랜 신문 몇 장을 들춰보지 않고서는 더 이상 이야기를 이어갈 수가 없다. 여기《사회 혁명》의 기사들이 있다.

5.

최근 밝혀진 여러 사실을 비추어 볼 때, 내 명예를 위해서라도 잡지《사회 혁명》에 기고했던 글 중 일부를 이 회고록에 싣는 것이 중요하다고 판단한다. 혁명가들 사이의 연락망을 이용해 함정을 파려던 자들의 수법은 오히려 그들 자신에게 커다란 부메랑이 되어 돌아갔다.

하지만 오늘 아침에야 비로소 어떤 교묘한 수작이 부려졌는지를 알아차렸다. 어느 특정 개인을 비난하는 기사들이 실릴 때면 내 생각과는 전혀 상관없이 누군가 내 말의 일부를 아주 영리하게 짜깁기해 머리말로 붙여놓았다. 그 때문에 사람들은 그 기사 전체가 마치 내 글인 양 오해하게 되었다. 그 결과 개인적인 원한들이 생겨 걷잡을 수 없이 터져 나오면서 결국 나의 유죄 판결에 결정적인 영향을 미쳤다. 그 판결로 나는 어머니와 생이별했고 어머니는 2년 동안이나 나를 보지 못한 채 죽음과 사투를 벌여야 했다. 내가 특별 면회로 나올 때마다 어머니는 간신히 기운을 차리셨지만, 결국 진실을 고백해야만 하는 순간이 왔다.

내 형기가 1년이 아니라 6년이라는 것, 그리고 내가 어머니 곁인 생-라자르가 아니라 클레르몽 감옥에 갇혀 있었다는 사실 말이다.

그 순간부터 어머니는 창밖조차 내다보려 하지 않으셨다. 의자에서 일어나는 일은 오직 침대로 가기 위해서 뿐이었고, 결국 그 침대를 떠나 관속으로 들어가고 말았다.

그렇다. 나는 우리의 방식대로 재판정에 출두하는 대신, 어머니를 모시고 외국으로 망명할 수도 있었다. 또한 나를 심문하는 자들의 빤히 보이는 수작을 비웃으며 책임을 회피하고 그들을 혼란에 빠뜨릴 수도 있었다. 하지만 우리 같은 사람들은 책임을 피하지 않는다.

나는 이 일의 배후가 누구인지 뻔히 알면서도, 아무것도 모르는 척 그 고결하신 법률가들의 질문에 당당히 답변했다.

다시 《사회 혁명》 잡지 이야기로 돌아가 보겠다. 나는 잡지에 글을 쓰는 동안에도 저열하다고 생각되는 부분에 대해서는 자주 항의하곤 했다. 당시 잡지의 창립자인 세로 씨에 대해 익명의 비난이 쏟아졌는데, 그러한 비난들이 난무했기에 오히려 그것이 경찰의 공작일 것이라고는 꿈에도 생각하지 못했다.

아나키즘 사상이 오늘날 갑자기 생겨난 것은 아니다. 생쥐스트 이전의 옛 프랑스 작가들도 누군가 지배자가 되려 하는 것 자체가 범죄라고 생각했다. 끝없이 펼쳐진 망망대해 앞에서, "변하면 변할수록 결국

모든 것은 똑같아진다"라는 영원한 진리에 대해 고민한 사람은 나뿐
만이 아니었을 것이다. 그러니 망명 생활을 마치고 돌아왔을 때 아나
키즘 잡지가 창간된 것을 보고 그들의 협력 요청에 앞뒤 가리지 않고
뛰어든 것은 어쩌면 당연한 일이었다.

나는 《사회 혁명》의 강령을 잘 알고 있었다. 그중 일부를 여기 소개
한다. 설마 이 편집위원회 뒤에 당시 경시청장이었던 앙드리외가 숨어
있었을 줄이야 누가 상상이나 했겠는가!

혁명 세력은 자신의 터전 위에서 자신의 무기로 견고하게 조직되어
야 한다. 적들의 제도나 궤변, 수법을 조금도 빌려 쓰지 말라. 다시 영
웅의 시대가 도래했을 때, 기득권을 보호하는 요새인 국가를 포위하
고, 그곳에 돌 하나 남기지 않고 완전히 무너뜨릴 준비를 해야 한다.

능력에 따라 일하고, 필요에 따라 분배받는다.

실제로 우리는 사회라는 것이 타고난 인간의 본성에서 나오는 것도,
필연적인 것도 아닌, 자연의 가혹한 운명에 맞서기 위해 인간이 만들
어낸 발명품이라고 믿는다. 따라서 사회는 무엇보다 약자들에게 이로
워야 하며, 그들의 부족함을 보완해 줄 수 있는 특별한 배려로 그들을
감싸 안아야 한다. 결과적으로 우리의 목표는 이러한 사회 질서를 창
출하는 것이다. 즉, 개인이 자신에게 주어진 노동과 헌신을 다한다면,
자신에게 필요한 모든 것을 제공받는 사회 말이다. 모두를 위한 식탁
이 차려져야 한다. 누구나 사회라는 만찬 자리에 앉을 권리와 수단을
가져야 하며 자신이 낼 수 있는 비용에 따라 음식의 양을 제한받지

않고 각자의 선택과 식욕에 따라 마음껏 먹을 수 있어야 한다.

(《사회 혁명》 창간호)

　사람들은 내 글들을 읽고 나면, 그동안 나를 비방하기 위해 지어냈던 그 치졸하고 폭력적인 내용들이 실제로는 존재하지 않는다는 사실에 무척 놀랄 것이다. 물론 내 글에 부족한 점이 있을 수는 있겠으나, 사람들이 오해하듯 저열한 수준의 글이 결코 아니었음을 확신한다. 사건의 앞뒤를 조금 건너뛰어 이 이야기를 먼저 꺼내는 이유는, 지금이 이 기록을 공개할 적기이기 때문이다. 비록 나중에 경시청장 앙드리외가 모든 공작을 솔직하게 고백하긴 했지만[146], 나 역시 이 기록을 남겨 진실을 밝힐 의무가 있다.

　잠시 생각해보라. 만약 우리 혁명가들 스스로 자신을 비난하기 위해 반동 신문을 만들었다면, 사람들은 우리를 미친 사람 취급하며 정신병원에 가두려 했을 것이다. 바람이 번개처럼 몰아치고 땅 밑에서 돌격 나팔 소리가 울리는 듯한 상념에 잠겨 있을 때, 세로 씨가 나에게 《사회 혁명》에 동참해달라고 제안했다.

　당시 나는 그가 먼저 제안하지 않았더라도 내가 먼저 손을 내밀었을 것이다. 나는 세로를 진심으로 믿었고, 그것이 나를 낚기 위한 비열한 함정이었다는 사실을 깨달은 지는 그리 오래되지 않았다. 그나마 앙드리외는 나와 내 동지들에 대해 거짓 모함을 하지 않았다는 것이다. 그

---

146) 앙드리외는 훗날 자신의 회고록(『Souvenirs d'un préfet de police』)에서 이 일을 언급하며, 국가의 질서를 유지하기 위해 혁명 세력을 어떻게 이용하고 기만했는지 일종의 자부심을 가지고 서술했다. "나는 아나키스트들에게 그들만의 잡지를 선물했다."라고 밝히면서, 역설적으로 미셸이 경찰 프락치가 아니라 이용당한 피해자였음이 증명되었다.

가 속한 정파의 다른 이들이라면 훨씬 더 기회주의적으로 우리를 공격했을 텐데, 그는 그러지 않았다는 점만큼은 인정해주고 싶다. 그럼, 당시《사회 혁명》지에 실렸던 두 편의 기사를 여기에 옮겨본다.

비합법 후보 추대

시민 여러분,

여러분은 폴 맹크[147]와 나에게 자격이 박탈되거나 세상을 떠난 이들을 후보로 내세우는 이른바 '죽은 자의 후보 추대'[148]를 어떻게 생각하느냐고 물었다. 폴 맹크 시민의 생각도 나와 크게 다르지 않을 것이라 믿으며, 우선 나의 답을 전한다.

이러한 후보 추대는 하나의 상징적인 깃발이자 강력한 권리 주장이다. 그것은 특정 개인의 신념을 넘어, 그 누구도 훼손하거나 파괴할 수 없는 사회 혁명의 순수한 이념을 드러내는 것이다. 죽음처럼 냉혹하고도 굴복시킬 수 없는 무적의 이념 말이다.

그런 의미에서 법의 테두리를 거부하는 비합법 후보 추대는 정당하다. 죽은 자를 후보로 세우는 것은 혁명 그 자체만큼이나 숭고하고 위대한 투쟁이다.

여성들이 후보로 나서는 것 또한 마땅한 권리 선언이다. 인류를 길러내고 세상을 지탱해 온 어머니들이 정작 자신들은 영원한 노예의 굴

---

147) 미셸과 함께 활동했던 당대의 저명한 여성 혁명가이자 사회주의자.

148) 당시 혁명가들은 선거의 허구성을 폭로하기 위해, 이미 죽은 혁명가나 투옥되어 자격이 없는 사람을 후보로 내세우는 상징적인 투쟁을 벌였다. 법적으로 출마 자격이 없는 여성이나 수감자를 후보로 세우는 행위는 의회 진출이 목적이 아니라 체제 거부의 메시지를 담은 것이다.

레에 갇혀 있는 현실에 항거하는 것이다. 하지만 사실 여성만의 문제라고 한정 지을 필요는 없다. 우리 모두 억압이라는 공통의 노예 상태에 놓여 있지 않은가? 우리는 오직 우리 모두의 적을 상대로 함께 싸울 뿐이다.

나 개인의 관점으로 말하자면, 나는 지엽적인 사안에는 연연하지 않는다. 거듭 강조하지만, 나는 곡괭이를 들든 지뢰를 매설하든 아니면 불을 지르든, 저 저주받은 구시대의 유물을 무너뜨리기 위해 싸우는 모든 이들과 언제나 끝까지 함께할 것이다!

각성한 민중에게, 그리고 스스로 쓰러지면서도 미래의 문을 활짝 열어 혁명의 길을 터준 모든 이에게 뜨거운 경의를 표한다!

루이즈 미셸.

아래는 두 번째 기사다.

후보 추천 명단에 내 이름이 올라 있는 것을 보고, 이에 대해 분명히 답해야 한다는 의무감을 느낀다. 남녀평등을 확립하는 차원에서 여성을 후보로 내세우는 일 자체를 반대하지는 않는다. 하지만 지금처럼 상황이 엄중할 때일수록, 우리 여성들은 자신의 문제를 인류 전체의 해방과 분리해서는 안 된다는 점을 거듭 강조하고 싶다. 여성 또한 혁명이라는 거대한 군대의 당당한 일원이 되어 함께 싸워야 한다.

우리는 표를 구걸하는 후보자가 아니라, 체제와 맞서 싸우는 전사다. 오직 대담하고 냉혹하게 전진하는 전사, 그것이 우리의 본모습이다!

여성 후보를 추천했다는 사실만으로도 상징적인 원칙은 이미 충분히 전달되었다. 어차피 이 추천이 실제 당선으로 이어지기도 어렵겠지만, 설령 당선된다 한들 지금의 비참한 현실은 조금도 변하지 않을 것이다. 그러니 나를 아끼는 동지들께 간곡히 부탁한다. 내 이름을 후보 명단에서 즉시 빼주길 바란다.

우리가 바라는 것은 물리적 힘없이는 결코 얻을 수 없는 정의를 구걸하듯 외치는 고립된 소수의 목소리가 아니다. 우리가 진정 갈망하는 것은 모든 민중이 떨쳐 일어나, 노동자나 여성이라는 이름으로 고통받는 이 세상의 모든 노예를 해방하는 것이다.

그러므로 아직 투표의 힘을 믿는 이들이 있다면 차라리 노동자들의 이름을 써넣어라. 또한 공화국이라는 탈을 썼을 뿐 실상은 제정 말기처럼 부패한 이 정부에 깊은 혐오를 느끼는 이들이라면, 기권하는 대신 1871년 파리 코뮌 당시 학살당한 우리 혁명가들의 이름을 투표용지에 써넣어 사회 혁명의 성스러운 원칙을 기리라. 그것이야말로 잠든 민중을 깨우는 길이다. 민중이 불길한 잠에 빠져 있으면 독재가 뿌리를 내리고 기회주의자들이 득세할 것이다.

부유한 집 딸의 안온함을 지키기 위해 가난한 집 딸들이 빗속에서 치욕을 견디는 것이 누군가에게는 기회일지도 모른다. 남성들을 도살장 같은 전쟁터로 몰아넣고 여성들을 유곽으로 밀어 넣는 것이 그들에게는 즐거움일지도 모른다. 하지만 우리는 대포의 먹잇감이든 기생충 같은 권력자들의 욕망을 위해서든, 인간의 육체가 거래되는 것을 더는 용납하지 않는다. 우리는 당당히 선언한다. 이제 개인의 영달도, 성별의 차이도 중요치 않다! 이기심과 두려움을 던져버리고 용기 있게 나아가자! 우리의 목적지를 아는 이들만 우리와 함께하고, 그렇지 않은 이들은 우리를 떠나라!

루이즈 미셸.

파업에 관해 연재했던 기사 중 또 다른 한 대목을 여기 옮겨본다.

징집 거부 파업

아! 세상에 사회 문제 따위는 없다고들 하는가! 그렇기에 어린 자식들이 아비가 죽어 나간 바로 그 침대에서 태어나고, 공공 구호소는 그 끔찍한 빈곤을 해결한답시고 고작 일 인당 1프랑씩을 던져주는 것인가. 그렇기에 높으신 나리의 연설문 하나를 벽보로 붙이는 데 민중의 돈 3만 4천 프랑이 허투루 쓰이는 것인가. 결국 그 돈을 내는 것은 민중이며, 언제나 민중의 몫이다.

하지만 민중은 마땅히 기뻐해야 한다. 권력자들이 그들에게 '주권자'라는 달콤한 말을 들려주기 때문이다. 그러나 그 말은 상황에 맞춰 던져진 수식어일 뿐, 그다음 날이면 어김없이 튀어나올 또 다른 말, 즉 '천박한 무리'라는 본심을 감추기 위한 기회주의적인 수사에 불과하다. 다수결의 원칙은 참으로 기묘하게 적용된다. '바딩게 3세'나 '기회주의 1세' 같은 자들을 인간 무리의 우두머리로 세울 때는 긍정적으로 작용하지만, '주권자'인 민중이 스스로 사회 문제를 해결하려 할 때는 부정적으로 변한다. 민중이 딸들을 유곽에 팔지 않고, 아들들이 권력자의 즐거움을 위해 전쟁터에서 도살당하지 않으며, 늙은 노동자들이 몽포콩[149]의 늙은 말들처럼 굶어 죽지 않을 권리를 찾으려 할 때면 그 다수결의 원칙은 어김없이 적용되지 않는다.

아! 세상에 사회 문제 따위는 없다고들 하는가! 하지만 그 모든 문제

---

149) 파리에 있던 말 도살장이자 쓰레기 처리장으로, 늙고 병든 노동자의 처지를 버려진 말에 비유했다.

는 실은 자유롭다는 믿음에 속아 사슬에 묶여 있는 민중이 단 한 번의 의지를 보여주는 것만으로 해결될 수 있다!

그것은 지극히 수동적인 행동이라 탄압조차 불가능하다. 군대 한 조직을 총살하거나 도시 하나를 몰살할 수는 있을지 몰라도, 나라 전체를 상대로 싸울 수는 없기 때문이다.[150]

민중이 자신들의 정당한 권위로 풍속 경찰의 명부[151]를 완전히 폐쇄해버린다면 어떠하겠는가? 그 명부에 이름이 오르느니 차라리 자결을 택하는 수많은 소녀를 구하게 될 것이다. 만약 민중 전체가 제2의 스당 참사로 이어질 무모한 전쟁에 아들들을 보내길 거부한다면 어찌 되겠는가?

만약 이 징집 거부 파업이 자기들만을 위해 비옥한 땅을 피로 적시려는 권력자들을 침묵시킨다면, 왕이나 독재자들이 직접 독수리 문장을 들고 전쟁터로 나가게 강제한다면 어찌 되겠는가? 그들이 권력을 유지하기 위해 이용하려던 모든 문제는 곧바로 해결될 것이다. 왜냐하면 그들은 자신들의 안락하고 기름진 삶을 결코 포기하려 들지 않을 것이기 때문이다!

그래, 좋다! 이제 전쟁의 광풍이 몰려오고 있다. 설령 저들이 새로운 언론법을 들이대며 병석에 누워 계신 어머니의 곁을 지키는 나를 체포하러 온다 해도 나는 기꺼이 응하겠다. 하지만 내 입을 막을 수는 없다.

---

150) 국가의 존립 기반인 국민 전체를 죽일 수는 없다. 국민이 모두 죽으면 국가와 권력 자체가 사라지기 때문이다. 즉, 민중 전체의 단결된 거부는 권력자가 건드릴 수 없는 최후의 보루라는 의미.

151) 19세기 프랑스에서 풍속 경찰은 매춘 여성들을 등록하고 관리했다. 이 명부에 이름이 올라가면 평생 부도덕한 여자라는 낙인이 찍혀 사회적으로 매장당했다. 가난 때문에 어쩔 수 없이 내몰린 여성들에게는 죽음보다 더한 치욕이었다.

나는 보불전쟁에서 비겁하게 나라를 팔아넘긴 장군들과 용맹했던 병사들을 똑똑히 보았다. 무능하고 부패한 지휘부는 무리한 강행군으로 병사들의 기세를 꺾었고, 그들의 뜨거운 투지를 허무하게 짓밟았다. 그 비극을 가슴 깊이 새긴 사람으로서, 나는 내 양심이 명령하는 이 외침을 세상에 던진다.

징집병들이여, 입대를 거부하라!

루이즈 미셸.

내가 《사회 혁명》지에 실었던 짤막한 기사를 하나 더 인용하는 것을 허락해 주길 바란다. 원래 내가 붙였던 제목은 아주 단순하게 〈앙드리외 씨에게〉였다. 그런데 누군가가(어쩌면 앙드리외 그 본인일지도 모르겠다) 그 제목을 마음대로 바꿔치기해 놓았다. 바로 이렇게 말이다.

추악한 자에게 침묵을!

배신자 앙드리외가 라르브레슬에서 내 이름을 언급하며 도발을 해왔으니, 그에 대한 답을 하겠다. 이 악당은 실로 귀중한 자백을 내뱉었다. 그는 나와 내 동지들을 다시 불러들인 이유가 우리를 집행인의 손아귀에 잡아두고, 파렴치한 유죄 판결로 명예를 더럽히며 서서히 말려 죽이기 위해서였다고 시인했다.

앙드리외에게 누메아는 코뮌의 생존자들을 향한 증오를 쏟아붓기에 너무나 멀었던 모양이다. 리옹에서 그는 동지들을 직접 체포하거나 병사들을 시켜 살해했다. 이제는 몽둥이질할 제물이 더 필요해진 것인지, 그래서 사면안에 찬성표를 던졌다는 자랑까지 늘어놓고 있다.

온갖 폭정의 하수인이자 사형 집행인의 앞잡이를 자처하는 이런 자에게 필요한 것은 해임이 아니라 심판이다.

프랑스인이 러시아 농노들조차 당당히 거부하는 굴욕을 참고 견딜 것이라 믿는가? 아니다. 우리 역시 죽는 법은 알지만, 채찍 아래에서 비굴하게 사는 법은 모른다. 소위 정치한다는 자들이 느끼지 못하는 모욕이 있는 법이다. 그렇지 않았다면 저 교수대 사냥꾼은 시의회 의원들의 손 숫자만큼이나 많은 뺨을 맞았어야 했다.[152] 높은 자리에 앉아 법의 보호를 받는 그를 단죄할 수 없다면, 이제 자유로운 이들이 직접 정의를 실현해야 한다!

루이즈 미셸.

《사회 혁명》지의 마지막 호를 구하지 못해 아쉽다. 마지막으로 썼던 두세 편의 기사, 특히 잡지가 유죄 판결을 받도록 해서 폐간을 유도할 의도로 썼던 기사만큼은 다시 보고 싶었다. 그 계획은 세로 씨에게도 미리 알렸던 일이다.(물론 그가 내 제안을 거절한 이유를 이제는 이해한다. 경시청장이 그 잡지에 깊숙이 개입했을 줄이야 대체 누가 짐작이나 했겠는가?)

어찌 되었든, 이 정도면 다음과 같은 사실을 충분히 설명했으리라 믿는다.

첫째, 나는 사적인 감정에 얽매이지 않았다.

둘째, 푸트리케 동상 사건은 내게 아무런 관심거리도 아니었다. 그

---

152) 앙드리외는 시의회와 협력하거나 그들의 묵인 아래 활동했다. 만약 정치인들이 최소한의 수치심이나 정의감이 있었다면, 앙드리외의 추악한 고백을 들었을 때 당장 그의 뺨을 갈겼을 것이라는 의미.

실패가 성인 남성의 서툰 짓으로 치부되는 것을 막기 위해, 나는 차라리 그것을 아이의 소행으로 돌리고 싶었을 뿐이다. 그 나이대라면 손끝은 서툴지 몰라도 분노만큼은 누구보다 빠르게 타오르는 법이다. 하지만 그 모든 것이 이제 무슨 상관이겠는가? 저들이 우리를 속였을지라도, 우리의 솔직함 덕분에 저들이 쳐놓은 덫의 절반은 이미 부서졌다. 그러니 혁명의 순수함은 결단코 더럽혀지지 않았다!

6.

몇 가지 일들을 정리하는 김에, 감옥에서의 용기에 대해 마지막으로 단 한 번만 더 이야기하려 한다. 영웅적이란 말 따위는 이제 끝내자! 영웅적인 것은 없다. 오직 의무와 혁명적 열정만이 있을 뿐이다. 사랑이나 광적인 믿음을 굳이 미덕이라 치켜세우지 않듯 혁명적 열정 또한 그 자체로 대단한 미덕으로 삼을 일은 아니다.

나로 말하자면, 감옥에서의 생활은 다른 여느 여교사들과 마찬가지로 견딜 만했다. 고독은 오히려 휴식이 되었다. 평생의 대부분을 단 한 시간의 침묵조차 얻지 못한 채 살아오다가, 밤이 되어서야 겨우 그 고요를 찾곤 했던 사람에게는 더더욱 그렇다. 수많은 여교사가 나와 같은 처지일 것이다. 밤이 되면 우리는 서둘러 생각을 정리하고, 살아있음을 느끼며, 책을 읽고 글을 쓴다. 비로소 짧게나마 자유로운 인간이 되는 것이다. 하루의 마지막 수업 시간이 되면 녹초가 되지만, 그래도 자존심만큼은 잃지 않으려 고개를 치켜들고 수업이 끝날 때까지 버텨낸다. 그런데 이제 감옥에서는 정적이 나를 감싸고 모든 피로가 사라진다. 이곳에서 나는 살아있고, 생각하며, 자유롭다(지난 긴 세월 동안

241

고단하게 일하며, 얻고자 했던 그 몇 시간의 휴식을 나는 감옥에서 찾아낸 셈이다. 그게 전부다.).

나를 한시도 떠나지 않았던 생각, 2년간 서서히 죽음과 사투를 벌이던 어머니가 막 세상을 떠난 이 시기에[153] 감옥에 있는 것은 내게 오히려 다행스러운 일이다. 적들과 친구들은 마치 어머니의 죽음이 석방의 명분이라도 되는 양 내가 밖으로 나가기를 바라지만 말이다. 보나파르트 치하를 비롯한 수많은 정권 아래서, 누군가의 죽음은 늘 정치적 거래의 수단으로 이용되었다. 이제는 그런 추태를 끝낼 때도 되었건만, 나의 적들 역시 그 비열한 수법을 본능적으로 감지한 모양이다.

또한, 이 잘난 프랑스 땅에서는 조금이라도 강인한 기질을 보인 여성을 '병리적인 사례(정신 질환)'로 몰아세우는 유행이 아주 견고하게 자리 잡은 듯하다. 만약 그것이 정말 병이라면, 소위 '강한 성'이라 자부하면서도 속은 텅 빈 저 유약한 한량들에게도 그 병이 좀 옮았으면 좋겠다.

이 이야기는 이쯤 해두자. 나에게 가해지려던 그 혐오스러운 모욕을 정부가 어느 정도 인지한 듯하니, 그 점은 고맙게 생각한다. 그 모욕적인 사면을 거절하며 보냈던 편지의 사본은 남아 있지 않다. 대신 나의 항의에 뜻을 보태준 리사가레에게 보냈던 세 줄의 글로 그 내용을 대신하려 한다.

다른 친구들 역시 나를 위해 목소리를 높여주었다고 들었다. 신문을 보지 못해 미처 알지 못했으나, 이 자리를 빌어 그들에게 고마움을 전한다. 편지의 내용은 다음과 같다.

---

153)미셸의 어머니는 1885년 1월 3일 사망. 미셸의 사면 석방은 1886년 1월 17일.

1886년 5월 4일.

리사가레 시민에게,

고맙습니다. 다른 이들과 다를 바 없는 내가 아무런 명분도 없이 사면을 받아들이는 것이 얼마나 수치스러운 일인지, 당신은 이미 느끼고 있었던 모양이군요.

모두가 아니면 아무도 안 됩니다.

나는 어머니의 시신을 대가로 내 자유를 사고 싶지 않습니다. 내게 제때 소식을 전해준 친구들에게도 감사의 인사를 전해주시기 바랍니다. 나는 이 거절에 따르는 모든 책임을 기꺼이 짊어질 것입니다. 친구들이 깊이 생각한다면, 이제 나를 위해 해줄 수 있는 게 아무것도 없는 상황에서 최소한 내게 모욕을 더 해서는 안 된다는 사실을 그들도 느끼게 될 것입니다.

나의 적들조차 이 점을 이미 알아차렸습니다.

당신의 손을 굳게 잡으며.

루이즈 미셸.

그때 내 뜻이 받아들여지지 않았더라면, 나는 즉시 러시아나 독일로 떠나버렸을 것입니다. 그곳은 혁명가를 죽일지언정, 이런 식으로 더럽히지는 않으니까요.

이제 나를 조용히 놔두시길 바랍니다.

L. M.

모두이거나 아무도 아니거나. 나는 앞으로도 사람들이 이 원칙을 늘 명심해주길 바라며, 그 모욕적인 사면 제안이 다시는 반복되지 않기를 바란다. 나는 그런 수치를 당할 이유가 전혀 없다.

수감된 남성이라면 적들이 만들어 놓은 가혹한 상황과 맞서 싸우기만 하면 된다. 하지만 여성 수감자는 똑같은 상황에 처하고도 또 다른 짐을 져야 한다. 여성을 나약하고 어리석으며 불안한 존재로 치부하는 주변 사람들의 참견이라는 까다로운 문제 말이다! 동지들이여, 남성들은 우리를 자기들 맘대로 휘두르길 좋아한다. 정직한 사람이라면 도저히 견딜 수 없는 비겁하고 가증스러운 처사들을 여성을 위한다는 명목으로 당연하게 받아들인다. 이것이 바로 이곳의 관습이다!

소중한 나의 친구들이여, 당신들은 불쌍한 내 어머니와 나에게 참으로 친절했다. 하지만 어머니의 죽음이 내 앞에 닥쳤을 때 내가 극도로 방황하더라도, 그것을 정신 나간 짓이라 여기지 않았으면 좋겠다. 친구들이 기억하듯 어머니의 고통이 멈추었을 때, 나는 눈물 한 방울 흘리지 않고 내 손으로 직접 어머니의 시신을 수습했다. 그리고 생-라자르 감옥으로 돌아온 바로 다음 날부터 나는 일을 시작했다. 그 누구도 내가 울거나 단 한 순간이라도 냉정을 잃은 모습을 본 사람은 없다.

대체 나에게 무엇을 더 바라는가? 나는 투쟁을 위해 살겠지만, 치욕을 위해 살거나 치욕을 견디며 살 생각은 추호도 없다.

이제 다시 나의 기록으로 돌아가 그동안 거의 이야기하지 않았던 누벨칼레도니로의 여정을 시작하려 한다. 그전까지 나는 쇼몽에서 파리로 오가는 정도의 여행밖에 해보지 못했다. 어린 시절 판화나 이야기, 그리고 무엇보다 나의 상상력을 통해 대양의 모습을 수없이 그려보았기에 바다라면 이미 물릴 법도 했지만, 실제로 마주한 바다는 내게 세상에서 가장 아름다운 광경이었다. 꿈속에서 보았던 대양의 모습 그대로였다. 하지만 막상 그 실체를 마주하는 순간, 인간은 그 광활함에 매료되고 자석에 이끌리듯 넋을 잃게 된다.

내가 얼마나 오랫동안 바다를 사랑해 왔던가!

할아버지는 나의 첫 장난감으로 배를 하나 만들어 주셨다. 굵은 실로 돛을 감아올릴 수 있는 멋진 범선들이었다. 처음으로 내 삶을 기록하려 했을 때 써둔 단편들이 있는데, 거기에 나는 이렇게 써놓았다.

할아버지는 내 첫 장난감으로 멋진 갑판과 밧줄, 돛대 위의 전망대까지 갖춘 배들을 만들어 주었다. 우리는 둥근 연못 위에 그 배들을 띄웠다. 거무스레한 빛깔의 거대한 두꺼비들 사이로 배가 나아갔고, 그 녀석들은 가끔 배의 갑판 위로 엄청난 점프를 해댔다. 그곳은 늙은 느릅나무와 벌통들이 가까이 있던 곳이었다. 진홍빛 꽃잎의 프로뱅 장미들이 금빛 목서초 위로 가지를 드리우고 있었다.

… 오! 어린 시절 저녁마다 내 꿈속 바다 위로 얼마나 많은 하얀 돛들이 떠나가는 것을 보았던가. 그 중 하나가 늘 보였다. 별빛 아래 홀로 떠 있던 배 한 척은 검은 수평선 위에서 커다란 흰 새처럼 보였다. 내가 그 배를 생생한 자태로 높고 당당한 돛대의 숲을 그려 보이자, 할아버지는 이렇게 말했다. "네 배는 아주 멋지게 만들어 주마. 단단한 참나무 심재를 써서 말이야. 그건 아주 근사한 호위함이 될 거란다."

하지만 우리는 꿈속의 그 호위함을 참나무 심재로 만들지 못했다. 붉은 장미 덤불 옆, 벌들이 돛대 위를 날아다니는 그 둥근 연못 위에 띄워보지도 못했다. 우리는 끝내 그 배를 만들지 못했다! 내가 꿈속의 그 배, 비르지니 호를 실제로 알아본 것은 패배를 겪은 뒤 대양의 거친 파도 위에서였다. 현실에서 마주한 내 어린 시절의 꿈을 누구든 설명할 수 있다면 해보라. 그때 나는 이미 너무나 많은 일을 겪은 뒤라 감동할 여유조차 없었다.

나는 글의 시작 부분에서 에드거 앨런 포나 보들레르 혹은 기이한 이야기를 들려주는 이들을 떠올리게 하는 몇 가지 상황을 언급한 적이 있다. 그에 대해선 말을 아끼겠지만 어쩌면 꿈속에서 본 모습 그대로 돛을 활짝 펼치고 항해하는 버지니아호의 이야기는 어쩌면 운명의 신비에 관한 유일한 기록이 될지도 모르겠다.

어쩌면 이라고 말한 이유는 글을 쓰다 보면 종종 감정에 휩쓸려 기억 속으로 끝없이 빠져들곤 하기 때문이다. 내가 글을 쓰고 있다는 사실조차 잊은 채 말이다. 바로 그럴 때 문장의 마침표가 펜 끝에 머물곤 한다. 우리의 마음은 언제나 자신이 긋고 있는 글줄로부터 아주 멀리, 저 멀리 가 있기 마련이다.

나의 첫 여행이자 이 항해를 묘사하는 데는 그 무엇보다 시가 제격일 것이다. 인정할 건 인정해야겠다. 국가가 여행 비용을 대겠다고 나서니, 정말이지 씀씀이가 아낌 없었다! 군함을 타고 떠나는 머나먼 항해라니, 내 평생 이런 횡재는 꿈도 꾸지 못했다. 물론 그 대가는 참으로 가혹했다. 수천 명의 우리 동지들이 학살의 제물이 되어 쓰러졌고, 우리의 어머니들은 다시는 자식을 보지 못할 것이라 믿으며 절망에 빠졌으니 말이다.

님극 바다에서

-비르지니 호 선상에서

눈은 내리고 파도가 일렁이네. 공기는 얼어붙고 하늘은 칠흑 같구나.

배는 너울에 신음하고 아침은 저녁과 뒤섞여 분간할 수 없네.

무거운 발걸음으로 원을 그리며 선원들은 노래하며 춤을 추네.

천둥 같은 소리를 내는 오르간처럼 돛 사이로 거친 바람이 몰아치네.

혹독한 추위가 몸을 앗아갈까 두려워 얼어붙은 극지를 향해 노래하
네. 브르타뉴 황무지의 노래이자 옛 전사戰士의 노래를.

돛대를 때리는 바람 소리와 투박하고 오래된 노랫가락, 내리는 눈과
별 하나 없는 하늘이 어느새 눈가를 눈물로 가득 채우네.

마법의 노래일까, 이토록 마음을 뒤흔드니. 아니, 이것은 금작화 꽃향
기 가득한 아르모리크의 숨결이라네.

이것은 남극해의 바람. 청동 나팔을 불며 내일의 전설이 될 새로운 민
중을 노래하는구나.

오, 바다여!, 잔잔한 수면 위로 높이 솟은 돛대의 그림자가 평온하게
일렁이는구나.

오, 산더미 같은 파도가 포말로 부서지는 넘실대는 희망봉의 바다여!

심연은 검게 일렁이고, 해가 뜨면 파도 위로 부서지는 빛줄기들,

밤이면 바닷물을 수놓는 수백만의 별 무리!

돛 사이로 오르간 소리를 내며 몰아치는 바람의 포효는 또 얼마나 장
엄했단 말인가!

그곳에는 희망봉의 양이라 불리는 가련한 알바트로스들이 있었다.

배 위로 추락하거나 낚싯바늘에 걸려 올라온 그 불쌍한 새들 말이다.

사람들은 피 한 방울이라도 그 흰 깃털을 더럽힐까 새의 부리를 매달

아 죽을 때까지 공중에 걸어두었다. 새들은 그 비참한 임종의 순간을 단 1초라도 늦춰보려 가늘고 긴 목을 백조처럼 둥글게 말아 올려 할 수 있는 한 오랫동안 슬프게 머리를 쳐들고 있었다. 검은 속눈썹의 커다란 눈은 공포에 질려.

날아라, 새들아, 바다가 아름답구나. 파도는 포효하고 바람은 울부짖지만, 멀어져 가는 배 주위를 너희는 자유로이 날개 치며 맴돌 수 있겠지. 거품 이는 바다 위를 떠다니는 모습이 마치 정처 없이 떠도는 함대 같구나. 눈부신 태양 아래 하얗게 빛나는구나!

배 곁에서 즐거이 날아다니려무나. 하지만 머지않아 너희는 포로가 되리니. 인간들이여, 그대들 찰나의 즐거움을 위해 세상의 모든 것을 타락시켜야만 하겠는가? 더 하얀 깃털을 얻기 위해서라면 그들은 짐승을 고문하는 일조차 서슴지 않는다. 가련한 새들이여, 부디 인간을 두려워하렴.

그러한 죽음은 비단 알바트로스에게만 해당되는 일이 아니다. 어떤 이들에게는 인간의 피 얼룩 역시 결코 달가운 것이 아닐 테니 말이다. 비르지니 호의 창살 너머로는 수많은 편지와 시들이 오갔다. 서신 왕래를 금지한다는 규정 따위는 누구도 지키지 않았기 때문이다. 다행히 우리를 존중해 주었기에 그 외의 다른 수칙들은 잘 지켜졌다.

　나는 유배지에서 돌아올 때까지 그 편지들을 소중히 보관했으나, 그 후 다른 수많은 것과 함께 사라져 버리고 말았다. 참으로 애석한 일이다. 그 안에는 소박하면서도 진지한 편지들, 여러 유형수들의 시들, 그리고 열성적인 개신교도인 어느 동지가 종교 서적 첫 장에 남겨준 아주 아름다운 헌사도 있었다. 나는 그 책은 바다 너머로 던져버렸지만,

몰약과 계피 향기가 배어 있는 그 헌사가 쓰인 첫 장은 따로 간직했다.

어떤 편지들은, 아니 대다수의 편지는 본토에 남겨진 이들에 대한 그리움으로 가득했다. 승리에 도취한 반동 세력의 기세 아래 남겨진 이들은 앞으로 우리가 마주할 누벨칼레도니의 황무지에서 누릴 수 있을 만큼의 자유도 누리지 못했다. 이제 내게 남은 기록이라곤 내가 쓴 몇 구절의 시와 여기 소개할 로슈포르의 시 한 편뿐이다.

우현 후미의 이웃에게

루이즈 미셸에게 이렇게 말했지.

우리는 비와 햇살을 뚫고 희망봉 아래를 지나고 있네. 곧 저 멀리 목적지에 닿겠지만, 글쎄, 나는 우리가 프랑스를 떠나왔다는 사실조차 실감 나지 않는다네!

이 쓰디쓴 심연에 들기 전인들, 우리가 배멀미를 겪지 않았던가?

원인만 다를 뿐 결과는 마찬가지라네. 내 심장이 요동칠 때마다, 조국이 내게 답하는 소리가 들리네.

'나라고 해서 지금 꽃길 위에 편히 누워 있는 줄 아는가? 라고.

우리는 남극 근처를 지나며 떠다니는 빙하 사이를 위태롭게 헤쳐 나간다네. 그 차가운 풍경 속에서 우리를 짓밟은 자들을 생각하네.

그들의 심장이 저 빙하보다 더 단단하다는 걸 우리가 어찌 모르겠소!

오늘 아침 언뜻 보았던 물개는 멀리서 보니 손에 기름기가 번들거리는 대머리 루에를 떠올리게 하더군. 우리가 낚아 올린 상어들은 마치 사면위원회에서 떨어져 나온 수족처럼 보였다네.

무더위가 기승을 부리던 어느 날, 돛대마다 휘날리는 깃발을 보며 바젠의 무죄 판결[154]을 축하하는 베르사유의 풍경을 본 것만 같았다네! 우리는 이제 보게 되겠지. 다른 해안에서도 우리의 법전이 가르치는 바 그대로 강자가 약자를 잡아먹는 모습을 말이네. 법이란 곧 '패배자에게 재앙을!'일지니. 지구 반대편으로 가기 전부터 나는 이미 뼈저리게 깨닫고 있었다네. 경솔했던 우리들은 이미 수많은 이빨에 물어뜯겨 왔지. 카르낙[155]의 학살에서 손을 붉게 물들인 자들이라면, 나이 지긋한 카나크 원주민에게도 식인 풍습의 본보기를 보여주고도 남을 것이네! 항구에서 발견한 시신을 먹거리로 삼는 오세이지족을 감히 그자들과 비교할 수 있겠나? 죽은 카이사르의 친구들[156]은 사소한 연회를 위해서도 삼만 구의 시신을 제물로 바치지 않았던가!

오세이지족이 포로를 잡아 지독한 허기를 채우는 것은 부정할 수 없는 사실이네. 하지만 그들은 포로를 제대로 요리하기 전에, 손님들에게 예우를 다하듯 그를 포동포동하게 살찌우기라도 한다네.

내 여기 팡타그뤼엘[157] 같은 자를 하나 아노니, 탐욕은 그에 못지않고 잔인함은 더하군. 그대가 저녁 식사로 눈독 들이는 아이들과 노인, 그리고 여인들을 죽여 없애기 전에 먼저 굶주리게 하는구나.

오, 마크마옹[158], 그대가 바로 그 자로다!

---

154) 보불전쟁에서 무능과 배신으로 비판받았던 바젠 장군이 가벼운 처벌을 받은 사건. 혁명가에게는 가혹하고 권력자에게는 너그러웠던 베르사유 정부.
155) 프랑스 브르타뉴 지방에는 카르낙(Carnac)이라는 지명이 있는데, 이곳은 수천 개의 거대한 선돌(Menhir)이 줄지어 서 있는 유적지로 유명하다. 로슈포르는 사토리 평원에 버려진 수많은 코뮌 전사들의 시신이나, 그들이 갇혀 있던 황량한 수용소의 풍경을 보고 브르타뉴의 카르낙 선돌 숲을 떠올린 것이다.
156) 나폴레옹 3세의 수하들. 동포 3만 명이 학살당한 파리 코뮌.
157) 프랑수아 라블레의 소설에 등장하는 탐욕스러운 거인
158) 마크마옹은 파리 코뮌을 진압할 때 시민들을 포위하여 굶주리게했고, 그 후에 무참히 살해했다.

국가라는 이름의 배가 범죄와 테러를 일삼으며 치욕의 바다 위를 항
해하고 있으니, 그것이 그들이 말하는 도덕적 질서라면 우리는 차라
리 남극해에 경의를 표하며 이 비르지니 호 위에 머물러 있세나!

이곳은 너무 덥거나 너무 춥고, 정확히 말해 환대받는 곳이라 하긴 어
렵지. 우리가 진눈깨비 속을 걸을 때면 병사 하나가 총구를 들이대며
앞뒤로 우리를 위협하고 있으니 말이네. 돌풍에 기우뚱거리는 저 돛
대를 보게나, 바람이 통째로 뽑아버릴 수도 있고 파도가 선홀을 집어
삼킬 수도 있겠지. 하지만 저 창백하게 질린 공작 놈들이라고 도금한
왕좌 위에서 배멀미를 겪지 않을 것 같은가? 우리가 몽상가이건 미친
놈이건, 우리는 우리 앞의 길을 곧장 나아가고 있네. 반면 저들이 허
우적대는 꼴을 보며 우리가 얻는 위안이 있다면, 저들의 나침반이 완
전히 고장 났음을 의심의 여지 없이 확신하는 것이라네.

우리는 가는 길에 침몰할지도 모르지. 하지만 내가 예언가까지는 아
니더라도, 내일이 오기 전에 장담하건대 저들의 운명도 우리와 별반
다르지 않을 것이네. 물결을 거스르려는 자 누구든 결국 무너져 내리
는 얼음 더미에 휩쓸려 갈 테니.

-1873년 12월, 비르지니 호 선상에서, 앙리 로슈포르.

그 모든 광경이 눈앞에 선하다. 바다의 톡 쏘는 짠내가 코끝을 스치
고, 돛 사이로는 바람이 오르간 소리를 내며 울부짖는다. 갑판 위는 일
사불란한 움직임으로 활기가 넘치고, 함선을 조종하는 갖가지 소음이
들려온다. 선원들이 닻줄을 당기다 호각 소리에 맞춰 일제히 멈춰 서
며 버티는 소리, 쇠사슬이 거칠게 굴러가는 소리, 나팔 소리, 그리고
양묘기를 돌리며 부르는 선원들의 노래가 들려온다. 그 조화로운 가락

은 하나의 거대한 힘이 되어, 그 노래 없이는 무거운 닻을 내리거나 올리는 일조차 불가능해 보였다.

배가 기수를 돌릴 때마다 나타나던 기항지들, 카나리아 제도와 산타 카타리나의 풍경도 다시금 떠오른다. 돛을 펼쳐 고정하고 높이 끌어올리면, 가로대 위로 올라간 선원들이 돛을 묶었던 끈을 풀어낸다.

순간 팽팽하게 부풀어 오른 돛이 선원들의 손을 빠져나가 바람을 가득 머금고, 이내 멀어지던 육지는 시야에서 완전히 사라진다.

그때의 벅찬 감정을 시만큼 잘 담아낼 수 있는 것은 없기에, 당시의 감흥을 그대로 옮겨 적은 시 한 편을 더 놓는다.

비르지니 호 선상에서

-1873년 9월 15일.

보라, 파도에서 별들에 이르기까지 떠도는 저 하얀 빛들이 솟아오르는 것을! 광막한 심연 속에서 함대들이 돛을 활짝 펴고 나아가네. 하늘에는 수많은 세계의 함대들이, 파도 위에는 인광의 빛무리가 만들어내는 황금빛 조각들이 있구나.저 떠다니는 불꽃들과 멀리 사라져가는 세계들이 마치 눈동자처럼 우리를 지켜보네. 사방에서 들려오는 알 수 없는 노랫소리는 새로운 새벽을 이야기하네. 갈리아의 수탉이 날개 치고 있구나. "겨우살이와 함께 새해를! 브렌누스! 브렌누스!"[159] 이 심연의 풍경은 나를 취하게 하니, 더 높게, 오 파도여! 더 강하게, 오 바람이여! 삶이란 너무도 비좁구나, 이곳의 꿈들이 이토록 거대하니! 아, 차라리 이 격렬한 풍랑 속으로 자신을 돌려보내고, 뜨거운 조

---

159)브렌누스는 한때 로마를 점령했던 전설적인 갈리아의 지도자..

류 속에 하나로 뒤섞이는 게 더 낫지 않겠는가? 폭풍우여, 돛을 부풀려라! 더 높게, 오 파도여, 더 강하게, 오 바람이여! 우리의 머리 위로 번개가 번뜩이게 하라. 배여, 앞으로, 앞으로 나아가라! 어찌하여 이리도 단조로운 산들바람뿐인가? 허리케인이여, 그대의 날개를 펼쳐라! 우리는 사이클론을 향해 나아가노니, 배여, 앞으로, 앞으로 나아가라!

나의 회고록에는 시가 참 많이도 담겨 있구나. 하지만 시는 어떤 감흥을 표현하기에 가장 적합한 형식이며, 회고록이 아니면 대체 어디에서 자기 자신이 되어 느낀 바를 그대로 드러낼 권리가 있겠는가? 함상 일기 중에서 두세 장 정도가 내게 남아 있다. 그 기록을 보니 우리는 1873년 8월 24일[160] 화요일, 아침 6시에서 7시 사이에 오베리브를 떠났다. 바로 전날 어머니를 뵈었는데, 그때 처음으로 어머니의 머리카락이 하얗게 세어버린 것을 발견했다. 불쌍한 내 어머니!

랑그르를 통과할 때, 대여섯 명의 노동자들이 작업장에서 나와 모자를 벗어 경의를 표했다. 그들은 쇠를 만지는 이들, 칼 제조공들이었다. 팔꿈치를 드러낸 맨팔은 검게 그을려 있었다. 그들 중 머리가 희끗희끗한 노인이 망치를 휘두르며 소리를 질렀는데, 마차 굴러가는 소리 때문에 절반밖에 들리지 않았다. 그것은 바로 "코뮌 만세!"라는 외침이었다. 그 인사에 부끄럽지 않은 삶을 살겠다는 다짐 같은 것이 내 심장을 관통했다.

---

160) 기록에 따르면 미셸이 오브리브를 출발한 날은 8월 3일, 그리고 버지니아 호에 승선한 날은 8월 24일이다. 이후 본문에 이어지는 날짜별 기술도 오류가 있다. 어머니의 죽음 이후 쓰인 이 기록에서 날짜를 혼동했을 수 있다. 지역 신문 기사나 여타 기록을 토대로 보면 9월의 이야기를 8월로 적고 있다. 원문 그대로 옮긴다.

그날 저녁, 우리는 동부 역에서 오를레앙 역으로 향하는 호송 열차를 타고 파리에 도착했다. 열차에서 생토노레 거리의 작은 가게를 알아볼 수 있었는데 내가 떠난 뒤 어머니가 친척 집에 머물기 위해 들어가셔야 했던 곳이다. 수요일 오후 4시경, 우리는 라로셸구치소에 도착했다. 라로셸에서 로슈포르까지는 라코메트 호를 타고 이동했는데, 그곳에서 우리는 잡범이 아닌 패배한 전사로 대우받았다. 그리고 마침내 우리는 로슈포르에서 비르지니 호에 올랐다.

친구들의 작은 배들이 그날 하루 내내 라 코메트 호 옆에서 따라왔고, 우리는 멀리서 그들의 인사에 화답했다. 그들과 헤어질 때, 소중히 간직해 온 붉은 스카프를 흔들며 마지막 작별 인사를 하고 싶었으나, 짐 속에 들어 있어 아쉬운 대로 검은 베일을 흔들 수밖에 없었다. 모든 수색을 피해 숨겨온 이 스카프, 코뮌의 붉은 스카프는 훗날 유배지에서 두 조각으로 나뉘게 된다. 어느 날 밤, 두 명의 카나크인이 백인들에 맞선 봉기[161]에 합류하러 떠나기 전, 내게 작별 인사를 하러 왔을 때였다.

그날 바다는 거칠었는데, 그들이 무사히 건너편 기슭에 닿았을지 모르겠다. 헤엄쳐 떠나던 그 가여운 이들이 결국 목숨을 잃은 것은 아닐까? 두 죽음 중 어떤 것이 그들을 앗아갔는지 나는 알지 못한다. 그들은 백인이든 흑인이든 모두가 사랑할 법한 용감한 이들이자 발키니 부족의 전사들이었다.

다시 함상 일기로 돌아가 본다. 월요일까지는 프랑스 해안을 따라

---

161) 1878년 누벨칼레도니에서 발생한 카나크 인민의 대봉기를 가리킨다. 프랑스 식민 당국이 원주민의 토지를 몰수하고 탄압하자, 카나크인들은 생존과 자유를 위해 무장 투쟁을 일으켰다. 이때 미셸은 유형수 신분임에도 불구하고 원주민들의 편에 서서 그들의 저항을 지지했다.

항해했으나, 이내 망망대해가 펼쳐졌다. 처음에는 수평선에 두세 척의 배가 보이다 단 한 척만 남더니 마침내 아무것도 보이지 않게 되었다.

14일경에는 마지막으로 보이던 커다란 바닷새들이 사라졌고, 두 마리만이 한동안 우리 곁을 따랐다. 16일, 바다가 거세지고 바람은 폭풍처럼 휘몰아치며, 태양 빛은 파도 위에서 수천 개의 조각으로 부서진다. 마치 두 줄기의 다이아몬드 강물이 군함의 옆면을 따라 흘러내리는 듯하다. 오직 하늘 아래 홀로 남겨진, 진정 나의 함선이로구나!

8월 19일, 북방의 유령선 '네글파르'[162]를 닮은 검은 배 한 척이 간간이 시야에 들어온다. 그 배는 돛을 활짝 폈다가 다시 줄이기를 반복하며, 마치 우리를 감시하듯 움직인다. 혹시 우리를 구하러 온 구원군들일까?….

그 묘한 배는 이틀 동안 간헐적으로 우리 뒤를 따랐다. 저녁 무렵 우리 배에서 기동 훈련이 실시되었고, 훈련 도중 두 발의 공포탄이 발사되었다. 그러자 낯선 배는 어둠 속으로 자취를 감추었다.

어둠의 심연 속에서 별처럼 빛나던 그 배의 하얀 돛들도 조금 더 기웃거리다 사라져 버렸다. 그 배는 다시는 나타나지 않았다!

8월 22일, 바다제비들이 가로대 위에 내려앉는다. 우리는 카나리아 제도의 팔마(Palma)가 보이는 곳에 도달했다. 이곳은 어쩌면 아틀란티스의 잔해일지도 모른다. 왜 아니겠는가? 뒤틀린 땅은 여전히 가쁜 숨을 몰아쉬는 듯하다. 구름과 뒤섞여 첩첩이 쌓인 산들이 끝없이 이어진다.

24일 오전 9시, 닻을 올린다. 해안을 따라가니 끝없이 이어진 수많은 봉우리가 보이고, 깊은 골짜기 안에는 짙은 초록으로 물든 집과 연

---

162) Néglefare. 북유럽 신화에 등장하는 죽은 자들의 손톱으로 만든 배.

한 초록의 농장들이 점점이 물들어 있다. 북서풍을 온 몸으로 감내하는 만들이 보이고, 멀리 테네리페[163] 산 정상이, 그보다 더 멀리에는 하늘 속에 파묻힌 푸르스름한 봉우리가 보인다. 저것이 알레그란사[164] 섬과 칼데라 산[165]일까? 아니, 구름이 만들어낸 봉우리일 것이다.

팔마 정박지에서는 에우스와 산타카타리나, 두 요새가 보였다. 거친 바위들 사이로 부서진 폐허들은 세관 초소가 있던 자리라고 했다. 팔마의 하얀 집들은 마치 바다 위로 솟아오른 듯 보였고, 북쪽 언덕 위로는 '플랫폼'이라 불리는 성채가 자리 잡고 있었다. 커다란 포도를 가득 실은 작은 배를 타고 다가온 주민들은 우리에게 그곳의 화폐 단위를 일러주었다. '온스 드 오르'라 불리는 금화는 84프랑 80상팀의 거금이었는데, 우리 중 누구도 그런 큰돈을 생각할 처지는 아니었다. 그보다 작은 단위인 피아스트르로 나뉘는 작은 동전들이나 1프랑에서 53상팀 정도까지 하는 소액이라면 대강 감을 잡을 수 있었다. 그 밖에 레알 화폐도 있었는데 5프랑짜리 주화는 9레알이었다. 무엇보다 내 눈길을 끈 것은 주민들의 생김새였다. 그들 중 두 명은 대단히 수려하고 당당한 기품을 지니고 있었다. 과학계가 나를 비웃을지도 모르겠지만, 그간 읽어온 수많은 기록을 되짚어볼 때 내 짐작은 틀리지 않을 것이다. 그들은 분명 '구안체족'[166]의 후예이며, 그들의 조상은 아틀란티스에 살

---

163) Ténérife. 스페인령 카나리아 제도의 7개 섬 중 제일 크고 높은 섬. 해발 3,718m의 테이데 산.

164) Alegranza. 카나리아 제도의 최북단에 있는 작고 황량한 무인도.

165) 화산 폭발 후 분화구가 함몰되어 생긴 거대한 웅덩이. 알레그란사 섬에는 '라 칼데라(La Caldera)'라고 불리는 거대한 원뿔형 산.

166) Gouanches. 북아프리카의 베르베르족과 혈통적으로 연결된, 스페인령 카나리아 제도의 원주민. 유럽인들이 처음 이들을 발견했을 때, 신석기 시대의 생활 방식을 유지하고 있었으며 금발이나 붉은 머리에 푸른 눈을 가진 이들이 많아 인류학적으로 큰 관심을 끌었다.

았음이 분명하다.

카나리아 제도를 지나 산타카타리나로 향할수록 바다는 점점 더 고요해졌고, 다시 그곳에서 누메아로 가는 길은 갈수록 적막해지더니 마침내 세상과 온전히 단절되었다. 우리는 누벨칼레도니를 겹겹이 에워싼 거대한 산호초 방벽, 그 갈라진 틈새 사이의 좁은 수로를 통과해서 마침내 누메아에 들어섰다. 이곳 역시 로마처럼 강렬한 푸른 하늘 아래 일곱 개의 푸르스름한 언덕이 솟아 있다. 멀리 붉은 땅이 갈라진 틈새 사이로 금을 머금은 듯한 '몽도르'가 있고, 그 주변은 온통 산봉우리들로 둘러싸여 있다.

나는 아무래도 절반쯤은 야생의 기질을 타고난 모양이다. 대격변이 훑고 지나간 듯 거칠게 찢겨 입을 벌린 황량한 봉우리와 협곡들, 언제 불꽃이 솟구쳤는지 혹은 다시 솟구칠지 모를 화산들, 이 모든 황막한 풍경이 내 마음에 쏙 든다. 산 하나가 아예 둘로 쪼개져 V자 모양을 하고 있는데, 그 갈라진 양쪽 끝을 다시 합친다면 반쯤 뿌리 뽑힌 채 매달린 바위들이 원래 자리에 딱 들어맞을 것만 같다.

언제나 그렇듯, 여성들을 따로 떼어놓으려는 시도가 계속되었다. 그들은 상황이 더 낫다는 구실로 우리를 부라이로 보내려 하지만, 바로 그 때문에 우리는 격렬하게 항의했다. 우리 동료들이 뒤코 반도에서 더 고통받고 있다면, 우리 또한 그들과 함께 그곳에 있겠다고 말이다. 결국 비르지니 호 함장의 약속대로, 우리는 그 배의 소형 보트를 타고 뒤코 반도에 내렸다. 함장은 우리의 뜻을 이해해주었고, 다른 이들에게도 우리의 주장이 옳다는 것을 설득해주었다. 며칠 전 먼저 도착해 있던 동료들이 다른 동지들과 함께 해변에서 우리를 기다리고 있었다.

여드레가 넘도록 우리는 이 집 저 집을 옮겨 다니며 환영을 받았다.

첫 식사는 말레지외 영감의 집이었다. 그는 6월 봉기 때부터 싸워온 노장으로, 지난 1월 22일[167]에는 옷에 총알구멍이 숭숭 뚫릴 정도로 치열하게 싸우고도 사선과 대학살의 현장에서 기적처럼 살아남은 이였다. 그는 자신이 어떻게 살아남았는지 도통 모르겠다고 했고 우리 역시 알 길이 없었지만, 나는 삶에 미련을 두지 않을수록 오히려 생명이 곁에 머문다고 믿는다. 세상의 많은 일이 그러하듯이 말이다.

라쿠르는 현지 카나크인들의 방식대로 땅에 구멍을 파고 고기를 굽고 있었다. 그는 뇌이의 페로네 바리케이드 근처에서 보냈던 어느 밤의 기억을 불러일으키는 바로 그 친구였다. 당시 베르사유 군의 포성이 울리면, 근처 개신교 예배당에서는 오르간 소리가 응답하듯 터져 나왔다. 때로는 도발하듯, 때로는 그 악마 같은 대포 소리를 완벽히 흉내 내며 울려 퍼지던 그 선율 때문에, 라쿠르는 바리케이드에 포탄 세례를 자초하는 그 주범을 가만두지 않겠다며 대여섯 명의 대원을 이끌고 예배당으로 들이닥쳤다.

그런데 그 주범은 바로 나였다! 내게 좀 쉬라는 지시가 내려왔고, 마침 바리케이드와 맞붙어 있던 그 예배당의 오르간이 건반 몇 개만 부서졌을 뿐 상태가 꽤 좋아서 나는 그때만큼 연주에 몰입했던 적이 없었다. 사람마다 휴식을 취하는 방법은 제각기 다른 법 아니겠는가. 훗날 클레르몽 감옥에서 오르간 소리처럼 울부짖는 바람 소리를 들으며, 나는 그때의 기억을 되살려 '포탄의 춤곡'을 몇 마디 적어두기도 했다.

로슈포르가 우리를 위해 마련한 환영 만찬에는 리푸 섬 출신의 카나크인 다우미도 초대되었다. 그는 유럽식 정장에 실크 모자를 쓰고 가죽 장갑까지 낀 차림이었는데, 그 어색한 복장은 그의 당당하고 야성

---

167) 앞 부분에 언급한 파리 시청에서의 발포 사건.

적인 얼굴과 커다란 손에 전혀 어울리지 않았다. 이는 발장크의 고약한 조언 때문이었다. 발장크는 블랑키가 발행하던 신문의 편집장 출신인데, 오베르뉴 태생이 그렇듯 스스로를 함석공이라 칭하면서도, 정작 연금술사처럼 집구석에 틀어박혀 니아울리 기름을 짜거나 솥을 만드느라 여념이 없는 괴짜였다.

사자를 닮은 다우미는 억지로 끼워 넣은 장갑 때문에 앞발이 묶인 듯 쩔쩔매고 있었다. 그 바람에 올리비에 팽의 고기 굽는 일을 돕지도 못했고, 다른 이들처럼 무엇이든 거드는 일조차 할 수 없었다. 그래서 나는 아주까리 나무에 매여 있는 염소에게 잎사귀를 먹이면서, 그에게 전사의 노래를 한 곡 들려달라고 청했다. 다우미는 카나크인 특유의 부드러운 목소리로 노래를 불렀고, 놀라울 정도로 진지하고 침착하게 가사를 내게 번역해 주었다. 그 노래는 참으로 아름다웠다.

그 선율에는 4분음[168]으로 짐승의 울부짖음 같은 위협적인 리듬이 서려 있었고, 마무리는 마치 날카로운 비명처럼 솟구쳐 올랐다. 이 4분음은 사이클론이 그들에게 선사한 선율이었다. 마치 아랍인들이 사막의 모래 폭풍에서 그들만의 선율을 끌어낸 것처럼 말이다.

전사의 노래

참으로 아름답고, 참으로 좋구나! 붉은 하늘! 붉은 도끼, 붉은 불꽃, 붉은 피여, 안녕, 그리고 영원한 작별을! 용맹한 자들이여.

내게 남은 것은 이 한 소절뿐이다. 이 구절은 처음에는 후렴구처럼

___
168) 정형화된 서구 음악의 반음보다 더 세밀한 음정을 뜻한다.

세 번 반복되고, 구절 자체 안에도 반복되는 부분들이 있다. 각각의 절마다 곡조가 바뀌지만, 후렴구 역할을 하는 부분만큼은 매번 세 번씩 똑같이 반복된다. 가사 중 몇몇 단어를 보면 이미 오래전부터 여러 민족이 누벨칼레도니를 거쳐 갔음을 알 수 있다. 특히 '영원한 작별'이라는 표현은 다른 부분과 사뭇 다른 분위기를 풍긴다.

다우미는 리퐁[169] 섬 추장의 아들이었지만 백인들 사이에서 오래 지낸 탓에 거의 유럽인이나 다름없었다. 글을 완벽하게 읽을 줄 알았고, 쓰는 실력 또한 다른 이들에 못지않았다. 그가 순진하게도 머리에 얹고 있는 그 한심한 굴뚝 모자에도 불구하고 그에게선 오셀로와 같은 기품이 느껴졌다.

그를 사랑한 어느 백인 여성이 부모의 반대에 부딪혀 슬픔 속에 죽을 뻔했다는 이야기도 전해진다. 그날 처음 본 이후로도 다우미를 여러 번 만났다. 그는 유럽식 생활을 익히기 위해 뒤코 반도의 매점에서 일하고 있었다. 그는 내게 부족의 전설을 들려주고 어휘집을 만들어주었으며, 나 또한 그가 꼭 알아야 한다고 생각하는 지식을 전해주려 애썼다.

그는 내게 자기 형제를 소개해 주기도 했다. 반짝이는 치아와 인광을 뿜는 듯한 커다란 눈동자를 지닌, 참으로 당당하고 아름다운 야생의 전사였다. 그는 온전히 카나크식으로 입고 있었다. 다시 말해 아무것도 입지 않았다는 뜻이다. 그리고 그들의 방언보다 덜 부드러운 우리말을 서투르게 구사했다.

반도에서의 5년 형기가 끝나고 자립 능력이 있는 이들에게 허용되

---

169) Lifon. 뉴칼레도니아 로열티 제도(Îles Loyauté)에서 가장 큰 섬. 프랑스 식으로 표기하면서 Lifon이라고 기록. 현재는 Lifou가 공식 명칭.

는 대로 내가 누메아로 갈 수 있게 되었을 때, 세상을 떠난 쪽은 그 젊은 백인 여성이 아니라 다우미였다. 이제 그의 형제가 다우미의 죽음으로 중단된 계획을 이어받았다. 그가 그동안 쌓은 지식을 품고 부족으로 돌아가 동족들에게 그 혜택을 나누어 줄 것이다.

그 아름다운 야만인은 기묘한 유럽식 복장을 하고 있었다. 그는 글을 읽을 줄 알았으며, 우리 집에 와서 글을 쓰곤 했다. 우리는 다우미에 대해서, 그리고 부족들이 거쳐온 기나긴 어두운 과거에 관해 이야기를 나누었다. 또한 우리의 탐욕과 무수한 파괴 수단 앞에 노출된, 순박하고 무방비한 이들에게 다가올 짧은 미래에 대해서도 논했다. 이토록 경건하고 굳건한 지성, 용감하고 선한 마음을 마주하며 자문했다. 과연 누가 더 우월한 존재인가? 자기 민족에게는 생소한 지식을 온갖 역경을 딛고 습득하려는 자인가, 아니면 강력한 무기를 앞세워 무방비한 이들을 말살하는 자인가?

만약 다른 인종들이 백인 인종 앞에서 사라져가는 것이 백인의 우월성을 증명하는 근거라면, 호랑이와 코끼리, 사자 떼가 갑자기 유럽을 덮쳐 우리를 발밑에 짓눌렀을 때 우리는 그들을 우리보다 우월하다고 인정해야 할 것이다. 파괴를 통한 승리라는 관점에서 본다면, 저 원시의 맹수들이야말로 우리의 무시무시한 주인이 될 것이기 때문이다.

인간의 두뇌는 경작되지 않았을 뿐이다. 비옥하지만 버려진 황무지가 있는가 하면, 오래도록 경작되어 완전히 척박해진 땅도 있는 법인데 인류의 인종들 또한 이와 같다. 아무것도 모르는 이들과 잘못된 지식을 가진 이들—수천 세대에 걸쳐, 스스로를 무결하다고 믿으나 실제로는 틀린 온갖 '무오류성'에 의해 왜곡된 자들—사이의 차이는 생각보다 그리 크지 않다. 결국 진정한 과학의 바람이 불어오면 이 모든 것을 휩쓸고 지나갈 것이다.

우리가 이 반도에 거주하기 시작한 초기에는 코뮌의 죄수들을 실은 배가 그리 많지 않았다. 그러나 그 배들은 끝없이 계속해서 들어왔다. 정부가 민중의 압박에 못 이겨 사면을 단행하기 직전까지도, 마지막 유죄 판결들은 끊임없이 이어졌다.

도착한 이래로 우편물이 올 때마다, 향수병에 젖은 이들의 귓가에는 감미로운 환상이 속삭여졌다. 그것은 마치 그들을 무덤으로 인도하는 부드러운 요람과도 같았다. 만약 성급한 희망의 빛 뒤에 쓰라린 환멸이 곧장 뒤따르지만 않았더라도, 많은 이들이 귀환을 향한 그 간절한 갈망을 충분히 이겨낼 수 있었을 것이다. 유배 생활은 보통 십 년은 지속되기 마련이며, 우리의 피가 이미 너무 많이 흘렀기에 저들이 우리를 돌려보낼 리 없다고 아무리 이성적으로 말해 주어도 소용없었다. 동료들은 차가운 이성의 목소리보다는, 결국 자신들을 죽음으로 몰아넣을 달콤한 거짓말에 매달리는 쪽을 택했다. 우리는 때때로 하얀 무명 작업복을 입고, 단춧구멍에는 야생 목화꽃을 꽂은 채 산길을 걷곤 했다. 본토에 어린 자녀를 둔 가장들이 죽음이라는 해방을 향해 가장 먼저 떠나갔기 때문이다.

눔보 마을은 조금씩 제 모습을 갖추어 갔다. 새로 도착하는 이마다 덤불 풀로 지붕을 얹은 흙집을 한 채씩 보탰다. 계곡에 자리 잡은 눔보 마을은 C자 모양을 하고 있었는데, 동쪽 끝에는 감옥과 우체국, 매점이 자리를 잡았다. 서쪽 끝은 해조류로 뒤덮인 언덕 위로 숲이 무성했다. 그 사이 동쪽에서 서쪽까지 해안선을 따라 오두막들이 줄지어 늘어섰다. 그중 보에르의 오두막은 멀리서 보기에 꽤 근사한 정자 같았다. 집 앞에는 꽃바구니가 놓여 있었고, 거기엔 가끔 정성 들여 가꾼 등대풀이 심겨 있었다. 언덕 위에는 극장이 자리하고 있었다. 극장장과 배우, 무대 담당과 미술팀, 그리고 운영위원회까지 제대로 갖춘 그야말로 진짜 극장이었다.

우리가 처한 열악한 처지를 생각하면 이 극장은 가히 기적 같은 걸작이었다. 그곳에서는 드라마부터 희극, 가벼운 오페레타에 이르기까지 온갖 장르가 무대에 올랐다. 오페라 〈악마 로베르〉를 공연하기도 했는데, 악보가 온전치 않아 군데군데 끊긴 채로 노래를 불러야 했다.

솔직히 고백하자면, 여주인공 역할을 맡은 이들은 목소리가 너무 굵직했다. 게다가 치마 주머니에 손을 찔러 넣고는 마치 시가라도 찾는 듯한 몸짓을 해 보이곤 했다. 내가 군사 재판 때 입었던 꽤 긴 드레스를 빌려주어도 키가 훌쩍 큰 청년들이 입으니 발목이 훤히 드러날 정도였다. 하지만 그들도 차츰 치마 길이를 늘이는 법을 익혔고, 나중에는 의상도 제법 구색을 갖추게 되었다. 우리는 일요일마다 빠짐없이 극장을 찾았다. 볼로프스키는 합창단을 꾸렸고 내가 이곳을 떠나 누메아로 갈 때쯤에는 오케스트라를 만든다는 이야기까지 들려왔다.

나는 오래전부터 야자수 가지가 흔들리는 소리, 대나무를 두드리는 소리, 뿔소라가 내뿜는 신호음, 그리고 풀피리 소리를 하나로 엮어보고 싶다는 꿈을 꾸어 왔다. 즉, 서구에는 없는 4분음을 사용하는 카나크 오케스트라를 구상한 것이었다. 식량을 가져다주는 다우미와 카나크인들에게 얻은 정보를 바탕으로 충분히 시도해 볼 법한 일이었다. 그러나 나의 이런 계획은 다분히 고전적 취향에 갇혀 있던 극장 운영위원회의 반대에 부딪히고 말았다. 내가 야만적이라며 트집을 잡았다.

마침 부족들의 반란이 일어났던 시기였기에 나는 동료들 사이에서 카나크인보다 더 카나크인 같은 사람으로 통하곤 했다. 우리는 바닷가에서 그 문제를 두고 작은 말다툼을 벌였다. 나는 상황을 조금 더 도발적으로 만들기 위해 주머니 속에서 넣어둔 카나크 연극 대본 이야기를 꺼냈다. 그러고는 마치 당장이라도 배우들에게 검은색 전신 타이즈를 입혀 무대에 올릴 생각이라도 있는 것처럼 아주 진지하게 떠들어댔다. 상대방의 화를 돋우려고 일부러 의상에 대한 세세한 디테일까지 보탰는데, 이 이야기가 번져나가면서 반대파들은 격분했고 나는 내심 심술궂은 웃음을 지었다.

어느 날, 보에르가 내게 물었다. "당신이 카나크 연극을 무대에 올리려 한다면서요?" 나는 부인하기는커녕 오히려 기세 좋게 몰아붙였다. 아마 그때였을 것이다. 보에르와 내가 카나크 문제를 두고 열띤 토론을 벌이는 소리를 듣고 위병소 군인들이 폭동이라도 일어난 줄 알고 출동했던 적이 말이다. 실상은 그저 우리 두 사람이 논쟁을 벌이고 있었을 뿐인데 말이다.

우리는 그렇게 다투면서도 여전히 좋은 친구였다. 그날도 우리가 아는 가장 지적인 카나크인인 다우미에 대해 이야기를 나누며 화해한 뒤, 보에르는 내게 막 탈고한 비평 한 편을 건네주었다. 셰익스피어의 데스데모나부터 단테의 프란체스카 다 리미니까지 아우르며 오셀로를 분석한 글이었다. 그 원고는 2년 전까지도 내 서류 뭉치 속에 남아 있었다. 그 비평의 핵심을 요약한 이 문장이 지금도 기억에 남는다.

"비극적 기운이 거의 느껴지지 않는 대신 희극적 천재성이 돋보이는 성격으로 오셀로라는 인물이 어떻게 변주되는지 살펴보는 것은 흥미로운 일이다. 오셀로와 유사한 상황을 찾기 위해 몰리에르를 펼친다면, 우리는 결국 스가나렐[170]과 마주하게 될 것이다."

---

170) Sganarelle. 몰리에르 작품들에 자주 등장하는 인물 유형.

내 기억에 아마 그해였을 것이다. 콜레 드 타이약이 위독한 어머니를 보고 싶다는 간절한 열망에 그만 마음이 약해져 프랑스로 귀국하게 해달라고 청했던 때가 말이다. 하지만 그가 도착했을 때 어머니는 이미 숨을 거둔 뒤였고, 그 또한 곧 어머니의 뒤를 따랐다. 얼마나 슬픈 이야기들이 많은지 모른다. 소식이 끊겨 애를 태우다 슬픔 속에서 눈을 감은 베르뒤르에 대해서는 이미 이야기한 바 있다. 우편 체계가 아직 잡히지 않았던 탓에, 그가 죽고 며칠 뒤에야 그 앞으로 온 편지 꾸러미가 도착했다.

내가 베르뒤르를 본 것은 9월 4일[171], 튈르리 정원에서 함께 '자유의 나무'를 심기 위해 꺾꽂이 가지를 잘랐던 날이 마지막이었다. 나의 어머니는 그 가지 중 하나를 수년간 소중히 키우셨는데, 우리가 귀국하기 얼마 전 지독한 혹한이 몰아쳤던 겨울에 그만 죽고 말았다. 가여운 내 친구 베르뒤르! 치열하게 투쟁하던 시절에는 친구를 만날 여유조차 없었다. 유배지에서 그를 다시 만나, 그의 제자들을 가르치는 대신 그 옆에서 도울 수 있었다면 얼마나 좋았을까.

동료들은 무덤가에 꽃을 가꾸었다. 앙리 뤼시엔은 열여섯의 나이로 세상을 떠난, 짙푸른 눈동자가 아름다웠던 소녀 외제니 티포를 위해 테라코타 조각상을 만들었다. 그 상은 우리가 떠날 때까지 태풍 속에서도 무사히 자리를 지켰다. 파스두에의 무덤에는 프랑스에서 보내온 화환들이 놓여 있고, 어린아이 테오필 플라스의 무덤가에는 유칼립투스 한 그루가 자라고 있다.

---

171) 9월 4일은 1870년, 보불전쟁에서 나폴레옹 3세가 패배한 후 제3공화국이 선포된 날이다. 이날 파리 시민들은 튈르리 궁전으로 몰려가 제국의 몰락을 지켜보며 환호했다. 프랑스 혁명 전통에서 자유의 나무를 심는 것은 공화국과 자유의 승리를 축하하는 의식이었다.

스스로 생을 마감한 뮈리오는 니아울리 나무 아래 잠들어 있다. 하얗게 뒤틀린 나무줄기가 마치 유령의 팔다리처럼 처연하게 뻗어 있다. 묘지 아래쪽에는 맹그로브 나무들이 얽혀 자라는데 때로는 바다를 향해 뻗어나가고 때로는 파도에 잠기기도 한다. 그 위로는 분홍빛 대리석 바위가 솟아 있다. 나는 그곳에 떠난 이들의 이름을 새기고 싶다는 간절한 소망을 품어 왔다. 언젠가 그날이 오면, 수풀로 덮인 그 거친 바위에 직접 이름을 새겨 넣을지도 모르겠다.

우리가 눔보의 병동 아래편 오두막들에 머물 때였다. 나는 비어 있던 오두막 한 채를 반쯤 허물어 온실로 만들었다. 교도관들은 감히 국가 소유의 건물에 손을 댄 나의 대담함에 경악했고, 유형수들조차 나의 배짱에 혀를 내두르며, 주지사가 시찰을 오면 무슨 변을 당할지 걱정할 정도였다. 마침내 총독이 방문했을 때, 나는 가장 빛이 잘 드는 구석으로 그를 안내했다. 그곳에는 실험이 완전히 성공할 때까지 숨겨 두려 했던, 치료 중인 나무들이 있었다. 그것은 황화병에 걸린 파파야 나무의 즙을 줄기 하단에 접종해 둔 네 그루의 파파야 나무였다. 당시 총독이었던 라 리슈리는 내 실험의 의도를 이해했고, 그 온실을 계속 사용할 수 있도록 허락해 주었다.

파파야 나무 네 그루는 황화병을 앓았으나 이내 회복되었다. 아마 그해 반도에 있던 파파야 나무들이 병으로 죽어 나갈 때, 살아남은 것은 내 나무들뿐이었을 것이다. 하지만 거칠고 몰상식한 인물로 기억되는 알레롱이 여자들을 서쪽 숲으로 보내버린 탓에, 그 나무들이 그 후에 어떻게 되었는지는 알 길이 없다.

사실 나는 스무 그루 정도 실험에 성공한 뒤에 이 이야기를 꺼내고 싶었다. 모두가 자유를 위해 고통받는 그곳에서조차 편견의 위세가 대단하여, 사람들은 이런 말들을 내뱉곤 했기 때문이다. "백신이 모든 질병에 적용될 수 있는 게 사실이라면, 의학계에서 벌써 그렇게 했겠지! 당신이 의사라도 돼서 그런 일에 참견하는 거요?"

그들의 말은 마치 좋은 길을 발견했을 때, 그 길에 먼저 발을 들인 것이 나귀인지 황소인지를 따져야 한다는 소리처럼 들렸다. 그러니 생각해보라. 만약 내가 식물에도 백신을 적용할 수 있다고 떠들었다면, 저 잘난 대학 교육을 받았다는 자들이 내게 무엇이라 답했겠는가!

하지만 광견병, 흑사병, 콜레라에 대한 백신 실험이 내가 그곳에서 시도했던 방식과 똑같이 이루어지고 있다는 점은 엄연한 사실이다.

나무의 수액은 동물의 혈액과 같으므로, 백신의 원리는 식물의 질병에까지 확장될 수 있다. 실험에 있어서 대담성이 유용하다면, 그것은 무엇보다 모든 생명체 사이에 존재하는 유사성을 근거로 할 때 빛을 발한다.

이미 이야기했듯이, 로슈포르가 탈출한 후[172] 알레롱과 리부르 씨가 거창한 장비까지 갖추고 우리 주변에서 한동안 《넬의 탑》을 연출하는 우스꽝스러운 짓을 했다고 이야기한 적이 있다. 맑은 밤이면 산꼭대기에서 "초병, 경계 철저!"라는 외침이 들려왔고, 달빛 아래 우뚝 선 보초들의 검은 그림자가 산등성이 위를 지나가곤 했다.

이런 우스꽝스러운 일들이 지나가자, 이번에는 끔찍한 일들이 벌어졌다. 유형수들에게서 빵을 빼앗아버린 것이다. 심지어 정신이 온전치 못한 불쌍한 사내 하나는 자기 수용 구역에 통행금지 시간보다 조금

---

172) 1874년. 로슈포르는 동료 5명과 함께 바다 건너 호주로 탈출하는 데 성공했다. 이는 누벨칼레도니 유배 역사상 가장 유명하고 유일한 성공 사례다. 에두아르 마네가 그림으로 남겼다. (L'évasion de Rochefort)

늦게 들어왔다는 이유만으로, 마치 사냥당하는 토끼처럼 조준 사격을 당하기도 했다. 알레롱과 리부르의 감시에서도 우리는 수단과 방법을 가리지 않았다. 그들의 눈을 피해 몰래 밖으로 내보냈던 몇 통의 편지들이, 마침 사람들이 내게 유배 이야기를 들려달라고 요청하던 시기에 다시 내 손으로 돌아왔다. 유배이야기는 우리 모두의 기록이 있어야만 완성될 수 있는 것이었다. 그중 두 통의 편지를 여기에 옮겨본다.

뒤코 반도, 1875년 6월 9일.

친애하는 친구들에게,

내가 전에 말했던 거처 이전에 관한 공식 문서를 보냅니다. 우리는 우리의 항의가 정당하게 받아들여진 후에야 이 이전에 동의했습니다. 우리가 문제 삼은 것은 두 가지. 첫째는 이송 명령이 내려진 방식에 대해서였고, 둘째는 우리가 새로 머물게 될 막사의 거주 조건에 대해서입니다.

사실, 이 반도의 이쪽 구석에 사느냐, 저쪽 구석에 사느냐 하는 것은 우리에게 그리 중요한 문제가 아닙니다. 하지만 우리는 처음 공고문에서 보여준 그들의 오만한 태도를 묵과할 수 없었습니다. 그리하여 조건을 내걸었고, 그 조건들이 충족된 뒤에야 거처를 옮기기로 합의를 한 것입니다.

결국 우리의 요구는 관철되었습니다.

1875년 5월 19일, 눔보에 붙었던 첫 번째 공고문의 사본을 여기에 옮긴다. 정부는 이런 식의 공고문 형태로 우리에게 명령을 하달하곤 했다.

결정 사항

1875년 5월 19일.

본부의 명령에 따라, 아래에 명시된 여성 유형수들은 이번 달 20일에 눔보 수용소를 떠나 서쪽 만에 지정된 숙소로 이주할 것.

1. 루이즈 미셸 2. 나탈리 르멜 3. 마리 슈미트 4. 마리 카이외 5. 아델 데포세 6. 뒤프레 부인.

다음은 우리의 항의문이다.

눔보, 1875년 5월 20일.

유형수 나탈리 뒤발(르멜 부인)은 행정 당국이 지정한 막사에 거주하는 것을 거부하지 않으나, 다음과 같은 사항을 통보하는 바이다.

본인은 스스로 이삿짐을 옮기는 것이 불가능하다. 음식을 조리하는 데 필요한 땔감을 구하거나 그것을 쪼개는 일을 직접 할 수 없다. 본인은 이미 두 개의 닭장을 지었고 일정 면적의 땅을 일구어 놓았다. (이에 대한 고려가 필요하다.)

'유형수들은 집단이나 가족 단위로 생활할 수 있으며, 교류할 인물을 선택할 권리가 있다'라고 명시된 유형법에 근거하여, 나탈리 뒤발은 이러한 조건들이 충족되지 않는 한 공동생활을 거부한다.

유형수 2번, 나탈리 뒤발(르멜 부인).

두 번째 항의문

눔보, 1875년 5월 20일.

유형수 1번, 루이즈 미셸은 여성 유형수들을 마치 존재 자체가 수치인 양 수용소에서 멀리 떨어진 곳으로 이주시킨 조치에 항의한다. 유형법은 남녀 모두에게 동일하게 적용되므로, 부당한 모욕이 더해져서는 안 된다.

본인은 우리를 이송하는 이유가 정직하다면, 그 이유와 우리에 대한 처우 방식을 공고문을 통해 공개하기 전까지는 새 거처로 갈 수 없다. 만약 이송 사유가 모욕적인 것이라면, 무슨 일이 있어도 끝까지 저항할 것임을 선언한다.

유형수 1번, 루이즈 미셸.

우리의 항의가 전달된 바로 다음 날, 당국은 당일 중으로 짐을 싸서 떠나라고 통보했습니다. 하지만 우리는 우리의 정당한 요구가 받아들여지기 전까지는 절대로 눔보를 떠나지 않겠다고 결심했기에 전혀 서두르지 않았습니다. 감옥에 갇힐 각오는 되어 있으나, 이런 식의 강압적인 이사 명령에는 응할 생각이 없음을 분명히 했습니다. 다만, 저들의 오만한 공고문을 수정하고 우리 숙소를 서로의 사생활이 침해되지 않게 배치해 준다면 장소가 어디든 상관없다는 점 또한 확실히 전달했습니다.

그러자 교도소장이 나타나 위협적으로 주변을 맴돌았고. 저녁 무렵 말을 타고 나타나 권위를 세워보려 했으나, 주인만큼 인내심이 없었던 말은 우리 오두막 앞에서의 대치가 지루했는지 주인의 의사와는 상관없이 그를 군영으로 급히 데려가 버리고 말더군요.

그로부터 삼사일 뒤, 유배지 감독관이 지역의 지휘관과 함께 우리를 찾아왔습니다. 그들은 수정된 공고문을 새로 붙여 우리의 요구를 들어줄 것과, 서쪽 만의 막사를 칸막이로 나누어 우리가 원하는 대로 두세 명씩 배정하겠다고 약속했습니다. 이는 비슷한 일에 종사하는 이들끼리 모여 살 수 있도록 배려해달라는 우리의 뜻을 수용한 것이었습니다.

약속된 조건들이 하나둘 이행되기 시작했으나, 모든 것이 완벽히 갖춰지기 전까지 우리는 눔보에서 한 발짝도 움직이지 않았습니다. 당시 감옥에는 우리를 더 가둘 자리가 없었기에, 결국 당국은 우리의 모든 요구를 완전히 수용하는 것으로 결정했습니다.

우리는 현재 서쪽 만에 와 있습니다. 병이 깊어 걷는 것조차 힘든 르멜 부인에게는 이곳이 참으로 고달픈 곳입니다. 그래서 내가 그토록 좋아하는 숲이 근처에 있다는 사실을 차마 기뻐하지 못하고 있답니다.

이상, 감정이나 분노를 배제하고 담담히 기록한 우리의 거처 이전 이야기입니다.

유형수 1번, 루이즈 미셸.

서쪽 만, 1873년 6월 9일.

첫 번째 편지는 원래 날짜순에 맞춰 배치했어야 했다. 하지만 나는 이미 시작된 우리 거처 이전에 관한 이야기를 중간에 끊고 싶지 않았다. 아래의 편지는 시드니로 보내졌으며, 이후 《오스트레일리아 리뷰》지에 게재되었다.

1875년 4월 18일, 눔보 누벨칼레도니.

친애하는 벗들에게,

최근 연이어 발생한 탈출 사건들을 통해 여러분께서도 유형수들이 처한 작금의 상황을 어느 정도 파악하고 계시리라 믿습니다. 즉, 리부르와 알레롱 및 그 일당이 저지른 온갖 박해와 권력 남용의 실상 말입니다.

여러분도 아시는 바와 같이, 리부르의 관할에서는 서신 검열이 자행되었습니다. 이는 마치 1871년의 대학살에서 살아남아 대양 건너편에 고립된 소수의 인원이 저 살인자들에게 여전히 공포의 대상이라도 되는 듯한 처사였습니다. 또한 로바우 병영의 학살자로 악명 높은 알레롱 대령의 지휘 아래 벌어진 비극을 기억하실 것입니다. 한 교도관이 자기 집 근처에 있던 유형수를 향해 총을 발사하는 사건이 있었습니다. 그는 단지 땔감을 구하려다 자기도 모르는 사이에 경계선을 넘었을 뿐이었습니다. 그보다 얼마 전에는 또 다른 교도관이 크로아제의 다리 사이에 앉아 있던 반려견을 쏘아 죽인 일도 있었습니다. 그가 진정으로 겨냥한 것이 짐승이었는지, 아니면 사람이었는지는 알 길이 없습니다. 그 후로도 차마 다 열거하기 힘들 만큼 수많은 일이 벌어졌습니다. 기록해야 할 사실이 너무나 방대하여 혹여 잊어버리지는 않을까 우려될 정도지만 우리는 반드시 다시 만나 이 모든 것을 증언하게 될 것입니다. 이미 소식을 들으셨겠지만, 법 규정에 따라 점호에 응했음에도 불구하고 군대식으로 두 줄 횡대를 맞추지 않았다는 이유로 유배자들의 빵 배급을 중단하는 사태가 있었습니다. 이에 대한 우리의 항의는 매우 강력하면서도 침착하게 진행되었습니다. 이는 우리 내부의 분열을 조장하기 위해 당국이 의도적으로 투입한 외부인들의 방해에도 불구하고, 우리들이 연대의 정신을 전혀 잊지 않았음을 명백히 보여준 사례였습니다.

그 이후 당국은 정부의 상상 속에서만 존재하는 '노동'을 거부했다는 구실을 붙여 마흔 다섯 명에게 빵과 소금, 마른 채소를 제외한 모든 식료품의 배급을 끊어버렸습니다. 여성 유형수 네 명 또한 품행과 도덕성이 불량하다는 허위 사실을 근거로 배급 중단 조치를 당했습니다. 그중 한 여성의 남편인 랑글로아 씨는 자기의 부인이 비난받을 일을 전혀 하지 않았다며 강하게 항의했으나, 그 대가로 18개월의 징역형과 3,000프랑의 벌금형을 선고받았습니다. 베를레로 불리는 유형수 플라스 씨 역시 모든 유형수의 존경을 받는 자신의 동반자를 변호하다가 6개월의 징역과 500프랑의 벌금을 선고받았습니다. 더욱 비통한 사실은 세상 그 무엇도 대신 할 수 없는 갓 태어난 그의 아이가 죽었다는 것입니다. 그가 예비 구금된 사이에 태어난 아이는 극심한 혼란을 겪는 어머니의 사정으로 인해 결국 목숨을 잃었습니다. 그는 자식의 살아있는 모습조차 끝내 보지 못했습니다.

이외에도 고결한 인품과 용기로 알려진 치프리아니 씨는 18개월 징역과 3,000프랑 벌금형을, 누르니 씨 또한 권력자들의 부당함에 맞서 당연히 보냈어야 할 비판적인 서신을 썼다는 이유로 유사한 형을 선고받았습니다.

최근에는 유형수들의 원로인 말레지외 씨가 저녁 무렵 오두막 앞에 앉아 동료들과 담소를 나누던 중 술에 취한 교도관에게 야간 소란죄라는 누명을 쓰고 폭행당한 뒤 투옥되는 사건까지 발생했습니다.

우리를 억압하는 저들의 세계에서는 비극과 희극이 기괴하게 뒤섞여 있습니다. 유배지에 도착한 이래 가장 성실히 일해온 이들이 배급 중단 명단에 오르는가 하면, 누메아 공식 관보에는 동일 인물이 노동 거부로 처벌받는 동시에 노동에 대한 포상을 받는 것으로 기재되는 웃지 못할 모순이 증거로 남아 있습니다.

프리츠뷔에 씨가 부임하기 며칠 전 점호 시간에 벌어진 도발 행위에 대해서는 굳이 길게 언급하지 않겠습니다. 오만함으로 악명 높은 한 교도관이 권총을 손에 쥐고 유형수들을 위협했으나, 우리는 차가운 멸시로 그 비겁한 도발에 응수했습니다. 현재 알레롱과 리부르는 자신들의 이러한 행위를 정당화하기에 급급한 실정입니다.

식량 배급 중단 명단은 앞으로도 더욱 늘어날 것으로 보입니다. 그러나 앞서 말했듯 이곳에는 실질적인 노동이란 존재하지 않습니다. 외부와의 소통이 단절된 지 오래되어 무엇하나 시도해 볼 수도 없거니와 특정 직종의 유형수들은 일을 시작하기 위해 초기 비용이 필요하지만, 그들에게는 그럴 여유가 전혀 없습니다. 이것이 우리가 직면한 가혹한 현실입니다.

어떠한 상황에서도 이 모든 기록은 승리자들의 증오가 얼마나 비열하게 추락할 수 있는지를 낱낱이 밝히는 증거가 될 것입니다. 이러한 실상을 파악하는 것은 결코 무의미한 일이 아닙니다. 우리가 그들의 잔혹함을 본받으려는 것이 아닙니다. 우리는 도살자도, 간수도 아니기 때문입니다. 다만 '질서의 당'이 저지른 이 소위 '위업'들을 널리 공표하여, 저들이 다음에 맞이할 패배는 곧 완전한 몰락이 되도록 만들고자 함입니다.

그럼 다시 만날 날을 고대하겠습니다. 혹 상황이 더욱 절박해져서, 자신의 안위를 돌보지 않는 이들이 저들의 범죄를 세상에 알리기 위해 목숨을 걸어야 한다면 조만간 뵙게 될지도 모르겠습니다.

유형수 1번, 루이즈 미셸.

앞서 언급한 몇 가지 사건들을 본다면, 내가 귀환한 후 증언 요청을 받았을 때 왜 다음과 같이 답변했는지 충분히 이해할 수 있을 것이다.

하원 제10위원회 누벨칼레도니 징계 체계에 관한 조사위원회
위원장 귀하
파리, 1881년 2월 2일.
위원장님,

누벨칼레도니 수용 시설에 대한 증언을 위해 저를 불러주신 것을 영광으로 생각합니다. 동지들이 멀리 떨어진 유배지의 고문자들에게 진실의 빛을 비추는 것에는 전적으로 동의합니다. 하지만 포로들을 총살하는 것을 내 눈으로 똑똑히 보았던 갈리페 씨가 국가수반의 관저인 팔레 부르봉에서 만찬을 즐기고 있는 지금, 나는 저 악당 같은 하급 관리들인 알레롱과 리부르를 고발하러 가지는 않겠습니다.

만약 그들이 유형수들의 빵을 빼앗았다면, 점호 때 교도관들이 권총을 손에 쥐고 유형수들에게 도발을 유도했다면, 저녁에 거처로 돌아오는 유형수에게 총을 쏘았다면, 그것은 그들이 우리를 장미 침대에 눕히기 위해 그곳에 보내진 것이 아니기 때문입니다.

바르텔레미 생틸레르가 장관 자리에 있고, 막심 뒤 캉이 아카데미 프랑세즈의 회원이 되어 있으며, 치프리아니의 추방이나 젊은 모르피[173] 사건 같은 수많은 파렴치한 일들이 자행되고 갈리페 씨가 다시금

---

173) 오귀스트 모르피(Auguste Morphy)라는 청년이다. 그는 파리 코뮌에 참여했다는 이유로 유배형을 선고받고 누벨칼레도니로 보내진 인물이다. 그는 유배지에서 관리들의 가혹한 처우와 질병으로 고통받고 있었다. 제대로 된 치료나 보호를 받지 못한 채 유배지에서 비참하게 생을 마감했다. 특히 그 과정에서 관리들이 보여준 비인간적인 태도와 방치, 그리고 그 이후 가족들에게 가해진 억압이 프랑스 본토에 알려지며 큰 공분을 샀다.

파리 위에 칼날을 드리운 지금, 한때 '빌레트의 불한당들'[174]에게 법에 따른 엄중한 처벌을 요구했던 바로 그 목소리가 알레롱과 리부르를 사면하고 옹호하는 지금, 나는 오직 위대한 정의의 시간만을 기다릴 뿐입니다!

저의 존경의 담아, 루이즈 미셸.

1875년 4월 18일자 편지의 마지막 부분은 라스툴 부인과 내가 논의하던 어느 계획과 관련이 있었다. 우리는 실타래나 뜨개질 뭉치 등 사소한 물건들이 담긴 상자를 반도와 시드니 사이로 주고받았다. 우리의 비밀 편지는 상자 바닥에 두 겹으로 붙인 종이 사이에 숨겨져 있었다. 계획은 이러했다. 어느 날 밤 점호가 끝난 후, 내가 산 정상을 지나 북쪽 숲으로 향하는 길을 타는 것이다. 운 좋게 몇 가지 주의사항만 잘 지킨다면, 그 길을 통해 공동묘지를 거쳐 누메아까지 갈 수 있었다. 그곳에 도착하면 라스툴 부인이 미리 연락해 둔 조력자가 나를 우편선에 태워 보내주기로 되어 있었다.

일단 시드니에 도착하면, 알레롱과 리부르가 저지른 '위대한 업적'(만행)을 폭로하여 영국인들의 마음을 움직일 생각이었다. 그러면 용맹한 선원들이 탄 배 한 척이 나를 태우고 다시 돌아와 남겨진 동지들을 모두 빼낼 수 있으리라 희망했다. 설령 그것이 실패한다면 나 혼

---

174) 빌레트의 불한당(les bandits de la Villette)은 1870년 8월, 파리 코뮌이 일어나기 직전 발생한 '라 빌레트 사건'에 참여했던 혁명가들을 비하하여 부르는 말이다. 1870년 8월 14일 이때 블랑키주의(Blanquist) 혁명가들이 파리 북동쪽의 라 빌레트(La Villette)에 있는 소방서를 습격하여 무기를 탈취하고 공화정 선포를 시도했다. 이 봉기는 실패로 돌아갔고, 당시 기득권층과 보수 언론은 이들을 향해 '불한당', '폭도'라는 낙인을 찍었다. 이후 이어진 재판에서 정부는 이들에게 엄중한 법의 심판과 사형을 요구했다.

자라도 반드시 다시 돌아올 작정이었다.

결국 우리의 상자가 돌아오지 않으면서 모든 것이 어긋났다. 나중에 귀환 길에 시드니에 들러 이제는 앙리 부인이 된 라스툴 부인에게 전해 듣기로는, 내가 계획 실행을 위해 약속된 신호를 기다리던 바로 그 시점에 편지와 상자가 당국에 넘겨졌다고 한다.

누벨칼레도니 행정 당국이 왜 이 일에 대해 나에게 단 한마디도 하지 않았는지는 여전히 의문으로 남아 있다.

7.

아래에 첨부된 이 기록은 최근(1885년 5월)에 내려진 어느 판결에 관한 것으로, 이 내용 때문에 나는 본론으로 돌아가기 전 여러 공동 집필 작업과 그 과정에 대해 짧은 설명을 덧붙이지 않을 수 없다. 어떤 일들은 미루지 말고 즉시 바로잡아야 하기 때문이다. 1885년 5월 7일 자 신문의 기사 한 구절을 읽어본다.

두 명의 나딘

몇 년 전, 그리파(필명 드 뱅테르) 씨는 드노크 출판사를 통해 루이즈 미셸 양과 공동으로 집필한 소설 『황제의 서자』를 발표했다. 이 책을 바탕으로 'L.M.'이라는 서명만 담긴 희곡이 각색되어 부프 뒤 노르 극장에서 『나딘(Nadine)』이라는 제목으로 공연되었다. 그러나 이 작품은 단 세 차례만 무대에 올랐을 뿐이다. 자칫 영원히 잊힐 뻔했던 『나딘』은 어제 민사 법원 제1심판소에서 열린 한 재판 덕분에 대중의 기억 속에 잠시 다시 소환되었다.

베르트르 부인(필명 마리 드 베르느레)은 1884년 플롱 출판사에서 『나딘』이라는 제목의 소설을 출간했다. 일종의 러시아 전원시 같은 이 책은 허무주의와 코뮌을 옹호하는 루이즈 미셸의 『나딘』과는 제목만 같을 뿐 아무런 공통점이 없었다.

그럼에도 불구하고 그리파 씨는 베르트르 부인의 저서가 자기의 작품을 모방했거나, 적어도 루이즈 미셸 양의 희곡에 부당한 피해를 주는 불공정 행위를 했다고 주장했다. 그는 이에 따른 구체적인 손해 배상 청구와 더불어, 주요 일간지 20곳, 정기 간행물 15곳, 그리고 50곳의 외국 신문에 판결문 공고를 요구했다.

판결문

르셴 변호사는 베르트르 부인을 변호했고, 카라비 변호사는 플롱 씨를 변호했다.

에스티발 변호사는 드 뱅테르 씨를 변호했다.

그리파 드 뱅테르가 피고들에게 요청한 손해배상 청구의 근거는 다음과 같다. 그리파와 루이즈 미셸이 저자인 동명의 희곡에서 제목을 따온 소설 『나딘』의 출간이 본인에게 손해를 입혔다는 것이다.

본안 판결

희곡 『나딘』은 루이즈 미셸 단독 명의로 출판 및 상연되었으며, 그리파는 이 작품에 대한 자신의 협업 사실을 입증하지 못했다. 따라서 그는 이번 소송에서 이해관계나 자격이 없다.

이러한 이유로, 법원은 그리파의 청구를 수리할 수 없으며, 어떤 경우에도 그의 요구는 근거가 없다고 판단한다. 이에 청구를 기각하며 모든 당사자에 대한 소송 비용을 그리파가 부담할 것을 명한다.

그리파 드 뱅테르 씨가 『황제의 서자』와 『나딘』에서 자신의 몫을 정직하게 수행하고, 내가 하던 방식 그대로 나의 작업 분량을 존중해 주었다고 인정하며 그에게 마땅한 예우를 표한다. 이와 동시에 나는 나 자신과 관련하여, 문학적인 문제든 그 외의 어떠한 문제든 소송에 나설 의사가 전혀 없으며 앞으로도 그럴 것임을 똑같이 솔직하게 밝힌다. 말하자면, 그 어떤 일로도 법원에 도움을 요청하는 습관이 없는 사람에게는, 이런 류의 소송이라는 것이 훨씬 더 멀게만 느껴지는 법이기 때문이다. 덧붙여 말하자면, 그리파 씨는 내가 아이디어를 두고 다투는 것을—마치 개들이 뼈다귀 하나를 두고 싸우는 것처럼—극도로 혐오한다는 사실을 잘 알고 있었기에 이 소송들을 철저히 비밀에 부쳤다. 그럼에도 나는 그가 벌인 이 사소한 사건의 전모를 다 파악하고 있었다.

나는 내 협업의 증거가 되는 문서들을 따로 보관하고 있다. 이는 협업자들이 제기한 소송 결과에 따른 이익이나 손실로부터 내가 완전히 자유롭기 위함이다. 반면, 그들은 그들대로 자신들이 원하는 방식대로 행동할 자유가 있다. 다시 한번 말하지만, 이러한 나의 태도는 그리파 씨나 그와 같이 행동하는 다른 협업자들의 재능이나 명예를 결코 훼손하려는 것이 아니다. 이것은 단지 사물을 얼마나 중요하게 여기느냐의 차이일 뿐이다.

누벨칼레도니에서 돌아온 이후, 나에게는 다른 두 명의 협업자가 더 있었다. 그중 한 명인 티네르 부인(필명 장 게트레)은 『비참』의 1부 거의 전체를 집필했으며, 2부인 '툴롱' 장부터는 온전히 나의 작업물이다. 나는 『릴의 강제노역수』라는 제목의 칼럼에서 이 2부를 신문 연재 형식으로 발표하기 시작했는데, 여기에 몇 줄의 도입부만 추가하면 그 자체로 완전한 저작물이 될 수 있다. 마찬가지로 티네르 부인 또한 몇 페이지를 덧붙인다면, 1부만으로도 하나의 독립된 작품을 만들 수 있을 것이다. 티네르 부인은 나에게 좋은 친구일 수는 있어도 협업자가 될 수는 없다. 세상을 바라보는 관점이 근본적으로 다르기 때문이다. 이러한 차이는 『비참』에서 아주 선명하게 드러나기에, 독자들도 우리 두 사람의 몫을 쉽게 구분해낼 수 있을 것이다.

그녀는 내가 아무런 효력이 없다고 믿는 수단들을 통해 보편적 복지가 실현되기를 기대한다. 하지만 나는 연쇄적인 혁명을 통해 사회 변화의 지루한 과정을 단칼에 끊어내는 단절만이 비로소 그것을 가능케 한다고 믿는 사람이다. 서로 펜 끝으로 다투는 대신 좋은 친구로 남기 위해, 내가 쓰기로 한 『멸시받는 여인들』의 2부 집필을 포기했다. 만약 내가 2부를 썼다면, 등장인물들의 성격이나 운명을 기존에 독자들에게 소개되었던 모습과는 도저히 양립할 수 없는 방향으로 급격히 변화시킬 수밖에 없었을 것이기 때문이다. 따라서 소설 『멸시받는 여인들』에는 내가 쓴 문장이 단 한 줄도 들어있지 않다. 이미 이야기가 이 방향으로 흘러온 김에, 나의 저작들을 결산하며 이 장을 마무리하려 한다.

브롱쿠르의 내 보금자리에서, 오트마른의 거친 겨울바람에 흩날려 보낸 노래들이 그 얼마였던가! 산사나무 가지 위나 길가에 걸어둔 시들, 교실 책상 속에 잊고 둔 습작들은 또 얼마나 많았던가! 누가 그것들을 다 셀 수 있겠는가!

그리고 그 후의 일들은 바람에게, 감옥에게, 바다에게, 그리고 사이클론에게 물어보라. 그 모든 것들이 어디로 사라졌는지 내가 어찌 알겠는가! 만약 내 기억 속에 남아 있는 모든 기록을 다 끄집어내려 한다면, 독자들은 지쳐 나가떨어지고 말 것이다.

어린 시절과 젊은 시절에 빅토르 위고에게 보냈던 시들 중 몇 편을 무작위로 인용해 보았는데, 그중 서너 편은 나의 시집에서 찾아볼 수 있을 것이다. 내가 유배된 동안 마리 페레가 나의 어머니와 함께 정리해둔 서류들 속에 남아 있던 시들이다.

내 저작물 중 대다수는, 그리고 의심의 여지 없이 가장 훌륭했을 작품들은—그것들은 증오와 분노로 가득 차 있었기에—아마도 보나파르트 씨의 쓰레기통 속으로 가라앉아 버렸을 것이다. 그에게 얼마나 많은 저주를 보냈던가!

나는 1870년과 71년의 사건들이 일어나기 몇 년 전부터 여러 신문에 실었던 시들에 관해 이야기한 적이 있다. 《청년 잡지》, 《시인 연맹》, 아델 에스키로스의 신문, 아델 칼들라르의 《이성》 그 외 다른 지면들이 바로 그것이다.

또한 《음악의 진보》에는 내가 꿈꾸던 악기에 관해 '루이 미셸'이라는 서명으로 기고한 기사가 하나 있다. 그것은 건반을 두드리는 망치 대신 활로 켜는 방식의 피아노에 관한 것이었는데, 지금은 독일에서 그런 악기가 만들어지고 있다.

상당수의 시는 '앙졸라스'라는 필명으로, 다른 것들은 '루이 미셸'이나 본명으로 서명되었다. 그 모든 것들이 어떻게 되었는지는 나도 알

길이 없다. 나는 평생토록 '음유시인의 전설'을 써 내려왔고, 그 파편들은 곳곳에 흩어져 있다.

산문 원고들인 〈헤르만의 서〉, 〈어느 바보의 지혜〉, 〈뜨개질 문학〉, 〈쇼몽의 악마 소동〉 등등 많은 원고 중에서도 역시 몇몇 파편만이 내게 남아 있다. 언젠가 나는 시에서 그러했듯, 삶을 관통하며 변화해온 사상의 궤적을 찾아보기 위해 이 파편들을 다시 모으게 될지도 모르겠다. 〈오세아니아 여인들〉, 〈카나크 전설〉은 누메아 시절과 귀국 후에 파편적인 형태로 발표되었다.

여러 해 동안 학교의 학년말 시상식 때마다 아이들을 위해 썼던 수많은 아동극 원고는 공연이 끝나면 늘 어디론가 흩어져 사라지곤 했다. 《시대를 관통하는 여성》의 1부는 H. 플라스의 《파문당한 자》에 게재되었다. 그 신문이 폐간될 무렵, 거기에는 〈허무주의자 한나의 회상록〉이 연재될 예정이라는 광고가 실리기도 했다.

나는 이 제목 아래 나의 인생사 중 수많은 에피소드와 러시아의 일화들을 엮어두었었다. 오베리브 감옥에서 쓴 작품 중에는 〈유배지 기록〉 몇 페이지가 내게 남아 있다. 하지만 〈양심〉과 〈망자의 서〉는 분실되었다. 지난번 리옹을 방문했을 때, 나는 〈붉은 수탉〉이라는 희곡 원고를 《누벨리스트》지에 맡겨 두었다. 그 외에도 《사회 혁명》, 《에탕다르》 등 여러 신문에 내 이름으로 기고한 기사가 있다.

누벨칼레도니에서 집필한 『어린이 백과사전』의 초안은 슈미나 양의 《교육 잡지》에 발표되었다. 그 밖에 내 서명이 담긴 상당수의 기사가 여기저기 흩어져 있다. 집필 중이던 수많은 극의 초안이나 곳곳에서 쓰기 시작했던 소설들은 여러 사건으로 인해 마무리할 시간이 전혀 없었기에 따로 셈하지 않기로 한다.

미완성작 중에는 디종과 함께 구상했던 '약탈자들'이라는 작품도 있다. 이 소설의 주인공은 지난 2월 9일[175], 과자 하나를 집어 들었던 붉은 머리 아이다. 길 잃은 개처럼 머리털이 삐죽삐죽 곤두선 채 버려진 그 가여운 어린아이를 보고, 나보다 더 원칙을 중시했던 동료들은 당장 과자를 던져버리라고 다그쳤다. 하지만 나는 아이가 그 과자를 먹을 수 있도록 내 품에 끼고 보호했음을 고백한다. 녀석은 아마 평생 그런 맛을 본 적이 없었을 테니 말이다.

불쌍한 어린것! 혁명이 오기 전까지 이런 아이들이 얼마나 더 많이 생겨날 것인가! 숲에서 막 빠져나온 새끼 늑대처럼 굶주린 이 어린아이들이 그 간절한 식욕을 채워줄 빵조차 얻지 못하다니! 정녕 아무것도 없단 말인가?

아니, 내가 틀렸다. 그들은 소년원이라는 곳을 발견하게 될 것이다. 그리고 그곳의 가혹한 처우는 아이들을 미래의 사형수나 강제 노역수로 길러낼 것이다. 이런, 내 저작물 목록을 정리하다 말고 또 감정이 북받쳐 딴 길로 새고 말았다. 사실 이제는 책 목록 따위는 안중에도 없다.

이제 출판될 『어린이 백과사전』과 현재 간행 중인 『카나크 전설』 두 책 모두 케바 부인의 출판사에서 나온다. 어차피 『카나크 전설』은 나의 칼레도니아 유배 생활과 깊이 연관되어 있으니, 다음 장에서 그 이야기를 본격적으로 이어가도록 하겠다.

---

175) 앵발리드 광장(Esplanade des Invalides)의 '빵' 시위. 2월 9일, 루이즈 미셸은 목수 조합을 비롯한 실업 노동자들과 함께 앵발리드 광장에 모여 "빵을 달라, 그렇지 않으면 일을 달라"고 외치며 시위를 주도했다. 이때 미셸은 굶주린 이들을 이끌며 검은색 치마를 장대에 매달아 깃발처럼 흔들었는데, 아나키즘을 상징하는 '검은 깃발'이 역사상 처음으로 대중 시위에 등장한 순간으로 기록된다. 이 사건으로 인해 미셸은 약탈 선동 혐의로 기소되어 1883년 6월, 징역 6년과 10년의 감시 처분을 선고받고 생-라자르 감옥에 수감 된다.

8.

　서쪽 숲과 바다 사이에는 화산암들이 띠를 이루며 늘어서 있다. 어떤 바위들은 카나크의 선돌처럼 꼿꼿이 서 있고, 또 어떤 것들은 괴상한 형상을 하고 있다. 선돌 곁에 비스듬히 누워 있는 듯한 바위가 있는가 하면, 무덤처럼 엎드려 있는 바위들도 있다. 그중 하나는 몇 송이 꽃잎이 꺾인 거대한 장미와 같은 기이한 형상을 띠고 있다.

　밀물이 들어오면, 바닷물의 차가움을 꺼리는 이들은 감히 이 주변을 서성대지 못한다. 서쪽 숲 위로 우뚝 솟은 신호용 깃대에는 제비들이 꽃처럼 내려앉는데, 멀리서 보면 마치 거대하고 아름다운 나무의 가지들처럼 보인다. 이 휴식의 장소에 가만히 있으면, 입을 커다랗게 벌리고 온갖 이야기를 수다스럽게 재잘대는 제비들의 소리가 들려온다.

　숲은 일 년에 두 번씩 덩굴식물로 뒤덮인다. 이 덩굴들은 모두 하얗거나 노란 꽃을 피운다. 잎사귀들은 타로 잎처럼 화살촉 모양이거나, 창날 모양, 혹은 포도 잎 모양 등 온갖 형태를 띠고 있다. 금사과 덩굴은 오렌지 나무처럼 꽃을 피우고, 덩굴에서 피어난 꽃은 주변 나무들을 눈처럼 뒤덮는데, 그 모습이 푸크시아꽃과 닮았으며 워낙 빽빽하게 피어 잎사귀가 거의 보이지 않을 정도다.

　유리를 깎아 만든 듯 작고 두툼하며 투명한 토끼풀 잎을 가진 어느 덩굴은 한 가닥 실에 매달린 바구니처럼 꽃을 피우는데 그 모습이 산호의 촉수와 같다. 숲 전체를 가로지르며 바람에 흔들리거나 광란의 아라베스크 문양을 그리며 나무 사이사이에 줄줄이 늘어진 덩굴들은 홉이나 황금색 꽃을 피운 클레마티스와 닮았다.

　독미나리 잎을 닮은 또 다른 덩굴들은 연녹색 덩굴손을 사방에 뻗어

나뭇가지를 붙잡고 있다. 포도 잎을 닮은 어느 연약한 덩굴은 잎사귀가 투명하고 겉면에는 우리네 자두에서 볼 수 있는 부드러운 솜털이 나 있다. 이 덩굴에는 작고 노란 수박처럼 생긴 열매가 맺히는데, 열매와 그 안의 씨앗에는 정교한 물결무늬가 새겨져 있다. 납작한 씨앗을 감싸고 있는 선홍색 속살은 마치 사이클론이 바다 밑바닥을 훑어 해변으로 던져놓은 생명력 넘치는 젤리 덩어리 같다. 그저 살덩어리처럼 아무런 기관도 없어 보이지만, 그것은 마치 다시 바다로 돌아가려는 듯 돌기를 뻗으며 꿈틀대며 몸을 늘린다.

어떤 덩굴에는 수천 개의 빨간 귀걸이가 대롱대롱 매달린 듯한 열매들이 열려 있다. 그 꽃은 작고 푸르스름한 흰빛을 띠며 별 모양의 꽃다발을 이룬다. 숲속에는 아주 작은 하얀 카네이션으로 뒤덮인 관목도 있고, 감자꽃을 닮은 꽃을 피우며 뿌리에는 작은 알뿌리가 달린 등대풀들도 있다. 또 나무처럼 자라는 어떤 완두콩은 꼬투리에 솜털이 나 있고 끈적한 진액이 묻어 있는데, 우리네 벽오동 색깔인 노란색 바탕에 붉은빛이 감도는 꽃을 피운다.

나무 콩은 작고 검푸른 빛을 띠는데, 매우 이례적으로 검은빛이 감도는 파란 꽃을 피운다. 이것은 아마도 노란색, 흰색 또는 빨간색이 아닌 이 나라의 유일한 꽃일 것이다. 빨간색은 드문 편인데 플랑부아양을 제외하면, 나무 중에서 자줏빛 꽃을 피우는 나무는 거의 없다. 이곳의 숲을 지배하는 색은 단연 흰색이다. 그다음으로는 노란색 꽃들이 많다. 세 번째로 빨간색 꽃들이 가끔 보이며, 푸른색 꽃은 앞서 말한 나무콩의 꽃 말고는 본 적이 없다.

보라색은 아주 작은 야생 팬지들이 담당하고 있다. 이 꽃들은 모래와 짧은 풀이 난 곳에서 역시나 자그마한 분홍색 나팔꽃, 그리고 향기는 없지만 큼직한 목서초와 어우러져 무리 지어 피어난다. 숲속 여기 저기는 야생 토마토들로 붉게 물들어 있다. 우리의 체리만한 크기의 방울토마토는 그늘진 곳에서는 높이 기어오르고, 햇빛이 비치는 곳에 서는 딸기처럼 몸을 숨긴 채 자란다.

협죽도는 수국처럼 꽃송이가 뭉쳐서 피어나는데 연분홍색도 더러 있지만 대부분은 흰색이다. 그 꽃잎은 쌀종이처럼 얇고 투명하면서도 싱싱한 결이 살아 있다. 줄기 속이 비어 있고 가시가 돋친 하얀 나무들 이, 헬리오트로프를 닮은 꽃을 피운 채 숲 어디랄 것도 없이 지천으로 널려 있다. 블랙커런트와 모양도 색깔도 비슷한 열매들은 향긋한 풍미 를 풍긴다. 열매 한 송이에서 겨우 반 방울 정도 나올까 말까 한 그 과 즙은 아주 진한 마데이라 와인 같은 맛이 난다. 내 생각엔 이 즙을 발 효시킨다면 몸이 약한 환자들에게 기운을 북돋워 주는 강장제를 만들 수 있을 것 같다.

앞서 노란 열매를 맺는 어느 덩굴 씨앗에 새겨진 정교한 물결무늬에 관해 이야기했는데 이 씨앗과 똑같이 생긴 생명체가 실제로 존재한다. 흰 등갑에 씨앗과 똑같은 무늬가 장식되어 있고, 머리가 나오는 부분 과 그 반대편 구멍을 제외하면 온몸이 완전히 닫힌 형태마저 씨앗을 쏙 빼닮았다. 거북처럼 딱딱한 등갑이 있지만 발은 없는 이 기묘한 생 물은, 평소 바다 깊은 곳에 가라앉아 있다가 사이클론이 바다 밑바닥 을 휩쓸 때 해안가로 내던져진 것이다. 방금 막 물 위로 솟아오른 바위 언덕 위에는 보랏빛 포도송이 같은 해조류가 생생하게 살아 움직이며 뻗어 있다. 녀석은 다시 돌아올 파도를 기다리기도 하고, 때로는 육지 에 적응하려는 듯 땅에 뿌리를 내리려 애쓰며 육지 식물로 변모해가 기도 한다.

생명체란 바로 이처럼 환경에 따라 식물에서 동물로, 새로운 환경에 맞추어 새로운 기관을 형성하고 발달시키며 나아가는 법이다. 땅 위에서의 삶을 배워가는 저 해조류만큼이나, 우리는 자유라는 미성숙한 기관을, 그리고 예술이라는 잠재적 기관을 제대로 다룰 줄 아는가? 저 해조류만큼이라도 노력하고 있는가! 나는 그렇게 생각하지 않는다. 혁명이라는 사이클론이 거세게 휘몰아쳐야만, 민중 또한 비로소 새로운 삶의 방식을 배우게 될 것이다.

일 년에 두 번꼴로 잿빛 눈송이가 반도를 감싸며 소용돌이치듯 흩날릴 때가 있다. 때로는 그 높이가 발목을 훌쩍 넘기도 하는데, 사실 그것은 눈이 아니라 메뚜기 떼다. 메뚜기들이 공중에서 소용돌이치기 시작하면 소리를 질러 쫓아보기도 하지만, 녀석들은 이내 돌아와 숲에서 밭에 이르기까지 잎사귀와 채소, 부드러운 풀잎들을 모조리 집어삼킨다. 메뚜기 떼가 한차례 휩쓸고 간 숲에는 굵은 나무 몸통 말고는 남는 것이 하나도 없다.

메뚜기 떼를 깊은 구덩이에 쓸어 넣고, 악취가 나지 않도록 흙을 충분히 덮어버린다면 아주 훌륭한 비료가 될 것이다. 메뚜기 떼가 두 번째로 기승을 부리는 것은 숲속에 남겨진 첫 번째 무리의 알들이 부화하기 때문이다. 이 어린 것들은 날개가 돋아 날아오르기 전까지 귀뚜라미처럼 한참 동안 숲을 뛰어다니다가, 마침내 비행을 시작하면 남은 수확물마저 모조리 먹어 치운다. 그러고는 또 다른 땅의 식물들을 파괴하기 위해 떠나가서, 그곳에 다시 알을 낳고 죽는다.

회색빛으로 소용돌이치며 내리는 메뚜기 떼의 눈만큼 아름다운 것은 없다. 온 하늘이 이 단조로운 색조에 점령당해 있다. 마치 체를 통과하듯, 곤충의 눈송이들에 걸러진 태양 빛이 그 너머로 보이고, 회색 눈송이들이 기묘하게 번진 대기의 명암 속에서 끊임없이, 끊임없이 떨어진다. 메뚜기들은 곳곳에 자라는 아주까리 나무를 맨 나중에 공격하거나 아예 건드리지도 않는다. 그러니 누벨칼레도니에서는 인도에서 뽕나무 누에 못지않게 대접받는 아주까리누에를 칠 수도 있을 것이다. 나는 10년[176] 동안 이 누에 알을 보내달라고 요청했다. (알을 보내준 학자들에게는 미안한 말이지만) 그 알들은 늘 파리를 거쳐 우편물과 함께 대양을 건너오는 바람에, 그 긴 여정 중에 모두 부화해버리고 말았다. 우리 곁을 지나가는 배 중에는 누에를 보낸 곳 근처에서 머물다 온 배들도 있었는데 말이다.

매사를 단순하게 처리하지 못하는 학자들의 고리타분한 관습을 잔뜩 원망하고 나서야 나는 누벨칼레도니에서의 마지막 해에 아주까리 잎이 누에로 가득 찬 것을 발견했다. 털 없는 몸이며 움직임이 마치 누에 같아 보였다. 과연 내가 맞게 본 것일까? 칼레도니아에 아주까리누에가 야생 상태로 존재하는 것일까? 이는 아마 나중에 확인할 수 있을 것이다.

서쪽 숲 한가운데, 바다 냄새가 여전히 배어 있는 언덕들 사이 골짜기에 가지를 수평으로 넓게 뻗은 거대한 올리브나무 한 그루가 서 있다. 그 모습은 마치 낙엽송 같다. 검은빛 도는 씁쓸한 잎사귀에는 벌레 한 마리 꼬이지 않는다. 언제 어느 때고 그 나무 그늘에는 동굴 같은 서늘함이 감돌아, 몸뿐만 아니라 마음까지도 순식간에 맑아지는 기분이 든다.

---

176) 1873년 8월에 유배지인 누벨칼레도니로 떠나는 배에 올랐다. 이후 1880년 프랑스 정부의 대사면령이 내려지면서 1880년 11월에 파리로 돌아왔다. 따라서 실제 누벨칼레도니에서 보낸 시간은 만 7년 조금 넘는 기간이다.

이 나무의 열매는 암적색 빛이 감도는 작고 매끄러운 올리브 모양이다. 이것이 정말 올리브나무일까? 나는 그렇게 생각하지 않는다. 그 위쪽으로는 바위 전체를 아치형 가지로 감싸고 있는 뱅갈고무나무가 있었는데, 우리가 머물던 마지막 해에 베어지고 말았다. 나는 그 고무나무 그늘, 부서진 바위틈에 살고 있던 것들보다 더 기묘한 곤충들을 내 평생 본 적이 없다. 그 부서진 바위와 나무가 만들어낸 하얀 목분 속에는 순록의 뿔을 닮은 뿔이 돋은 거대한 흰 애벌레들과 검은 번데기들이 섞여 있었다. 어떤 녀석들은 마치 관 속에 들어앉은 것처럼 온몸이 껍데기에 싸여 있었고, 어떤 녀석들은 그 껍데기가 어느 정도 열려 있기도 했다. 하지만 이것이 박물학자들이 말하는 필리스, 즉 나뭇잎벌레의 초기 성장 단계인지는 끝내 확인하지 못했다. 꽃벌레는 딱 한 번 본 적이 있는데, 내 생각에 이 곤충은 아직 학계에 보고조차 되지 않은 종인 듯하다.

만약 우리에게 알코올 소지가 금지되지만 않았어도 이 곤충들을 표본으로 보존할 수 있었을 것이다. 앞서 말한 바위틈이나, 수백 년 된 니아울리 나무가 갑자기 쓰러지며 만들어낸 먼지 더미 속에는 기이하고, 어쩌면 이 세상에 단 하나뿐일지도 모를 곤충들이 가득하다. 북쪽 숲에 가면 가끔 이런 행운을 만날 수 있다.

서쪽 숲에는 니아울리 나무가 그리 흔치 않다. 뒤코 반도에서는 눔보의 고지대를 둘러싼 비탈길에서 이 나무들을 가장 많이 볼 수 있다. 휘영청 밝은 달빛 아래에서 처연하게 늘어진 니아울리의 가지들은, 마치 조국의 예속을 슬퍼하며 울부짖는 거인의 팔처럼 하늘을 향해 치솟아 있다.

칠흑같이 어두운 밤이 되면 이 니아울리 나무들은 스스로 인광을 내

뿜으며 빛난다. 누벨칼레도니는 귀한 목재들의 보고다. 장미목, 노랗거나 붉은 열매를 맺는 마호가니, 아이언 우드, 금사슬나무, 그리고 핏빛 수액을 흘리는 용혈수를 비롯해 수많은 나무가 자생한다. 어떤 나무들은 점차 사라져가고 있으며, 또 어떤 나무들은 유럽인들과 함께 이곳으로 건너온다. 모든 이주의 역사가 그러하듯, 어린 참나무 군락들은 풍토에 적응하거나 혹은 죽어간다. 죽어가는 나무들은 사라질 것이다. 싹을 틔울 도토리를 맺지 못했기 때문이다.

그곳에서는 모든 식물과 모든 나무가 저마다의 곤충을 가지고 있다. 그 곤충은 애벌레일 때는 나무껍질의 색을 띠고, 날개가 돋았을 때는 꽃의 색을 띤다. 풀숲에 사는 애벌레는 몸에 두 줄기 초록색 선을 띠고 니아울리 나무의 애벌레는 자신이 갉아먹는 나뭇가지와 구분이 안 될 정도다. 이 녀석은 나중에 실잠자리 같은 모습으로 변태하는데, 그 날개와 몸통마저 니아울리의 나무색과 잎사귀를 그대로 흉내 낸다.

각각의 나무에는 오직 그 나무에만 서식하는 노린재가 살고 있다. 이들은 하나같이 루비나 에메랄드처럼 진귀한 보석 같아서, 정교하게 그려진 무늬들로 장식되어 있다. 어떤 것들은 수정처럼 투명하기까지 하다. 게다가 이들에게서는 고약한 냄새도 나지 않는다. 이는 코코넛 기름을 몸에 바르는 카나크족 사람들에게는 찾을 수 없는 장점이다. 그들이 바르는 찌든 기름 냄새는 모기를 쫓아주기는 하지만 말이다.

누벨칼레도니는 거미들의 낙원이기도 하다. 사람들은 바퀴벌레를 잡아먹는 거미를 귀하게 여긴다. 집안에 두는 거미들은 다리에 털이 숭숭 난 거대하고 검은 종인데, 마치 독거미처럼 보인다. 비단거미는 숲속 나무와 나무 사이에 종종 굵은 밧줄 같은 실을 쳐서 거미줄을 짠다. 처음 실을 고정할 때는 바람의 힘을 빌리며, 실이 단단하게 묶였다고 판단되면 그것을 교각 삼아 수백만 번이고 실을 짜서 엷은 거즈 같은 길을 만든다. 거미는 이 외딴 숲에서 인간이나 짐승이 자신의 작업을 망치러 오지 않으리라 믿고 홀로 길목을 가로막기도 한다. 어쩌면 이 비단거미를 활용할 수도 있을 것이다. 또 다른 거미는 그야말로 괴물 같은 녀석인데, 자기 거미줄에 얹혀사는 가련한 작은 거미들의 노동이나 목숨을 착취하며 거미줄을 수선하게 만든다. 이 거미가 그 작은 거미들을 잡아먹을까? 아마 그럴 것이다. 그들의 가죽보다는 그들이 해주는 노동이 더 이득이 되지 않는 한 말이다. 하지만 우리는 그 광경을 직접 목격하지는 못했다.

투명하고 작은 어떤 거미는 마치 붉은 이슬방울처럼 보인다. 커다란 개암나무 열매처럼 생긴 거대한 흰 거미는 그 맛이 아주 뛰어나서 카나크족이 귀하게 여기는데, 메뚜기를 새우처럼 요리해 먹는 것만큼이나 이 거미를 즐겨 먹는다.

여러 곤충이 뽑아낸 비단은 질기고 매끄럽다. 어떤 잎사귀들은 표면에 천연광택제가 발라져 있어, 누에가 만드는 것만큼이나 좋은 비단을 얻어낼 수도 있을 것 같다. 또한 어떤 덩굴식물은 머리카락처럼 가늘고 긴 비단 같은 실을 제공하기도 한다. 나무나 풀의 형태를 띤 야생 목화들도 활용 가치가 충분하며, 알갱이가 아주 커다란 야생 수수도 마찬가지다.

늄보나 탕뒤의 가옥들은 장미목이나 흑단으로 골조를 세우기에, 숲을 베어내지 않은 곳이 드물다. 이들은 고대 트로이처럼 굽지 않은 벽돌을 사용하고 지붕은 풀로 덮는다. 아직 베어내지 않은 드문 원시림 지역에 가보면, 수백 마리의 날여우박쥐가 커다란 배처럼 나무에 거꾸로 매달려 있다가, 여우를 닮은 날렵한 머리를 치켜들고 작은 검은 눈으로 호기심 어린 시선으로 바라본다. 아주 드물게 박새들이 무성한 나뭇가지 사이로 갑자기 날아오른다. 새들이 이토록 귀해진 것이 날여우박쥐 탓일까? 하지만 사람들의 말에 따르면, 박쥐들은 오히려 야생 과일을 먹고 산다고 한다.

재 냄새가 나는 무화과, 떫은맛이 나는 마호가니 사과, 설탕처럼 하얀 가루가 덮여 있지만 아무 맛도 나지 않는 커다란 오디, 거대하고 둥근 씨앗이 박힌 노란 자두 같은 이곳의 과일들은 흔히 맛이 없다고들 한다. 하지만 나는 유럽의 과일들보다 이런 날것의 열매들이 훨씬 더 좋다. 바다 위로 폭풍 같은 바람이 몰아칠 때, 바위와 용암 길 사이 덤불에서 이 열매들을 직접 따 먹던 숲속의 깊은 침묵을 특히 좋아했다. 주머니 속에는 다음 우편이 올 때까지 어머니와 마리가 보내준 다정한 편지들이 들어 있곤 했다.

누벨칼레도니의 곤충들에게는 아직 독이 없다. 아마도 인간을 접한 지 얼마 되지 않아, 생존을 위해 독을 만들어낼 필요를 느끼지 못했기 때문일 것이다. 물뱀들은 독니가 너무 짧으며, 어디에서나 멸종해가고 있는 이 종은 독니가 채 길어지기도 전에 다른 곳에서와 마찬가지로 그곳에서도 사라질 것이다. 이 뱀들은 몸집이 크고 무척 아름답다. 어떤 것들은 검은색과 흰색 고리 무늬가 교차하고, 또 어떤 것들은 흰색과 검은색이 섞여 있다.

우리 중 몇몇은 이 뱀을 길들이기도 했다. 나 역시 온실로 쓰던 오막살이에 구덩이를 파고 오랫동안 뱀 한 마리를 키웠다. 하지만 늙은 고양이가 그 뱀을 너무나 싫어한 나머지, 하악질을 하며 계속 도발하는 바람에 결국 뱀을 놓아주어야 했다. 그대로 두었다가는 뱀이 고양이를 감아 질식시켰을지도 모를 일이다. 뱀은 작고 싸늘한 눈으로 고양이를 쫓곤 했는데, 그 눈빛이 그리 다정해 보이지는 않았다.

누벨칼레도니의 동물들은 인간에게는 해가 없는 자신들만의 독을 서로에게 사용한다. 말벌만 한 크기의 푸른 파리는 바퀴벌레를 제 굴로 끌고 가 진액을 빨아먹기 전, 먼저 침을 쏴서 눈을 멀게 한다. 아마도 일종의 마취제를 주입하는 모양이다. 장수말벌만큼 커다란 또 다른 파리는 아마 제 새끼들의 먹이로 쓰려는 듯, 다른 파리들을 잡아 둥지 속에 가두어버린다. 유럽의 거대한 파리들이 애벌레를 사냥해 벌집처럼 생긴 둥지 안에 가두기 전 마취를 시키는 것처럼, 이 녀석들도 상대를 마비시키는 것이 분명하다. 인간에게는 아무런 해가 없는 전갈도 기묘한 매력으로 곤충들을 홀려 제 먹잇감으로 삼는다.

서쪽 숲 높은 봉우리 정상, 분홍빛 진달래가 흐드러진 곳에는 마치 무너진 요새의 폐허 같은 거대한 바위 더미가 널려 있다. 연약한 잎사귀와 향기로운 꽃을 피우는 덩굴들이 그 바위들을 가려주고 있는데, 그 뒤편으로는 수많은 곤충을 칭칭 휘감고 있는 거대한 지네들이 숨어 있다. 나는 지네가 그들을 잡아먹는 것까지는 보지 못했지만, 희생양들을 질식시키는 광경은 목격했다. 그것이 단순히 배를 채우기 위해서일까, 아니면 그저 잔인한 즐거움 때문일까? 나로서는 알 길이 없다.

거기엔 또 곰처럼 털이 숭숭 난 갈색 거미 한 마리가 제 사랑을 숨기고 있다. 암컷은 수컷이 더 이상 마음에 들지 않게 되는 그 즉시 수컷을 기습해 잡아먹는데, 자기 거미줄에 묶어 두었던 바로 그 자리에서 게걸스럽게 해치운다. 이것은 인간이라는 종과는 정반대의 모습이다.

뒤코 반도에 머문 지 3년째 되던 해에야 비로소 우리는 흰 나비들을 보았다. 이 곤충들은 원래 3년에 한 번씩 나타나는 종일까? 아니면 반도에 심은 유럽 식물들이 곤충들에게 새로운 먹이를 제공하면서 만들어진 새로운 변종일까? 이는 나중에 확인할 수 있을 것이다.

나는 종종 맹그로브 나무 아래에서 게들이 싸우느라 파닥거리는 물소리가 갑자기 들려오던 바닷가, 오직 야생의 자연과 텅 빈 물결만이 보이던 그 고요한 해변을 떠올린다.

사이클론은 또 어떠한가? 그 광경을 한 번이라도 본 사람이라면 대자연의 분노가 만들어내는 그 무시무시한 장엄함 앞에서는 세상 그 무엇을 봐도 무덤덤해지고 만다. 폭풍이 몰아치는 날이면 바람과 파도, 바다가 한데 어우러져 폭풍의 서사시를 노래한다! 그 순간에는 거대한 합창단 속에 섞여 절규하며 그들과 함께 어디론가 떠나가 버리는 듯한 기분이 든다. 검은 파도를 짓누르는 검은 하늘 속에서, 거세게 퍼덕이는 날개 위에 올라탄 채 어디론가 실려 가는 듯한 기분 말이다.

이따금 거대하고 붉은 번개가 어둠을 찢고 단 하나의 자줏빛 광채를 비출 때면, 그 위로 검은 물결이 마치 상복에 두르는 검은 천처럼 일렁인다. 천둥소리, 파도가 으르렁거리는 소리, 항구에서 울려 퍼지는 경보성 포성, 폭포수처럼 쏟아지는 빗소리, 그리고 바람의 거대한 숨결까지, 이 모든 것이 어우러져 오직 하나의 거대하고도 장엄한 소리가 된다. 그것은 바로 야생의 자연이 연주하는 오케스트라다.

밤은 깊었으나 번개는 쉴 새 없이 몰아친다. 눈과 귀는 그 황홀한 광경에 매료된다. 우리의 첫 번째 사이클론은 밤에 찾아왔는데, 역시 밤에 마주하는 폭풍이 가장 아름다운 법이다. 그 일은 뒤코 반도에서 있었다. 낮은 기압에 아침부터 미풍조차 불지 않는 후텁지근한 공기가 폭풍을 예고했다. 동물들은 불안에 떨기 시작했고, 사람들은 저마다 짐승들을 집 안으로 들였다.

나 역시 오두막에 염소 한 마리와 고양이들을 가둬둔 뒤, 문득 어떤 생각이 떠올라 곧장 페뤼세에게 달려갔다. 그는 베테랑 원양 항해사였기에 지체할 시간이 없었다. 밤이 깊어지고 폭풍이 시작되어 늪보로 가는 길을 따라가기가 꽤 힘들었지만, 전에 살던 서쪽 숲 입구 근처에 있는 그의 집까지 간신히 도착했다.

문을 두드렸다.

"이런 날씨에 누구요? 빌어먹을! 알았어, 나간다고!"

투덜거리는 소리와 함께 페뤼세가 문을 열었다.

"당신을 데리러 왔어요."

"뭐 하러 말이오?"

"감시선이 오늘 밤엔 아마 항구로 돌아갔을 거예요. 뗏목 하나만 있으면 이 사이클론에 몸을 맡길 수 있지 않겠어요? 폭풍이 우리를 시드니까지 데려다줄지도 몰라요. 그러면 노련한 바다늑대인 당신에게 이곳 사람들을 구출할 범선 한 척을 내 줄 거예요."

나는 '바다늑대', '늙은 해적', '바다의 사나이' 같은 수식어를 동원해 그를 치켜세워 보았지만 헛수고였다. 내 어휘력이 바닥날 동안 페뤼세는 묵묵히 나를 바라보기만 했다. 그는 해박한 지식을 갖춘 사람이었고, 아는 게 많아 생각이 깊어지면 선뜻 미지의 모험에 몸을 던지지 않는 법이다. 마침내 그는 아주 진지하게 내게 말했다.

"우선, 우리에겐 뗏목을 만들 재료가 없소."

"낡은 술통들이 있잖아요. 그것들을 묶으면 돼요."

"그걸 어디서 구한단 말이오?"

"어디든요. 취사장이든 어디든 상관없어요."

"설령 구한다 칩시다. 우리가 어디로 가게 될 줄 알고?"

"젠장! 이건 기회예요. 그건 운명에 맡겨야죠. 시도해 봐야 해요. 죽을지도 모르지만 살아남을 단 한 번의 기회가 있으니까요.”

“좋아요, 하지만 우리가 살아남을 단 한 번의 기회는 절대 없을 겁니다”

우리는 말다툼을 벌였고, 그사이 폭풍은 맹렬해졌으며 비가 쏟아지기 시작했다.

“내가 집까지 바래다줄까요?”

내가 돌아갈 길을 걱정하며 페뤼세가 물었다.

“아니요, 당신 도움 따윈 필요 없어요.”

나는 그의 코앞에서 문을 쾅 닫아버렸다. 집 안에서 램프가 떨어지는 소리가 들렸다. 이 겁쟁이 노인네 같으니라고! 그가 다시 문을 열었지만, 나는 멀리서 소리쳤다.

“일행이 아주 많으니 걱정 없어요.!”

나는 대여섯 명의 이름을 대며 덧붙였다.

“어서 들어가세요, 우리 여덟 명은 이제 출발할 거니까!”

“정말이오?”

“그럼요, 설마 내가 거짓말을 하겠어요?”

물론 거짓말이다. 나는 완전히 혼자였고, 화가 난 상태여서 오히려 힘이 솟았다. 나는 바위를 타고 서쪽만으로 돌아왔다. 아, 얼마나 아름다운가! 정말 아름답구나! 나는 페뤼세도, 그 무엇도 더는 생각하지 않았다. 그저 온 마음과 온 시선을 다해 이 광경을 바라보고 또 바라보았다. 칠흑의 바다가 내가 서 있는 바위 끝까지 거대하고 하얀 거품을 밀어 올렸다. 파도 소리는 누군가 가쁘게 몰아쉬는 숨소리 같았다.

오두막에 돌아와 납처럼 무겁게 젖은 옷을 갈아입었다. 그때 방문객들이 찾아왔다. 내 제자인 젊은이들이었다. 그들은 이 밤에 무슨 일이라도 생겼을까 걱정되어 달려온 것이었다.

"바람에 날려갈 뻔했어요." 그들이 말했다.

"나도 그 기분 잘 알지."

아! 뗏목을 만들 때 차라리 그 젊은이들을 떠올렸어야 했다. 원양 항해 선장이라는 경력에 눈이 멀지만 않았어도! 사이클론이 몰아치는데 배를 조종할 방법 따위가 어디 있겠는가! 그저 폭풍에 몸을 내맡기는 수밖에 없거늘. 그 젊은이들이라면 필요한 재료들을 기어코 찾아냈을 것이고, 우리는 운명을 시험해 보았을 것이다.

이제는 너무 늦어버렸다. 하지만 아무렴 어떠랴! 이곳에서 목격하는 모든 것에는 저마다의 쓰임과 아름다움이 있는 법이다. 나는 이기적이더라도 모든 것이 무너지고 신음하며 울부짖는 이 밤을 두 눈에 가득 담으려 한다. 수정 베일 같은 억수 사이로 번개가 내리칠 때마다, 그 가공할 장엄함이 눈부시게 드러난다.

폭풍이 지나간 다음 날의 적막이라니! 움푹 팬 해안가에는 바다 깊은 곳에서 올라온 잔해들과 뒤코 반도 혹은 누 섬에서 떠내려온 파편들이 한데 뒤섞여 있다. 숲에서 꺾여 나온 나뭇가지 위에는 박새 암컷 한 마리가 사이클론에 휩쓸려 오면서도 깨지지 않은 알들을 품고 있었다. 나는 그 작은 가지를 고무나무에 최대한 단단히 묶어주었다. 땅바닥에 구르는 것보다는 훨씬 나을 터였다. 그 끔찍한 여정 속에서도 어린 새끼들이 어떻게 둥지에서 떨어지지 않았을까? 어미 새가 녀석들을 제 몸 아래에 꼭 품고 버텼음이 분명하다. 인간이라는 종은 화재나 다른 재앙이 닥치면, 어떤 부모들은 공포에 질려 도망치느라 제 자식조차 잊어버리곤 하는데 말이다.

두 번째 사이클론은 누메아에서 낮에 목격했다. 그 역시 아름다웠으나, 뒤코 반도에서 밤에 마주했던 그 사이클론의 장대함에는 미치지 못했다. 함석지붕들이 거대한 나비처럼 공중으로 날아가는 모습은 기이한 광경이었다. 바다는 광분한 듯 으르렁거렸고, 빗줄기는 하늘에서 내린다기보다 마치 대양 자체가 쏟아져 내리는 듯해 우리는 물속에 잠겨 있는 것이나 다름없었다. 그런데도 이 극적인 광경이 이전보다 덜 위협적으로 느껴진 것은, 나도 다른 일들처럼 이런 재해에도 이미 무덤덤해진 탓일까? 나침반 바늘은 방향을 잃고 미친 듯이 떨며 불안하게 북쪽을 찾는다. 그 거대한 소음들 사이로, 가끔 바람의 거대한 날갯짓이 더 강하게 몰아친다.

9.

올해 5월[177], 그 대학살의 비통한 기념일이 다가오니 죽음의 소식이 끊이지 않는다. 세 개의 무덤이 새로 열렸다.

빅토르 위고! 아무루! 쿠르네!

세 사람 모두 1871년, 파리 코뮌을 떠올리게 하는 이름들이다. 아무루는 누벨칼레도니의 유배지에서 쇠구슬을 차고 강제 노역을 견뎠고, 쿠르네는 망명길에 올랐다. 망명은 패배한 전사들에게 어쩌면 가장 불행한 몫이었을지도 모른다. 그리고 빅토르 위고는 브뤼셀에 있는 자신의 집을 도살장에서 도망쳐 나온 피난민들에게 내주었다. 그렇기에 저무덤 앞에서, 산 자와 죽은 자를 가리지 않고 학살을 부추겼던 자인 막심 뒤 캉[178]이 추도사를 한다는 생각만으로도 나는 소름이 끼친다.

---

177) 1885년 5월 22일, 미셸은 프랑스 파리의 생-라자르 감옥에 있었다. 빅토르 위고가 세상을 떠난 날.

178) Maxime Du Camp(1822-1894). 코뮌 전사들에게는 '펜을 든 학살자'로 기억되는 인물. 파리 코뮌을 기록한 책 『파리의 열병(Les Convulsions de Paris)』을 썼다..

아주 어릴 적부터 나는 빅토르 위고에게 시를 보냈고, 누벨칼레도니에서 돌아온 후를 제외하고는 평생 그에게 시를 보냈다. 하지만 인제 와서 무엇을 하겠는가? 스승은 이제 모든 이들에게 찬사를 받고 있다. 한때 그를 반대하던 자들조차 말이다. 그러니 내가 굳이 그 기쁜 자리에 함께할 필요는 없었다. 하지만 사토리의 학살을 옹호한 뒤 캉 따위가 감히 입을 열려는 그 무덤 앞에서, 마치 땅속에 묻힌 이들이 그 허무와 대지를 뚫고 분노를 느낀 듯 터뜨리는 절규처럼 나는 감옥에서 외친다. "물러가라, 이 파렴치한 악당들아! 학살자들을 저주했던 진정한 시인에게 경의를!"

빅토르 위고의 영령에게

그대는 평온한 마음으로 이 자를 칠 수 있으리라.
-빅토르 위고

거대한 도살장이 된 5월의 학살 속에서 살아남은 이들에게 그는 자기의 집을 내주었네. 그런데 오늘, 그의 무덤 앞에 입을 여는 자는 막심 뒤 캉, 바로 사토리의 뒤 캉이라니!

카피톨리누스[179] 언덕에 선 이 시인에게 경의를 표하는 자리에 어찌하여 피 묻은 이마를 들이미는가? 너는 비겁하게 시민들을 밀고해서

---

179) Capitole. 로마의 일곱 언덕 중 가장 성스럽고 높은 언덕을 가리킨다. 고대 로마에서 전쟁에 승리한 장군들은 이 언덕 위에 있는 제우스 신전을 향해 행진하며 최고의 영예를 누렸다. 중세와 르네상스 시대에는 위대한 시인에게 월계관을 씌워주는 시성(詩聖) 추대식이 이 언덕에서 열리기도 했다. 카피톨리누스 언덕에는 타르페이아의 바위라는 절벽이 있는데, 이곳은 반역자나 범죄자를 던져 처형하던 장소였다. 서양 격언에 '카피톨리누스 언덕에서 타르페이아의 바위까지는 한 걸음뿐이다'라는 말이 있다.

죽인 자가 아니더냐. 스승은 네가 죽인 그 불쌍한 이들을 지키려 하셨는데, 네가 무슨 염치로 그분의 무덤 앞에서 입을 여는가.

사냥개처럼 제 먹잇감을 몰아세우듯 자발적 밀고자가 되어 날뛰던 자여! 우리는 보았노라, 군사 재판을 위해 6년 동안이나 시민들을 사냥하고 다녔던 너의 모습을!

학살자 갈리페는 자기 손에 피를 묻혔고, 최후의 총성을 울린 열다섯 명의 이름은 세상이 다 알고 있다.[180] 핏빛 도살장에서 그들은 그저 죽이기만 했으나, 막심 뒤 캉, 너는 조준 사격의 표적이 되도록 희생자들에게 오물을 던지지 않았던가!

그대들은 누구보다 마음 편히,

사토리의 뒤 캉, 이 자를 쳐도 좋으리라. 그의 뺨을 세차게 휘갈겨라.

그의 수치스러운 목소리는 하나의 도발일이며,

분노한 군중을 향해 내뱉는 침에 불과하니.

꽃피는 나무 아래, 붉은 대학살의 기념일에 땅 밑에 잠든 이들을 모욕하는 그는 결코 입을 열지 못 하리라. 오, 스승이여! 우리가 무덤과 감옥에서 지키고 있나니 그의 말 한마디, 발걸음 소리 하나조차 그대에게 닿지 못할 것입니다.

아! 죽은 자들의 이름으로, 이 성스러운 무덤에서, 민중은 감히 추도사를 읊으려는 이 비열한 광대를 역사 밖으로 던져버리리라. 폭풍 속의 보잘것없는 지푸라기처럼. 분노의 무시무시한 바람 속으로, 우리의 깃발이 휘날리게 하는 그 바람 속으로, 저 누더기 같은 자를 던져버려라!

---

180) 열다섯 명은 파리 코뮌 진압 직후, 코뮌의 주요 지도자들에게 사형 판결을 내리고 처형을 집행했던 사면위원회 15인.

아마 페르-라셰즈 묘지가 될지도 모른다. 사토리의 막심 뒤 캉이 페르-라셰즈에서 연설하다니! 총살당한 이들의 그 하얀 벽 앞에서! 6년 넘게 학살자들에게 제물을 댄 이 괴물은, 굶주리는 새끼들을 먹여 살리기 위해 어쩔 수 없이 죄를 짓는 가련한 서민들과는 다르다. 굶어 죽어가는 자식들을 위해 가난한 이들이 저지르는 일들이 얼마나 많은가! 하지만 사토리의 막심 뒤 캉, 이 자는 승리자들 앞에서 패자들을 사냥해 바치는 일을 오직 자기의 즐거움을 위해 저질렀다! 수많은 고통 속에 잠시 그를 잊고 있었다. 하지만 이 5월의 날들에 그를 우리 앞에 세운다는 끔찍한 생각이 그의 죄악을 다시 일깨웠다. 만약 그가 감히 그곳에 나타난다면, 아마도 그곳이 바로 그에게 합당한 징벌의 장소가 될 것이다.

저 멀리 누벨칼레도니, 마치 거대한 장미처럼 화강암 꽃잎을 펼치고 검은 용암 줄기가 검은 핏자국처럼 흘러내리는 거대한 바위 위에, 나는 사이클론을 위해 위고의 시 한 구절을 새겨 놓았다.

달빛 아래, 피에 젖은 파리가 공동묘지 위에서 꿈을 꾸고 있다.
학살자 트레스타용 장군에게 영광이 있으라!
이제 언론도 사라졌고, 연단도 비었구나. 1789년의 정신은 재갈이 물렸다. 건드리는 자 누구에게나 두려움이었던 혁명이 이제 땅바닥에 거꾸러져 누워 있다.

그 어떤 거인도 해내지 못한 일을 좀도둑 카르투슈가 해내는구나.
위선자 에스코바르[181]는 비열한 웃음을 짓고, 거대한 공화국이여,
소인국 릴리푸트의 온갖 칼날들이 너의 몸을 난도질하는구나.

---

181) Escobar. 17세기 스페인의 예수회 신학자로, 교묘한 궤변을 늘어놓는 자를 상징한다.

법복을 걸친 장사꾼이 된 판사는 성스러운 법을 팔아치우고 있다.

나사로여! 나사로여! 나사로여!

일어나라![182]

빅토르 위고.

스승이여, 이 시가 당신의 무덤 위로 꽃잎처럼 흩날리기를.

이제 연극은 무대 위에 존재하지 않는다. 새로운 전설의 주인공인 군중과 함께, 저 거리에서 실제 사건으로 펼쳐지고 있기 때문이다. 시는 이제 모든 이의 것이다. 그것은 자유나 화합의 감각처럼 발현되는 하나의 본능이다. 그것은 우리가 아직 알지 못하는 수만 가지 감각과 더불어 모든 것이 싹트고, 모든 것이 꽃피며, 모든 것이 열매 맺고 결실을 거두게 될 저 혁명의 기운 속에 자라나고 있다.

참으로 기묘한 일은 저물어가는 세월과 함께 베어 넘겨진 네 사람의 얼굴이 서로를 빼닮았다는 사실이다. 루이 블랑, 빅토르 위고, 블랑키, 그리고 피에르 말레지외. 6월 봉기와 71년 코뮌의 전사였던 말레지외는 유배에서 돌아온 후, 고용주들이 일하기엔 너무 늙었다며 그를 거부하자 더 이상 살기를 원치 않았던 사람이다.

빅토르 위고와 피에르 말레지외의 닮은꼴은 실로 놀랍고도 완벽했다. 시인에게서는 온화함으로, 늙은 투사에게서는 자부심으로 나타난 그 고결한 위엄이 두 얼굴을 장엄한 빛으로 밝히고 있었다. 두 사람 모두 노년의 호메로스를 닮아 있었다. 앉아서 당신을 응시하는 늙은 사자를 본 적이 있는가? 부드러우면서도 강인한 그 맹수들에게서는, 이

---

182) 이 시의 제목은 『민중에게(Au peuple)』이다. 이 시는 빅토르 위고의 시집 『징벌(Les Châtiments)』(1853)에 수록된 작품이다.

위대한 노인들의 풍모가 배어 나온다.

조금 전 말했던 그 바위, 애도의 페이지처럼 두 줄기 용암선이 양옆을 감싸고 있는 그곳에 나는 위고의 시구들을 새겨 넣었다. 그 바위는 누벨칼레도니의 땅이 겪어온 지질학적 변화를 온몸으로 증언한다. 뜨겁게 달궈진 상태에서 압착 된 서로 다른 암석 중, 어떤 것들은 더 빨리 식어 그 본질을 순수하게 간직하고 있었다. 이는 대지가 요동치며 새로운 봉우리를 솟구치게 하거나, 쪼개져 나가는 대륙의 파편들을 보존해온 역사를 그대로 보여준다. 호주나 뉴질랜드와 마찬가지로 누벨칼레도니 역시 과거에는 아시아 대륙의 일부였음이 분명하다. 폴리네시아의 작은 섬들은 바다 위로 솟아올랐겠지만, 산맥이 거칠게 뜯겨 나간 자국이나 본래 하나였던 땅이 두 갈래로 갈라진 만의 형상은 칼레도니아의 토양이 겪은 격렬한 진통을 증언한다. 게다가 이곳의 쥐는 호주의 쥐를 닮았고, 뉴질랜드의 개 역시 호주의 딩고와 같은 종으로 보인다. 4기 네안데르탈인의 두개골이 오세아니아의 현존 인종들과 유사하다는 사실을 떠올려보면, 선사시대에 거대한 대륙이 파도 속으로 부서져 나갔음을 인정할 수밖에 없다. 다른 대륙들 또한 어딘가에서 그렇게 침몰했을 것이다.

자신들이 정착한 곳에서 이미 다른 인종을 발견했다는 폴리네시아인들의 이주 전승이 사실인지는 알 수 없다. 그러나 그와 관련된 전설들이 이토록 무수히 전해지는 것을 보면, 그 바탕에는 반드시 얼마간의 진실이 숨어 있을 것이다. 아시아의 일부 민족들이 오세아니아 부족들과 같은 유형에 속한다고 보는 이들의 근거가 무엇인지는 나 역시 알지 못한다. 그러나 쿡 선장을 비롯한 탐험가들이 이 인근에서 목격했다는 소위 알비노들은 결코 알비노가 아니라고 나는 믿는다. 그들은 긴 머리카락과 파란 눈을 가진, 알비노와는 전혀 다른 특징을 지닌 아리아 종족의 마지막 후예들이다.[183]

대이동의 과정에서 길을 잃었거나 지질학적 격동에 휘말린 이 아리아인들은 오세아니아 부족들 사이에서 근친결혼을 하며 살아왔다. 그들의 멸종과 마지막 후예들이 보여주는 왜소한 체구는 바로 그 때문이다. 긴 머리에 하얀 피부를 가진 음유시인 안디아, 아타이 곁에서 노래를 부르다 전투 중에 전사한 타칼라 안디아는 그 종족의 마지막 후예였다. 그의 몸은 니아울리 나무의 몸통처럼 뒤틀려 있었으나, 그 심장만큼은 용감했다.[184]

안디아라는 이름은 분명 아리아인의 이름이었다. 종족의 전통 혹은 뛰어난 청각적 덕분인지, 그는 종려나무 가지가 흔들리는 소리나 대나무를 치는 소리, 고둥 나팔 소리밖에 모르던 카나크인들 사이에서 루트를 찾아내거나 재현해냈다. 그는 들고양이의 창자로 악기의 현을 만들었다. 그 고양이는 쿡 선장이 숲에 버리고 간 고양이들의 퇴화한 후손으로 뒷다리가 캥거루처럼 기형적으로 발달한 짐승이었다.

나이나 또한 조상의 전통을 따라 백파이프를 만들었다. 하지만 주변 환경만큼이나 야만적이었던 그는 배신자의 살가죽으로 그 악기를 만들었다. 올리브 빛 피부에 휜 다리, 거대한 머리와 난쟁이 같은 체구, 그리고 번뜩이는 파란 눈을 가졌던 이 음유시인은 배신자의 손에 죽임을 당하며 자유를 위해 목숨을 바쳤다. 아타이 자신도 배신자의 손

---

183) 미셸이 굳이 이들을 알비노가 아닌 아리아인의 후예로 규정하려 한 이유는, 피지 배층인 원주민들의 혈통 속에 백인들과 대등하거나 혹은 그보다 오래된 고귀한 기원이 숨어 있음을 증명하기 위해서다.

184) 1878년 누벨칼레도니에서 일어난 원주민 대봉기의 지도자들이다. 이 대봉기는 아타이 추장이 이끈, 프랑스 식민 통치에 저항한 대규모 무장 반란. 카나크족은 이 사건을 아타이 전쟁이라고 부른다.

에 쓰러졌다. 어디에 있든 배신자들은 저주받아 마땅하다!

카나크의 법에 따르면, 추장은 다른 추장에 의해서만, 혹은 그 대리인에 의해서만 처벌받을 수 있다. 백인들에게 매수된 추장 누도는 세구에게 아타이를 죽일 무기를 건네며 대리권을 넘겼다.

아타이가 동료 몇 명과 함께 자신의 진영으로 돌아가던 중, 백인 부대에서 떨어져 나온 세구가 아타이를 지목했다. 그는 눈처럼 하얀 머리카락 덕분에 쉽게 알아볼 수 있었다. 아타이는 머리에 투석기 끈을 두른 채, 오른손에는 헌병대의 사브르를, 왼손에는 토마호크 도끼를 들고 있었다. 그는 세 아들과 투창을 창처럼 휘두르는 음유시인 안디아에게 호위받으며 백인 부대에 당당히 맞섰다.

그는 세구를 발견했다.

"아!" 그가 말했다. "네 놈이로구나!"

배신자는 노추장의 시선 아래 잠시 주춤했다. 그러나 이내 상황을 끝내려는 듯 투창을 던졌고, 그것은 아타이의 오른팔을 꿰뚫었다. 그러자 아타이는 왼팔로 토마호크 도끼를 치켜들었다.

그의 아들들이 쓰러졌다. 한 명은 숨졌고 나머지는 부상을 입었다. 안디아가 "탕고! 탕고!(저주받으리라! 저주받으리라!)"라고 절규하며 달려들었으나, 치명상을 입고 쓰러졌다. 그때 세구가 마치 나무를 찍어 넘기듯 도끼로 아타이를 내리쳤다. 아타이는 반쯤 잘려 나간 자기의 머리에 손을 가져다 대었다. 몇 차례의 난도질이 더해진 끝에야 아타이는 숨을 거두었다.

그러자 카나크인들 사이에서 죽음을 알리는 외침이 터져 나왔고, 그 소리는 메아리가 되어 산맥을 타고 번져 나갔다. 과거 갈리 파스보크

[185)]가 전사했을 때도 카나크인들은 똑같은 외침으로 적군에게 예의를 표했다. 그들은 용감한 자를 사랑하기 때문이라고 말했다.

아타이의 머리는 파리로 보내졌다. 음유시인의 머리가 어떻게 되었는지는 나로서는 알 길이 없다. 그들의 영혼 위로 안디아가 불렀던 이 노래가 내려앉기를 바란다.

"숲속의 주술사는 달빛 아래서 방패의 풀이자 전쟁의 풀이며 망령들의 식물인 아두에케를 땄다. 전사들은 두려움을 없애고 상처를 달래주는 아두에케를 나누어 가졌다.

조상들의 영혼이 폭풍을 일으킨다. 그들은 용감한 자들을 기다리고 있다. 친구든 적이든, 용감한 자들은 저승 너머에서 환영받을 것이다.

살고자 하는 자들은 떠나라. 이것이 전쟁이다. 피가 대지 위로 물처럼 흐를 것이니, 아두에케 또한 피로 물들어야만 한다."

10.

그곳의 사이클론을 목격한 뒤로 한때 내가 그토록 좋아했던 유럽의 폭풍우를 더 이상 눈여겨보지 않는다. 유배지의 바다에 시선을 고정한 채 무한한 공간 속으로 사유를 흘려보낼 때면, 지나간 나날들이 이따금 다시 떠오르곤 했다. 담장 안쪽 깊은 곳에서 풍겨오던 장미 향기, 여름 햇살 아래 베어낸 풀냄새, 그리고 예전에 그토록 좋아했던 대마

---

185) 갈리 파스보크는 1878년 카나크족 봉기 당시 원주민 진압군을 이끌었던 프랑스 해군 보병 대령이다. 그는 매복 중이던 카나크 전사들의 공격을 받아 전사했다. 카나크인에게는 자신들을 억압하러 온 적군의 수장이었으나, 전장에서 물러서지 않고 용감하게 싸우다 죽은 '격이 맞는 전사'였다고 인정한 것이다.

의 쌉싸름한 내음이 생생히 느껴졌다. 하지만 이제는 더 이상 그런 것들을 생각하지 않는다.

모든 것이 다시 보였다. 예전에는 미처 깨닫지 못했던 수많은 세세한 일들이 기억 속에서 되살아났다. 불쌍한 내 어머니가 나를 위해 치렀던 희생을 그제야 발견했다. 어머니는 아무런 불평도 없이 그저 묵묵히 그 모든 것을 감내했다. 자신의 신념도 아닌, 이상을 좇는 딸을 위해, 어머니는 가진 모든 것을 조금씩 내어주었듯 자기의 피라도 기꺼이 바쳤을 분이다. 어머니는 그저 숲속의 어느 한적한 시골 마을 학교에서 나와 함께 평온하게 살고 싶어 했을 뿐이다.

불쌍한 나의 어머니! 이제 모든 것이 끝났다. 어머니, 당신이 떠난 지금(만약 혁명이 아니라면), 이제 당신이 잠든 그곳으로 당신을 찾아가는 일 외에 내게 남은 것은 아무것도 없다. 이제 나에게 그토록 많은 독설을 퍼부었던 펜들이 까마귀 부리처럼 내 심장을 파헤쳐도 좋다. 그들은 그곳에서 오직 돌덩이만을 발견할 것이다.

그런데도 이 돌덩이는 특정 시간이 되면 여전히 피를 흘린다. 어제 5월 21일, 정체 모를 날카로운 나팔 소리가 공기를 빠르게 가르고 지나갔다. 그 구리 나팔의 울림은 내 가슴 속을 차갑게 식혔다. 이 소리는 마치 71년 5월의 나날들이 보내는 메아리 같다. 군대는 여전히 저 민중을 향해 진격하는 것일까? 그들의 시신이 거름이 될 통킹[186]의 전쟁터로 끌려가는 것을 반대하는 민중을 향해?

지나간 날들을 이야기해 보자.

나는 누메아에서 일요 학교를 통해 카나크족의 삶을 생생하게 접할 수 있었다. 그들은 어리석지도 비겁하지도 않았다. 이 시대를 살아가

---

186) 프랑스 제3공화국의 베트남 통킹원정. 청불전쟁으로 확대.

는 데 있어 얼마나 훌륭한 두 자질인가! 미지에 대한 그들의 호기심은 우리만큼, 어쩌면 우리보다 더 강렬했다. 그들의 끈기는 대단해서, 자신들의 흥미를 끄는 어떤 것을 스스로 이해하려고 며칠, 혹은 몇 년을 홀로 탐구하다가 어느 날 찾아와 "당신이 지난번에 말한 것을 이제 이해했어"라고 말하는 것을 보았다. 그들은 그것을 '지난번'이라고 부른다.

백지처럼 깨끗한 그들의 뇌에는 새로운 지식이 아주 잘 새겨질 것이다. 온갖 교리로 뒤엉키고 썼다 지운 흔적들로 얼룩진 우리의 뇌보다 훨씬 더 명료하게 말이다. 카나크인들에게는 역동적인 교수법이 필요하다. 젊은 정신을 위해선 그것이 필요한 것 아닌가? 우리 자신도 무미건조한 목록을 외우기보다 극적인 색채가 가미된 사건을 더 빨리 배우지 않는가?

카나크인들은 학교 벤치에 앉아 바지를 닳게 할 시간도 여유도 없으며(심지어 그들에겐 바지도 항상 있는 것이 아니다), 그들에게 지식을 가르친 이들도 읽고 쓰기까지만 서둘러 가르치려 한다. 따라서 다른 방법보다 빠른 교수법이 우선시되어야 한다. 벽에 글자와 숫자, 오선지를 그려놓고 막대기로 가르치며 읽기와 산술, 음악의 기초를 지도하면, 그 역동적인 방식 덕분에 이해가 훨씬 빨라진다. 검은 점 하나가 음표를 대신하는 식이다.

쓰기는 직관적으로 배운다. 휴대용 글자 조각을 이용해 단어를 조합하게 하면, 단어를 아주 빠르게 제대로 써내는 모습에 깜짝 놀라게 된다. 내가 제대로라고 확신하는 이유는 카나크인들이 글쓰기나 그림 그리기에서 놀라운 손재주를 보여주기 때문이다. 그들은 어떤 윤곽이든, 어떤 글자 형태든 완벽히 모사한다.

누메아 시절, 내게는 친구들도 기억하는 피아노 한 대가 있었다. 건반 몇 개가 소리가 나지 않아 연주하면서 계속 노래를 부르지 않으면 도저히 쓸 수가 없었는데, 나중에 뵈프가 제대로 수리해 준 덕분에 비로소 악기다운 구실을 하게 되었다. 이 경험은 나에게 상당한 성과가 있는 교수법의 하나로 쓰였다. 어떤 장치를 통해 일시적으로 일부 건반이 소리가 나지 않게 만든 연습용 피아노를 사용하면, 학생들은 그 빈자리를 인지하게 된다. 그들은 연습 중인 곡의 음을 직접 노래로 불러 빈 곳을 채우기도 하고, 때로는 스스로 그 공백을 메울 음악적 구절을 찾아내기도 하면서 학생들은 때로 기묘하고도 아름다운 자기만의 짧은 노래 조각들을 만들어내곤 했다.

음악 이야기가 나온 김에 덧붙이자면, 나는 이 방법을 유배지의 아이들은 물론 일요일마다 문을 연 카나크인 수업에서도 시험해 보았다. 음악을 가장 빨리 배우게 하는 길은, 아주 쉬운 가락 하나를 음의 높낮이만 바꾸어 가며 연주해보게 하는 것이다. 여기에 연습 과제로 음계를 오르내리거나 여러 음을 동시에 혹은 차례대로 짚어보는 법을 곁들이면 좋다. 이 모든 과정은 최대한 단순해야 한다. 박자 연습의 경우, 같은 음이라도 학생이 직접 박자만 바꾸어 연주해보게 하는 것도 좋은 방법이다.

아! 동지들이여, 그대들은 카나크 오케스트라를 비웃었으나 잠시 기다려 보라. 내 일요 학교에는 소리를 더 잘 듣기 위해 귀를 쫑긋 세운 덩치 큰 원주민 친구들이 있었다. 바다 위 야자수를 흔드는 바람 소리와 폭풍우의 굉음을 온몸으로 느끼며 자란 이들이다. 그들은 자신들이 배운 그 적은 지식을 대여섯 해 동안 곰곰이 되새기며, 아마도 그 적은 것만으로 우리를 놀라게 할 만한 무언가를 찾아낼 것이다.

숫자에 대한 감각에 있어, 여행이나 인파로 인해 막대한 수치에 익숙한 우리와 달리 그들은 아주 적은 수에 집중한다. 그들에게 대량을 수치화하는 것은 불가능한 일이며, 그들의 기준에서 대량이라고 하는 것은 우리에겐 오히려 작게 느껴질 뿐이다. 엄청나게 모여든 군중의 수를 가늠하는 일은 카나크인들에게 놈바루, 즉 더 이상 셀 수 없는 영역이다. 우리에게도 그것은 똑같이 놈바루겠지만, 그 속에 담긴 의미는 완전히 정반대다. 그들에게는 경이로울 만큼 거대한 무리가 우리 눈에는 고작 한 줌밖에 안 되는 사소한 모임으로 보이기 때문이다.

따라서 카나크인들에게 수학을 가르칠 때는 산술이 아니라 대수부터 시작해야 한다. 그들이 그 원리 위에서 스스로 꿈꾸게 내버려 두라! 만약 어린아이 같은 민족들을 총칼로 문명화하는 대신, 누메아 시장 시몽 씨가 원했던 것처럼 부족들에게 학교 선생님들을 보냈더라면 상황은 달라졌을 것이다. 부족들이 달빛 아래 환각제로 쓰이는 미라렘을 채취하는 대신 이미 오래전에 전쟁의 돌을 땅에 파묻었을 것이다.

내가 누메아에 머물던 중 페뤼세가 죽었다. 그는 남다른 에너지 덕분에 난파 사고에서 겨우 살아남았으나, 결국 그 후유증으로 세상을 떠났다. 그 늙은 바다늑대가 사이클론이 몰아치던 밤 내 요청을 거절했던 일은 이미 오래전에 용서했다. 그는 수많은 용맹한 일을 해내지 않았던가.

혹시 그는 파도가 자신을 집어삼킬 것을 미리 느꼈던 것일까? 인간에게도 짐승처럼 위험을 알리는 본능이 있다. 우리가 그 본능을 잃는 것은 이성적으로 따지기 시작할 때다. 말은 주인의 지혜가 바닥나 고삐를 늦추면, 눈 아래 숨겨진 길을 망설임 없이 찾아내어 몸을 맡기지 않는가. 어쩌면 그가 내 말을 들었더라면, 우리도 다른 많은 난파선처럼 시드니항에 닿았을지도 모를 일이다.

카나크인을 위한 일요 수업을 할 때면 이따금 창문 너머로 시몽 시장의 얼굴이 보이곤 했다. 그러면 곧 우리에게 부족했던 분필이나 조각용 나무판, 공책 등이 도착하리라는 것을 알 수 있었다. 심지어 카나크 친구들을 위한 폭죽과 담배, 다른 간식거리까지 넉넉히 챙겨주곤 했다. 시몽 부인과 누메아의 여교사들 그리고 여러 부인들, 또 그곳에 남겨진 71년의 동지들은 내가 그들을 얼마나 소중히 기억하는지 잘 알 것이다. 하지만 솔직히 다 고백해야 할까? 내가 무엇보다 그리워하는 이들은 나의 검은 친구들, 눈빛이 빛나고 아이 같은 마음을 가진 그 '야만인'들이다. 그렇다, 나는 그들을 사랑했고 지금도 사랑한다. 봉기 당시에 내가 그들의 자유를 응원한다고 비난했던 자들의 말은 옳았다. 그들이 자유를 쟁취하는 일! 그들이 지능과 용기를 그토록 증명해 보였는데 그것이 어찌 불가능하겠는가. 파괴함으로써만 증명되는 우월함 따위는 이제 끝장내야 한다!

사면 소식과 함께 나의 어머니가 처음으로 마비 증세를 일으키며 쓰러지셨다는 통보를 받았다. 어머니는 나를 다시 보지 못할까 봐 애를 태우다 병세가 깊어졌고, 나 역시 어머니의 마지막을 지키지 못할까 봐 절박한 심정이었다. 그렇게 내 귀국길은 슬픔으로 가득했다. 이따금 갑판에 올라가는 것조차 버거울 정도였다. 내가 도착하기도 전에 어머니가 돌아가실지도 모른다는 생각이 한순간도 머릿속을 떠나지 않았다.

사실 여정 자체는 아름다웠다. 수에즈 운하를 통과하는 길은, 과거 비르지니호를 타고 시작했던 세계 일주를 호화유람선에서 마무리하는 격이었다. 배 안에는 나 말고도 시드니에서 합류한 유배자 스무 명이 더 있었다. 나는 시드니[187]에서 개인 교습을 하며 번 돈과 몇몇 친구들의 도움 덕분에, 어머니 곁에 조금이라도 일찍 가고자 우편선을 이용할 수 있었다.

시드니에 있는 프랑스 영사는 처음에는 나를 다른 이들과 함께 본국으로 보낼 생각이 없었다. 하지만 내가 만약 나를 당장 보내주지 않는다면 며칠간 이곳에서 파리 코뮌에 대한 강연을 열고 그 강연료로 여비를 충당하겠다고 선언하자, 그는 태도를 바꾸었다. 나를 런던행 존 헬더호에 실어 서둘러 보내버리는 쪽을 택한 것이다.

시드니에 있는 프랑스 영사가 정확히 어떤 성품의 인간인지는 모른다. 다만 네덜란드에서 본 그림 하나가 떠오른다. 맥주잔 앞에 평온하게 앉아 있는 어느 플랑드르 시장의 초상화였는데, 얼굴색이나 자세, 그 침착함까지 영락없이 그 영사의 모습이었다. 나는 그 초상화를 보며—그 영사를 대면했을 때보다 더 명확하게—우리의 사상이 그들에게 얼마나 전복적으로 보일지, 그리고 그 평온한 얼굴 뒤에 숨겨진 선의와는 별개로, 왜 그가 나를 하루라도 빨리 어머니에게 보내버리는 것이 낫다고 판단했는지 깊이 이해할 수 있었다.

앙리를 비롯한 우리 친구들은 긴 여행길에 보탬이 되라며 온갖 먹거리를 넉넉히 챙겨주었다. 우리 사이에서는 서로 조금이라도 덜 가져가겠다며 실랑이가 벌어지기도 했다. 결국 모든 음식을 하나로 합쳐 두

---

187) 1880년 7월, 누벨칼레도니에서 사면된 미셸은 프랑스로 돌아가는 배를 타기 위해 호주 시드니로 향했다. 당시 누벨칼레도니에서 유럽으로 가는 직항 노선이 드물었기 때문에 시드니는 중요한 환승 거점이었다. 미셸이 시드니에 머문 기간은 약 한 달 남짓(1880년 7월 중순~8월 중순)이다. 미셸은 시드니에 머무는 동안 프랑스어와 음악 개인 교습을 했다. 그녀는 파리에서도 교사로 활동했던 전문가였기에 짧은 기간이었음에도 시드니의 자유주의적인 인사들이나 프랑스 교민 사회에서 학생들을 모을 수 있었다.

었는데, 동료들은 기어이 그중 가장 많은 양을 내가 먹을 수 있도록 배려해주었다. 나는 확신한다. 내가 커피를 거르지 않고 마시는 동안, 그들은 수차례나 커피를 마시고 싶은 유혹을 참아냈을 것이다.

떠나기 전, 앙리 부인과 함께 시드니 근교를 잠시 둘러보았다. 드넓은 도로가 가로지르는 숲과 그 끝없는 적막은 인상적이었다. 보이는 것이라곤 온통 고무나무와 유칼립투스가 가득한 숲, 오직 숲뿐이었다. 사람들은 그곳에 채찍뱀 같은 것들이 흔하다고들 했지만, 우리는 단 한 마리도 보지 못했다. 그때가 겨울의 끝자락이었으니, 그 짐승들도 다른 곳에서와 마찬가지로 추위를 피하고 있었던 모양이다. 훨씬 더 궁금했던 캥거루도 끝내 보지 못했다. 숲을 가로지르는 도로가 넓게 잘 닦여 있어, 야생동물들이 멀리 달아나버린 것이 분명했다.

시드니는 이미 오래된 도시의 풍모를 갖추고 있었고, 멜버른은 유럽의 냄새가 났다. 다만 바닷물에 깨끗이 씻겨 내려간 듯한 맑은 유럽의 느낌이었다. 몇 가지 추억들이 떠오른다. 내게는 시드니에서 가져온 앨범이 하나 있는데, 첫 장에는 앙리 부인과 그녀의 아이들, 뤼시앵 앙리와 또 다른 친구들이 글귀를 남겨주었다. 멜버른을 지날 때도 이름 모를 친구들이 찾아와 인사를 건넸고, 그들도 자신의 이름을 그 앨범에 새겨주었다.

헤어지기 전, 함께 길을 나섰던 동료 유배자 스무 명도 앨범에 각자의 이름을 남겼다. 이제 내게 남은 기록은 이 이름들이 전부다. 다른 페이지들은 존 헬더호 안에서 모두 낱장으로 뜯겨 나갔기 때문이다. 3등 칸에 탄 가난한 영국인 승객들이 줄줄이 데리고 탄 그 작고 가냘픈 아이들의 얼굴을 내가 그려주었기 때문이다. 가난한 집일수록 아이들이 유독 많은 법이다. 자연은 죽음이 앗아갈 어린 생명들을 미리 보충이라도 하려는 듯 그렇게 생명을 피워낸다. 아이들처럼 금발을 한 영국인 어머니들은 내게 그 스케치들을 달라고 부탁했고, 나는 기꺼이 건네주었다. 덩치가 산만 한 선원들을 그린 크로키들도 그렇게 주인을 찾아갔다. 결국 내게 남은 것은 수에즈 근처에서 그린 스케치 한 장뿐이다. 바위들이 마치 누워 있는 여신 이시스처럼 보이는 그 모래사막이다. 멀리 끝없이 펼쳐진 모래와 니아울리 나무껍질처럼 겹겹이 쌓여 성벽을 이루고 있는 바위들 사이로 낙타들이 모래 위에 목을 길게 빼고 쉬고 있는 카라반의 모습이 담긴 그림이다.

여정 중에는 뜻깊은 만남도 있었다. 특히 매춘부라는 낙인이 찍혀 멸시받는 불행한 여성들을 돕는 한 영국 부인을 만난 것은 행운이었다. 마치 그 치욕이 가해자가 아닌 피해자의 몫인 양 구는 세상의 부조리에 맞서는 분이었다. 멜버른에서 런던까지 함께한 노부인과 프랑스 여인, 그 밖에도 많은 이들이 있었다. 우리 사회가 지금보다 덜 가혹했더라면, 여행길에서 싹튼 이 우정들이 얼마나 더 단단하게 이어졌을 것인가!

웃기 좋아하는 이들을 위해 우스꽝스러운 일화도 하나 덧붙여 본다. 나는 누메아에서 기르던 고양이 중 가장 늙은 녀석 다섯 마리를 데려왔다(더 젊고 예쁜 세 마리는 친구들에게 맡겼다). 누메아에서 시드니까지 이 녀석들은 갑판 위 상자 안에서 추위를 견뎌야 했다. 살을 에듯 차가운 바람이 부는 곳을 지날 때면, 녀석들은 고향의 뜨거운 햇살을 그리워하며 서로 몸을 바짝 밀착시켰다. 녀석들은 마치 소란을 피워서는 안 된다는 것을 이해라도 한 듯, 시드니에서도, 그리고 몰래 밀반입되어 앵무새 우리 속에 다섯 마리가 한데 갇혀 지낸 존 헬더호에서도 단 한 번의 불평 없이 그저 슬픈 눈으로 나를 비비며 위로할 뿐이었다.

하지만 런던에 도착해 친구들이 벽난로 앞에 가져다준 커다란 대
접에 담긴 우유를 보자, 그제야 기지개를 켜며 하품을 시작했다. 덩치
큰 붉은 고양이와 늙은 검은 고양이는 영국 배에서의 경험이 영 마땅
치 않았다는 듯 울어댔고, 어린 세 마리는 홀린 듯 불꽃을 바라보았다.
《르 피가로》를 비롯해 남의 불행을 구경거리로 삼는 저급한 신문들은
내 귀국길을 우스꽝스러운 소동으로 꾸며내느라 애쓸 게 아니라, 눈을
크게 뜨고 똑똑히 보았어야 했다. 나와 쥘 발레스, 그리고 마리가 품
안에 무슨 중요한 서류인 양 그토록 소중히 품고 있었던 것이 무엇이
었는지를 말이다.

우리 코트 밑에 꼭꼭 숨겨두었던 그 대단한 무엇은, 다름 아닌 고양
이들이었다!

그중 세 마리가 아직 살아남았는데, 늙은 검은 고양이와 어린 녀석
들 두 마리다. 누군가는 비웃을지 모르나, 이들은 내게 남은 가정의 생
생한 흔적이다. 내가 없는 2년 동안 어머니의 발치나 침대 위에서 누
워 지내곤 했다. 이 가엾은 짐승들은 내게 무엇보다 소중한 추억이다.
황량한 삶과 파괴된 집을 마주해야 하는 사람에게, 이 존재들이 주는
위로보다 더 간절한 것이 어디 있겠는가. 어쩌면 우리가 이런 상태인
것이 더 나을지도 모른다. 이젠 그 무엇도 미련을 갖고 뒤를 돌아보게
만들지 않으니 말이다.

11.

런던의 망명객들이 우리를 얼마나 따뜻하게 맞이해주었는지는 이미
이야기한 바 있다. 10년 만에 다시 만난 그들과 함께 있으니, 마치 파
리 코뮌 시절의 그날들로 다시 돌아간 듯한 기분이 들었다. 오는 길에

마리가 보낸 편지로, 가엾은 나의 어머니가 내 귀국 소식을 듣고 기력을 조금 회복하셨다는 소식을 접했다. 우리 동지들 사이에 다시 서게 된 것도 행복한 일이었지만, 한시라도 빨리 어머니를 뵙고 싶은 마음에 나는 곧장 파리로 향했다.

여비는 모두 지불되었고 우리 각자의 주머니에는 10프랑씩이 쥐어졌다. 친구들은 우리를 기차역까지 배웅해 주었다. 그곳에서 기차를 타고 디에프로 가는 배를 타러 가야 했다. 런던 역사는 '라 마르세예즈' 노랫소리에 거세게 흔들렸다. 멀어지는 기차 안에서도 오랫동안 노랫소리가 들려왔다. 영국인들은 그 소리에 조금도 불쾌해하지 않았고, 우리 또한 목소리가 닿는 한 끝까지 노래로 화답했지만, 그 누구도 우리를 죄인 취급하며 비난하지 않았다. 디에프 역에는 이미 우리를 기다리는 친구들이 있었다. 그리고 그다음 정거장에는 내가 사랑하는 마리가 카미유 부인과 함께 마중 나와 있었다. 마리는 내 귀국에 관한 몇몇 기록을 보관해두었다. 다음은 내가 로슈포르와 올리비에 팽에게 보낸 편지다.

친애하는 시민 로슈포르와 팽에게,

내 도착 상황에 대해 자세히 묻는 팽의 전보를 잘 받았습니다. 하지만 당신들도 잘 알다시피, 내가 일생을 바쳐도 아깝지 않을 이 뜨거운 환대를 받아들인다면, 그것은 결코 저 개인을 향한 것이어서는 안 됩니다. 오직 사회 혁명과 그 혁명에 몸을 던진 여성들에게 모든 영광이 돌아가야 마땅합니다.

사실 제가 기억하는 것이라곤 오직 이것뿐입니다. 도착하자마자 당신들 모두와 입을 맞추며 인사를 나눴던 것, 그리고 어머니를 뵙겠다는 생각에 사로잡혀 생-라자르 역에 도착하기 전까지는 아무 소리도 들리지 않고 아무것도 보이지 않았다는 것뿐입니다. 그저 예전부터 제가 그토록 사랑했고, 유배지에서 돌아온 뒤로 더욱 사랑하게 된 거대한 군중의 웅성거림만을 보았을 뿐입니다. '라 마르세예즈' 소리만이 들려왔고, 제 머릿속을 지배한 생각은 단 하나였습니다. 제가 사랑하는 이 군중을 다시금 대량 학살의 희생양으로 내던지느니 차라리 한 명의 목숨만을 거는 편이 낫겠다는 것이었습니다. 그런 의미에서 니힐리스트들의 판단이 옳았습니다.

감사의 인사를 전하고 싶은 마음이 간절합니다. 어제 돌아온 10명의 유배자와 함께 마지막 남은 런던의 망명객들로부터 받았던 그 형제애 가득한 환대에 대해서 한시라도 빨리 알리고 싶습니다.

그 환대는 우리로 하여금 어제의 환영식을 맞이할 준비를 하게 해주었으며, 지난 세월과 유배 생활, 그리고 죽음 너머에서도 우리가 얼마나 깊은 우정을 나누고 있는지, 서로를 얼마나 잊지 않고 기억하고 있는지를 증명해 주었습니다.

당신뿐만 아니라 조프랭에게도 몽마르트르 집회에 관한 글을 쓰고 있습니다. 그 집회 전에는 어떤 모임에도 나갈 수 없습니다. 예전에 제가 걸었던 곳도 몽마르트르였고, 오늘 제가 함께 걷고 있는 곳도 바로 몽마르트르이기 때문입니다.

진심으로 당신들을 포옹하며,

루이즈 미셸.

앞서 나는 내게 수많은 추억이 서린 엘리제-몽마르트르 공연장에서 열린 집회에 관해 이야기했다.[188] 여기 마리의 기록부에서 찾아낸 또 다른 집회 기록들이 몇 가지 더 있다.

그중 하나가 그라파르 공연장에서의 기록이다. 그런데 한 가지 이해할 수 없는 점이 있다. 왜 내 캐리커처나 초상화, 심지어 그레뱅 박물관의 명패 아래에까지 '그라파르 홀의 루이즈 미셸'이라는 수식어가 그토록 지겹게 따라다니는지 모르겠다. 나는 그저 다른 수많은 공연장에 갔던 것처럼 그라파르에도 갔을 뿐이다. 연단이 바뀐다고 해서 사람의 얼굴까지 바뀌는 것도 아닌데 말이다.

티네르 부인의 아들인 아주 젊은 화가가 살롱 전시회에 내보내겠다며 내 초상화를 그리겠다고 끈질기게 고집을 피운 적이 있다. 당시 나는 마리를 잃은 직후라 포즈를 취하고 앉아 있는 것 자체가 끔찍한 고역이었으나, 그의 고집에 못 이겨 결국 허락하고 말았다. 아마 그 젊은 예술가도 그림 아래에 '그라파르 홀의 루이즈 미셸'이라는 제목을 붙였던 모양이다.

재능 있는 젊은 예술가의 기를 꺾고 싶지 않아 초상화를 허락했는데, 나는 이 작품이 반드시 당선되리라 확신했다. 여기에는 두 가지 이유가 있었다. 우선 그 아이의 솜씨가 뛰어났기 때문이고, 또 하나는 그 그림이 나를 닮아서가 아니라 1872년 오베리브 교도소에서 보았던 악명높은 여죄수 '뒤몰라르 부인'[189]과 이목구비는 물론 표정까지 판박이

---

188) 미셸이 앞선 장에서 언급한 엘리제-몽마르트르(Élysée-Montmartre) 집회는 그녀가 유배에서 돌아온 직후 처음으로 대중과 재회한 곳이다.

189) 19세기 프랑스를 뒤흔든 연쇄 살인마 마르탱 뒤몰라르(Martin Dumollard)의 공범이자 아내다. 뒤몰라르 부부는 하녀로 일할 젊은 여성들을 유인해 살해하고 옷가지와 패물을 훔친 혐의로 1862년에 검거되었다. 남편 마르탱은 사형에, 아내인 뒤몰라르 부인은 20년 징역형을 선고받았다. 당시 대중에게 뒤몰라르 부인은 악의 화신 혹은 짐승 같은 외모를 가진 여성의 대명사로 통했다.

처럼 닮았기 때문이다.

나도 나의 못생긴 외모를 잘 알고 있지만, 솜씨 좋게 그려진 그 초상화와 실제 나 사이에는 큰 차이가 있다. 내 사진 아무것이나 하나 가져와 그 그림 옆에 두고 비교해 본다면 누구나 알 수 있는 사실이다. 아마 반동 세력들은 그 그림을 보며 "정말 괴물 같군!"이라며 고소해했을 것이다. 사람들이 어머니께 이런저런 소리를 옮기기 전까지는 나도 그저 웃어넘길 뿐이었다. 하지만 어머니의 속상함도 곧 벌어진 우스꽝스러운 상황 앞에서는 오래가지 못했다.

어느 날, 머리부터 발끝까지 지나치게 바짝 차려입은, 마치 나무 인형처럼 멍청하고 뻣뻣해 보이는 한 사내가 어머니와 내가 살던 오르나노 대로 45번지로 찾아왔다.

"미셸 양입니까?"

그는 실크 모자를 벗는 것조차 잊은 채, 작은 지팡이로 제 다리를 툭툭 치며 내게 물었다.

"제가 루이즈 미셸입니다."

"아니, 당신은 그 여자가 아니잖소."

"뭐라고요? 내가, 내가 아니라니요?"

"이보시오! 난 루이즈 미셸을 잘 알아요. 살롱전에서 그 여자 초상화도 봤단 말이오."

"그래서요?"

"그러니 나를 속이려 들지 마시오. 게다가 말과 마차를 거느린 여자가 직접 문을 열어줄 리도 없지. 어서 가서 그분을 모셔 오란 말이오! 다시 말하지만, 문을 직접 열어주는 여자가 루이즈 미셸일 리 없소."

"그 여자는 문을 닫는 것도 직접 한답니다."

그 말이 끝나기가 무섭게 그를 밖으로 밀쳐내고 코앞에서 문을 쾅 닫아버렸다. 사내는 문밖에서 한참을 투덜거렸고, 계단을 내려가면서도 계속해서 투덜대는 소리가 들려왔다.

사람들이 나를 두고 말과 마차를 굴린다느니, 집회가 나의 사리사욕을 위한 것이라느니 떠들어댄 것은 정말 사실이었다. 하지만 집회를 조직한 사람들은 수익이 어디에 쓰이는지 잘 알고 있었기에, 나는 그저 악의적이고 멍청한 헛소문 따위에는 신경을 끄기로 했다. 내가 집을 비울 때면 마리가 어머니 곁을 지켜주었다. 덕분에 나는 여러 혁명 단체의 초청을 받아 남부 지방을 순회할 수 있었다.

보르도에서는 쿠르네와 함께였다. 그곳에서 여러 정파 대표들의 친목 모임이 열렸는데, 그때 '죽음'에 대한 문제가 화두에 올랐던 기억이 난다. "우리는 서서 죽을 것이오!" 쿠르네가 외쳤다. 그는 사방에서 혁명의 물결이 일어나 낡은 시대의 잔해를 허물 때 벌어질 그 거대한 격동을 생각하고 있었다. 그날이 오면 모두가 떨쳐 일어날 것이다. 젊은 이들도, 그 끔찍한 대학살에서 살아남은 이들도, 그리고 아마도 마지막 블랑키주의자들이[190] 그 대열에 합류할 것이다. 이들의 연대는 혁명 세력을 군대처럼 단단하게 받쳐줄 것이다. 그 선두에는 1871년의 주역들이 자리잡을 것이며, 우리 역시 당당히 서서 죽을 권리가 있는 아나키스트 그룹들과 함께할 것이다. 하지만 붉은 기념일에 쓰러져 피로 물든 깃발 아래 페르-라셰즈로 향한 동지들이여 서러워 마라. 그대들

---

190) Blanquisme. 19세기 프랑스의 전설적인 혁명가 루이 오귀스트 블랑키(Louis Auguste Blanqui)의 사상을 일컫는다. 블랑키주의는 대중의 자발적인 봉기보다는, 철저하게 훈련된 소수의 정예 혁명가 그룹이 무장봉기를 일으켜 권력을 장악해야 한다는 사회주의 혁명론이다. 혁명 성공 직후에는 민중을 교육하고 반혁명 세력을 진압하기 위해 일시적인 혁명 독재가 필요하다고 보았다. 이론적인 토론보다는 실질적인 무장 투쟁과 바리케이드 구축을 중시했다.

은 투쟁 속에 죽었으니 그것이 바로 서서 죽는 것이다.

나는 지난 2년간 신문을 읽지 않아 5월 26일 페르-라셰즈에서 무슨 일이 있었는지 막연하게만 알고 있었다. 하지만 상황이 그렇게 흘러갈 수밖에 없었으리라는 것은 자명했다. 붉은 깃발을 들지 못하게 한 조치만 보아도 충분히 예견된 일이었다.

오, 나의 친구들이여. 민중의 승리 후에 그대들 중 누구도 감히 어떠한 권력이라도 꿈꾸는 어리석음을 범하지 않기를 바란다. 모든 권력은 결국 그와 같은 짓을 저지르기 마련이다, 예외 없이 말이다! 일단 권위라는 '네소스의 옷'를 입게 되면, 그 순간 광기의 기운을 느끼게 된다.

이번만큼은 민중이 주인이 되어야 한다. 그래야만 진정한 자유의 감각이 꽃필 수 있다. 어쩌면 승리 후에 새로운 지휘부가 생겨나지 않도록, 우리가 투쟁 속에서 쓰러지는 것이 민중에게는 더 나은 일일지도 모른다. 권력이란 모두에게 공평하게 분산될 때 정당하고 위대하지만, 소수의 손에 쥐어질 때 그들을 미치게 만든다는 사실을 민중이 깨닫게 하기 위해서라도 말이다.

한 친구가 내가 꼭 알아야 한다며 신문 기사의 한 구절을 읽어주었다. 술과 피에 취해 잔학 행위를 저지르는 자들 곁에는, 1871년 그때처럼 그들을 응원하고 부추기며 살인이 충분치 않다고 떠드는 자들이 여전히 존재했다.[191]

하지만 우리에게 승리가 찾아오는 그날, 아니 승리를 거머쥐는 바로 그 순간에 우리는 그런 비열한 짓거리보다 훨씬 더 가치 있는 일을 해

---

191) 1871년 베르사유군이 코뮌 전사들과 파리 시민들을 무자비하게 학살할 때 집 창문으로 학살을 구경하며 "더 죽여라", "아직 부족하다"라고 소리치며 박수를 보냈던 부르주아 시민들이 있었다. 당시 보수적인 신문들은 혁명가들을 '짐승'이나 '괴물'로 묘사하며, 이들을 뿌리 뽑기 위해서는 더 강력한 폭력이 필요하다고 선동했다.

야만 한다고 나는 믿는다.

혁명은 가혹하다.

하지만 그 목적이 인류의 행복에 있기에, 혁명에는 대담한 투사들과 냉혹한 전사들이 필수적이다. 물에 빠진 사람을 건져 올릴 때, 머리카락을 붙잡든 무엇을 붙잡든 가릴 처지가 되겠는가? 수천 명의 이름 없는 이들이 소수의 상어에게 먹잇감으로 던져지는 이 진흙탕과 피의 바다에서 인류를 건져내기 위해, 혁명은 그렇게 움직이는 것이다.

자, 이야기가 너무 격해졌다. 다시 하던 이야기를 이어가겠다. 블랑키 기념일 사건[192]으로 내가 체포된 후, 마리가 앓아누웠다. 십 년 전부터 심장병을 앓아온 마리에게 그 어떤 감정적 동요도 치명적이었다. 내가 체포되는 모습을 지켜보며 마리는 너무나 큰 충격을 받았다.

가엾은 마리!

마리는 커다란 붉은 숄을 덮고 잠들어 있다. 그 숄은 필요할 때 깃발로 쓰라며 누군가 내게 선물했던 것인데, 결국 마리의 수의가 되고 말았다. 지금의 우리에게는 깃발이나 수의나 매한가지다.

---

192) 블랑키 기념일 사건은 1881년 1월, 혁명가 블랑키 기리는 추모 집회에서 발생한 충돌과 그에 따른 미셸의 체포 사건을 가리킨다. 오귀스트 블랑키는 미셸이 깊이 존경했던 혁명적 스승이자 동지였다. 그는 일생의 대부분을 감옥에서 보냈다. 미셸은 이 행렬의 선두에 서서 혁명을 상징하는 붉은 깃발과 검은 깃발을 들고 행진했다. 당시 프랑스 정부는 이러한 상징물을 공공질서 저해라는 이유로 엄격히 금지하고 있었고, 결국 경찰이 투입되어 행렬을 강제 해산하는 과정에서 격렬한 유혈 충돌이 빚어졌다. 이 사건으로 미셸은 체포되어 재판에 넘겨졌다. 이 재판은 그녀의 명성을 더욱 높여주었지만, 본문에서 언급했듯이 이 과정에서 그녀의 절친한 동료였던 마리가 큰 충격을 받고 병세가 악화되는 비극의 원인이 되기도 했다. 이 사건은 단순한 추모제를 넘어, 제3공화국 정부의 보수화에 맞선 상징적인 저항이었다. 미셸이 이 시기를 기점으로 블랑키주의적 권력 쟁취보다는 국가 권력 자체를 부정하는 아나키즘적 성향을 더욱 명확히 드러내기 시작했다.

마리 페레를 기리며

친구들이여, 이제 그녀가 죽었다고 말해야만 하는구나.
감옥 문턱에서 우리를 기다리던 그녀를 다시는 볼 수 없으리라.
차가운 허무의 문은 누구에게도 다시 열리지 않고 망자를 향한 우리의 절규는 허망하게 흩어질 뿐이다. 그러니 잠시 그녀에 대해 이야기하자. 그녀의 이름이 우리가 잃어버린 이들에게 우리를 다시 데려다주도록.

수줍음 많던 그녀는 누구보다 영웅적이고 당당할 줄 알았다.
우리는 그 매혹적인 대비를 얼마나 찬탄했던가! 이제 모든 것이 끝났구나. 어두운 묘지 속에서 그녀는 우리의 마지막 미소를 품고 영원히 잠들었다. 그녀를 덮은 차가운 비석 아래, 내 심장 또한 산 채로 매장된 기분이구나.

텅 빈 하늘과 비정한 대지 사이에서 우리가 이토록 아름다운 보물을 품게 된 것은 오직 죽음이 찾아와 그것을 꺾어버리기 위함이었던가. 붉은 깃발 아래 모든 것이 애도가 되게 하려는 뜻이었던가.
난로 속의 땔감처럼 우리가 사랑한 이들은 모두 살아있는 채로 무덤에 삼켜지고 마는구나!

오, 혁명이여! 우리를 집어삼키면서도 우리가 숭배해 마지않는 어머니여, 지고한 평등이여! 우리의 부서진 운명을 거두어 찬란한 여명을 만들어다오.

우리가 사랑한 망자들 위로 자유가 비상하게 하라!

불길한 5월의 종소리가 울릴 때, 다시 우리를 깨워다오.

너의 그 장엄한 빛으로!

루이즈 미셸, 1882년 2월.[193]

이토록 가슴 아픈 상실 앞에 나는 내가 죽을 줄로만 알았다. 하지만 그때는 내게 어머니가 계셨고, 어머니와 혁명이 곁에 있었다. 이제 내게 남은 것은 오직 혁명뿐이다.

이 회상록이 얼마나 더 많은 권수로 이어질지 나로서는 알 길이 없다. 그것은 많은 상황에 달려 있을 것이다. 모든 것을 다 말하고자 한다면 아마 끝도 없이 글을 써 내려가야 할 테니까 말이다.[194]

어쨌든 이 책에서는 내가 거쳐온 감옥의 역사를 간략하게나마 그려내는 것이 좋겠다는 생각이 든다. 사람들이 멸시하는 저 비참한 이들

---

193) 마리 페레는 1882년 2월 24일 향년 36세로 사망했다. 미셸이 자신의 분신과도 같았던 동지, 마리 페레(Marie Ferré)의 죽음을 기리며 쓴 시. 1882년 2월 26일 거행된 그녀의 장례식엔 수많은 공화주의자와 혁명가들이 집결했다. 미셸은 1881년 1월 블랑키 장례식 시위와 그해 이어졌던 여러 정치 집회에서의 발언으로 인해 기소되었지만 프랑스 사법 절차상 판결과 실제 집행은 1881년 하반기에 재판이 진행되었다. 부록 참고. 1882년 1월 7일 그녀에게 금고 15일 및 벌금 200프랑이 선고된다. 판결 이틀 뒤인 1882년 1월 9일, 파리 생라자르 감옥에 수감되었다. 기록에 따르면 그녀는 1월에 입소하여 3월 초에 출소하였다. 이는 15일 형기에 비해 긴 기간인데, 두 가지 이유가 있다. 루이즈 미셸은 국가에 벌금을 내는 것을 거부하였다. 당시 법제상 벌금을 미납하면 그에 해당하는 기간만큼 추가로 노역하거나 수감되어야 했다. 수감 중이던 1882년 2월 24일에 마리 페레가 사망했고, 2월 26일 특별 외출로 감시 속에서 장례식에 참석하게 된다.

194) 이 한국어 번역본의 원본이 바로 가장 널리 알려진 루이즈 미셸의 회고록(Mémoires de Louise Michel, écrits par elle-même)으로 1886년 프랑스 로아(Roy) 출판사에서 단권으로 처음 출간되었다. 하지만 내용이 매우 방대하고 주제가 다양하여, 후대에는 이를 시기별로 나누어 여러 권의 시리즈로 재구성하는 경우도 많았다.

중에 얼마나 용기 있는 이들이 많은지 사람들은 반드시 알아야 한다. 세상의 수많은 일들이 실제로 어떤 모습인지, 오직 그것을 직접 겪어 본 사람들만이 알 수 있는 진실을 보여주어야 한다. 이제 강연들에 대한 장을 끝내고 감옥에 관한 이야기로 넘어가려 한다.

여기 몇 가지 기록을 더 인용해본다.

우리 친구 드뇌빌리에의 기록이다. 이것은 같은 날 다른 강당에서 벌어졌던 일과는 반대로 성숙하고 진지한 모습을 보여준 민중에 대한 기록이다. 앞서 나는 강연을 듣고자 온 선량한 사람들이 편견 없이 혁명에 관한 이야기에 귀를 기울이는 모습에 격분하게 된 반동주의자들이 그곳에서 저지른 광기 어린 행동들을 이야기한 바 있다. 내가 이 기록을 인용하는 것은 개인적인 자부심 때문이 아니라 혁명의 자부심 때문이다. 이를 통해 어떤 역할을 하는지도 모른 채 남을 착취하는 자들의 행태와 극명하게 대비되는, 우리 민중의 당당한 태도를 확인하게 될 것이다.

헨트에서의 루이즈 미셸

루이즈 미셸은 수요일, 사회주의 대의를 위해 몽파르나스 홀에서 강연을 열었다. 3천 명의 동지가 운집하여 그녀를 열광적으로 환대했다. 강연을 마친 시민 루이즈 미셸이 부르주아와 반동 세력이 모인 히포드롬[195]으로 이동하려 하자, 정직하고 용감한 헨트의 민중은 그녀를 모욕하는 자들로부터 보호하기 위해 호위대를 자처했다. 그러나 루이

---

195)Hippodrom은 당시 파리와 유럽 대도시에서 흔히 볼 수 있었던 대규모 원형 공연장. 원래 '히포드롬'은 고대 그리스의 전차 경기장을 뜻하지만, 19세기에는 서커스, 승마 공연, 대규모 집회 등이 열리는 초대형 다목적 홀을 의미했다.

즈 미셸은 그들에게 이렇게 말했다. "민중의 적들에게 우리가 서로를 우상 숭배한다고 믿게 해서는 안 된다. 우리가 호위해야 할 대상은 오직 혁명뿐이다. 그러니 나를 혼자 가게 해달라."

＊＊

노동자들이 그토록 침착하고 열정적이었던 반면, 히포드롬의 반동주의자들은 야만적이고 광포했다! 광분한 성직자 세력은 사흘 전부터 비명 지르는 합창단을 준비해 강연을 방해했다. 그들은 입을 크게 벌리고 미친 듯이 소리를 질러댔으며, 악명 높은 경찰국장 피에트리 조차 부러워할 만큼 몽둥이를 휘둘러 댔다.

익살스러운 대목도 있었다. 강연자는 성직자들의 '논거'를 기념품으로 챙겼는데, 그것은 그녀의 머리 위로 날아든 2kg 무게의 긴 나무 의자 조각이었다.[196]

가톨릭 무리는 거리로 몰려나와 사회주의자들을 향해 목소리를 높였다. 그들은 사회주의자들의 지도자 안셀을 암살하려 했으나, 우리의 개입 덕분에 그는 간신히 그들의 손아귀에서 벗어날 수 있었다. 우리는 강연을 방해하는 것이 곧, 종교와 사회를 구하는 것이라 믿는 자들이 부리는 간질병 같은 광기를 저녁까지 지켜보아야 했다.

서커스장 내부와 기차역에 이르기까지, 정말로 영웅적인 헌신을 보여주며 싸움에 개입한 시장과 경찰서장의 보호가 없었더라면 우리 친구에게 어떤 일이 벌어졌을지 알 수 없다. 하지만 이런 비열한 짓거리

---

196) 이 회고록이 출간된 후 1888년 1월 르아브르의 강연장에서 총격 테러를 당한다. 두 발 중 한발이 미셸의 왼쪽 귀 뒤쪽에 맞았으나 생명에는 지장이 없었다. 그 이후로 그녀는 죽기 전까지 17년 동안 머리 속에 탄환을 그대로 유지하고 있었다.

도 자유의 바람이 돛을 가득 채우는 것을 막지는 못할 것이며, 혁명을 더 필연적이고 가깝게 만들 뿐이다.

드뇌빌리에.

다른 곳에서는 진실을 찾을 수 없기에, 나는 친구들의 기록에서 내 말을 찾아낼 수밖에 없다. 게다가 반대 세력이 나에 대한 증오로 과장한 것에 맞서려 간혹 과분한 찬사를 보낼 때면, 가능한 한 그런 부분들도 걷어내고 있다.

나는 특별히 대단한 공로가 있는 사람이 아니다. 그저 모든 생명과 사물이 그러하듯 나의 본성을 따랐을 뿐이다. 그렇다고 해서 세간의 평판처럼 괴물인 것도 아니다.

우리는 그저 우리 시대가 만들어낸 산물일 뿐이다. 누구나 장단점을 가지기 마련이며, 그것이 보편적인 법칙이다.

우리의 과업이 위대하고 그 빛이 우리를 비춘다면, 우리 개인이 어떤 사람인지는 중요하지 않다. 우리가 시작한 이 일은 우리 자신을 위한 것이 아니라, 우리가 사라진 뒤 인류에게 남겨질 무언가를 위한 것이기 때문이다. 그럼, 《렝트랑지장》[197]지에 실린 이 발췌문의 인용을 허락해 주길 바란다.

한쪽에서는 《르 볼테르》지의 이런 기사를 읽게 된다.

혁명 선동이 벌어들이는 수익.

---

197) L'Intransigeant. 앙리 로슈포르가 창간한 일간지. 미셸의 투쟁을 지지하고 그녀의 소식을 가감 없이 전했다.

루이즈 미셸 양은 브뤼셀 강연료로 회당 500프랑씩, 총 세 차례에 걸쳐 1,500프랑을 받았다. 이 정도라면 반란을 선동하는 것도 꽤 쏠쏠한 장사가 되는 모양이다.

또 다른 쪽에선, 루이즈 미셸 시민이 우리 신문을 통해 샤고의 희생자들[198]에게 보낸 '왕실 수준의 기부금'에 놀란 어느 '친절한 독자'가 그녀의 생계 수단에 대해 의문을 제기해 왔다.

이 신사의 견해에 따르면, 우리 친구의 특기는 "우리 신문이 매력적이라고 생각하는 헛소리"를 지껄이는 것이며, "악당 위원회에 착취당하는 멍청이들의 돈으로 유람 여행"을 다니는 것이다.

이 '친절한 독자'와 《르 볼테르》지가 참고할 수 있도록 우리는 몇 가지 수치를 제시하고자 한다. 용감하고 훌륭한 우리 친구가 현재 자리를 비운 덕분에, 그녀를 불쾌하게 만들 위험을 무릅쓰고라도 그녀에 대해 우리가 생각하는 바를 조금이나마 말할 수 있게 되어 오히려 마음이 편하다.

첫 번째 강연료 중 혁명 선전 사업에 바쳐진 돈을 제외하고, 《렝트랑 지장》은 1871년의 추방자들을 위해 100프랑을 전달받았다.

두 번째 강연료 중에서는 보리나주의 광부들[199]에게 100프랑이 돌아갔고, 안트베르펜의 사회주의 언론에 또 다른 100프랑이 기부되었다.

그리고 남은 300프랑—이것이 바로 그 '왕실 수준의 기부금'이다—은

---

198) 당시 악명 높았던 광산주 샤고의 탄압에 맞서 싸우다 희생된 몽소레민(Montceau-les-Mines)의 광부들과 그 가족들.
199) 극심한 노동 착취에 시달리던 벨기에의 광산 노동자들.

어제 자 우리 신문에 실린 샬롱쉬르손의 피고인들[200]과 그 가족들을 위한 모금 명단 맨 윗줄을 장식했다. 세 번째 강연료 역시 이보다 덜 가치 있거나 덜 민주적인 곳에 쓰이지 않았음이 분명하다.

이 정도면 우리 통신원께서는 만족하셨는가?

베르사유 강연에 대해 잠시 이야기해 보자. 우리 아나키스트 일행

---

200) 샬롱쉬르손의 피고인은 1882년 말부터 1883년 초까지 프랑스 사회를 뒤흔든 '66인의 재판(Le procès des Soixante-six)'에 관련된 노동 운동가들을 말한다. 1882년, 샬롱쉬르손 인근의 광산 도시 몽소레민에서 노동자들이 가혹한 노동 조건과 광산주 샤고(Chagot)의 전횡에 맞서 대규모 시위를 일으켰다. 당시 광산주였던 레옹스 샤고(Léonce Chagot)는 지독한 가톨릭 근본주의자였다. 그는 노동자들에게 성당 출석을 강요하고, 이를 거부하면 해고하거나 생계를 끊어버리는 등 '백색 공포(가톨릭 보수 세력)'를 휘둘렀다. 노동자들은 이 백색 압제에 대항하여, 굶주림과 죽음을 상징하는 '검은색'을 자신들의 깃발로 삼아 저항을 시작했다. 이때 '검은 결사(La Bande Noire)'라 불리는 비밀 결사가 결성되어 종교 시설을 공격하거나 다이너마이트로 파괴 활동을 벌이는 등 격렬한 저항이 일어났다. 프랑스 정부는 이를 체제에 대한 도전으로 간주하고 수많은 노동자와 아나키스트들을 체포했다. 이들에 대한 재판이 바로 샬롱쉬르손 법원에서 열렸다. 이들은 대부분 가난한 노동자들이었기에 재판 비용은커녕 남겨진 가족들의 생계조차 막막한 상태였다. 이 재판은 공화국 정부가 아나키즘과 노동 운동을 얼마나 탄압하는지 보여주는 정치적 각축장이 되었다. 참고로, 정부는 몽소레민의 광산 소요를 빌미로 전국적인 아나키스트 검거령을 내렸다. 이때 기소된 인원이 총 66명이었기에 '66인의 재판'이라 불린다. 루이즈 미셸의 동지이자 세계적인 지리학자였던 표트르 크로포트킨(Pierre Kropotkine), 에밀 고티에(Émile Gautier) 등 당대 최고의 지성인과 노동 운동가들이 대거 포함되었다. 이들에게 적용된 죄목은 폭동 직접 가담이 아니라, 법으로 금지된 국제노동자협회(제1인터내셔널)를 재건하려 했다는 혐의였다. 즉, 행동이 아닌 결사와 사상을 처벌하려 한 것이다. 루이즈 미셸은 이 재판의 직접적인 피고인은 아니었으나, 앞서 살펴본 것처럼 강연료를 털어 이들의 재판 비용과 가족들을 후원하며 연대했다. 그녀는 법정 밖에서 여론을 형성하고 강연을 통해 이 재판의 부당함을 폭로했다. 그녀가 보낸 기부금은 범죄 자금으로 매도당했지만, 동지들에게는 국가 폭력에 맞설 수 있는 유일한 방패였다. 피고인들은 법정을 자신들의 사상을 전파하는 선전의 장으로 활용했다. 크로포트킨을 비롯한 피고인들은 공동으로 '아나키스트 선언'을 발표하며, 자신들이 꿈꾸는 자유와 평등의 가치를 당당히 설파했다. 크로포트킨 등 주요 인물에게는 징역 5년과 벌금이 선고되었다.

은 어떤 일이 벌어질지 모든 가능성을 각오한 채 그곳으로 향했다. 하지만 우리는 그곳에서 사토리의 나무기둥과 페르-라셰즈의 벽을 향해 경의를 표하는 것을 우리의 의무로 여겼다. 당시 이 강연과 관련하여 내가 쓴 편지들이 있는데, 그 내용은 다음과 같다.

베르사유에서 온 소식, 1882년 9월.

지난 일요일 베르사유에서 한 사회주의 혁명 단체가 주최한 집회 중에 발생한 사건과 관련하여, 시민 루이즈 미셸이 다음과 같은 글을 보내왔다.

우리 친구들은 설마 우리가 환대를 기대했을 거라고 생각하는가? 혁명을 이미 알고 있는 이들이 아니라, 혁명을 모르는 이들에게 혁명을 말하는 것이 우리의 임무다. 우리가 이미 베르사유에서 시작했으니, 브르타뉴[201]에서 끝맺지 못할 이유도 없다고 본다. 조만간 그 '국왕의 선량한 영토'를 한 바퀴 돌 생각이다. 그곳에서 누군가 쇠스랑을 들고 우리를 맞이한다면, 다른 누군가는 혁명 선전을 통해 사회 혁명을 받아들이게 될 것이다. 브르타뉴인 특유의 고집은 곧 '진실'을 향하게 될 것이며, 그들의 모든 광신적 열정은 과거가 아닌 미래를 향하게 될 것이다.

---

201) 1871년 1월 22일, 파리 시청 앞에서 휴전을 반대하는 시위대를 향해 발포했던 군인들은 주로 보수적이고 가톨릭 신앙이 깊은 브르타뉴 출신들이었다. 미셸은 자신들에게 총을 쐈던 그들의 고집과 광신을 적으로 돌리지 않는다. 오히려 그 에너지가 방향만 바꾼다면 누구보다 강력한 혁명의 동력이 될 것이라고 믿는 대담한 포용력을 보여준다.

나는 오래전부터 브르타뉴에 가서 혁명의 전도사가 되겠다는 생각을 품어왔다. 시청 광장에서 트로쉬의 계획에 따라 우리를 향해 신념을 가지고 총을 쏘아대던, 시청 유리창에 얼굴을 바짝 대고 있던 그 금발의 브르타뉴 청년들을 분노하며 바라보던 그 날부터 말이다. 바로 1월 22일이었다. 오! 그렇다. 다른 모든 프롤레타리아와 마찬가지로, 국왕의 충복이었던 그들 역시 결국 혁명의 편으로 끌어올 것이다.

루이즈 미셸.

시민 루이즈 미셸은 어제 《렝트랑지장》의 편집장에게 〈사토리의 추억〉이라는 기사와 관련하여 다음과 같은 편지를 보냈다.

친애하는 동지 로슈포르에게,

오늘 당신이 쓴 기사를 보고 감사의 인사를 전하고 싶어 손을 맞잡습니다. 무지한 무리가 뒤쫓아오며 소리를 지른다고 해서 내가 동요할 거라니, 그들은 도대체 무슨 생각을 하는 것일까요? 내 앞에는 사토리가 있는데 말입니다. 이는 마치 지평선 너머로 누 섬이 보이는 뒤코 반도에서 투덜거리며 시간을 보내는 것과 다를 바 없습니다.

우리는 이번에도 적들에게 제대로 된 논거가 없다는 사실을 다시 확인했습니다. 그들이 비명만 지르는 것은 자신들이 패배했음을 자인하는 꼴입니다. 사실 그 군상들은 꽤 이채로웠습니다. 특히 거미처럼 긴 목발을 짚고 비틀거리던 한 절름발이 거지가 우리에게 사유재산의 적이라며 고함을 지르던 장면이 기억에 남는군요. 칼로[202]의 그림 속

---

202) Jacques Callot. 17세기 화가의 비참한 거지 그림을 인용하며, 재산이 없는 자가 '사유재산의 적'을 처단하라고 외치는 거지 노인의 모순을 날카롭게 풍자한다.

에 나오는 거지가 액자 밖으로 튀어나온 줄 알았습니다. 바다의 여신 암피트리테의 하인들 같은 건장한 녀석들과 꼬마 가브로슈들[203)](그들 중 상당수는 미래의 반란군이 되겠지만)도 있었습니다. 그야말로 인간의 어리석음을 보여주는 한 폭의 그림이었습니다.

상관없습니다! 이 소동 덕분에 청중이 한 명이라도 더 늘었을 테니까요. 사물에는 말보다 더 강력한 웅변의 힘이 있는 법입니다.

루이즈 미셸.

비방은 멈추지 않고 계속되었다. 증오에 사로잡힌 얼간이들은 어느 신문에(기억은 나지 않지만) 추악한 모함을 게재했다. 그들은 이미 어느 집회에서 같은 시도를 했다가 실패한 적이 있었다. 우연히 그 자리에 있던 코뮌 유배자들이 증인이 되어준 덕분에 오히려 그들의 계획은 역풍을 맞았었다.

이번에 그들은 더 큰 기대를 품었던 모양이지만, 수천 명의 사람이 나의 삶을 매일매일 지켜보아 왔다는 사실은 망각한 듯하다. 그들에게 답을 보낸 사람 역시 누벨칼레도니에서 만난 로카뮈[204)] 씨였다. 그는 변호사이자 전직 시의원이었으며, 누메아에서 장교로 복무했던 인물이다. 익명의 비방자들이 이토록 집요하게 굴어대니, 나는 이 뻔뻔한

---

203) Gavroche. 빅토르 위고의 소설 《레 미제라블》에 등장하는 불굴의 영혼을 가진 파리의 부랑아 캐릭터. 하지만 미셸에게 가브로슈는 단순히 소설 속 인물이 아니라, 파리 거리 어디에나 존재하는 미래의 혁명가들을 상징한다.

204) Locamus. 누벨칼레도니 유배지에서 미셸을 아주 가까이서 지켜보았다. 미셸이 자신의 배급 식량을 더 가난한 동료들에게 나눠주고, 원주민 카나크인들을 교육하며, 자신은 정작 비참할 정도의 가난 속에서도 품위를 잃지 않는 모습을 보았다. 당시 반대 세력은 미셸이 유배지에서 부도덕한 생활을 했다거나 비겁하게 굴었다는 식의 추잡한 소문을 퍼뜨렸는데, 로카뮈는 자신이 직접 본 성녀에 가까운 헌신을 근거로 이 비방들을 정면으로 반박했다.

악당들을 끝장내기 위해 아무리 과분한 칭찬이 담긴 편지라 할지라도 인용할 수밖에 없다. 이렇게까지 할 가치가 있는 일인가? 그렇다. 이 거짓말들을 목격한 우리 모두 머지않아 죽게 될지도 모르기에, 우리는 영원히 살아남을 혁명을 위해서라도 스스로 순결을 지켜야 한다. 진흙탕에서 튄 오물을 털어내는 일은 결코 헛된 수고가 아니다.

누메아의 전직 시의원인 시민 로카뮈가 우리에게 다음과 같은 편지를 보내왔다. 우리의 친구 루이즈 미셸의 삶 자체가 이미 추악한 모함에 맞서 온몸으로 항변하고 있기에 굳이 어떤 증명도 필요치 않으나, 우리는 이 편지를 공개하는 것이 마땅하다고 믿는다.

1882년 2월 27일, 파리

편집장 귀하,

방금 《렝트랑지장》에서 루이즈 미셸이 비방자들에게 보낸 답변의 일부를 읽었습니다. 정작 그 모함의 내용은 읽지 못했으나, 귀하와 마찬가지로 그런 것은 그저 무시해버리면 그만이라고 확신합니다. 하지만 루이즈 미셸이 친히 답변하기까지 했으니, 저 또한 개입하는 것이 저의 의무라고 생각합니다. 누메아는 멀리 떨어져 있고, 그곳으로부터 비방에 대한 답변이 돌아오기까지는 너무 오랜 시간이 걸릴 수 있기 때문입니다. 다행히 지금 파리에는 누메아에서 온 사람들이 있습니다. 저는 1879년과 1880년, 누메아의 시의원이자 교육위원직을 맡았던 자격으로, 우리 시립 학교의 옛 교사였던 그녀에게 존경과 감사를 표하고자 합니다. 당시 시 공공교육위원회는 영향력 있는 상인 퓌에슈 씨, 사면된 유배자 아르망 씨, 그리고 저까지 세 명으로 구성되어 있었습니다. 우리가 식민지 누메아에서 처음 문을 연 세속 학교들은 최상의 결과를 냈습니다.

당시 시장 대리였던 시몽 씨의 결정으로 우리를 돕게 된 루이즈 미셸은 단 한 번의 흔들림도 없는 헌신으로 자신의 직무를 수행했습니다. 그녀의 협력은 우리에게 더할 나위 없이 유용했습니다. 덧붙이자면, 누메아에서 루이즈 미셸이 보여준 품행과 태도는 그녀의 정치적 적들에게조차 존경과 감탄을 불러일으켰습니다.

편집장님의 건승을 빕니다.

P. 로카뮈.

런던 강연에 관해 이야기해 보자. 여행 경비는 브뤼셀의 시민 오테르뱅과 안트베르펜의 마스가 부담해 주었으며, 나는 여전히 그들에게 빚을 지고 있다. 런던에서는 이전처럼 바를레, 아르망 모로, 비아르 같은 친구들의 집에서 지냈다. 그들은 언제나처럼 나를 극진히 대접해 주었다. 나는 런던에 갈 때 돈을 쓰기는커녕, 오히려 그들이 나를 위해 돈을 썼다. 강연 수익금의 행방에 대해서는 우리 동지들이 이미 잘 알고 있을 것이다.

강연장 대관료가 매우 비쌌기에, 혁명 단체들의 모임에서 부족한 금액을 보충했다. 또한 몸이 불편해진 71년의 동지들에게 작은 정성을 보내기로 약속했었기에,《렝트랑지장》지에서 추가로 돈을 보탰다.

수익금은 우리가 오랫동안 품어온 계획에 비하면 턱없이 적었다. 그 계획이란, 아주 소박하더라도 더 이상 일할 수 없게 된—정확히 말하자면 일자리를 거부당한—옛 추방자들을 위한 시설을 만드는 것이었다. 코뮌 전사들은 자존심이 강하지만, 이미 많은 이들이 말레지외의 길을 택했다. 우리는 그곳을 '추방자들의 수프'라 부르며, 옛사람이든 새로 온 사람이든 굶주린 이들이라면 가난이라는 자격 하나만으로 빵 한 조각과 수프 몇 방울을 얻을 수 있는 공간으로 만들고자 했다. 우리는 강연을 통해 이 집을 유지하며 절망에 빠진 이들을 구하고 싶었다.

영국의 가장 귀족적이고 보수적인 신문들조차 나의 런던 강연을 매우 공정하게 보도해 주었다. 이러한 뜻밖의 호의는 아마도 프랑스 북부 지방의 몇몇 부르주아 신문들이 보여준 악의적인 보도 덕분이었을지도 모른다. 사람을 비난할 때 지나치게 악담을 퍼붓는 것만큼 그 사람에게 유리한 일도 없다. 호된 비난이 쏟아지고 나면, 사람들은 곧 그 과장이 얼마나 터무니없는 것인지 깨닫기 때문이다.

반면 파리의 기회주의 신문들은 모두 똑같은 판에 박힌 기사를 내보냈다. 그들은 취재기자를 보낼 필요조차 없었다. 내가 연설하는 장소 이름과 주제, 주최 단체만 알면 그들은 즉시 '혁명적 광기'라는 멋진 소설을 써 내려갔다. 나의 런던 강연은 부유한 동네에서 열렸다. 그곳 사람들은 프랑스의 적들이 만들어낸 악의적인 전설로만 나를 알고 있었다. 그래서 영국 청중들은 평소 들었던 것만큼 내가 무례하거나 우스꽝스러운 사람이 아니라는 사실에 몹시 놀란 듯했다. 그들은 자신들이 전해 들었던 그 끔찍한 초상화 속 인물과 실제의 나를 전혀 일치시키지 못했다. 덕분에 귀족적인 《팔 몰 가제트》를 포함한 모든 신문이 내게 완벽할 정도로 예의를 갖춰 보도해 주었다.

그들이 크게 의아해했던 점은, 내가 워크하우스(구빈원)에 대해 흔한 통념과는 다른 생각을 품고 있다는 것이었다. 그들은 이를 나의 모순이라고 보았으나(물론 그것은 틀린 생각이다), 이 문제에 대한 나의 견해는 나중에 더 자세히 설명하려 한다. 내가 이 시설에 열광했다고 말하는 것은 그들의 오해다. 워크하우스라는 곳은 결코 열광적인 감정을 불러일으킬 만한 장소가 아니다. 다만 나는 영국이라는 나라가 빵도 집도 없는 이들을 돌보는 것을 하나의 의무로 여긴다는 사실만큼은 기쁘게 확인했을 뿐이다.

그곳에서 내게 호의를 베풀어준 이들의 이름을 일일이 거론하지는 않겠다. 그들은 런던의 그 검은 겨울밤을 기억할 것이다. 끊임없이 빗방울이 떨어지다 갑자기 소나기가 퍼붓고, 안개라는 수의가 둥둥 떠다니던 그 밤을 말이다. 거대한 궁전들이 즐비하고, 그 발치 아래에는 비참한 이들이 짐승처럼 구멍을 파고 사는 부유한 동네였다. 그곳의 그 차갑고 거대한 강당 앞에 모여 있던 단정하고 냉정한 청중들을 기억한다. 나는 그 모든 풍경 속에서, 인간이 스스로 채운 저주받은 굴레 속에서도 끈질기게 살아남은 사람들의 인간적 품격을 느꼈다.

그 자리에 있던 이들은 나의 신념을 공유하지는 않았으나, 그들은 진실했다. 그리고 왠지 모르게, 엄격하고 냉정한 그들의 모습에서 나는 마치 가족 같은 느낌을 받았다. 그때 나는 마치 어린 시절 브롱쿠르에서 그랬던 것처럼, 혹은 갓 부임한 교사 시절 파예 부인의 집 화롯가 돌덩이에 앉아 내 마음속에 있는 모든 것을 털어놓았던 것처럼, 그 차갑고 넓은 강당에서 내 삶의 장면들을 하나둘 이야기하기 시작했다. 브롱쿠르에서 누벨칼레도니에 이르기까지, 지나온 일들을 마치 지금 눈앞에서 벌어지는 일처럼 생생하게 느끼며 말이다. 아마 그 자리에 있던 이들 중 일부는 그 연설을 기억할 것이다. 덧붙여 나는 그들에게 부탁했다. 훗날 재판장에서 법정이 우리를 실제 모습과는 전혀 다른 존재로 묘사할 때, 부디 오늘의 이 모습을 기억해 달라고 말이다.

우리 인간 종족 전체가 그러하듯, 우리 안에도 여전히 '인간이라는 짐승'의 본성이 남아 있을지 모른다. 하지만 우리의 모습은 세간에서 떠드는 그런 짐승 같은 모습이 아니며, 그들이 우리를 두고 늘어놓는 선전은 모두 거짓이다. 사자들이 울부짖고 용암이 우리를 휩쓸어가기를 기다리는 화구 위에서 독사들이 혀를 내밀지만, 그 독사들에게는 사자의 포효를 이해할 만한 신중함이 없다.

영국에서 나를 놀라게 한 사실 하나가 있어 현장에서 즉시 언급한 적이 있다. 그것은 램버스 같은 몇몇 워크하우스에서 영국이 가난한 자들을 보살피는 방식이었다. 늙은 앨비언(Albion, 영국의 옛 이름)은 거대한 둥지에 솜을 깔아 빈민들을 안주시킴으로써, 가난한 자들이 혁명의 열기에 휩쓸리는 대신, 유럽 대륙이 혁명의 불길로 다 타버릴 때까지 조용히 숨죽여 기다리게 하려는 속셈이었다. 그러나 다른 나라들이 저지르는 실수를 지켜본 영국 민중은 단번에 모든 것을 바꾸려 할 것이다. 앨비언은 갑자기 일어나 흰 드레스의 먼지를 털어내고 성스러운 불을 지필 것이다. 바다에서 불어오는 바람은 그 불을 끄는 대신 더 거세게 타오르게 하여, 마침내 그것을 찬란한 새벽빛으로 만들 것이다.

영국인들은 자신들의 케케묵은 제도를 조금이라도 더 연명시키기 위해, 여성들이 가진 열정에 기대를 걸고 있다. 여성들에게 구빈원 운영을 맡기기도 하고, 머지않아 의회에도 여성이 진출하게 될 것이다. 하지만 낡은 나무에 돋아난 푸른 가지들이라고 해서 이미 썩어버린 몸통을 다시 젊게 만들 수는 없는 법이다. 그 가지들은 말라비틀어진 수액 대신, 생명력이 넘치는 뜨거운 공기 속에 숨 쉬며 힘이 닿는 데까지 잎을 틔우고 꽃을 피울 뿐이다.

어떤 구빈원에서는 노인들과 가난한 이들이 참으로 행복하게 지낸다. 그곳을 운영하는 여성이 한 가지 진실을 깨달았기 때문이다. 그것은 불행한 이들 역시 다른 이들과 마찬가지로, 인간답게 살기 위해서는 무엇보다 자유가 필요하다는 사실이다. 그곳에는 강제적인 규칙이 하나도 없다. 벽에는 아예 그 사실이 명확하게 적혀 있다. 그렇지만 그곳의 질서는 그 어느 곳보다 완벽하다. 오직 시계만이 질서의 기준이 될 뿐이다. 식사나 노동, 산책 시간이 되면 사람들은 누구의 간섭도 받지 않고 자기 집에서 움직이듯 자유롭게 오간다.

아! M 양, X 양, F 양. 혹시 내가 당신들을 잊었다고 생각하는가?

천만에, 그럴 리가! M 양, 당신이 '산의 노인'[205]의 잠언을 적어주었던 그 책을 내가 잊어버렸다고 생각할지도 모르겠다.

'신도 없고, 주인도 없다!'

걱정하지 마시라. 나는 여전히 그 책을 간직하고 있다.

T.S. 경, 당신이 훌륭하게 프랑스어로 번역해 주었던 〈셔츠의 노래〉[206] 역시 여전히 간직하고 있다.

12.

이 장은 여러 강연의 내용 중 일부를 발췌하여 구성한 것이다.

---

205) '산의 노인'은 11세기 중동의 암살교단(어쌔신) 수장인 하산 사바흐를 지칭하지만 혁명 문학에서는 절대적인 권위나 구속에 저항하는 상징적 인물로 인용되곤 한다. '신도 없고 주인도 없다(Ni Dieu, ni maître)'는 19세기 프랑스의 혁명가 블랑키가 1880년에 창간한 신문의 제호로 사용하면서 전 세계적으로 유명해진 아나키즘과 사회주의의 핵심 슬로건이다.

206) The Song of the Shirt. 영국의 시인 토마스 후드(Thomas Hood)가 1843년에 발표한 매우 유명한 작품이다. 당시 영국 노동자들, 특히 극심한 저임금과 노동에 시달리던 여성 재봉사들의 비참한 삶을 고발하는 내용을 담고 있다. "바느질하고, 바느질하고, 바느질하네(Stitch! stitch! stitch!)"라는 후렴구로 유명하며, 당시 전 유럽 노동 운동권에서 애송되었다.

먼저, 내가 《시민》 신문에 보냈던 편지 한 통을 여기에 소개한다.

세간을 떠들썩하게 했던 바로 그 한마디.

"돼지들이 살찌도록 내버려 두어서는 안 된다."

확실히 일간지 《르 골루아》는 제값을 못 하는 모양이다. 그 신문은 내가 썼던 문구를 복원한답시고 오히려 점잖게 다듬어 놓았다. (솔직히 말해, 4분의 3 정도는 내가 쓴 게 맞다) 원래 내 의도는 그보다 훨씬 더 지독한 모욕을 주는 것이었는데 말이다.

사실 이 '모욕은 어떤 인물[207]을 추종하는 자들이 자초한 것이나 다름없다. 그들은 문제의 동물(돼지) 이름이 언급될 때마다 자기네 주인을 공격하는 것이라며 불경죄라도 저지른 양 아우성친다. 심지어 그들은 천박한 표현을 쓰지만, 정작 우리는 '길든 멧돼지'라는 지극히 의회적인 용어를 사용해 주지 않는가!

배부른 자들이 유유히 음식을 소화하고 있는 지금, 춥고 배고픈 이들

---

[207] 미셸이 이 편지에서 돼지에 비유하며 신랄하게 꼬집은 어떤 인물은 당시 제3공화국의 실권자였던 레옹 감베타(Léon Gambetta)를 가리킨다. 그는 보불전쟁 당시 극적인 탈출과 항전으로 국민적 영웅이 되었고, 이후 프랑스 제3공화국의 기틀을 닦은 인물이다. 1881년 당시 그는 하원 의장이자 차기 정부를 이끌 강력한 실권자였다. 감베타는 젊은 시절 급진적인 공화주의자였으나, 권력을 잡은 뒤에는 질서와 안정을 강조하며 점진적인 개혁만을 추구했다. 파리 코뮌의 생존자이자 아나키스트인 미셸의 눈에 그는 혁명의 가치를 배신하고 기득권 체제에 안주해 살이 찐 돼지로 보였다. 1880년 코뮌 투사들에 대한 대사면이 이루어졌지만, 돌아온 이들은 일자리도 집도 없이 비참하게 살았다. 미셸은 감베타 정부가 형식적인 사면만 해놓고, 실제 투사들의 생존 문제는 외면한 채 자신들의 배만 불리고 있다고 비판했다. 편지에서 "그의 지지자들이 돼지 소리만 들어도 자기 주인(감베타)을 공격하는 줄 알고 아우성친다"라고 조롱한 대목이 압권이다. 이는 감베타가 공화국 안에서 마치 왕과 같은 권위를 누리고 있음을 비꼬는 것이다. 또한, 돼지라는 욕설 대신 길든 멧돼지(sanglier domestique)라는 표현을 쓴 것은, 야성을 잃고 권력의 품 안에서 순치된 감베타의 정치적 행보를 비웃는 정치적 수사였다.

을 잊지 말자. 1871년 제국이 부활하는 것을 막아냈으나, 지금은 일자리도 거처도 없이 차가운 길바닥에 내몰린 용감한 이들을 기억하자. 헌신적인 여성 시민들이 대규모 강연을 열어 자금을 마련하고, 내년 3월까지 운영될 무료 급식소를 세우려 한다. 사면된 투사들이 그곳에서 매일 한 끼라도 먹으며 굶어 죽는 일을 면하게 하려는 취지다. 여기에 일자리가 없는 투사 한 명씩을 거두어 잠자리를 내어줄 백여 가구만 더해진다면, 민중은 유배지와 감옥에서 돌아온 형제들을 자신의 힘으로 죽음에서 구해낼 수 있을 것이다.

그것이야말로 자기 자신의 일을 스스로 해결하는 법을 배우는 시작이 될 것이다.

루이즈 미셸 (1881년 1월 28일《시민》게재).

이 편지의 뒷부분은 오로지 추방자를 위한 급식소 건립에 관한 내용이다. 우리는 아무것도 없는 상태에서, 일하는 자들의 헌신과 강연 수입으로 일자리가 없는 이들을 돕겠다는 희망 하나로 이 일을 시작하려 했다. 그곳에서 얻은 빵 부스러기 한 조각으로 누군가는 생명을 구했을 것이고, 도움을 받은 이가 다시 다른 이를 돕는 선순환이 일어났을 것이다.

장부 또한 언제나 투명하게 공개했을 것이다. 자신의 시간과 쥐꼬리만 한 수입까지 털어 넣으면서 착취자라는 소리를 들을 수는 없지 않은가. 그런데 내가 착취를 한다는 이 황당한 생각은, "내가 말과 마차를 끌고 다닌다더라", "막대한 연금을 받고 있다더라" 같은 헛소리를 지껄이는 멍청이들 때문에 생겨났다. 사면되어 돌아온 후 자유의 몸으로 지낸 3년 동안, 나는 이런 모함에 시달려야 했다.

선량하고 소박한 나의 어머니는 그 소문을 듣고 자주 눈물을 흘리셨다. 집에 단돈 100수(5프랑)도 없을 때조차, 수천 프랑을 빌려달라는 요구 뒤에 곧바로 입에 담지 못할 욕설이 담긴 편지들이 날아들었으니 말이다. 절반은 병든 어머니 곁을 지키느라 보내고, 나머지 반은 강연하러 다니느라 바쁜 내가 출판사를 찾아다니며 원고료를 챙길 시간 따위가 어디 있겠는가. 내가 출판사를 직접 찾아다닐 여유가 있는 사람들의 원고 작업에 내 이름과 글을 보내는 것도 바로 그런 처지 때문이었다.

아! 만약 나의 소중한 어머니가 아직 내곁에 있기만 한다면 얼마나 행복할까. 그랬다면 세상의 그 어떤 비난도 전혀 개의치 않을 것이다.

돈 문제에 관해서라면 나는 누벨칼레도니 유배 시절부터 지금까지 내가 사용한 모든 금액의 영수증과 증빙 서류를 보관하는 습관이 있다. 혹시라도 필요할 때 그 돈을 어디에 썼는지 증명하기 위해서다.

추방자들의 수프와 관련이 없는 이야기로 돌아가 보자. 그것이 비록 사소한 일에 불과할지라도, 독자들에게 소소한 재미를 줄 수도 있기에 설명을 덧붙인다. 어떤 신문들은 내가 '돼지가 살찌면 잡아먹는다'라는, '라 팔리스'식의 뻔하고 멍청한 소리를 했다고 믿게 만들고 싶어 했다. 하지만 내가 실제로 했던 말은, 비유의 흐름 속에서 '멧돼지가 살이 쪄서 야성이 없어지면 집돼지가 된다'는 것이었다. 그게 전부다.

그런데 '성 안토니오의 동반자[208]'를 언급할 때마다, 반동주의자들은 우리가 정부의 어떤 인물을 모욕하고 있다며 몰아세우기 일쑤였다. 그들 때문에 '살찐 것'은 무엇이든 입에 올릴 수 없게 되었고, '비텔리우

____
208) 회화에서 종종 돼지를 동반한 모습으로 그려지는 성인이다.

스[209](폭군)'라는 이름조차 금기어가 되었다.

심지어 우리는 그 인물을 생각조차 하지 않고 말할 때도 있었다. 그가 아직 살아있다면 그에 대해 이렇게 짧게 끝내지는 않았을 것이다. 다음은 앞서 인용한 편지에서 언급하려 했던 기사의 한 토막이다.

혁명의 예언자라 불리는 루이즈 미셸 양이 구상 중인 프로젝트의 아주 '감미로운' 표본이 여기 있다. 제5구와 제7구의 사회주의 연구 서클이 혁명의 병기를 갈아야 한다고 선언하는 동안, 루이즈 미셸 양은 두 통의 편지를 통해 이제는 역사적 문구가 된 자신의 한마디를 해설하고 있다. 그 말이란 바로 이것이다. '돼지는 살찌면 잡아먹는 법이다.'[210]

파예[211] 씨에게 보낸 편지 발췌:

나의 미래에 대해 선생님이 내비친 우려에 대해서는 마음 놓으시길 바랍니다. 나는 구빈원신세를 질 필요가 없을 테니까요.

---

209) 로마의 황제로, 지독한 식탐과 비만으로 유명했다.

210) 신문은 사회주의자들의 무장 투쟁 선언과 미셸의 돼지 비유를 나란히 배치했다. 이는 미셸의 비유를 단순한 수사가 아니라, 실제 살인이나 도살을 선동하는 위험한 발언으로 낙인찍기 위한 장치다. 앞서 미셸은 자신이 "멧돼지가 살이 쪄서 야성이 없어지면 집돼지가 된다"는 비유를 썼다고 항변했지만, 이 기사는 끝까지 "돼지는 살찌면 잡아먹는다"라는 자극적인 문구로 고정해 버린다.

211) 페르디낭 파예(Ferdinand Fayet)는 미셸의 고향인 오트-마른 지역의 장학사였다. 미셸이 혁명가로 거듭나기 전, 어린 시절부터 그녀의 천재성과 열정을 알아보고 지지해 준 스승이자 정신적 지주. 미셸이 학생이었을 때, 파예는 그녀의 작문 실력과 시적 재능에 깊은 감명을 받았다. 그는 미셸이 교사 자격증을 딸 수 있도록 적극적으로 격려하고 도왔다. 미셸은 자신의 초기 시와 원고들을 항상 그에게 보내 비평을 구했다. 파예는 공화주의자였지만 미셸처럼 급진적인 아나키스트는 아니었다. 이러한 사상적 차이에도 불구하고 두 사람의 인간적인 신뢰는 평생 이어졌다.

당신은 내가 예전에 쓴 시들을 충분히 가지고 계시니, 내가 늘 어떤 생각을 품어왔는지 잘 아실 겁니다. '온 민중이 고통받는 것보다 단 한 사람이 희생되는 편이 낫다'는 것이 나의 변치 않는 신념입니다.

이 신념은 과거에도 그랬고 앞으로도 언제나 내게 진실일 것이다. 자신이 유용한 동안에만 살기를 원하고, 누워서 죽기보다는 서서 죽기를 택하는 것은 금지된 일이 아니다. 전체 앞에서 개개인은 아무것도 아니라는 생각에 대해서라면, 나는 언제나 확신해 왔다. 다만 '폭군 살해'는 독재의 머리가 하나이거나 특정한 집단일 때만 실행할 수 있다. 독재의 머리가 여럿 달린 괴물인 히드라가 되어버렸을 때는, 이제 혁명이 그 일을 맡아야 한다.

'실행할 수 있다'는 표현이 부적절해 보일지도 모르겠지만, 우리 자신이 투쟁에 최적화된 하나의 투사체 그 이상이겠는가? 우리 같은 불가항력적 존재[212]들이 그 이상의 대우를 받을 가치가 있겠는가! 우리에게는 이런 차가운 언어가 어울린다. 미개인인 우리는 흔적조차 남지 않을 것이기 때문이다.[213]

우리가 결코 보지 못할, 앞으로의 사건들을 통해 변모하고 발전할 미래의 인류는 아마도 지금보다 더 고결한 언어를 들을 자격이 있을 것이다. 우리 자신은 여전히 야수 같은 존재일지라도, 다음에 올 이들을 위해 광장을 깨끗이 치우려 노력할 뿐이다.

사랑이 마음의 개화이듯, 혁명은 인류가 피워낼 꽃이 될 것이다. 그 시대에 살 사람들은 서사시 속을 걸을 것이며, 오직 그들만이 그것을

---

212) 자신의 의지로 선택한 삶이라기보다, 시대의 고통과 운명에 의해 등 떠밀린 존재들.
213) 자신들은 구시대를 청소하는 미개한 파괴자들이며, 새로운 세상이 오면 흔적도 없이 사라질 먼지 같은 존재들이기에 자신들의 희생을 미화하지 말라는 경고.

노래할 자격이 있다. 그들이 몸소 그 서사시를 만들었을 것이고, 예술의 원초적 감각이 새로운 기운 속에서 모두를 위해 피어날 것이기 때문이다.

그날을 기다리며, 홀로 노래하던 마지막 시인―늙은 호메로스 같은 이―은 어제 죽었다[214]. 이제 우리는 지구 이 끝에서 저 끝까지 노래하며, 낡은 세계의 잔해를 마침내 걷어치우는 시인들의 합창대가 될 것이다.

강연 이야기를 끝내기 전에, 릴에서 있었던 여공들의 파업 강연에 대해 말해보자. 릴의 지하 창고에서 일하던 그 노동자들이 연단 위 우리 주변을 둘러싸고 있었다. 회색 나막신조차 스며드는 물기를 막아주지 못해 발이 젖고, 고된 노동으로 제 수명을 다하지 못하고 죽어가는 여공들이었다. 그 끔찍한 삶을 단지 이어가기 위해 그들이 요구한 것은, 고작 하루에 2, 3수(sou)를 더 달라는 것뿐이었다.

부자들을 위해 그토록 고되게 일하는 이들에게, 빵 몇 조각을 살 단돈 2, 3수는 너무나 절박한 것이었다. 그들의 처지는 고치를 다 짓고 나면 끓는 물에 삶아지는 누에와 다를 바 없다. 노동이 끝나면 그들도 죽어야 한다. 실이 끊어짐과 동시에 삶도 멈춰야 하는 것이다. 그들의 노후를 누가 돌봐주겠는가? 요람에서 갓 벗어난 그들의 딸들 역시 똑같은 고문의 사슬에 묶이지 않겠는가? 부자들은 자신들의 가축 떼를 마음껏 부려 먹고 학대해야만 하니 말이다.

누에와 민중의 딸들, 그들은 오직 실을 뽑기 위해 태어난 존재들이다. 누에는 삶아질 것이고, 소녀는 죽거나 푸른 나무가 휘어지듯 몸이 비틀릴 것이다. 다른 이들에게 수십억의 부를 벌어다 주는 이들에게,

---

214) 빅토르 위고.

고작 빵 한 조각을 위한 2, 3수를 더 얹어주는 것뿐인데!

일주일만 더 버티면 착취자들이 굴복했을 것이다. 그러기 위해서는 2,000프랑이 필요했다. 다행히 나를 모욕하려고 입장료를 내고 찾아온 반동주의자들 덕분에, 단 한 번의 강연으로 그 2,000프랑을 모을 수 있었다. 나는 주최 측에 그 돈을 즉시 안전한 곳에 보관하라고 부탁했다. 그러고 나서 그 신사들에게 선언했다. 우리가 필요한 돈을 모두 얻었으니, 이제부터 내 강연을 경청하든 아니면 고함을 지르며 시간을 보내든 당신들 자유라고 말이다. 돈을 확보한 이상 나에게는 전혀 상관없는 일이었기 때문이다.

이 솔직한 설명에 그들이 잠잠해진 덕분에 강연은 별다른 사고 없이 끝났다. 새벽 1시경, 나는 어머니 곁으로 돌아가기 위해 기차에 올랐다. 나는 릴의 여공들이 준 꽃다발을 신성한 기념품처럼 마리 페레의 무덤에 바치기 위해 가져왔다.

불행히도, 몇몇 악당들이―나는 이들에게 '악당'이라는 단어를 쓰기를 주저하지 않겠다―주말 무렵에 순진한 여성 노동자 몇 명에게 다른 동료들이 이미 그 자본주의의 강제 노역장으로 복귀했다는 거짓말을 믿게 했다. 그녀들은 자신들도 복귀하는 것이 도리라고 생각했고, 막상 현장에 돌아와서야 자신들이 속았다는 사실을 깨달았다.

이미 때는 늦었지만, 이 뼈아픈 교훈은 헛되지 않을 것이다.

다음은 아미앵 노동조합 강연에 관한 신문 기사의 일부다.

아미앵 노동조합은 드랑브르 시민의 주도하에 50명의 대표단을 파견하여 기차역에서 루이즈 미셸 시민을 맞이했다. 500명이 넘는 인파가 이 대표단에 합류했다. 노동조합의 주선으로 오후에 롱그빌 서커스장에서 강연이 열렸으며, 1,500명의 남녀 시민이 그곳에 모였다. 강연의 의장을 맡은 아메 시민의 짧은 개회사 후, 루이즈 미셸이 연단에 올랐다. 그녀는 노동계급의 고통을 묘사하고 집권 세력의 행태를 신랄하게 비판했다.

"오늘날 권력을 잡은 자들은 공화주의자의 가면을 쓴 예수회 교도들일 뿐입니다. 그들은 군인들을 튀니지로 보내 스당에서의 참사를 반복하려 합니다. 나는 남성의 하녀가 아닌, 여성의 권리를 요구합니다. 만약 언젠가 적들이 나를 붙잡는다면 절대 놓아주지 마십시오. 나는 취미 삼아 싸우는 아마추어가 아니라, 사회적 범죄가 끝나야 할 때라고 믿고 진심으로 행동하는 이들처럼 싸우기 때문입니다. 그렇기에 투쟁 중에 나는 자비가 없을 것이며, 나 또한 자비를 바라지 않습니다. 나는 보통 선거라는 거짓말에도, 여성에게 베푸는 척하는 양보라는 거짓말에도 속지 않습니다. 우리는 인류의 절반입니다. 우리는 모든 억압받는 이들과 함께 싸울 것이며, 유일한 정의인 평등에서 우리의 몫을 지켜낼 것입니다. 땅은 그것을 일구는 농부의 것이고, 광산은 그것을 채굴하는 광부의 것입니다. 빵, 노동, 과학 등 모든 것은 모든 이의 것입니다. 인류가 더 자유로워질수록, 자연으로부터 더 많은 부와 힘을 끌어낼 것입니다. 그들이 비천한 무리라 부르는 민중의 수는 압도적이고, 그들이 원할 때 민중은 거대한 힘이 될 것입니다. 누군가를 짓밟기 위해서가 아니라, 모두를 해방하기 위한 힘 말입니다."

그 후 고티에 시민이 발언권을 얻어 자본과 노동 문제에 대한 자신의 견해를 피력했다.

북부 지방 이야기를 하자니, 또 다른 파업을 위해 쥘 게드와 함께 강연 순회를 다녔던 기억이 떠오른다. 기차 여행 중에 우리는 한 편의 코미디를 구경했다. 어떤 노인네 하나가 옆 사람에게 자기가 지금까지 구경했던 유명 인사들의 장례식 이야기를 늘어놓고 있었는데, 만약 악마가 실재한다면 아마 저 노인처럼 말하지는 않았을 것이다. 나는 저게 정말 진심으로 하는 말인가 의아했다. 그러다 저자가 정말 진심이라는 것을 깨닫고는, 옆에 있던 게드가 저 까마귀 같은 인간의 흥을 깨버리지나 않을까 걱정될 정도였다.

그 노인은 자신이 앞으로 보게 될 장례 행렬에 대한 기대를 늘어놓더니, 급기야 당시 빅토르 위고의 나이를 따져보며 곧 그가 선사할 장례식 볼거리를 기대한다고 결론지었다. 이 생각을 한참 동안 굴리던 그는 또 다른 주제인 티에르 이야기를 시작했다. 이 장례식 까마귀 같은 자가 단연 대화의 주도권을 쥐고 있었다. 목이 칠면조처럼 빨간 옆 사람은 놀란 눈으로 그를 감탄하며 바라보았다. 그때, 가식 없이 진솔한 태도의 외판원이 나타나 상황을 정리했다. 그는 '불쌍한 고용주'들의 고충을 떠들어대던 그 노인의 헛소리들을 진실로 갈아치우며 입을 다물게 했다.

이 순회 강연 중에는 즐거운 사건들도 있었다. 어느 카페에서는 한 무리의 한량들이 우리 주변으로 몰려와, 우리를 마치 신기한 짐승 구경하듯 쳐다보며 에워쌌다. 나는 그들의 멍청한 얼굴을 연필로 스케치하기 시작했다. 그들의 표정에는 무지몽매한 순진함이 고스란히 드러나 있었는데(그림은 아주 잘 그려졌다), 나는 그 아래에 이런 문구들을 적어 넣었다. 행복한 밀고자. 박식한 밀고자. 멍청이. 악의적인 밀고자.' 사실 그들이 밀고자인 것은 아니었지만, 우리를 그런 식으로 쳐다

보는 꼴이 너무나 한심했다. 그중 한 명과 나머지 일행이 내 어깨너머로 그림을 훔쳐보더니 슬그머니 자리를 떴다. 덕분에 우리는 그들에게서 해방될 수 있었다.

강연장에 도착하자 어깨띠를 두른 경찰서장이 우리 곁에 자리를 잡았다. 아마도 반동 세력의 헛소문을 믿었는지, 그는 우리 동지들이 유지하는 평온함에 무척 놀란 듯 보였다. 사실, 강연장 내의 네 수호자(네 명의 헤라클레스 같은 장정들) 중 한 명이, 연설이 시작되기도 전에 소란을 피우려던 소시민 한 명을 마치 어린 고양이 다루듯 아주 우아하게 겨드랑이 사이에 끼워버린 것은 사실이다. 그러자 다른 소시민들은 마치 마법에 걸린 듯 순식간에 조용해졌다.

13.

이제 존재하는지도 모르는 국제노동자협회(인터내셔널)에 가입했다는 혐의로 기소가 이루어진 리옹 재판에 다다랐다. 나는 리옹 법정에서 파브르게트 검사를 바라보며 생각에 잠겼다. 그의 각진 옆모습, 넓은 소매를 걷어 올린 채 치켜든 팔, 날카로운 말투를 보고 있자니, 어린 시절 내가 자주 넋을 잃고 바라보았던 판화 한 장이 떠올랐다. 바로 대심문관 토마스 데 토르케마다[215]를 묘사한 그림이었다.

재판 내내 나는 에라스무스의 『우신예찬』[216]을 떠올렸다. 비록 광대

---

215) 중세의 광기 어린 심문관으로 악명 높은 스페인의 종교재판관. 이는 당시 사법부가 법치주의가 아닌 이념적 마녀사'을 자행하고 있음을 드러낸다.

216) 16세기 인문주의자 에라스무스가 쓴 풍자 문학의 고전이다. 이 책은 '바보 여신(Moria)'이 직접 화자로 등장하여 세상의 온갖 부조리와 위선을 칭송하는 형식을 취한다. 특히 종교 지도자, 법관, 권력자들의 허위의식과 어리석음을 날카롭게 비꼰다.

의 지팡이는 없었으나, 내 귀에는 광대의 방울 소리만은 쟁쟁하게 울렸다.

검사가 "피고를 유죄 판결하지 않으면 당신들의 상점은 안전하지 못할 것"이라고 겁박하자 겁에 질려 넋이 나간 배심원들, 내가 상점 문 앞에서 비웃었다는 어처구니없는 기소 내용[217], 나를 모욕하러 왔다가 법정에 휘몰아치는 혁명의 기운에 압도되어 잠잠해져 나간 청년들. 그 모든 풍경이 다시금 눈앞에 선하다.

하지만 신사 여러분, 당신들이 유죄를 선고한 것은 내가 아니다. 내가 치부를 꾀하지 않는다는 사실은 누구나 잘 안다. 당신들이 사형 선고를 내린 것은 나의 늙은 어머니였다. 그리고 어머니는 돌아가셨다.

땅속에 묻힌 어머니는 다시는 깨어나지 않을 것이다.

나 스스로 명예를 회복할 수 있게 허락해 주기 바란다.

내가 비웃음을 흘렸다는 식의 고발은 단지 사람들의 눈을 속이기 위한 미끼에 불과하다. 당국이 굳이 이런 방식으로 나를 죄인으로 몰려 했던 이유는, 여성은 우스꽝스러운 존재로 낙인찍힐 때 가장 손쉽게 매장당하기 때문이다. 이제 사실관계를 바로잡겠다. 그들이 나를 통해 진정으로 처벌하려 드는 것은 나의 신념이다. 그러므로 아나키스트들의 재판에서 당당히 내 자리를 지켰듯, 나는 이곳에 〈리옹 선언문〉을 기록할 권리가 있다. 나는 그 선언문에 담긴 모든 사상을 공유한다. 이것이야말로 나 스스로 정의를 바로 세우는 길이며, 이렇게 기록을 남기고 나면 더 이상 내 재판 따위에 신경 쓸 필요가 없을 것이다.

---

217) 검찰은 루이즈 미셸이 직접 빵을 훔치지는 않았지만, 군중이 빵집을 약탈하는 현장을 지켜보며 그들을 부추겼다는 죄목을 씌웠다.

아나키란 무엇이며 아나키스트란 누구인가. 우리는 이제 그 진실을 밝히고자 한다.

신사 여러분, 아나키스트란 도처에서 사상의 자유를 설하고 있는 이 시대에 무한한 자유를 옹호하는 것이야말로 자신들의 권리이자 의무라고 믿는 시민들이다. 그렇다, 전 세계에는 수천 명, 아니 수백만 명의 우리가 존재한다. 우리는 대중이 마음속으로만 삭이던 생각을 그저 큰 소리로 외칠 뿐이다. 우리는 절대적인 자유, 오직 자유만을, 완전한 자유를 요구하는 수백만 노동자들이다!

우리가 갈망하는 자유란 이러하다. 모든 인간이 자신이 원하는 바를 행할 권리와 실질적인 수단을 갖는 것이다. 자연법칙에 따른 불가능함이나, 나만큼이나 존중받아야 마땅한 이웃의 필요 외에는 그 어떤 제한도 없이 자신의 욕구를 온전히 충족하는 상태, 그것이 우리가 요구하는 자유다.

우리는 확신한다. 이러한 자유는 그 기원이 무엇이든, 형태가 어떠하든 모든 종류의 권력과 결코 공존할 수 없다. 그것이 선출된 권력이든 강요된 권력이든, 군주제든 공화제든, 신권에 기반하든 인권이나 보통 선거에 기반하든 마찬가지다. 역사는 우리에게 모든 정부가 본질적으로 같다는 사실을 가르쳐준다. 이른바 최선의 정부가 실제로는 최악의 정부다. 누군가는 더 파렴치하고, 누군가는 더 위선적일 뿐이다! 근본적으로는 언제나 같은 수법, 같은 불관용이 반복된다. 겉으로는 가장 자유주의적인 자들조차, 성가신 반대 세력을 다스릴 요량으로 입법 무기고의 먼지 속에 인터내셔널을 옭아맬 악법 하나쯤은 숨겨두고 있기 마련이다.

아나키스트들이 보기에 악의 본질은 특정 정부 형태에 있는 것이 아니라, 정부라는 발상 그 자체와 권위의 원칙에 있다. 요컨대 우리의 이상은 인간관계에서 행정적·법적 구속이나 강요된 규율을 폐기하고, 그 자리에 언제든 수정하고 해지할 수 있는 자유로운 계약을 세우는 것이다.

아나키스트들은 인류가 이미 신의 구속 없이 살아가기 시작했듯, 이제 정부 없이 살아가는 법을 배워야 한다. 이것이 아나키스트들이 민중에게 전하고자 하는 교훈이다. 또한 인류는 소유주 없이 살아가는 법도 배울 것이다. 진정 최악의 폭군은 당신을 감옥에 가두는 자가 아니라 굶주리게 하는 자이며, 당신의 멱살을 잡는 자가 아니라 당신의 배을 움켜쥐고 흔드는 자이기 때문이다.

평등 없는 자유란 존재할 수 없다! 자본이 나날이, 줄어드는 소수의 손에 독점되고, 모두의 세금으로 운영되는 교육조차 평등하게 분배되지 않는 사회에서 자유는 허상일 뿐이다. 우리는 믿는다. 자본은 과거와 현재 모든 세대가 협력하여 일궈낸 인류 공통의 유산이다. 따라서 자본은 누구도 소외되지 않도록 만인의 처분에 맡겨져야 하며, 그 누구도 타인의 희생을 발판 삼아 자본 일부를 독점해서는 안 된다.

한마디로 우리는 평등을 원한다. 자유의 결과이자 전제 조건인 실질적인 평등을 원한다. "각자의 능력에 따라 일하고, 각자의 필요에 따라 분배받는다!" 이것이 우리가 진심으로, 온 힘을 다해 지향하는 바다. 이 요구는 정당하고도 필연적이기에 반드시 실현될 것이다. 이것이 바로 기득권층이 우리에게 온갖 오명을 씌워 매장하려는 진짜 이유다.

그렇다, 우리는 그들이 말하는 악당들이다! 우리는 모두를 위한 빵을, 모두를 위한 과학을, 모두를 위한 노동을 요구한다! 나아가 만인을 위한 독립과 정의를 요구한다!

이 선언문에는 크로포트킨 공작을 필두로 에밀 고티에, 보르다, 베르나르, 그리고 그 외 마흔세 명의 피고인이 함께 이름을 올렸다. 초안은 고티에가 작성했다.

재판이 진행되는 동안 리옹에서 열렸던 강연회에 대해서는 단 하나의 기록만이 내게 남아 있다. 어느 신문의 기사였는지는 정확히 기억나지 않지만, 그 내용은 다음과 같다.

리옹 발 전보, 1월 19일.[218]
어제 저녁, 엘리제 홀에서 루이즈 미셸이 구금된 아나키스트 동지들의 가족을 돕기 위한 자선 강연을 열었다. 군중은 투옥된 크로포트킨

---

218) 기사는 전날인 1월 18일 저녁에 있었던 일을 보고하고 있다. 당시 리옹 재판은 1883년 1월 8일에 시작되어 1월 19일에 선고가 내려졌으므로, 이 연설은 선고 바로 전날 밤에 열린 긴박한 지지 집회였다. 재판 결과, 크로포트킨은 5년형을 선고받았고, 미셸은 리옹 재판 직후 파리에서 열린 앵발리드 재판에서 빵집 약탈 선동 혐의로 무거운 형을 받았다. 두 사람은 프랑스 동부에 있는 클레르보 감옥에 비슷한 시기에 수감되었다. 그들은 편지를 주고받으며 서로를 격려했다. 크로포트킨은 감옥 안에서 지리학 연구와 집필 활동을 이어갔고, 미셸 또한 동료 수감자들을 교육하며 투쟁 의지를 다진다. 두 사람이 동시에 유럽의 유명한 지식인이자 혁명가였기에, 프랑스 정부는 큰 압박을 받았다. 특히 빅토르 위고를 포함해 토머스 헉슬리, 시인 알제넌 스윈번 등 영국의 저명한 학자와 문인들이 "학문적 업적이 뛰어난 크로포트킨과 인도주의적 혁명가 루이즈 미셸을 석방하라"는 청원서를 프랑스 정부에 보냈다. 결국 두 사람은 1886년에 특별 사면으로 함께 풀려나게 되었다. 위고는 특히 1871년 파리 코뮌 재판정에서 당당했던 루이즈 미셸의 모습("나를 처형하라!")에 감명받아 그녀에게 헌정하는 시 〈위대한 인간(Viro Major)〉을 썼다.

[219]과 베르나르를 명예 의장으로 추대하며 열렬한 환호를 보냈다.

연단에 오른 루이즈 미셸은 먼저 "기존 체제가 사회를 파괴하는 데 물리력을 동원하는 만큼 사회를 변혁하는 것 또한 오직 무력에 의해서만 가능하다"는 사실을 분명히 밝혔다.

그녀는 "리옹에서는 아나키스트들이 피고인석에 앉아 죄인 취급을 받지만, 영국에서 그들은 하원 의원으로 활동하고 있다"며 프랑스 사법부의 편협함을 꼬집었다.

또한 그녀는 런던의 프랑스 망명객들이 리옹 재판의 부당함에 항의하며 보내온 연대 서신을 지참했음을 밝혔다. 하지만 경찰의 삼엄한 감시 속에서 동지들의 신변을 보호하기 위해, 그 귀중한 서류를 눈앞에서 파기했다고 덧붙였다.

이어진 연설에서 루이즈 미셸은 현대 사회 속 여성이 처한 비참한 처지에 대해 심도 있는 견해를 펼쳤다. 뒤이어 집회 의장은 부르주아 권력의 억압에 맞서 스스로 방어하기 위해 무장봉기에 나설 것을 결의안으로 제안했고, 참석자들은 이를 압도적으로 채택했다.

그 과정에서 베송이라는 남자가 장내의 기자들을 축출하자고 요구했으나, 루이즈 미셸은 "자유는 모두에게 평등하게 보장되어야 한다"며 단호히 반대했다. 또한 집회 이름으로 아나키스트들의 무죄 방면을 탄원하자는 제안이 나오자, 의장은 "그것이 집회가 아니라 판사들의 소관이라고 답변했다. 그는 피고인들의 동의 없이는 그러한 결의를

---

219) 크로포트킨은 재판이 열리기 약 한 달 전인 1882년 12월 21일, 프랑스 토농레뱅 (Thonon-les-Bains)에서 체포되었다. 따라서 1883년 1월 8일부터 시작된 리옹 재판 기간 내내 그는 감옥에 갇힌 채 법정을 오가는 구속 피고인 신분이었다. 리옹 재판 의 피고인은 총 66명이었는데, 크로포트킨은 체포되어 감옥에 갇힌 채 재판받은 '구속 피고인'이었다.

표명할 수 없다"고 말했다.

집회는 참석자들의 뜨거운 환호와 박수 속에 마무리되었다.

라 페를르 홀이었던가, 어느 강연회에서 있었던 일이다. 누군가 연단 뒤 창문을 깨고 정체 모를 연기를 피워 올리는 수작을 부렸다. 만약 우리가 그것을 경찰이나 머저리들이 부린 속임수라고 치부하며 태연하게 대처하지 않았더라면, 겁에 질린 군중이 좁은 출구로 한꺼번에 몰려 큰 사고가 날 뻔한 상황이었다.

그들은 참으로 어리석은 자들이었다. 나중에 그들은 부끄러워하며 내게 사과 편지를 보냈고, 나는 공개 석상에서 그들의 이름은 가린 채 편지를 낭독했다. 이 글을 읽는 여성들이여, 이 점을 명심하라. 세상은 우리 여성을 남성과 같은 방식으로 대하지 않는다. 남성들은 설령 악의를 품고 다른 남성을 공격할 때조차, 이런 어처구니없이 유치하고 멍청한 짓거리를 하지 않는다.

하지만 여성이 민중을 기만하는 권력의 허상을 꿰뚫어 보고, 여성을 기만하는 위선적인 양보에 속지 않을 때, 세상은 바로 그런 유치하고 터무니없는 방식으로 여성을 흔들려 든다.

그렇기에 여성은 가장 끔찍한 사건 앞에서도 남성보다 수천 배는 더 침착해야 한다. 심장을 파고드는 고통 속에서도 평소와 다름없는 모습을 유지해야 한다. 당신이 조금이라도 평정심을 잃는 순간, 동정심에 눈이 먼 친구들이나 증오에 휩싸인 적들은 기다렸다는 듯 당신을 정신병원에 가둘 것이기 때문이다. 그러면 당신은 너무나 멀쩡한 정신으로 그곳에 매장당할 것이다. 어쩌면 처음 들어올 때는 전혀 미치지 않았을지도 모를 다른 여인들과 함께 말이다.

남성이라면 그가 누구든 간에 주인 노릇을 한다. 반면 우리 여성은 남성과 짐승 사이의 중간 존재쯤으로 취급받는다. 프루동은 여성을 가정주부 아니면 창녀로 분류하기도 했다. 늘 고통스럽게 시인하는 바이나, 우리는 오랜 세월을 거치며 그렇게 만들어진 특별한 계급이다. 우리가 용기를 내면 그것은 병리적인 사례가 되고, 우리가 지식을 쉽게 습득해도 그 역시 병리적인 사례가 된다.

나는 평생 이런 세태를 비웃어 왔다. 이제는 곧 사라질 다른 수많은 오류처럼, 이런 편견 따위는 상관없다. 구태의연하고 반동적인 고정관념에 사로잡힌 자들이 나를 불길한 시골뜨기 계집이라 부를지라도, 나는 이 고통스러운 시대를 넘어선 미래를 본다. 그날이 오면 남성과 여성은 선한 동반자로서 손을 잡고 인생을 함께 나아갈 것이다. 마치 미래의 민중이 어느 나라가 세계 제일인지를 다투지 않게 되듯, 남녀 또한 누가 우월한지를 두고 다투지 않을 것이다. 그렇게 앞을 내다보는 것은 참으로 즐거운 일이다.

리옹 재판이 끝난 지 몇 주가 지났을 때, 나는 왠지 모를 이유로 내게 허용된 이 자유를 사용하지 않는다면 마치 비겁한 공범이 되는 듯한 기분이 들었다. 나는 죽어버린 인터내셔널 대신, 지구 끝에서 끝까지 우뚝 선 새롭고 거대한 인터내셔널을 소집하기 위해 나의 자유를 쓰기로 했다. 나는 이 일을 공개적으로 말하고 실행했다. 하지만 재판에서 그들은 이에 대해 단 한마디도 언급하지 않았다. 내가 당시 상점 문가에서 약탈을 부추기듯 비웃었다거나, 어머니께서 시위에 나가려던 나를 붙잡으며 자신이 죽을 때까지 기다려달라고 애원했다는 따위의 이야기들만 오갔을 뿐이다.

내가 가 본 적도 없는 집에서 기자들과 인터뷰를 했다는 기사가 나

돌고, 내가 근처에도 가지 않은 어느 숲에서 유흥을 즐기고 있더라는 헛소문이 퍼지던 때가 있었다. 그 무렵 나는 친구인 보안과 뫼지의 가족들 집에 몸을 숨기고 있었는데, 그곳에서 남장을 한 채 가엾은 어머니를 보러 가곤 했다.[220] 그 복장을 하고 있었다면 파리에 그대로 숨어 지내거나, 어머니를 모시고 외국으로 망명을 떠날 수도 있었다. 아니면 그 모습 그대로 혁명 선전을 계속할 수도 있었을 것이다. 실제로 나는 여성이 금지된 집회에 얼마나 자주 참석했던가! 코뮌 시절에는 국민방위군이나 보병의 군복을 입고, 누구도 내가 여자라고는 짐작조차 못 할 곳을 얼마나 수없이 누비고 다녔던가!

그 당시 나를 가족처럼 따뜻하게 품어주었던 친구들이여, 훗날, 이 글을 읽게 된다면 내가 여러분에게 그토록 많은 고생을 시킨 것을 깊이 미안해했음을 꼭 알아주길 바란다. 하지만 나는 재판이 열리기 전에 스스로 모습을 나타내야만 했다. 우리를 향한 모함이 너무나 수치스러웠기에, 우리 자신을 위해서라도 더는 비겁하게 숨지 말고 단호하게 맞서야 했기 때문이다.

그리고 나의 대견한 루이즈와 오귀스틴, 그날 너희가 내 결심을 지지하며 "당신이 옳아요!"라고 말해주었던 그 순간을 잊지 마라. 나 또한 그 기억을 잊지 않을 것이며, 너희가 언제나 그런 강인한 사람으로 살아가리라는 것을 믿는다. 너희의 남자 형제들이 앞으로 마주할 일들을 견뎌내기 위해 용기가 필요하다면, 여성인 너희에게는 그보다 백배는 더 큰 용기가 필요할 것이다.

오늘날, 남성들이라면 눈물을 흘렸을 상황에서도 여성들은 마른 눈으로 견뎌내야만 한다. 그리고 어린 너희들, 내가 설마 너희를 잊었다

<hr>

220)미셸은 시위 직후 도피했다가 나중에 자수하였다.

고 생각하지는 않겠지. 만약 폴과 마리우스가 훗날 내가 믿는 대로 자라난다면, 그들 역시 용기가 필요할 것이다. 한 명은 시인으로, 다른 한 명은 음악가로, 죽음의 굴레를 벗어던지고 예술이 피어나는 곳을 찾아 찬란한 태양 아래 제 갈 길을 걸어가길 바란다. 마리와 마르그리트, 나의 어린 소녀들아, 너희 역시 인류가 나아가는 거대한 여정에 함께하게 될 것이다. 그 길 위에서 여성은 결코 약해져서는 안 된다. 고통스럽겠지만, 그것은 또한 영광스러운 일이기도 할 것이다!

이제 나의 재판 이야기로 돌아가 보겠다. 여러 친구가 나를 변호하겠다고 나섰다. 하지만 우리 각자가 자기의 입장을 직접 밝혀야 한다는 원칙 외에도, 내게는 선택하기 어려운 이유가 있었다. 이미 우리 동지들을 자유인답게 훌륭히 변호해 준 이들과 누메아의 식민지 법정에 선 유형수들을 변호했던 로카뮈 씨 중에서 한 명을 고르는 것은 불가능한 일이었다.

우리는 그가 의뢰인들을 무죄로 석방하고 정작 본인은 법정 모독죄로 유죄 판결을 받아 수갑을 찬 채 감옥으로 끌려가는 모습을 얼마나 자주 보았던가! 그는 이런 상황조차 하나의 연극처럼 여겼고, 법정의 권위를 철저히 조롱하기 위해 기꺼이 수갑을 찼다. 로카뮈 씨는 그렇게 끌려가면서도 호쾌하게 웃곤 했는데, 그 모습은 보는 이조차 웃음이 터져 나올 정도였다.

그는 그 상황을 아주 당당하게 받아들였는데, 이는 마치 리스본이 죄수복을 입고도 기품을 잃지 않았던 모습과 같았다. 그가 꼿꼿이 서서 곱슬곱슬한 큰 머리를 흔들었다면, 리스본은 목발을 짚으면서도 갈기 같은 머리칼 아래로 고개를 치켜들었다. 두 사람 모두 사자와 같은 기개를 지니고 있었다.

여러 명의 피고인이 함께 재판을 받을 때 법정에서 발언하기가 곤란한 이유는, 당신이 하는 말 한마디 한마디를 검찰이 노리고 있다가 가능할 때마다 또 다른 기소의 무기로 사용하려 들기 때문이다. 나는 이러한 함정을 잘 피했기를 바란다.

고대 비극의 합창단처럼 떼를 지어 나를 비웃으며 바라보던, 변호사로 위장을 했거나 갓 자격증을 딴 젊은이들에게도 할 말이 있다. 나는 그들 중 모욕을 멈춘 서너 명만큼은, 고인들을 모독하는 비열한 무리에 끝내 휩쓸리지 않았기를 바란다.

또한 그들이 사물을 아주 좁은 시야로만 바라보지 않기를 바란다. 한때 그들처럼 학생이었던 발레스, 리고, 베르모렐, 미이에, 들레클뤼즈, 그리고 수많은 동지의 이름이 가끔이라도 그들에게 떠오르기를 바란다. 우리는 청년들에게 돈키호테 같은 헛된 역할을 하라고 부추기는 것이 아니다. 낡은 투구나 닦고 풍차를 향해 돌진하는 식의 무모한 짓으로는, 단 한 사람의 치욕이 아닌 인류 전체가 겪어온 그 오랜 치욕을 결코 씻어낼 수 없기 때문이다.

복수란 곧 혁명이며, 온 세상에 자유와 평화의 씨앗을 뿌리는 일이다. 만물에 생명력이 차오를 때, 우리는 어느 한 편에 서야 한다. 자신이 속한 계급과 함께 구태의연한 관습의 구렁텅이에 처박힐 것인가, 아니면 계급이라는 불합리한 벽을 헐어내고 새로이 일어나는 인류의 발걸음과 함께 태양 아래 자리를 잡을 것인가.

사람들의 말에 의하면, 발레스[221]의 장례식에서 검은 깃발과 붉은 깃발이 휘날리는 가운데 감격에 젖은 군중을 보았다고 한다. 이것이 혁명군의 전부인가? 이것이 전위 부대란 말인가? 아니다, 이것은 겨우

221) Jules Vallès(1833-1885). 미셸과 동시대를 살았던 프랑스의 작가이자 혁명가, 저널리스트.

한 개의 대대에 불과하다.

잔혹하고 어리석은 정부들에 의해 그 시간이 앞당겨져 마침내 때가 오면, 어느 한 거리의 대로가 아니라, 온 지구가 인류가 내딛는 행진 아래 전율할 것이다.

그날이 오기까지, 우리 동지들이 살해당하는 단두대에서 흐르는 피의 강이 더 넓어질수록, 감옥이 미어터질수록, 비참함이 커질수록, 그리고 압제가 무거워질수록, 그 시간은 더 빨리 다가올 것이며 투사의 수는 더 늘어날 것이다.

젊은이들이여, 분노의 바람에 붉고 검은 깃발이 휘날릴 때 얼마나 많은 이들이 우리와 함께하겠는가! 친구들이여, 그 모든 것이 낡은 난파선 주위로 솟구쳐 오를 때 그 얼마나 거대한 해일이 일겠는가! 스스로 학생이라 자처하면서 조국의 경계를 스당의 진흙탕 속에 가둬버린 그 애송이들은 또 얼마나 고분고분해지겠는가! 우리는 전 세계 모든 민중을 위해, 폭군들과 어리석은 자들이 인류를 끌고 갔던 그 모든 스당의 복수를 원한다.

언제나 자유의 상징이었던 붉은 깃발은 우리들의 피로 붉게 물들어 있기에 압제자들을 공포에 떨게 한다. 일하며 살아가거나 싸우다 죽기를 원하는 이들의 피로 검게 물든 깃발은, 타인의 노동에 기생하려는 자들을 두렵게 만든다.

오! 검고 붉은 깃발들이여, 우리 위로 휘날려라. 우리의 슬픔 위로, 그리고 떠오르는 새벽을 향한 우리의 희망 위로 휘날려라!

만약 어느 나라에서든 자유가 허락되어, 누구나 원하는 곳에 원하는 방식으로 자기 깃발을 내걸 수 있다면, 우리는 어떤 투표보다도 확실하게 군중이 어느 편에 서 있는지 보게 될 것이다. 그때는 주머니 속에 투표지 몇 장을 쑤셔 넣듯 사람들을 제멋대로 좌지우지할 방법 따위는 없을 것이다. 그것이야말로 조작되지 않은 다수의 의지, 즉 진정한 인민의 의지를 확인하는 최고의 방법이 될 것이다. 하지만 우리의 깃발을 내거는 것이 허용되는 곳은 오직 죽은 이들의 무덤 위뿐이다. 이곳은 런던이 아니기 때문이다.

블랑키의 마지막 강연이 떠오른다.

강연장은 온통 삼색기로 장식되어 있었다. 그 용맹한 노병은 자기 앞에 휘날리는 스당과 베르사유의 색깔들, 즉 항복과 학살의 상징을 저주하기 위해 분연히 일어섰다. 그 강연이 마지막이었다. 반동 세력의 아우성이 노병의 목소리를 집어삼키려 들곤 했다. 그러나 죽음을 앞둔 이의 가냘픈 숨결이 거대한 미래의 숨결로 채워질 때면, 도리어 그 소리가 사방을 압도했다. 그날의 강연을 마치고 침상에 든 블랑키는 다시는 일어나지 못했다.

저들이 뒤쫓고 탄압하는 것은 태양 아래 새벽을 여는 선명한 붉은 깃발만이 아니다. 저들은 과거와 현재를 막론하고 깨어나는 모든 자유를 증오한다. 프랑스의 옛 코뮌들, 1793년의 혁명, 6월의 투쟁, 그리고 1871년의 파리 코뮌이 그 대상이다. 무엇보다 저들은 저 붉은 새벽 아래 다가오고 있는 다음 혁명을 두려워한다. 그리고 우리 역시, 그 모든 역사를 지키기 위해 싸우고 있다.

지금 써 내려가는 이 글들이 생-라자르 감옥의 문턱을 넘기는 쉽지 않을 것이다. 하지만 감옥 규정에 명시된 유리한 조항 하나가 이 기록을 망각 속에 버려두지 않게 해주었다.

'변호사는 수감자의 편지를 밀봉된 채로 전달받을 수 있다.'

내 변호사 중 한 명은 이 회상록이 나의 유언이나 다름없음을 이해해

주었다. 그렇기에 나는 나의 사상을 있는 그대로 기록할 권리가 있다.

14.

이제 다시 나의 이야기를 시작하겠다.

7월 14일, 정확히는 그다음 날 아침, 내가 클레르몽 교도소로 끌려간 지 2년이 흘렀다.[222]

"뒤끝 없는 축제란 없다"

여성 교도소는 남성 교도소보다 처우가 덜 가혹한 편이다. 나는 그곳에서 추위나 굶주림에 시달리지도 않았고, 우리 동지들이 겪었던 온갖 모욕적인 처사도 당하지 않았다. 나의 옥중기 제목은 '유형지의 서'가 될 것이다. 그동안 써둔 수많은 쪽지만 모으면 된다. 그 분량이 제법 방대하다.

책의 첫 페이지들은 가련하고도 용감한 여성 구호대원들에게 헌사할 생각이다. 그녀들은 파리 코뮌의 부상병들을 돌보았다는 이유로, 그리고 길가에 버려진 베르사유군 부상병들까지도 외면하지 않고 치료해 주었다는 이유로 사형을 선고받고 가혹한 더위의 카옌 유형지로 보내졌다. 부상자들에게는 진영이 따로 없건만, 베르사유군은 종종 자신들의 부상병을 내버려 두었다. 그렇겠지! 부상병들이 걸리적거리지 않아야 마음 놓고 총탄을 퍼부을 수 있었으니.

---

222)미셸이 1883년 파리에서 시위를 주도하다 체포되어 클레르몽(Clermont) 중앙 교도소로 이송된 시점부터 이 글을 쓰고 있는 시점까지의 기간을 의미. "벌써 2년이 흘렀다"는 것은 1885년 7월경을 말한다. 그녀는 감옥 안에서 자신의 회고록을 정리하며 이 글을 썼고, 실제로 이 회고록(Mémoires)은 그녀가 사면되기 직전인 1886년 초에 출간되었다.

빅토르 위고가 레티프와 마르셰 같은 소박하고 용감한 여인들을 위해 사면을 받아냈다. 같은 혐의로 강제 노역형을 선고받은 쉬에탕, 파파부안, 라셰즈도 역시 사면을 받았다. 베르사유 측은 위대한 문호에게 이 여인들이 괴물이라고 떠들어댔겠지만, 베르사유의 가면이 벗겨지는 데는 그리 오랜 시간이 걸리지 않았다.

이어지는 장들은 감옥에서 만난 친구들에 관한 이야기가 될 것이며, 당연히 우리 동지들부터 시작할 것이다. 사토리 수용소에 수용되었었던 내 친구들은, 내가 곧 처형당할 처지임을 미리 알렸음에도 두려움 없이 나를 껴안아 주었다. 그것은 자신의 목숨을 거는 일이었다. 샹티에 수용소에서도 마찬가지였다. 밤마다 벽에 누더기들이 걸려 있던 그 거대한 '산 자들의 시체 공시소'에서도 동지들은 나를 외면하지 않았다. 그 용기 있는 마음들에 감사를 표한다. 아, 슬프게도 그들 중 상당수는 이미 세상을 떠났다.

가장 먼저 떠난 이는 드뢰르 부인이었다. 이미 병환 중이었던 그녀는 가혹한 시련을 견뎌내지 못했다. 패배한 파리의 한복판에서, 승리자들의 목전에서 코뮌의 깃발이 그녀의 운구를 뒤따랐다. 우리가 다시 만나지 못한 이들 중에도 분명 많은 이가 죽어갔을 것이다.

일전에 이 기록 어디에선가 "얼마나 많은 감옥인가!"라고 탄식한 적이 있다. 그렇다, 참으로 많은 감옥을 거쳐왔다! 제37보루에서 사토리를 거쳐, 샹티에, 라로셸, 누벨칼레도니아, 그리고 클레르몽과 생-라자르에 이르기까지!

나의 옥중기가 출판될 때쯤이면, 초고 위로 흐른 10년의 세월과 망망대해 위로 수많은 이야기가 덧붙여져 있을 것이다. 이름 모를 수많은 시신 위로 풀이 돋아났을 것이다. 하지만 내 생각은 변함없다. 인간의 죄란 방임과 비참함, 그리고 무지 속에서 길러진 것이기에 인간에게 온전한 책임을 물을 수 없다는 믿음 말이다.

오랫동안 사람들은 "살인범들부터 먼저 살인을 멈추게 하라"라는 무자비하고 모순적인 말을 근사하다고 여겨왔다. 하지만 진정한 살인범은 생존 투쟁이 너무나 처절하여 서로를 먹잇감 삼아 끝없이 맴돌게 하는 저 낡고 쇠락한 국가들 아닌가? 땅에 쓰러진 민중들 위로 까마귀 떼의 울음소리와 날갯짓 소리만이 들려올 뿐이다. 빅토르 위고의 시구절처럼 말이다.

나사로여! 나사로여! 나사로여! 일어나라!

세상은 온통 함정뿐이며, 불행한 여인들은 그 함정에 빠져든다. 어떤 여성들에게 허락된 자리가 길거리의 매춘이나 해부용 시체 공시소뿐인 것이 과연 그녀들의 잘못인가. 누군가는 자신의 변덕을 위해 수백만 프랑과 수천 명의 생명을 내던질 때, 자신과 아이들을 먹여 살리기 위해 고작 몇 푼어치의 물건을 훔쳐야만 했던 것이 정녕 그녀들의 죄란 말인가.

보라, 나는 이 일들을 쓰라림 없이 말할 수가 없다. 세상의 모든 짐은 여성에게 더 무겁게 지워진다. 사람들은 감옥에 갇힌 여인들을 손가락질하며 쉽게 판단하곤 한다. 모든 곳으로 흩어지고, 심지어 자유를 향해 떠나기도 하는 저 거대한 집결지인 생-라자르 감옥은 그녀들의 면면을 살피기에 가장 적당한 장소일지도 모른다. 하지만 잠시 스쳐 지나가며 구경하는 것으로는 아무것도 알 수 없습니다. 그들과 함께 고통을 나누며 긴 시간을 보내본 사람만이, 그녀들을 짓누르는 수치심 아래에서도 얼마나 많은 관대한 심장들이 뛰고 있는지 느낄 수 있다.

그렇다, 일어나라! 오랫동안 싸워왔고 자신의 수치심에 눈물짓는 불행한 여인이여. 유죄인 것은 결코 당신이 아니다.

탐욕스럽고 배부른 저 부르주아 늙은이들에게 싱싱한 살덩이를 탐하는 갈증을 심어준 것이 정녕 당신의 죄란 말인가? 아무것도 가진 것 없는, 아름다운 소녀들에게 스스로 상품이 되겠다는 생각을 품게 한 것이 정녕 당신이란 말인가?

절도범으로 몰린 다른 이들을 보라. 여인들을 거리로 내쫓는다면, 그녀들이 포주라 불리는 사내—폭력과 착취를 일삼는—가 시키는 대로 움직이게 될 것은 자명한 일이다. 하지만 그녀들은 누가 시키지 않아도 홀로 그 길을 걷게 되기도 한다. 길을 잃어버린 처지라면, 그저 눈앞에 보이는 길을 따라 끝없이 나아갈 수밖에 없지 않은가?

물건을 훔쳤다는 여공들도 있다. 그녀들은 자투리 천 조각 몇 개를 챙겼을 뿐이다. 그 잘난 의상실 주인 나리들이 남은 천 조각들을 다시 가져다 쓰라고 돌려준 적이라도 있단 말인가? 성냥을 훔친 이들도 있다. 당연히! 아이들이 굶주리고 있었기 때문이다. 남편을 속이고 바람을 피운 이들도 있다! 그렇다면 그 남편들은 단 한 번도 아내를 속인 적이 없단 말인가?

재산의 규모에 맞춰 짝을 짓게 하는 대신, 사람들이 스스로 반려를 선택하게 내버려 두었다면 이런 일은 그리 자주 일어나지 않았을 것이다. 또 어떤 이들은(주로 노파들이다) 굶어 죽기 직전에도 조금이라도 더 살고 싶을 때, 감옥에서 빵 한 조각이라도 얻어먹으려고 경찰에게 욕설을 내뱉기도 한다.

내가 미결수로 있을 때 그런 노파 한 명을 본 적이 있다. 얼마나 오랫동안 아무것도 먹지 못했는지, 겨우 얻은 고깃국물 몇 모금을 마시자마자 마치 술에 취한 사람처럼 맥없이 쓰러지고 말았다. 그 노파는 며칠 뒤 세상을 떠났다. 위장이 완전히 망가져 그 어떤 음식도 받아들이지 못했기 때문이다.

클레르몽 교도소의 독방에 갇혀 지낼 때, 나는 아무도 만날 수 없었지만, 수감자들이 나누는 대화의 파편들을 들을 수 있었다. 그중에서도 비참함의 심연에서 배어 나오는 슬픔이 담긴 몇 대목을 골라 보았다.

"너 내일 나가지, 좋겠다!"

"천만에! 밖은 너무 춥고 배고파."

"그래도 네 어머니는 좋은 일자리가 있으시잖아."

"내가 감옥에 왔다고 쫓겨났어."

"어머니는 어디 계셔?"

"길거리로 나앉으셨지."

"그럼 너는 어디로 갈 건데?"

"뚱보 쉐프가 나보고 거리에서 손님 좀 끌라고 사람을 보냈더라고. 감옥 노역으로 모은 돈은 어머니 드리고, 난 거기 들어가서 지내야지."

"내기해도 좋아, 너 또 여기로 돌아오게 될걸!"

"안 돌아오고 배기겠어? 번듯한 증명서가 수두룩한 사람들도 일자리가 없는데, 우리 같은 전과자들한테 줄 일자리가 어디 있겠냐고."

또 다른 대화들도 있다.

"너는 어디서 왔니?"

"생-라자르에서 왔지, 당연히! 난 파리 사람이니까."

"무슨 짓을 저질렀는데?"

"내가 알 게 뭐야. 내 기둥서방 놈이 돈뭉치를 훔쳤는데, 내가 공범이라더군."

"너는 전혀 몰랐어?"

"그놈이 일하러 나갈 때 어디로 가는지 나한테 말이나 해줄 것 같아?"

"그래도 뭐라도 좀 챙겨주지 않았어?"

"그놈이 나한테 뭘 주냐고? 오히려 뺏어 가지나 않으면 다행이지. 하루에 15프랑씩이나 바쳐야 한다니까."

"그 큰돈을 가지고 대체 뭘 한다니?"

"아, 글쎄! 그놈도 남는 게 없어. 그놈 친구한테 입막음 비용을 줘야 하거든. 안 그러면 그놈이 다 불어버릴 테니까."

"하루에 15프랑이나 되는 돈을 대체 어떻게 구하는데?"

"창가에 앉아 손님을 불렀지[223]. 밖에서 떨며 기다리는 것보단 나으니까. 어떻게든 먹고는 살아야 하잖아! 일자리를 구하러 다닐 땐 옷차림이 남루하다고 가게에서 쫓겨났어. 그러다 한번은 누가 옷을 한 벌 빌려줬는데, 이번엔 딴판이더군. 옷차림이 너무 좋으니까 웬 손님 하나가 나를 데려갔고, 그렇게 시작된 거야. 결국 등록증을 만들어야 했

---

223) faire la fenêtre. 19세기 프랑스 속어로 매춘업소의 창가에 앉아서 지나가는 손님들을 유혹하는 형태의 매춘을 의미. battre le quart는 거리를 배회하는 노상 매춘으로 위험성이 높았다. 19세기 파리에서 공인된 매춘업소들은 창가에 여성들을 앉혀놓고 손님을 끌었다. 이는 거리 매춘보다 합법적이고 포주의 보호(착취) 아래 있으며 경찰의 감시를 받았다.

고, 기둥서방까지 들러붙게 된 거지."

"어디 창가에서 일했는데?"

"렐랭그네 집이야. 너도 알지? 감옥 안에서 매춘 사업을 벌이려고 일부러 잡혀 들어오는 여자 말이야."

"렐랭그! 난 그 여자 가게보다 차라리 이 감옥이 낫더라! 그 여자는 우리 같은 불쌍한 것들의 몸뚱어리를 굴려 대며 돈을 너무 많이 뜯어 가."

"그럼 내가 어디로 가야겠어? 감옥이라는 씨앗은 길거리에서만 뿌리를 내리는 법인데."

또 다른 대화들도 있다.

"슬퍼 보이네, 들창코!"

"내 불행을 다시 마주하러 가야 하니까."

"그게 뭔데?"

"애들 아버지야."

"결혼했어?"

"아니."

"그런데 왜 그자를 떠나지 않아?"

"내 애들의 아버지니까! 예전엔 그 불쌍한 인간도 애들 키우려고 고생깨나 했어. 하지만 남자는 여자보다 고통을 견디는 힘이 약하잖아. 모진 바람이 불어오면, 들판의 풀들이 속절없이 눕듯이 그이도 그렇게 꺾일 수밖에 없었던 거지."

출소한 뒤에 그들이 몸을 기댈 곳이 단 한 군데라도 있단 말인가? 출소한 여성들을 위해 만든 수용 시설은 그들을 모두 수용하기엔 턱없이 부족하다. 그것은 끊임없이 쏟아지는 폭포수를 컵 하나로 받아내려는 것과 다름없다. 양심 있는 이들이여, 당신들도 똑똑히 보고 있지 않은가. 낡고 부패한 것들을 허물어뜨린 자리에 또 다른 악을 세우지 않으려면, 콜레라를 치운 자리에 페스트를 들여놓지 않으려면, 반드시 혁명이 이 길을 지나가야만 한다. 단순히 바꾸는 것이 아니라, 근본부터 정화해야 한다.

감옥에 갇힌 여인들이 끔찍하게 느껴지는가? 나에게는 그들을 그렇게 만든 이 사회가 훨씬 더 역겹다! 먼저 이 오물 구덩이를 치워버려야 한다. 태양 아래 대지가 깨끗하게 청소된다면, 그 누구도 다시는 오물 속에 빠져 허우적대지 않을 것이다.

부드럽고 맑은 목소리를 가진 어린 아가씨들이여, 여기 당신들과 같은 나이지만 거칠고 갈라진 목소리를 가진 소녀들이 있다. 술을 마셔 정신을 어지럽히지 않고서는, 자신이 살아있다는 사실조차 잊어버리려 애쓰지 않고서는, 그녀들이 처한 삶을 견뎌낼 수 없었기 때문이다.

생-라자르 감옥의 소리에 귀를 기울여라. 어머니 곁을 한 번도 떠나본 적 없는 소녀들이여. 이곳에도 당신들 같은 열여섯 살 아이들이 있다. 하지만 이 아이들에게는 어머니가 없거나, 혹은 어머니가 있어도 자식을 보살필 겨를조차 없는 처지다. 가난한 이들은 어린 자식을 곁에 두고 돌볼 수도 없으며, 심지어 죽은 가족의 곁을 지킬 시간조차 허락받지 못한다.

창백하고 시들어버린 저 소녀들을 보라. 바보 같은 자들은 말한다. 만약 저 민중의 딸들이 거리에서 저들의 탐욕을 채워주지 않았다면,

저들이 당신들(귀한 집 딸들)에게 달려들었을 것이라고. 결국 저 소녀들은 당신들을 지키기 위해 대신 희생되고 있는 셈이다. 저들은 이를 두고 평등이며 정의라고 부른다!

독자가 한 사람을 위한 동정이 아니라, 사회적 범죄에 대한 분노를 마음에 되새기길 바라며 인간의 끔찍한 비극 중 하나를 살펴보고자 한다. 모든 것을 듣기에는 어쩌면 독방이 가장 좋은 장소일지도 모른다. 모든 독방은 어떤 식으로든 안뜰과 연결되어 있어 목소리들이 위로 솟구치기 때문이다. 그저 이 끔찍한 비극의 합창 중 몇 대목을 따라가 보기만 하면 된다.

귀를 기울여 보라. 매춘업소 주인들 사이에서는 마치 농부들이 말이나 소를 바꾸듯 여인들을 주고받는 거래가 일어난다. 그것은 가축 떼와 같으며, 이 인간 가축이야말로 가장 큰 수익을 남기는 상품이다.

지방 도시의 손님들이 특정 여인에게 싫증을 내거나 그녀가 과로로 초췌해지면, 업주는 그녀가 영원히 갚을 수 없는 빚을 업소에 지게끔 꾸민다. 그 순간 그녀는 노예가 된다. 그러면 업주는 온갖 비열한 수단을 동원해 가축 거래하듯 그녀를 넘겨버린다. 가축은 마땅히 장사꾼들에게 더 큰 이익을 줄 수 있는 외양간으로 가야 한다는 논리다.

어떤 이들에게 이것은 감언이설에 속은 사기 고용이다. 시골에서 올라온 순진한 처녀들도 있고, 설령 파리 태생이라 싱싱한 살덩이를 노리는 괴물들과 탐욕스러운 부류가 있다는 사실을 안다 해도, 비참한 가난이 그녀들을 고분고분하게 만든다. 일단 그 소굴에 발을 들이면, 업주들은 그녀들에게 싸구려 가짜 장신구들을 늘어놓고는 빚을 만들기 위해 실제 가치의 여섯 배가 넘는 값을 치르게 한다.

모집책들도 있다. 비참한 처지의 늙은 여인들이 몇 달간 감옥에 간힐 방도를 찾아내어, 그곳에 흘러 들어온 예쁘장한 소녀들을 포섭하고 유혹한다. 이제 배고픔을 걱정할 필요가 없다고, 나가기만 하면 신나게 즐기며 살 수 있다고 말이다.

그래, 그녀들은 즐기게 될 것이다. 죽음에 이를 때까지! 목소리는 거친 쉿소리로 변하고, 몸뚱어리는 누더기처럼 너덜너덜해질 것이다. 그것이 바로 저 탐욕스러운 부르주아들이 말하는 유흥의 실체다.

거리의 여인들은 그나마 덜 비참한 편이다. 밀폐된 공간에 갇힌 여인들의 삶은, 웬만한 일에는 놀라지도 않는 사람들조차 경악하게 만들 정도로 끔찍하다. 그곳에 대해 들은 이야기들을 나는 기어이 써 내려갈 것이다. 너무나 소름 끼치고 수치스러워서, 사람들이 반드시 알아야만 하기 때문이다!

하지만 이 순간만큼은, 거리에서 손님을 끄는 여인들이 들려주는 이야기가 가장 애처롭고 구슬프다. 이러한 현실이 온갖 범죄를 부채질하고 있다는 사실을, 그리고 일단 타락한 여자가 되어버린 여성은 어리석은 사내들에게서 돈을 뜯어내며 스스로 망가뜨리고 이 사내들은 결국 살인마나 다름없는 괴물이 되어가는 현실을 왜 아무도 깨닫지 못하는가. 모두가 이 사실을 알아야만 한다! 그런데 왜 이 짓거리를 계속하는가?

유럽 전역을 누비며 여성을 사고파는 시장을 개척하고 사업을 벌이는 저 거물 인신매매범들이 교수형 밧줄 끝에 매달려 있다면, 나는 절대로 그 줄을 끊어주지 않을 것이다. 품위 있는 가문의 하녀 자리인 줄 알고 들어갔으나(그런 곳이 정말 있기는 하다면) 자신이 어디에 있는지 깨닫게 된 불쌍한 소녀가, 그곳을 빠져나갈 길이 전혀 없음을 알게 되었을 때를 생각해보라. 만약 그녀가 복수의 손길로 자신을 가둔 가해자 중 한 명의 목을 졸라버리거나, 혹은 그 저주받은 소굴에 불을 질러버리는 것이 법정의 변론 결과를 기다리는 것보다 훨씬 나을 것이다. 세상이 이 모양인 한, 법정의 판결이란 결코 지금의 현실을 바꾸지 못할 것이기 때문이다.

생쥐를 구멍 속에 가둬두려고 그 발을 잘라버리는 부엉이들이 과연 그런 짓을 그만두는 날이 오겠는가? 하늘과 땅이 모두 귀를 막은 가운데, 갇힌 생쥐가 가냘프게 찍찍거리며 우는 대신 자신을 집어삼키려는 부엉이의 목구멍을 물어뜯으려 한다면, 처음에는 많은 생쥐가 죽어 나갈 것이다. 하지만 결국 그 탐욕스러운 짐승에게도 공포가 스며들 것이고, 모든 생명은 살고 싶어 하는 법이니 그 짐승도 죽지 않기 위해 쥐 대신 씨앗을 먹게 될 것이다.

비참한 인간 가축들이 나아가야 할 길은 바로 이것이다. 여성은 환상에 불과한 권리를 요구하며 시간을 낭비해서는 안 된다. 그런 권리를 약속하는 자들조차 정작 자신들은 그것을 누리지 못하고 있지 않은가. 여성은 투쟁하는 대열의 선두에서 자신의 자리를 쟁취해야 하며, 그와 동시에 성매매라는 굴레에서 스스로를 해방시켜야 한다. 그 누구도 아닌 오직 여성 자신만이 그 사슬을 끊어낼 수 있기 때문이다. 여성이 더 이상 타인의 식욕과 탐욕의 먹잇감이 되지 않겠다고 결심한다면, 그녀는 그런 삶을 사느니 차라리 죽는 게 낫다는 사실을 깨닫게 될 것이며, 결코 헛되이 죽을 만큼 어리석지도 않을 것이다.

글을 쓰는 동안 다음과 같은 소리가 들려온다. 어느 거래에 관한 이야기다.

"어떤 놈이 바티뇰 대로에서 나한테 수작을 걸더라고. 겨우 20수만 주겠다는 거야. 난 배가 고파 죽겠는데 말이야. 게다가 그때 마침 형사들과 한패인 기둥서방 놈이 하나 붙어 있었거든. 그놈한테 상납금을 줘야 했어. 안 그러면 실컷 두들겨 맞았을 테니까. 그래도 난 싫다고 했지."

"그럼, 술에 떡이 됐던 영감이 준 40수는 어쨌는데?"

"그 돈은 다 써버렸어. 20수는 기둥서방 놈에게 주었고, 나머지 20수는 배고프다고 울어대던 어느 꼬마에게 주었지. 이제 더 이상 외상으로는 빵 한 조각도 얻을 수 없다고 하더라고. 그 애 말로는 집에 있는 식구들이 죄다 굶어 죽을 판이라더군. 나? 난 오늘 온종일 술 한 방울도 마시지 못했어. 취하지 않으면 기분이 영 아니거든."

"붙잡혔을 때 왜 도망치지 않았어?"

"술 한 모금도 못 마셨다니까 그러네! 도망쳐서 뭐 해, 차라리 여기가 낫지! 젠장! 그냥 죽어버리는 게 낫다고!"

그렇다, 당신들이 옳다. 나락의 밑바닥에서도 그토록 너그러운 가엾은 여인들이여. 살아있다는 사실을 느끼지 않으려 술을 마셔야만 하는 그런 삶을 사느니, 차라리 죽는 게 낫다. 나는 인간이 온갖 취기에 몸을 내던지며 탐닉해야만 살 수 있다는 사실을 결코 믿고 싶지 않다. 그러나 그 어떤 여성이든, 그녀가 누구이든 간에, 이러한 불결한 폭력에 더럽혀지지 않아야 할 권리는 분명 존재한다.

이제 앞을 내다보자. 이러한 고통 속에서 새로운 인류가 태어날 것이기 때문이다. 사토리의 처형 기둥에 묶인 페레가, 차르의 교수대에 매달린 니힐리스트들이, 도끼날 아래에 목을 내놓은 독일의 사회주의자들이 그리했듯이 나 역시 죽음보다 더 끔찍한 삶 앞에서 새로운 인류를 향해 경의를 표한다.

15.

이제 끝에 다다랐다. 나를 향해 황갈색 들판의 검은 새가 노래를 불러준 지금, 아무것도 두려워할 것이 없고 더 이상의 고통도 겪을 수 없는 상태가 어떤 건지 모르는 이들을 위해 몇 줄 남기는 것도 나쁘지 않을 것이다. 고통의 이면에서, 독을 뿜으며 뒤틀리는 증오와 시기심으로 부푼 어리석음이 종종걸음치는 꼴을 냉정하게 바라보며 말이다.

나는 이제, 이 바보들의 무더기 앞에서 때때로 갈고리로 누더기를 휘젓는 고물상의 무심함만을 가질 뿐이다. 이름은 없으나, 사물마다 제 나름의 낙인이 찍혀 있다. 나는 그 쓰레기 더미 속에서 거친 털옷이나 투박한 천 조각은 아직 발견하지 못했으나, 오물 속에서 굴러다니는 비단과 벨벳 조각들은 발견했다. 어떤 것들이 얼마나 고약한 냄새를 풍기는지 눈치챘는가? 이 이름 없는 더러운 것들은 쓰레기의 썩은 냄새를 풍긴다!

어떤 이들이 나를 더럽히기 위해 발휘한 그 엄청난 활동력이 만약 합리적인 대의를 위해 쓰였다면, 그들은 유용한 존재가 되었을 것이다. 얼마나 많은 소중한 자질들이 이기적인 사회의 어리석음 속에서 빛나갔는가!

나는 누벨칼레도니의 태풍이 몰려드는 언덕 위에서, 자신을 길러낸 파도 덕분에 여전히 끈적거리는 커다란 미역 한 줄기를 보았다. 가파른 바위 위로 햇빛을 맞으며 떨어져나온 두 줄기는 이미 새로운 덩굴이 되고 있었다. 그것들은 자신에게 더 따스한 양분을 줄 땅에 아직은 서툴게 매달려 있었고, 거무스름한 빛을 벗어낸 녹색의 잎들은 이미 빛을 머금고 있었다. 얼마나 많은 존재가 다른 환경에 있었더라면 그처럼 빛을 머금었겠는가!

그동안 내가 있는 감옥의 벽에 대고 광기 어린 증오의 이빨을 쓸데없이 갈아대게 두자! 광기 어린 자들이여, 그대들은 남의 행복을 어떻게든 헐뜯고 망가뜨리려 혈안이 되어 있구나. 그냥 지나쳐 가라. 행복은 그 어디에도 없다. 지난 2년을 어머니 곁에서 보내며 어머니의 행복을 느낄 수 있었다면 나 또한 행복했겠지만, 보다시피 어머니께서 돌아가셨으니 이제 더는 두려워할 것이 없다. 안심해라, 나는 결코 다시는 행복해지지 않을 것이다. 그러니 그렇게 안달복달하지 마라. 당신들의 모욕은 나에게 아무런 상관도 없으니 말이다.

나의 친구와 나의 어머니의 죽음이라는 이 끔찍한 고통에 대해, 내가 직접 이야기하기보다 그 슬픈 날들을 기록한 친구들의 글을 인용하는 이유를 사람들은 이해할 것이다. 용기에도 한계는 있다. 다만 반드시 해야만 하는 일이 있다면 그 한계를 뛰어넘을 뿐이다.

나는 오디스 바로[224]의 기록에서 마리 페레의 체포[225]에 관한 정확한 기록을 찾았고, 그 끔찍한 장면이 여전히 생생한 감정 속에서 기록된 이 페이지들을 인용한다. 이 글들은 그녀의 죽음에 관한 서문이 될 것이다.

사람들은 파리 코뮌의 위원이었던 테오필 페레의 재판을 기억하고 있다. 사토리의 형장, 자신을 죽이려 겨눠진 열두 자루의 총구 앞에서도 그는 오만할 정도로 평온했다. 입에 시가를 물고 눈조차 가리지 않

---

224) Odysse Barot. 당시 파리 코뮌을 탄압했던 베르사유 정부 측의 언론인이자 작가.
225) 파리 코뮌이 무너진 직후, 당국은 미셸을 잡기 위해 혈안이 되어 있었다. 하지만 그녀를 찾지 못하자, 당국은 비열하게도 그녀의 어머니를 인질 삼아 체포했다.

은 채, 그는 미소를 지으며 죽음을 맞이했다. 이는 세상이 다 아는 사
실이다.

하지만 사람들이 모르는, 그리고 오늘날까지 어디에도 기록되지 않은
사실이 하나 있다. 바로 페레가 어떻게 체포되었는지, 그가 숨어 있던
은신처를 찾아내기 위해 어떤 수단이 동원되었는지에 관한 이야기다.
그전까지 모든 수색은 허사였다. 가짜 빌리오레나 가짜 발레스가 대
여섯 명씩 총살당했듯, 페레와 닮은 사람들도 대여섯 명은 붙잡혔을
것이다. 그들은 결국 무엇을 했는가? 파리 코뮌의 위원이었던 페레가
부모님과 함께 살던 르발루아-뻬레의 파지요 거리에 있는 작은 집으
로 향했다. 당연히 그는 그곳에 없었겠지? 천만에! 그들도 페레를 거
기서 잡으리라는 기대는 애초에 하지 않았다. 그렇다면 대체 왜 간 것
일까? 그가 가족과 함께 지내고 있다고 내가 말하지 않았던가? 그런데
가족이 제 식구를 고발하고 넘겨주는 데 쓰이지 않는다면, 대체 가족
이 그들에게 무슨 소용이란 말이던가?
그들은 파지요 거리의 정원 딸린 작은 오두막에, 말할 것도 없이 거
칠게 들이닥쳤다. 아! 보라, 내 펜이 이 이야기를 끝맺을 용기를 낼 수
있을지 모르겠다. 오래전 업무차 르발루아에 갔다가 그 거리를 지나게
되었다. 갑자기 기억난 그 집 주소를 찾아 집 앞에 섰을 때, 나는 몇 분
동안 멈춰 서 있을 수밖에 없었다. 피가 머리로 거꾸로 솟고 이마에서
는 땀이 흘러내렸다. 단지 그 기억만으로도 내 안에서는 분노와 격노
의 파도가 소용돌이쳤다.
나도 모르게 치밀어오르는 이 감정의 동요를 용서해 달라. 이 울분
과 분노, 격노를 당신들도 곧 공유하게 될 테니까. 이야기를 계속하겠

다. 그들이 안으로 들어갔을 때, 아버지는 일하러 나가고 없었다. 그곳
에는 두 여자, 즉 늙은 어머니와 젊은 여동생만이 남아 있었다. 여동생
마리 페레는 병상에 누워있었다. 위독한 상태였고 고열에 시달리고 있
었다.

그들은 어머니 페레 부인을 몰아세웠다. 질문을 퍼붓고 아들이 숨은
곳을 밝히라고 다그쳤다. 그녀는 모른다고 단언했다. 설령 안다고 한
들, 자기 아들을 고발하라고 어머니에게 요구할 수는 없는 일 아니냐
며 버텼다.

그들의 강요는 더욱 거세졌다. 회유와 협박이 번갈아 동원되었다.

"원한다면 나를 체포해가시오. 하지만 모르는 걸 말할 수는 없소. 설
마 병든 딸의 침대 곁에서 나를 떼어 놓을 만큼 잔인하진 않겠죠"

이 불행한 여인은 바로 그 생각에 온몸을 떨었다. 그러자 그들 중 한
명이 비열한 미소를 지었다. 그의 머릿속에 악마 같은 생각이 떠오른
것이다.

"당신 아들이 어디 있는지 말하지 않겠다면, 좋다. 대신 당신 딸을
데려가겠다."

페레 부인의 가슴에서 절망과 고통에 찬 비명이 터져 나왔다. 애원
도 눈물도 아무런 소용이 없었다. 그들은 죽을지도 모르는 환자를 강
제로 일으켜 세워 옷을 입히기 시작했다.

"용기를 내요, 어머니. 슬퍼하지 마세요. 난 강해질 수 있어요. 아무
일도 없을 거예요. 분명 곧 풀어줄 거예요." 마리 페레가 말했다.

그녀가 끌려 갈 것이다.

아들을 죽음으로 내몰 것인가, 아니면 끌려가는 딸을 방치해 죽게 할 것인가라는 이 끔찍한 선택지 앞에 놓인 불쌍한 어머니는, 마리의 의연하고 간절한 눈짓에도 불구하고 고통으로 넋이 나가 이성을 잃고 망설였다!….

"어머니, 아무 말도 하지 마세요! 제발요!" 환자는 나직이 읊조렸다.

그녀는 끌려 나가버렸다….

하지만 가엾은 어머니의 정신이 감당하기엔 너무나 가혹한 일이었다. 페레 부인은 그대로 무너져 내렸다. 고열이 시작되었고 이성은 흐려졌으며, 입에서는 앞뒤 맞지 않는 말들이 흘러나왔다. 집행자들은 단서가 될 만한 한마디라도 나올까 싶어 귀를 기울이며 살폈다.

정신이 혼미한 와중에 어머니는 몇 번이고 이 말을 내뱉고 말았다.

"생 소뵈르 거리."

아! 그것으로 충분했다. 두 남자가 페레의 집을 감시하는 동안, 나머지 일당은 임무를 완수하러 서둘러 달려갔다. 생 소뵈르 거리를 포위하고 샅샅이 뒤졌다. 그렇게 테오필 페레는 체포되었다. 그리고 몇 달 후, 그는 총살당했다.

파지요 거리에서 그 끔찍한 일이 벌어지고 여드레가 지났을 무렵,

그들은 그 의연한 소녀에게 자유를 돌려주었다. 하지만 어머니까지 돌려준 것은 아니었다. 어머니는 이미 정신을 놓아버린 뒤였고, 얼마 지나지 않아 생트안 정신병원에서 쓸쓸히 생을 마감했다.

그 끔찍한 일들이 지나고도 십 년 동안 마리는 꿋꿋이 자리를 지켰다. 누벨칼레도니의 유배지나 여타 망명지에 아버지나 형제를 둔 이들

은 그녀가 얼마나 지칠 줄 모르는 용기로 헌신했는지 잘 안다.

런던의 망명객들은 마리가 그곳 런던에서 보낸 며칠간의 이야기를 내게 들려주곤 했다. 마치 그녀를 보는 것만으로도 대량 학살 속에 사라져간 친구들을 다시 만난 듯한 기분이었다고 했다. 그들은 나보다도 마리를 더 사랑했던 것 같다. 이제 그녀는 우리 곁에 없다.

워낙 이사가 잦아 사람이 수시로 바뀌는 이곳 파리에서, 혹시라도 콘도르세 거리 27번지, 비아스 부인이 살던 옛집에 살게 되는 분이 있다면, 그곳에서 여전히 붉은 천이 드리워진 랜턴 모양의 방을 보게 될지도 모른다.

비아스 부인이 그 집을 계약했을 때, 마리 페레는 내게 그 빨간 방 이야기를 입이 마르도록 했다. "그 방은 정말 포근한 둥지 같아요. 직접 보면 아시겠지만, 얼마나 아늑하고 조용한지 몰라요." 그녀는 내게 그렇게 말하곤 했다.

그곳은 정말로 둥지였다. 하지만 죽음의 둥지였다.

1882년 2월 24일, 목요일에서 금요일로 넘어가던 밤. 그렇게 끔찍한 결말로 이어질 줄은 꿈에도 몰랐던 짧은 투병 끝에, 우리는 그곳에서 그녀를 잃었다.

그녀의 마지막 길을 지킨 사람이 내가 아니라는 것이 한으로 남았지만 마리는 이렇게 말했었다.

"그곳이 내게는 정말 편할 거예요. 며칠만 지나면 다 끝날테니까."

정말로 모든 게 끝나버렸다! 만약 신이 있다면, 이런 가혹한 매질을 가하는 그는 진정 괴물일 것이다.

침대는 문 맞은편, 머리는 벽 쪽을 향해 놓여 있었다. 그녀가 죽어 누워 있던 이틀 동안, 건너편 집에서는 누군가가 이곳에 무슨 일이 있는지도 모른 채 멈추지 않고 바이올린을 켰다. 그 소리에 가슴이 저려 왔다. 집 집마다 그 자체로 하나의 도시와도 같은, 대도시의 삶이란 원래 그런 법이다.

우리는 그 침대 앞에서 그녀를 관에 눕혔다. 마리가 좋아하던 나의 커다란 붉은 숄로 그녀를 정성껏 감싸주었다. 테오필 페레가 총살당했을 때, 어머니를 대신해 그 시신을 수습했던 비아스 부인이 이번에도 가여운 마리의 장례를 함께 치러주었다.

루브르 백화점 맞은편에는 작은 모직물 가게가 하나 있다. 내가 유배지에 있던 시절, 어머니는 라니에 있는 친척 집으로 가기 전까지 그곳에서 각별히 아끼던 친척 한 분과 오래도록 함께 지내셨다.

내가 돌아온 뒤 폴론소 거리 24번지에서 보낸 기쁨의 순간들은 너무나도 짧았다. 어머니와 마리가 내 곁에 있을 때, 나는 오히려 겁이 나기도 했다. 행복이란 그 가지에 몸을 기대어 쉬려고만 하면 금세 꺾여 버리는, 그토록 연약한 나뭇가지 같은 것이 아니던가.

두 명의 오랜 친구가 매일같이 어머니를 보러 오곤 했다. 그들은 노인들이 흔히 좋아하는 세심한 배려로 어머니를 보살폈고, 나의 소중한 마리도 그 모임이 있을 때마다 늘 곁을 지켰다. 하지만 그 모든 일도 이제는 과거가 되었다.

오르나노 대로 45번지 4층. 어머니는 내가 없는 곳에서 죽음을 맞이하기 전까지 2년이라는 긴 시간 동안 그곳에서 고통스러운 세월을 견뎌내셨다. 어머니의 침대는 가운데 방, 복도와 나란히 놓여 있었다. 서랍장 위에는 자클린 부인이 그린 내 커다란 초상화가 걸려 있었다. 가련한 나의 어머니는 그 2년 동안 얼마나 자주 그 그림에 눈길을 두셨을까.

어머니가 말을 하기 힘들어하셨던 임종 직전, 내게 그 초상화를 로슈포르에게 전해달라는 뜻을 내비치시는 것 같았다. 그는 내가 없는 2년 동안 여러모로 어머니를 보살펴 준 분이었다.

햇살이 좋은 날, 어머니께 내 형량이 고작 1년뿐이라고 믿게 할 수 있었을 때까지만 해도 어머니는 창가에 오래도록 앉아 계시곤 했다. 내가 강연 여행을 마치고 돌아오기를 비아스 부인과 함께 기다렸던 바로 그 창가였다.

하지만 모든 사실을 다 털어놔야 했던 1884년 7월 14일 이후로, 어머니는 더 이상 창가에 서지 않았다. 늙은 어머니를 이토록 고통스럽게 만든 것이 대체 누구의 행복을 위한 것이었단 말인가. 그것이 누구에게 라도 정말 이득이 되었을 리 없다. 이제 세상 그 누구도 이를 되돌릴 수 없으며, 죽은 이는 다시 깨어나지 않는다.

어머니는 1885년 1월 3일 새벽, 5시 3분 전에 세상을 떠나셨다.

장례식 날 아침, 관 속에 누운 어머니를 뒤로하고 계단을 내려오며 지난 2년간 어머니가 겪었을 슬픔을 떠올렸다. 가엾은 나의 어머니! 어머니가 겪어낸 그 모든 고통이 내 심장에 고스란히 전해지는 것만 같았다. 나와 단 며칠이라도 함께 보낼 수 있었다면 얼마나 행복해하셨을까!

어머니의 임종을 지키게 해준 것은 분명 잘한 일이다. 하지만 그렇다 해서 어머니의 시신을 담보로 내게 사면을 베풀려 한다면, 그것은 참으로 염치없는 짓이다. 모든 이가 풀려나거나 나의 형기가 다 끝났을 때 나갈 것이다. 그때까지는 나를 그냥 내버려 두라.

그리고 저 멀리 있는 묘지들! 전나무 아래 저 위쪽 모퉁이에 있는 브롱쿠르, 오들롱쿠르, 클레르몽! 늙은 외삼촌들이 살던 낮고 어두운 작은 집들, 땅속으로 움푹 꺼진 듯했던 아폴린 고모의 작은 집, 그리고 언덕 꼭대기에 있던 조르주 삼촌의 집!

그리고 나의 학교 건물. 이제는 누가 그곳에서 시냇물 소리를 듣고 있을까?

아! 이제는 그 어느 때보다 선명하게 열린 창틈으로 장미 향기와 풀 냄새, 여름 햇살 아래 베어낸 건초 향이 밀려든다. 니아울리 나무의 알싸한 향기가 파도의 서늘하고도 톡 쏘는 냄새와 뒤섞여 들려온다.

모든 것이 다시 나타나고, 모든 것이 다시 살아난다. 죽은 이들도, 사라져 버린 것들도.

그 어느 때보다 그것들을 다시 보고 싶다. 그것들이 나를 부른다. 하지만 그들에게선 이제 아무것도 남지 않았다. 그저 스쳐 지나가는 바람일 뿐이다.

설령 생각이 육신을 감싸는 대기 같은 것이라 한들, 몸이 흩어질 때 함께 사라져버리지 않겠는가?

하지만 그것이 무슨 상관이란 말인가! 끝까지 가야만 한다. 노동은 고통을 마비시키고, 슬픔은 박차를 가하듯 나를 걷게 한다. 아마도 내게 주어진 이 길을 다 가려면 그래야만 할 것이다. 내 서류들 사이에서 찾아낸 파편들이 71년 이후 벌어진 끔찍한 일들의 연쇄를 나보다 더 잘 말해줄 것이다. 그 모든 일은 서로 맞물려 있고, 하나에서 다른 하나가 파생되어 내 앞에 한꺼번에 나타난다.

내 손에 가장 먼저 잡힌 것은 1871년 11월 28일 자 신문이다. 11월의 눈 위로 아침 햇살이 가득 비치던 사토리 캠프, 그곳에서 나의 전우 페레의 총살이 자행되었다. 나는 기꺼이 그곳에 내 자리가 있기를 바랐다. 나의 어머니는 여전히 강건하셨고, 상대적으로 거의 젊은 편이셨다. (만약 그때 내가 죽었더라면)2년 전의 내가 다시 감옥에 갇히게 되었을 때의 생이별보다는 덜 잔인했을 것이다. 어느 반동 신문이 페레의 영웅적인 죽음을 어떻게 전하고 있는지 여기 옮겨본다.

　
…사형수들은 실로 당당했다. 기둥에 등을 기대고 선 페레는 자기의 모자를 바닥에 던져버렸다. 어느 하사가 다가와 그의 눈을 가리려 하자, 그는 안대를 뺏어 모자 위로 던져버렸다. 세 명의 사형수만이 그 자리에 남았다. 곧이어 앞으로 나선 3개의 사격분대에서 일제히 총성을 울렸다.
로셀과 부르주아는 즉사했다. 페레는 잠시 그대로 서 있다가 오른쪽으로 쓰러졌다. 수용소의 군의관인 데자르댕 씨가 시신들을 향해 달려갔다. 그는 로셀의 사망을 확인한 뒤, 페레와 부르주아에게 확인 사살할 병사들을 불렀다.
이윽고, 시신들 앞으로 군대의 행렬이 이어졌다….

지난 8월, 제3 군사법원에서 페레는 최후 변론으로 다음과 같은 말을 남겼다.

코뮌의 일원으로서, 나는 승리자들의 손에 있다.
내 목숨을 원한다면 가져가라.
나는 결코 비겁하게 내 목숨을 구걸하지 않을 것이다.
자유롭게 살아왔으니, 죽음 또한 그와 같기를 바란다.

한마디만 덧붙인다면, 운명은 변덕스럽다.

나는 내 명예에 대한 기억과 복수를 미래에 맡긴다.

(1871년 11월 28일 자,《라 리베르테》)

두 번째 기록은 페레가 마리에게 보낸 마지막 편지의 복사본이다. 이 편지는 올해 5월 24일에 내게 도착했다. 굳이 다른 편지가 동봉되어 있지 않아도, 친애하는 아브롱사르, 당신이 보내준 것임을 나는 단번에 짐작할 수 있었다.

나는 이 슬프고도 자부심 넘치는 작별 인사를 접하며, 클리냥쿠르가 41번지에 있던 우리 감시위원회를 다시 떠올린다. "모두 시인이 아니면 야만인이군요!" 뫼리스 부인은 내게 그렇게 말하곤 했다. 그것은 사실이었다! 그 안에서 우리는 서로를 얼마나 사랑했는지, 또 함께 있는 것이 얼마나 행복했는지! 너무나 좋았던 나머지, 우리는 일종의 불안감을 안고 시계를 주시하곤 했다. 시계바늘은 우리의 클럽으로, 혹은 항복론자들과 트로쉬 계획[226] 지지자들의 클럽으로 가야 할 시간을 가리키고 있었다. 언제나 절대 굴복하지 않으려 했던 저 용감한 군중 위로 불꽃처럼 떨어질 전복적인 사상들을 그곳에 던지기 위해서였다. 투쟁을 저버린 자들과 피에 굶주린 아첨꾼들의 집회를 와해시키는 일은 순식간이었다.

그들은 패배자들의 피 냄새를 미리 맡고는 자신들의 때(자칼의 시간)에 맞춰 돌아왔다. 그들에게는 죽었거나 결박된 먹잇감이 필요했다. 내가 아라스로 이송되기 전, 테오필 페레가 베르사유의 감옥에서 보냈

---

226) 1870년 보불전쟁 당시 파리 방위군의 총사령관이자 임시 정부 수반. 트로쉬 계획이란 적당히 싸우는 척하다가 결국 항복하여 질서를 유지하려는 기만책.

던 그 마지막 편지를 나는 마리의 편지와 함께 지금도 가지고 있을 것이다. 앞서 이야기했듯이, 나는 아라스에서 다시 베르사유로 압송되어 돌아왔다.

11월 29일 아침, 마리가 총살당한 오빠의 시신을 수습하러 오던 바로 그 시각에, 우리는 운명처럼 마주쳐 깊은 위안을 얻을 수 있었다. 가택 수색 중에 이 편지들을 빼앗기지는 않았을 것이다. 하지만 우리 모두 죽거나 수감 된 처지이기에 친구들은 이 기록들을 들춰보는 걸 좋아하지 않는다. 나는 그들이 슬픔을 다시 상기하지 않도록, 그 마음이 있는 그대로 머물게 내버려 둔다.

나는 그저 이 말만을 전하려 한다. 그 편지 속에서 페레는 자신을 가엽게 여기며 감상에 젖는 대신, 71년의 저 피의 강 너머 먼 지평선 위로 솟아오르는 자유를 바라보고 있었다고.

오, 나의 친구들이여, 다들 지금 어디에 있는가?

만약 이 책이 모르방의 숲에 있을 뷔를로에게, 그리고 세상 어느 구석에 있을지 모를 용감한 노병 루이 모로에게 가닿는다면, 그들도 분명 그때를 기억하리라. 적다 보니 아직 살아 있는 이들의 이름을 써내려 가고 있다는 사실을 깨달았다! 여기서 멈추겠지만, 이 기록은 그대로 남을 것이다. 여기, 테오필 페레의 마지막 편지를 싣는다.

베르사유 독방 감옥 6호실.

1871년 11월 28일 화요일, 오전 5시 30분.

사랑하는 누이에게,

이제 몇 분 뒤면 나는 죽게 될 것이다. 마지막 순간까지 너를 가슴에 간직하고 있을 거야. 부탁하건대 나의 시신을 거두어 불행했던 우리 어머니 곁에 묻어다오. 가능하다면 신문에 나의 장례 시간을 알려서 친구들이 배웅하러 올 수 있게 해다오.

당연한 말이지만, 어떠한 종교 의식도 치르지 마라.

나는 살아왔던 모습 그대로 유물론자로 죽는다.

어머니의 묘소에는 불멸화 화환을 바쳐다오.

아픈 남동생[227]을 잘 보살펴 주고 아버지를 위로해 드려라.

내가 두 사람을 얼마나 사랑했는지 꼭 전해다오.

너에게 수천 번 입을 맞추며, 내게 끊임없이 베풀어준 네 지극한 정성에 감사를 표한다. 슬픔을 이겨내고, 네가 자주 약속했듯이 이 거대한 사건들 앞에 당당해지길. 나에 관해서라면, 나는 행복하다. 이제 나의 고통도 끝날 것이니 나를 가엾게 여길 이유는 없다.

너를 아끼는, 헌신적인 오빠가, 테오필 페레.

나의 모든 서류와 의복, 그리고 그 밖의 소지품들은 반드시 돌려받아야 한다.

테오필 페레.

---

227) Hippolyte Ferré. 페레 가문은 온 가족이 참혹한 탄압을 받았다. 테오필이 처형되기 전, 그의 남동생 이폴리트 역시 코뮌에 가담했다는 이유로 체포되었다. 그는 감옥에서 극심한 고문과 가혹 행위를 당했는데, 그 과정에서 정신적·육체적으로 완전히 무너져 정신 질환을 얻게 되었다. 테오필 페레의 집안은 파리 코뮌의 상징적인 비극을 보여준다. 테오필은 처형당했고, 마리는 투옥되었다가 병사했으며, 이폴리트는 고문으로 인해 정신 병동에서 생을 마감했다. 어머니는 아들의 사형 선고 소식을 듣고 큰 충격을 받아 사망. 테오필이 어머니 곁에 묻어달라고 한 이유다.

1882년 6월 28일 자 신문들에 실린 마리의 장례식 기록 일부를 여기에 남겨두고자 한다.

어제 오전 9시, 용기 있는 시민 마리 페레의 장례식이 거행되었다. 그녀는 파리 코뮌에 참여했다는 이유로 부르주아 반동 세력에 의해 총살당한 테오필 페레의 누이다. 마리 페레의 삶은 오빠가 목숨 바쳐 지키려 했던 대의를 향한 자기희생과 헌신 그 자체였다. 그리하여 어제, 수많은 친구가 혁명적 신념의 순교자인 그녀의 마지막 길을 깊은 경의와 애도 속에 뒤따랐다.

천여 명의 운구 행렬에는 앙리 로슈포르, 클로비스 위그 등의 시민들과 위베르틴 오클레르, 카미유 비아스, 카돌, 그리고 루이즈 미셸 같은 여성 시민들의 모습이 눈에 띄었다. 상가에서 운구를 시작하기 전, 참석자들에게는 임모르텔 화환이 나누어졌다.
여덟 개의 백장미 화환과 세 개의 붉은 임모르텔 화환이 관 위에 놓였다. 세 개의 임모르텔 화환에는 다음과 같은 문구가 적혀 있었다. '제18구 사회학습 위원회가 마리 페레에게', '르발루아-빼레 자유사상 협회가 마리 페레에게'.
9시 15분, 행렬은 페레 가문의 묘지가 있는 르발루아-빼레를 향해 움직이기 시작했다. 그곳은 사토리에서 총살당한 그녀의 오빠가 안치된 곳이기도 하다. 마리 페레의 아버지와 남동생, 비아스 부인, 그리고 루이즈 미셸이 상주로서 행렬을 이끌었다. 바티뇰 대로와 르비 가, 토크빌 가를 거쳐 아니에르 문에 다다르는 동안, 행렬은 수백 명의 인파가 더해져 불어났다. 혁명 단체, 사회학습 위원회, 자유사상 협회, 그리고 제18구 감시위원회의 대표들이 여러 차례 조사를 낭독했다. 시민 에드몽 샤몰레는 어느 시인의 구절을 인용했다.

"그녀는 슬퍼할 때는 유리 같았으나, 저항할 때는 강철 같았다."
"그리하여 그녀는 자신이 겪었던 그 모든 고통과 정신적, 육체적 고문에도 불구하고, 삶의 투쟁 한가운데서 굴복하지 않았으며 겉으로는 늘 평온을 유지했다."
"그녀는 너무나 치열하고 열정적인 삶을 살았기에, 그 섬세한 본성은 서서히 자신을 갉아먹던 슬픔 앞에 무너지고 말았다. 기력이 다한 죽음은 한창 꽃필 나이에 그녀를 우리에게서 앗아갔다."
"안녕, 마리. 가여운 어머니 곁에서, 그리고 자유를 위해 죽은 오빠의 곁에서 잠들거라."
쥘 알릭스는 다음과 같이 말했다. "역사는 테오필 페레의 기억과 함께, 우리가 여기서 경의를 표하는 그의 누이 마리의 위대하고 숭고한 헌신을 기억할 것이다. 그녀의 삶은 소박했으나 위대했다."
"여성으로서 연약하고 부드러웠으나, 세상 그 어떤 용감한 남성보다도 강인했다.""마리 페레여, 당신에게 경의를 표한다! 당신은 스스로를 낮추고 숨기려 애썼으나 당신의 기억은 영원히 살아남을 것이다. 탄압받고 추방당하며 유배되었던 우리들이 여기 모여 당신을 배웅한다. 자유를 꽃피우기 위해 죽어간 우리의 순교자들을 영광되게 할 그날까지.""위대한 마음을 가진 친애하는 시민이여, 당신의 무덤 주위를 가득 메운 이 군중은 그 어떤 조사보다도 당신의 삶을 찬양하고 있다."
"마리 페레에게 영광을! 우리가 순교 대신 승리를 쟁취할 수 있도록 모두가 당신의 본보기를 따르기를 바란다. 공화국 만세! 혁명 만세!"
시민 드뢰르는 말했다. "71년, 병석을 박차고 일어나 감옥으로 향했던 마리 페레에게 남은 것은 죽은 어머니와 총살당한 오빠, 그리고 아버지와 투옥되었던 남동생뿐이었다.""자유의 몸이 되어 피로 물든 무덤들과 감옥들 사이에 홀로 남겨졌을 때도, 그녀는 초인적인 용기로 죽은 이들과 살아남은 이들을 지켰다."

루이즈 미셸과 에밀 고티에의 짧은 작별 인사를 끝으로 고통스러웠던 장례식은 막을 내렸다.

"시민 여러분, 우리는 지금 혁명의 심장 위에 이 무덤의 돌을 놓습니다. 기억합시다, 절대 잊지 맙시다!"
"루이즈, 당신의 말이 맞습니다. 우리 모두 기억합시다! 그 기억들이 다시 살아나 자유와 평등, 그리고 정의가 지배하는 시대의 서광을 우리에게 보여주기를 바랍니다."

마리 페레가 세상을 떠나자, 리옹의 여성 혁명가들은 자신들이 속한 '루이즈 미셸 그룹'의 명칭을 '마리 페레 그룹'으로 바꾸었다. 의롭고 용기 있었던 그녀들에게 깊은 감사를 전한다.
1882년 2월 28일의 기록 중에는 우리가 잃은 영웅적이고 감동적인 친구, 마리를 위해 쓴 절절한 문장들이 수없이 남아 있다.

로슈포르는 다음과 같이 말했다.

내가 유배지에서 돌아와 그녀를 마지막으로 다시 만났을 때, 나는 과거 젊은 시절 그녀와의 잊을 수 없는 기억을 간직하고 있었다. 그녀의 갑작스러운 죽음은 그 기억을 다시금 선명하게 불러일으켰다. 나는 지금도 그녀가 검은 옷을 입고 면회실로 이어지는 복도를 따라 그림자처럼 미끄러지듯 지나가던 모습을 본다. 우리는 보통 그 좁은 칸막이 안에서 셋이 함께 면회하곤 했는데, 그 방은 마치 호송용 마차를 여러 개 붙여놓은 듯한 구조였다. 로셀[228], 페레, 그리고 나, 우리 세 사람은 모두 사형 선고를 받을 몸이었기에 감옥 1층의 나란히 붙은 방에 수용되어 있었다. 두 명의 감시병은 열린 감시창을 통해 불안과 호기심 어린 눈초리로 우리를 뚫어지게 지켜보곤 했다.

면회실에서 로셀 양과 페레 양, 그리고 나의 아이들은 공통의 불안 속에서 서로를 마주했다. 내가 종신 유배형을 선고받았다는 사실을 그녀들이 알게 되었을 때, 그 두 젊은 여인은 자기 오빠들은 사형을 선고받았으면서도 내 가족에게 보냈던 그 연민과 격려의 시선을 나는 결코 잊지 못한다. 그것은 마치 이렇게 말하는 듯했다. '당신의 아버지는 그저 6,500리 밖의 새로운 땅으로 이사 갈 뿐이에요. 차라리 잘된 일이에요!'

델레클뤼즈의 누이가 그러했듯, 페레의 누이 또한 회한의 쓰라림에 맞서 용감하게 싸웠으나 결국 패배하여 쓰러지고 말았다.

우체부가 매년 가져다주는 가톨릭 달력이 공화국 달력으로 대체되는

228) Louis Rossel(1844-1871). 원래 프랑스 정규군의 장교(공병 대위)였다. 보불전쟁에서 프랑스가 패배하고 굴욕적인 항복을 하자, 이에 분개하여 코뮌에 가담했다. 그는 코뮌 측의 군사적 역량을 강화하려 노력했던 몇 안 되는 군사 전문가였다. 파리 코뮌의 군사 대표로 임명되어 전투를 지휘했지만, 코뮌 내부의 정치적 혼란과 분열에 환멸을 느끼고 사임하기도 했다. 이후 체포되어 군사 재판에서 사형을 선고받고 1871년 11월 28일, 테오필 페레와 함께 사토리 벌판에서 총살당했다.

날, 이 순교자의 이름은 그중에서도 가장 기억할 만한 이름으로 빛날
것이다. 만약 시민 세례가 종교적 세례를 대신하게 된다면, 정직한 여
성들은 마리 페레의 기억과 미덕을 수호신으로 삼아 그 아래에 자신
의 아이들을 둘 것이다.

16.

내게는 아직 어머니가 있었다. 어머니는 본래 강건하신 분이라, 배
고픈 아이들이 집어 든 그 빵 부스러기가 그토록 가혹한 대가로 돌아
오지만 않았어도 오래 사셨을 것이다. 사실 그 빵은 처음엔 아이들에
게 그냥 나누어 주었던 것이 아니었나.[229] 슬프게도, 제3공화국 치하에
서 빵의 대가는 너무나도 비쌌다. 1885년 1월 5일에 치러진 어머니의
장례식은 다음과 같이 기록되었다. 어머니는 더는 고통받지 않으셨기
에 나는 장지까지 가게 해달라고 요청하지 않았다. 어머니께서 돌아가
셨으니 이제 내가 요구할 것은 아무것도 없었다.

빈소에서

민중이 깨어났던 그 위대한 날들처럼, 변두리의 어두운 골목 곳곳에
서 사람들이 쏟아져 나왔다. 사방에서 군중이 구름처럼 몰려들었는
데, 그들은 빈민굴과 작업장에서 온 진짜 민중이었다. 오르나노 대로

---

229) 루이즈 미셸이 1883년 빵 폭동 당시 배고픈 이들에게 빵을 나누어 주도록 선동했
　　다는 혐의로 구속된 사건. 처음에는 빵집에서 아이들에게 빵을 그냥 주었다는 사
　　실을 강조한다. 나중에 감옥에 보내기 위해 약탈로 말을 바꿨다.

45번지 앞은 인파가 너무 몰려 통행이 완전히 불가능할 정도였다.

오전 11시 정각, 운구차가 출발했다. 장례 행렬이 떠나고 30분도 채 안 되어 수천 명의 시민이 추가로 도착했을 만큼 시간은 너무도 정확히 지켜졌다.

루이즈 미셸은 생-라자르 감옥으로 돌아가기 전, 어머니의 곁에 몇 가지 추억의 물건을 놓아드리고자 했다. 붉은 벨벳 액자에 담긴, 바위에 기대어 있는 자신의 사진 한 장. 검은 리본으로 묶은 자기의 머리카락 한 줌을, 친구 마리 페레의 장례식에서 가져왔던 붉은 불멸화 꽃다발 속에 섞어 어머니 곁에 놓았다. 또한 마리 페레의 초상화와 지난 며칠 동안 병상에 있던 어머니에게 바쳐진 꽃 몇 송이도 함께 놓였다.

클레망소[230] 의원도 찾아와 유가족에게 조의를 표하며, 일정상 장례 행렬에 끝까지 함께하지 못함에 양해를 구했다.

운구차와 관 위로 수많은 화환이 놓였다. 《렝트랑지장》지, '자유사상가 협회', 《라 바타이》지 등이 보낸 화환들이었으며, 생화로 만든 수많은 꽃다발이 그 화환들 사이를 메웠다. 루이즈 미셸이 바친 화환은 검은 진주로 장식되어 있었고, 거기에는 단 세 마디만이 적혀 있었다.

"나의 어머니께!"

장례 행렬은 다음과 같은 순서로 나아갔다.

---

230) Georges Clemenceau(1841-1929). 훗날 제1차 세계 대전을 승리로 이끌어 '승리의 아버지' 또는 '호랑이'라는 별명을 얻은 프랑스의 총리다. 하지만 미셸의 어머니가 사망한 1885년 당시에는 강경파 급진공화주의 의원이자 언론인으로 활동하며 민중의 편에 섰던 젊은 정치인이었다. 클레망소는 미셸의 혁명적 사상에 모두 동의하지는 않았으나, 그녀의 고결한 인품과 희생정신을 깊이 존경했다. 그는 미셸이 감옥에 갇혀 있을 때 그녀를 면회하고 경제적 도움을 주었으며, 석방을 위해 끊임없이 노력했다. 흥미로운 점은 총리가 된 클레망소가 노동자들의 파업을 강경하게 진압하며 '제1의 경찰'이라 비판받았는 점이다. 하지만 적어도 이 시기의 그는 미셸의 든든한 조력자 중 한 명이었다.

운구차 바로 뒤에는 고인의 가장 가까운 친척인 백발의 노신사 미셸 씨가 두 딸과 함께 걸었다. 그 뒤로 앙리 로슈포르와 그의 장남, 보언, 그리고 《렝트랑지장》 편집국 전원이 뒤를 따랐다.

이어 루이즈의 투쟁 동지들이 따랐다. 추방 생활을 함께했거나 언론과 연단에서 혁명 투쟁을 이어가는 이들이었다. 알퐁스 움베르, 조프랭, 외드, 바양, 그랑제, 리사가레, 샹피, 앙리 마레, 루시피아, 오디스 바로, 파리 시의원 S. 피숑, 카르타헤나 혁명 정부의 전 위원이었던 안토니오 데 라 칼레, 구의원 모이즈, 프레데리크 쿠르네, 《라디칼》지의 빅토르 시몽과 티타르 등이 보였다. 뒤코스 반도와 누 섬의 강제 노역장에서 돌아온 수많은 유배객도 함께했다.

또한 1871년의 망명객이자 《렝트랑지장》 브뤼셀 특파원인 드뇌빌레르, 알프스 라디칼 대표 텔레니, 인권 서클 대표 바리올, 하알프스·보클뤼즈·바르 공화주의 연맹 대표 P. 아르날 등도 참석했다. 그 외에도 이름을 다 열거할 수 없을 만큼 지방과 파리의 단체 대표들이 자리를 지켰다.

1881년의 노병들과 시련을 겪어온 이 행렬 사이로, 최근 결성된 혁명 단체의 열정적인 청년들이 섞여 있었다. 그중 100여 명의 아나키스트는 행렬이 움직이자마자 세 개의 적기를 펼쳐 들었는데, 그중 하나에는 '제18구 혁명의 파수꾼'이라는 문구가 적혀 있었다.

그 뒤로 도로 전체를 가득 메운 거대한 군중이 따랐다. 그들은 이 고통스러운 순간을 마주한 루이즈 미셸에게 존경과 감사의 마음을 담아 경의를 표하고 있었다.

운구 행렬의 길목에서

블랑키의 장례식 이후, 어제처럼 장엄하고 위엄 있는 민중의 결집은
전례가 없는 일이었다.

장례 행렬은 오르나노 대로를 시작으로 네이, 베시에르, 베르티에 대
로를 거쳐 쿠르셀 문을 지나 르발루아-뻬레 묘지로 향했다.

성벽의 비탈진 언덕 위에는 수많은 구경꾼이 층층이 늘어서 있었고,
반대편의 담벼락과 지붕, 창가 역시 이 광경을 지켜보는 이들로 가득
했다. 성곽 순환도로로 이어지는 모든 골목에서는 노동자와 가난한
이들이 끊임없이 쏟아져 나와, 행렬의 통로에 경의를 표하며 줄지어
서거나 행렬 속에 합류했다.

경찰이 모습을 드러내지 않았기에 장내는 줄곧 평온을 유지했으며
어떤 소동도 일어나지 않았다. 하급 경사 한 명의 지휘 아래 경관 두
명만이 단순한 질서 유지 업무를 맡고 있었을 뿐이다.

하지만 보이지 않는 곳에서는 시위대를 습격하기 위해 비상 수단이
강구되고 있었다. 오르드네 거리에는 공화국 수비대가 대기 중이었
고, 행진 경로를 따라 배치된 초소와 병영 내부에는 치안 경관들이 잠
복해 있었다. 생-오귀스탱 광장의 페피니에르 병영 마당에는 보병 1
개 대대가 군장을 갖춘 채 출동 명령만을 기다리고 있었다.

오르나노 문에 다다랐을 때, 장례 행렬의 인원은 이미 1만 2천 명을
넘어섰다. 거대한 군중 속에서는 때때로 "코뮌 만세!", "사회 혁명 만
세!"라는 우렁찬 함성이 터져 나왔다.

서부 철도교 근처에 도착했을 때, 두 명의 기마 전령이 나타났다. 이
런 전령들의 움직임은 결코 좋은 징조가 아니었기에, 혁명을 외치는

함성은 더욱 거세졌다. 두 기병은 임무를 마치자마자 서둘러 자리를 떴다.

베르티에 대로 49번 보루 앞에는 제17구의 치안관 플로랑탱이 이끄는 스무 명 남짓한 경찰들이 대열을 갖추고 있었다. 그는 첩자이자 선동꾼인 포트리를 보호한 공로로 막 훈장을 받은 인물이었다. 플로랑탱은 이번에도 큰 공을 세워 새로운 계급장과 훈장을 따내겠다고 다짐한 모양이었다.

실제로 운구차가 초소 앞을 지나는 순간, 플로랑탱은 부하들을 거느리고 대로를 가로막으며 적기를 치우라고 명령했다. 이에 군중은 "혁명 만세!", "코뮌 만세!"라는 거대한 함성으로 응수했다. 시위대는 적기를 둥글게 에워싸 철저히 보호하며, 밀정들의 구원자라 불리는 그자에게 당당히 맞섰다.

그러자 로슈포르 시민이 치안관 앞으로 나서며 일갈했다. "당신의 태도는 명백한 도발이오. 지금까지 모든 절차가 완벽하게 질서를 지키며 진행되었는데, 당신의 개입은 참으로 부적절하기 짝이 없군."

"나는 코베 씨로부터 적기가 통행하지 못하게 하라는 엄명을 받았소." 눈에 띄게 기가 죽은 플로랑탱이 대답했다.

로슈포르가 다시 맞받아쳤다. "당신이 말하는 그 적기들은 각 단체의 깃발일 뿐이오. 그들은 자신들이 원하는 색을 선택할 완전한 권리가 있단 말이오. 감베타의 장례 행렬 뒤에도 붉은 깃발들이 있었지만, 그 누구도 감히 그것을 펼치지 못하게 막아서지 못했소."

이 말과 현장에 있던 시민들의 단호한 태도에 플로랑탱이라는 자는 생각이 많아진 모양이었다. 그는 즉시 태도를 누그러뜨리더니, 자기 부하 25명과 함께 운구차 앞에서 직접 행렬을 인도하기 시작했다.

하지만 경찰은 포악을 떨지 못할 때면 꼭 야비한 수를 쓰기 마련이다. 어제 역시 그러했다. 아니에르 문에 이르러 운구차가 시 경계의 세관 문을 통과하자마자, 미리 작당해두었던 경관들이 갑자기 문을 닫아걸려 했다. 행렬을 끊어놓음으로써 그토록 눈엣가시 같던 적기들을 차단하려 했던 것이다.

그러나 그들은 혁명가들의 결연함을 과소평가했다. 민중의 압력을 견디지 못한 문은 그대로 밀려 열렸다. 덕분에 파리로 들어오던 몇몇 차량은 검문도 받지 않고 통과하는 행운을 누리기도 했다.

마지막 사건은 이러했다. 행렬이 철도 노선을 끼고 길게 이어지며 나아가는 동안 기차 한 대가 지나갔다. 기차 창가에 매달려 있던 수많은 승객은 루이즈 미셸의 어머니를 모시는 운구 행렬임을 알아보고, 모자와 손수건을 흔들며 경의를 표했다.

이러한 과정을 거쳐 행렬은 마침내 르발루아-뻬레에 도착했다.

묘지에서

작은 도시 르발루아-뻬레는 완전히 술렁이고 있었다. 이곳에서 이토록 많은 인파를 본 것은 실로 오랜만의 일이었다. 묘지 주변에는 수많은 마차가 늘어서 있었고, 모든 주민이 집 밖으로 나와 운구 행렬이 지나갈 길목에 늘어서서 장벽을 이루고 있었다.

작은 묘지는 손님 맞을 채비를 마친 상태였다. 묘지문은 활짝 열려 있었으며, 누구보다 서둘러 도착한 많은 시민이 이미 운구가 안치될 장소 주변에 자리를 잡고 있었다.

그곳은 베르사유 군에 의해 사토리에서 학살당한 페레의 묘였다. 그는 루이즈 미셸의 절친한 친구이자 헌신적인 동지였던 누이, 마리 페레와 함께 그곳에 묻혀 있었다. 묘역은 소박했다. 창살 울타리가 둘러쳐진 묘는 커다란 석판으로 덮여 있었고, 그 위에 세워진 비석에는 순교자 페레와 그의 누이의 이름이 새겨져 있었다.

종소리가 울려 퍼지며 장례 행렬의 도착을 알렸다. 순식간에 군중이 이 죽은 자들의 들판을 가득 메웠다. 인파가 구름처럼 몰려든 탓에, 운구 대원들은 가까스로 시신을 묘소까지 옮길 수 있었다. 조화들 또한 운구차에서 관까지 사람들의 손에서 손으로 전달되어 간신히 옮겨졌다. 마침내 붉은 깃발들이 펼쳐졌고, 묘비까지 층층이 올라선 인파의 물결 속으로 무덤들은 자취를 감추었다. 그 광경은 실로 압도적인 장엄함과 위엄으로 가득했다.

추도사

정적이 감도는 경건한 추모의 시간이 흐른 뒤, 우리의 동료 에르네스트 로슈가 가장 먼저 발언대에 올랐다. 군중의 열렬한 호응으로 수 차례 중단되기도 했던 그의 연설을 요약하면 다음과 같다.

"명성을 단 한 번도 탐한 적 없는, 소박하고 선량한 한 여성의 관 주위에 모인 우리는 과연 누구입니까? 왜 이 자리에서 공화주의와 사회주의의 그토록 다양한 정파들이 하나로 어우러져 있는 것입니까? 우리 모두를 움직이는 이 마음은 무엇이며, 우리를 이끄는 힘은 무엇입니까? 이 죽음 앞에서 우리 모두에게 똑같은 존경과 분노를 불러일으키는 이 영혼의 결속은 대체 무엇입니까?

제가 말씀드리겠습니다. 세상에는 그 무엇보다 신성한 깃발이 있습니다. 민중이 오직 역사의 장엄한 순간에만 들어 올리는 깃발, 화려한 그 어떤 천 조각보다 우리를 전율케 하는 그 깃발은 바로 우리 순교자들과 영웅들의 깃발입니다.

루크레티아의 죽음은 타르퀴니우스 왕가를 몰아내고 로마 공화정을 세웠습니다. 루이 필리프의 군대에 맞서다 쓰러진 이름 없는 이들의 죽음은 그의 왕좌를 무너뜨렸습니다. 빅토르 누아르[231]의 죽음은 제국을 뒤흔들고 그 몰락을 앞당겼습니다.

루이즈 미셸의 어머니, 이분의 죽음은 이제 우리의 결속점이 되었습니다. 이분을 죽음으로 몰아넣은 자들을 향해 우리 모두의 양심 속에 똑같은 혐오감을 불러일으켰기 때문입니다.

아! 비열한 자들이여, 희생자가 고령이라는 핑계 뒤에 숨지 마십시오! 그것은 당신들이 저지른 가증스러운 죄를 씻어줄 변명이 될 수 없습니다.

물론 당신들이 처음부터 이 노모를 노렸던 게 아님을 우리는 잘 압니다. 제국이 빅토르 누아르라는 개인에게 특별한 원한이 없었던 것과 마찬가지입니다. 당신들의 잔인한 칼날이 우리 대열 속에서 소박한 이를 베든, 무명인을 베든, 혹은 유명한 이를 베든 그것이 무슨 상관입니까? 당신들이 씌워준 그 순교의 면류관은 우리의 분노를 사기에

---

231) Victor Noir. 1848-1870. 프랑스 근대사에서 민중의 희생을 상징하는 매우 중요한 인물이다. 그는 《마르세예즈》지의 젊은 기자였다. 1870년, 나폴레옹 3세의 사촌인 피에르 보나파르트 왕자와 신문사 간에 시비가 붙었고, 누아르는 결투 약속을 정하기 위해 왕자의 집을 방문했다. 그런데 그곳에서 왕자는 갑자기 권총을 꺼내 누아르를 쏘아 죽였다. 황제의 친척이 무고한 시민(기자)을 사살했다는 소식은 파리 민중을 폭발하게 만들었다. 그의 장례식에는 무려 20만 명의 인파가 모였다. 이는 단순한 장례를 넘어 나폴레옹 3세의 제국에 반대하는 거대한 정치적 시위였다. 이 사건으로 인해 민중의 분노는 극에 달했고, 얼마 지나지 않아 보불전쟁의 패배와 함께 제정이 무너지고 공화정이 들어서는 결정적인 계기가 되었다.

충분하며, 그분을 영원히 기억되게 하기에 충분합니다.

가엾은 여인들! 이분들을 아는 이들이라면 두 사람이 서로에게 얼마나 절대적인 존재였는지 잘 압니다. 어머니는 딸이 쏟아준 지극한 사랑을 양분 삼아 사셨습니다. 당신들이 딸을 빼앗음으로써 어머니를 죽인 것이나 다름없으며, 이 죽음은 아마도 또 다른 희생자를 낳게 될 것입니다. 그다음은 감옥에서 죽어가는 크로포트킨의 차례가 될 것이고, 뒤이어 더 이름 없고 불행한 이들이 줄을 이을 것입니다.

그런데도 당신들은 우리가 이 죽음들을 붙들고 일어서는 것을 원치 않습니까? 우리나라를 통째로 팔아치우기 전까지 수십억의 돈을 가로채 나라를 파멸시키는 저 도둑놈들에 맞서, 정당한 방어의 신념 아래 우리가 이 죽음들 주위로 집결하는 것을 막으려 합니까!

이것이야말로 베르사유의 총탄에 살해당한 페레의 무덤 앞에서, 그리고 슬픔에 사무쳐 돌아가신 이 여인의 관 앞에서 우리가 서명하고자 하는 위험과 복수와 정의의 약속입니다.

마지막으로, 제가 대표하여 발언하는 《렝트랑지장》의 동료들과 친구들, 그리고 용감한 시민 루이즈 미셸의 곁에서 함께 싸우고 유배의 고통과 귀환의 기쁨을 함께 나누었던 이들을 대신해 전합니다. 우리의 벗 루이즈 미셸이 겪고 있는 이 고통에 깊은 애도를 표하며, 우리의 우정과 존경이 이토록 큰 상실에 조금이나마 위안이 될 수 있다면 그 슬픔의 무게를 기꺼이 나누고 싶습니다."

샤베르 시민은 다음과 같이 발언했다.

"여기 모인 우리 사회주의자들은, 모두가 무기를 들고 현장으로 달려나갈 전투의 날처럼 한마음으로 뭉쳐 있습니다. 우리의 목적은 같지만, 단지 수단의 선택에 있어서만 견해를 달리할 뿐입니다.

이미 사회적 권리 쟁취의 시대가 밝아오는 것이 보입니다. 기회주의
적인 부르주아들은 이제 남성들을 죽이는 것에 만족하지 못하고, 여
성들까지 죽이고 있기 때문입니다.

우리가 하나로 뭉쳐 미리 선언합시다. 우리가 주권자가 된다면 그 어
떤 형태의 정부도 원치 않는다고 말입니다. 민중이 마침내 주인이 되
어야 합니다. 우리 손으로 뽑았음에도 우리를 속이고 통치자로 군림
하려는 자들이 있다면, 오직 죽음으로 응징해야 합니다.

앞으로 전개될 전투는 우리의 승리를 예고하고 있습니다. 모두가 행
동에 참여해야만 하는 상황이기 때문입니다. 기회주의자들은 의회주
의에 기대어 안일함에 빠져 있습니다. 하지만 우리는 그 의회주의를
무너뜨리고 있으며, 이제 그 문을 부수기 직전입니다."

이어 디종 시민이 발언권을 얻었다.

"무정부주의자 그룹을 대표하여, 우리는 앵발리드 시위의 영웅에게
감사를 표하기 위해 왔습니다. 이 무덤 앞에서 모든 혁명가가 연합합
시다. 나는 오직 완전한 자유를 위해 조건 없는 연대를 강력히 희망합
니다.

우리를 짓밟는 방탕한 권력자들에 대해 내가 품어온 그 모든 증오를
쏟아내지 않고는 말을 마칠 수 없습니다. 우리는 이 체제에서 소외된
자들입니다. 그렇기에 우리는 정의의 시대가 도래하기를 간절히 고대
하고 있습니다."

뒤이어 샹피시민이 루이즈 미셸에게 경의를 표하며 그녀와 함께 슬
픔을 나누었다.

"루이즈 미셸이 사도처럼 전파해 온 혁명은 반드시 민중에게 평등과 복지를 가져다주어야 합니다. 또한 민중이 자신의 노동으로 쟁취한, 그 무엇으로도 지울 수 없는 신성한 권리들을 온전히 보장받게 해야 합니다."

이후 토르틀리에와 우댕 시민의 연설이 이어졌다. 그러자 군중은 더없이 평온한 분위기 속에서 물 흐르듯 빠져나갔다. 사실 그토록 질서 정연했던 이유는 쉽게 짐작할 수 있었다. 현장에 경찰들이 없었기 때문이다.

고맙다, 친구들이여. 그 자리에 함께해주신 여러분 모두에게 감사를 전한다.

친구들이여, 나의 가여운 어머니 곁에 정파의 구분 없이 모여 같은 슬픔과 같은 희망을 나누던 여러분의 모습이 이토록 선하다. 앞으로도 영원히 잊지 못할 것이다. 우리 세대 이후에는 그 누구도, 어머니가 죽어가는 2년의 세월 동안 딸과 생이별해야 하는 이런 고통을 겪지 않게 될 것이기 때문이다. 어머니가 나를 위해 받아쓰게 했던 마지막 편지(1884년 11월 27일)에서 어머니는 이렇게 말씀하셨다.

사랑하는 내 딸에게,

너무 괴로워하지 마라, 상태가 더 나빠지지는 않았단다.
나를 슬프게 하는 건 네가 늘 걱정하고 있다는 사실뿐이야.
실을 보낼 테니 자수를 놓으렴. 내가 말했던 바다 풍경도 나를 대신해서 그려다오.

지난번 자수는 다른 것들보다 좀 못하더구나.

네가 슬픔에 잠겨 있다는 게 보여서 마음이 아프다. 그러지 마라.

나를 위해 뜨개질은 하지 마라. 이미 충분하고 이제 더 필요한 건 없단다. 이미 나 때문에 돈을 너무 많이 쓰고 있구나.

무엇보다 너무 괴로워하지 마라. 온 마음을 다해 너를 안아주마.

불쌍한 우리 어머니는 상태가 더 나빠지지 않았다고 하셨지만, 그것은 거짓말이었다. 어머니는 이미 병석에 누우셨고 다시는 일어나지 못하셨다. 어머니가 말씀하신 자수에 관해서라면, 바다 풍경은 아직 완성하지 못했다. "예전만큼 솜씨가 좋지 못하다"고 하셨던 마지막 자수는—내가 어머니의 죽음을 예감하고 있었기에 그토록 서툴렀던 것인데—심장을 관통당한 거대한 떡갈나무를 그린 것이었다. 상처 부위에는 도끼가 그대로 박혀 있고 그 틈으로 수액이 흘러내리는 모습이었다. 이 슬픈 기억이 서린 자수는 그것을 선물 받은 탈레랑 페리고르에게 더욱 깊이 간직될 것이다. 그는 조만간 크로포트킨처럼 귀족의 삶을 뒤로하고 혁명의 길을 걷게 될 사람이기 때문이다. 그들의 혈관 속에는 용맹한 선조들의 피가 흐르고 있다. 과거의 봉건 영주들이 비록 거친 약탈자였을지는 몰라도, 결코 비겁한 자들은 아니었으니 말이다.

어머니가 보내주신 바늘들을 간직하고 있다. 이 바늘들이 다시 쓰일 일은 없겠지만, 언젠가 나는 어머니의 유지를 받들 것이다. 어머니와 약속했던 그 바다 풍경은 어머니를 대신해 꼭 그려낼 것이다.

여기에 여러 통의 편지 사본을 싣는다. 그중 일부는 파리에 콜레라가 기승을 부리던 때에 쓴 것으로, 내 어머니 때문만이 아니라 파리가 시련에 처할 때마다 단 한 번도 그 곁을 떠나지 않았던 나에게는 이 도시와 가까이 있어야 할 이중의 권리가 있었다. 또 다른 편지들은 어머니의 생명이 마지막 날들에 이르렀을 때, 어머니의 곁에 있게 해달라고 요청하며 썼던 것들이다.

이 편지 사본들은 마땅히 죽은 자들의 기록에 담겨야 한다. 그 안에는 어머니와 나의 처절한 고통이 고스란히 담겨 있기 때문이다. 내가 고작 감옥의 처우에나 신경 쓰고 있다고 생각했던 자들은, 내가 참으로 행복한 고민을 한다고 믿었을 것이다.

당국이 나를 잘 대접해 주었다고 하지만, 설사 그렇지 않았더라도 가련한 우리 어머니가 겪는 그 깊은 슬픔 말고 내가 다른 무엇을 느낄 수 있었겠는가?

클레르몽 교도소(와즈), 수용번호 1327. 1884년 11월 21일.

장관님께,

나에게는 이 세상에 어머니뿐입니다. 만일 내가 목소리를 높여 말할 수만 있다면, 현재 상황을 고려해 나의 가장 잔인한 적들조차 나를 즉시 파리로 이송해달라고 요청할 것입니다. 어머니는 지금, 이 순간에도 죽음 혹은 절망이라는 이중의 상실로 내 곁을 떠나실 수 있기 때문입니다. 내가 이송될 감옥에서는 면회도, 편지도 요구하지 않겠습니다. 원한다면 감옥 밖으로 한 발짝도 나가지 않겠습니다. 그저 같은 공기를 마시며 파리에 머무는 것만으로 충분합니다. 그러면 어머니는 내가 그곳에 있다는 사실을 아시게 될 것입니다. 어머니가 이러한 행복을 느끼실 수 있는 건 죽어서가 아니라 살아 계실 때뿐입니다.

경의를 표하며, 루이즈 미셸.

클레르몽 교도소(와즈), 수용번호 1327. 1884년 11월 15일 일요일.(친전)

대통령 께,

여기 진실이 있습니다. 만일 이를 이해할 수 있는 인간의 심장을 가진 이가 아무도 없다면, 이 진실이 스스로 나의 증인이 되게 하십시오.

지난 18개월 동안 나는 신문 한 줄 읽지 못했습니다. 하지만 우리를 갈라놓는 외곽 담장 너머로, 파편처럼 흩어진 문장 하나가 내 귀에 들려왔습니다. "파리에 콜레라가 돌고 있다"는 말이었습니다. 그것이 꽤 오래전 일이라 하더라도, 그 일을 부정하는 말들도 내게는 소용이 없습니다.

이런 상황에서 내가 마땅히 있어야 할 자리가 파리라는 사실을 그 누구도 기억해주지 않기에, 설령 그 자리가 지하 감옥일지라도, 나는 당신에게 요청합니다. 만일 나를 국사범으로 취급한다면, 내가 스스로 판사들 앞에 당당히 나아가 자수했다는 사실을 기억해주십시오. 그리고 내게도 그에 상응하는 도리를 보여 주십시오.

루이즈 미셸.

나를 어머니 곁에 데려다 달라고 호소했던 여러 편지 중 일부를 여기에 더 옮겨본다.

어머니께서 살아있는 동안 파리 근처의 다른 교도소로 이송되거나 그곳에 머물게 해준다면, 어머니가 더 이상 세상에 계시지 않게 될 때 다시 누벨칼레도니 유배지로 떠날 것이며 이 약속 또한 기필코 충실히 지킬 것입니다. 나는 이미 그곳에서 유익한 일을 한 바 있으며, 원주민 부족들 사이에 학교를 세우고 그들을 교육하며, 할 수 있는 헌신을 다하겠습니다.

앞부분이 유실되었으나, 이 글은 의심할 바 없이 내무부 장관에게 보낸 것이었다. 다른 부분도 여기 있다.

나는 아무런 답변도 받지 못했으며, 아마 앞으로도 영원히 받지 못할 것입니다. 하지만 우리가 사는 이 격변의 시대에, 훗날 당신의 손자 중 어느 누군가 나와 똑같은 처지에 놓이게 되었을 때, 당신이 내게 답하지 않았던 일을 뼈저리게 후회하게 될지 그 누가 알겠습니까.
덧붙이자면, 이것은 결코 정치적인 문제가 아닙니다. 이것은 세상의 모든 어머니에 관한 문제입니다. 불행하게도 내가 이 나라의 마지막 여성 수감자는 아닐 것이기 때문입니다.
루이즈 미셸.

이 편지의 일부가 내가 겪은 고통을 조금이나마 말해주기를 바란다. 오랫동안 아무런 답도 듣지 못하다가, 마침내 나는 생-라자르 감옥으로 이송되었다. 만일 나를 조금만 더 일찍 그곳으로 데려다주었더라면, 면회 때마다 곧바로 기운을 차리실 만큼 강인한 생명력을 지녔던 내 어머니는 돌아가시지 않았을 것이다.
그렇지만 당국은 내게 최소한의 합당한 배려는 해주었다. 덕분에 나는 마지막 순간 어머니 곁에 머물 수 있었고, 어머니가 원하시던 모습 그대로 내 손으로 직접 눕혀드린 뒤 영영 그 집을 떠나왔다.
어머니는 더 이상 고통받지 않으셨다. 모두에게, 특히 힘없는 약자들에게 정의가 실현되기를 바란다.

교도관들은 나를 괴롭히는 대신, 어머니가 원하실 때마다 침대에서 침대로 무리가 가지 않게 옮겨드리는 일을 도와주었다. 어머니는 그들에게 감사를 표하셨고, 나는 그 사실을 기억한다.

그들은 정치적 사안에 관여하는 자들이 아니며, 아마 올해 5월 24일 페르-라셰즈 묘지에서 민중을 때려잡았던 자들도 아닐 것이다. 게다가, 낡은 법의 그 끔찍한 톱니바퀴가 아니라면, 도대체 누가 민중의 자식들에게 주어지는 이러한 직업들을 설명할 수 있겠는가? 그들은 요람에 빵을 물고 태어난 이들이 아니다.

죽어가는 내 어머니의 곁을 지키게 해줌으로써 내게 합당한 배려를 베풀었던 정부는, 어머니가 돌아가신 뒤에 제안하는 그따위 사면으로 자신들의 관대함을 더럽히지 말아야 한다.

도대체 내가 다른 이들보다 무엇을 더 했다고, 사람들이 끊임없이 이 사면 문제를 들먹인단 말인가?

사면이라니! 2년 전 그들이 나를 파리 밖으로 끌어냈던 그 7월 14일 기념일에 말인가? 어머니는 1년 동안이나 내가 파리에 있는 줄로만 알고 계셨는데!

도대체 내가 그들에게 무엇을 했기에, 나를 그런 사면 따위나 받아들일 인간으로 여기는 것인가? 여성이라는 존재가 그토록 하찮은 것인가. 적이든 아군이든, 그녀가 절대 굴복하지 않을 인물임을 양쪽 모두가 잘 알면서도, 여성을 비루한 처지로 몰아넣어 그 명예를 깎아내리는 일에는 늘 한마음이다.

늙은 맹수들과 사투를 벌이는 러시아나 독일에서는 투쟁이 더 끔찍할지언정 그만큼 더 정결하다. 그곳에서는 혁명가를 더러운 방식으로 모욕하지는 않는다. 교수대의 밧줄과 단두대의 처형대가 기다릴 뿐이며, 나는 차라리 그것을 택하겠다.

내 어머니의 생애에 관한 짧은 기록을 남긴다. 어머니를 알았던 이들은 그녀가 얼마나 소박하고 선량했는지 잘 안다. 그러면서도 지혜로움을 잃지 않았고, 대화 중에는 특유의 유쾌함마저 지니고 있었다.

할머니는 어머니가 용기 있게 견뎌온 그 모든 고초에 대해 내게 말씀해 주셨다. 나는 오직 어머니의 끝없는 헌신과 1870년부터 1885년까지 그녀가 감내해야 했던 그 끔찍한 고통만을 보았을 뿐이다.

나는 내가 어머니를 사랑한다는 것을 잘 알고 있었지만, 그 사랑이 이토록 깊고 넓을 줄은 미처 몰랐다. 죽음이 어머니의 생을 앗아가고 나서야 나는 그 사랑의 크기를 실감했다.

할머니 마르그리트 미셸이 여섯 자녀를 둔 채 과부가 되자, 어머니는 브롱쿠르 성에서 자랐다. 어머니는 둥지를 떠나온 어린 소녀로 보냈던 그 두려움 가득한 어린 시절을 가끔 들려주었다. 하지만 어머니는 자기를 딸처럼 길러준 분들을 얼마나 사랑했던가! 어쩌면 훗날 어머니의 그 근면하고 겸손했던 삶을 이야기할 날이 올지도 모르겠다.

어머니는 집안의 형편이 예전 같지 않다는 사실을 그분들이 눈치채지 못하게 애쓰셨고 그들 주변에 닥친 수많은 죽음의 슬픔을 달래드리는 데 헌신하셨다.

나는 사람들이 흔히 말하는 사생아다. 하지만 내게 삶이라는 고약한 선물을 안겨준 이들은 신분이 자유로운 몸이었고, 서로 사랑했다.

내 출생에 관해 떠도는 그 어떤 비열한 이야기도 사실이 아니며, 결코 내 어머니의 명예를 더럽힐 수 없다. 나는 내 어머니보다 더 정직한 여성을 본 적이 없다.

이토록 기품 있고 섬세한 사람을 본 적이 없으며, 이보다 더 큰 용기를 본 적도 없다. 어머니는 결코 불평하는 법이 없었으나 그녀의 삶은 고통 그 자체였다.

어머니는 돌아가시기 이틀 전 내게 이렇게 말씀하셨다.

"너를 더는 보지 못하는 것과 친구들에게 너무 많은 신세를 지는 것이 참으로 괴로웠단다."

어머니가 그토록 슬픈 어조로 말씀하신 것은 그때가 처음이었다. 숨결에 불과했던 어머니의 목소리에서 흐느낌이 배어 나왔다.

우리 친구들은 어머니가 그 소박함 속에서도 얼마나 재치 있고 대화에 능했는지 자주 깨닫곤 했다. 하지만 어머니가 그토록 선한 마음을 숨기려고 애썼음에도 그녀가 얼마나 다정했는지를 아는 사람은 오직 나뿐이다. 어머니는 종종 무뚝뚝하게 보이기를 즐기셨고, 그러고는 아이처럼 웃으셨다.

익명의 적들은 어머니의 마지막 순간을 방해하려고 그녀의 마비 증세를 전염병으로 몰아가겠다는 협박을 내게 보내왔다. 콜레라가 창궐했던 시기를 거치며 대중이 무엇이든 쉽게 믿어버리는 상황이었기에 그들의 시도는 성공할 수도 있었으나, 그 독사 같은 자들은 결국 뜻을 이루지 못했다.

그들은 지금도 내 이름을 도용해, 그것을 믿을 만큼 어리석은 사람들에게 가짜 편지를 쓰는 것으로 분을 풀고 있다. 그런 사소한 일들에 괴로워할 수 있는 사람들의 행복이 부럽다. 이제 나는 그런 것들을 느끼지 못한다. 세상의 온갖 추악한 악의가 내게 쏟아진다 해도 나는 알아채지조차 못할 것이다.

그것은 이미 거대한 대양이 휩쓸고 지나간 자리에 떨어지는 몇 방울의 물일 뿐이다. 오, 사랑하는 나의 망자들이여! 그대들[232] 중 한 사람이 살아있을 때 이 책을 쓰기 시작했으나, 이제 그대들이 잠든 대지 위로 몸을 굽힌 채 이 책을 끝맺는다. 나를 사랑하고 그대들을 사랑했던 이들이 그곳에 내 자리도 남겨두었다.

두 사람 모두 죽었구나!

그렇다, 가족의 울타리는 뿌리째 뽑혀 나갔다.

친구들이 불쌍한 내 어머니의 침대와 가구들을 생전의 모습 그대로 정돈해 둔 이 방에, 홀로 작은 새 한 마리가 블라인드 틈 사이로 미끄러져 들어와 창가에 둥지를 틀었다.

차라리 잘된 일이다! 덕분에 어머니의 자리가 덜 쓸쓸해졌으니.

어머니의 옷가지나 다름없었던 그 낡고 가련한 가구들 위로, 저 순수한 짐승들의 날갯짓이 내려앉는다.

어머니의 죽음을 알렸던 그 오래된 시계의 종소리를 듣고 있는 것은 바로 저들이다.

곧 다시 만나자, 나의 사랑하는 이여!

미리암! 그대들 두 사람의 이름이,

---

232) 어머니와 마리 페레. 미셸이 이 자서전을 집필하기 시작한 것은 1884년경, 그녀가 감옥에 있을 때였다. 마리는 이미 사망한 상태였고, 어머니는 살아계셨다. 책을 마무리하는 시점인 1885년, 어머니마저 세상을 떠났다. 집필 기간은 그녀의 수감 생활 및 어머니의 사망 시점과 밀접하게 맞물려 있으며, 역사적으로 다음과 같이 확인된다. 집필 시작: 1884년 초 (클레르몽 감옥 수감 중), 이 시기에는 마리는 이미 사망한 상태였다. 집필 마무리: 1885년 초 (어머니 사망 직후), 자서전의 마지막 대목은 미셸이 어머니의 임종을 지키기 위해 일시적으로 이송되었던 생-라자르 감옥 혹은 어머니의 장례를 치른 직후에 작성되었다. 미셸은 어머니의 죽음을 겪으며 자서전의 마지막 장을 정리했다. 어머니의 장례를 치른 직후의 비통함을 그대로 담고 있다. 출판: 이 원고들이 정리되어 실제 책으로 출판된 것은 1886년이다.

당신의 이름과 함께 이 책의 마지막을 장식하기를,
혁명이여!

Louise Michel

chef des Incendiaires.

MES PROCÈS

나의 재판 기록

파리 코뮌

《법정 신문》 기록

제6 군사법정 (베르사유 소재)

재판장: 들라포르 씨, 제12 경기병 연대 대령

1871년 12월 18일 공판

파리 코뮌은 국민방위군을 구성하는 헌신적인 남성들만으로는 방어에 충분하지 않자, '코뮌의 양자들'이라는 명칭으로 소년병 부대를 창설했다. 또한 아마조네스 대대(여성 부대)를 조직하고자 했으나, 이 부대가 실제로 구성되지는 않았다. 그렇지만 다소 기괴한 군복을 입고 어깨에 소총을 멘 채 성벽으로 향하는 대대의 맨 앞에 선 여성들을 볼 수 있었다.

특정 구역에서 상당한 영향력을 행사했던 것으로 보이는 여성 중에서도 바티뇰의 전직 교사였던 루이즈 미셸이 눈에 띄었다. 그녀는 반란 정부에 대해 무한한 헌신을 끊임없이 보여주었다.

루이즈 미셸, 36세. 체구는 작고 피부는 검으며, 이마는 매우 넓게 솟아 있으나, 정수리 쪽으로 갈수록 갑자기 뒤로 깎여 넘어가는 형태다. 코와 하관은 도드라져 이목구비에서 매우 강퍅한 인상을 풍긴다. 그녀는 전신에 검은 옷을 입고 있다. 그녀의 격앙된 상태는 포로 생활 초기와 다름없으며, 사람들이 그녀를 법정으로 데려오자, 그녀는 갑자기 베일을 걷어 올리며 판사들을 빤히 응시한다. 데이 대위가 군검찰석에 앉아 있다. 국선 변호인으로 선임된 오스만 씨가 피고를 보조하고 있으나, 그녀는 이미 그 어떤 변호사의 도움도 거부하겠다고 선언한 상태이다. 서기인 뒤플랑 씨가 다음과 같은 보고서를 낭독한다.

루이즈 미셸이 자신의 혁명적 사상을 드러내기 시작한 것은 1870년 빅토르 느와르의 사망 사건 때부터이다. 무명의 교사로서 학생도 거의 없었기에, 당시 그녀의 인맥이 어떠했는지, 그리고 불행한 우리 조국을 공포에 떨게 한 그 괴물 같은 테러의 전조가 된 사건들에서 그녀가 어떤 역할을 맡았는지 파악하는 것은 불가능했다.

3월 18일의 사건들을 전부 다시 서술할 필요는 없겠지만, 기소의 기점으로 삼기 위해 우리는 몽마르트르 언덕과 로지에 거리를 무대로 벌어졌던 그 피비린내 나는 비극에서 루이즈 미셸이 가담한 역할만을 명확히 밝히고자 한다.

불운한 르콩트 제너럴과 클레망 토마 제너럴을 체포한 이 공범은 두 희생자가 도망칠까 봐 전전긍긍했다. 그녀는 그들을 에워싼 비열한 무리에게 온 힘을 다해 외쳤다. "그들을 놓아주지 마라!"

그리고 시간이 흘러 살육이 자행된 뒤, 그녀는 피가 뿌려진 참상을 보며 더할 나위 없이 기쁜 기색을 보였고, "당해도 싼 일"이라며 감히 떠들어대기까지 했다. 그러고는 그날의 성과에 만족하며 황홀한 기분으로 벨빌과 라 빌레트로 향했는데, 이는 "그 구역들이 여전히 무장 상태를 유지하고 있는지" 확인하기 위함이었다.

19일, 그녀는 자신을 위험에 빠뜨릴 수 있는 연맹군복을 벗어 던지는 치밀함을 보인 뒤 집으로 돌아왔다. 하지만 그녀는 그날의 사건들에 대해 건물 관리인과 기어이 이야기를 나누어야만 했다. 그녀는 이렇게 외쳤다. "아! 만약 클레망소가 로지에 거리에 조금만 더 일찍 도착했더라면 장군들을 총살하지 못했을 거야. 그자는 베르사유 놈들 편이라서 분명 반대했을 테니까."

"민중이 도래할 시간이 종소리와 함께 울려 퍼졌다." 세계 곳곳에서 달려온 이방인들과 부랑자들의 손아귀에 떨어진 파리는 마침내 코뮌을 선포했다.

소위 '노동을 통한 여성 노동자 선도 협회'라는 단체의 서기였던 루이즈 미셸은 그 유명한 '여성 연합 중앙 위원회'를 조직했다. 또한 구급대원을 모집하고, 최후의 순간에는 바리케이드에 투입할 여성 노동자들과 어쩌면 방화범들까지도 모집할 책무를 맡은 감시위원회들을 조직했다.

제10구 구청에서 발견된 선언문 사본은 반란의 마지막 며칠 동안 해당 위원회들에서 그녀가 수행한 역할을 여실히 보여준다. 우리는 그 문서를 원문 그대로 인용한다.

"우리가 환호하는 사회 혁명의 이름으로, 노동권의 주장과 평등 및 정의의 이름으로, '파리 방위와 부상자 간호를 위한 여성 연합'은 이틀 전 게시된, 반동분자 집단으로부터 나온 비겁한 '여성 시민들에게 보내는 포고문'에 온 힘을 다해 항의한다.

해당 포고문은 파리의 여성들이 베르사유의 관대함에 호소하며 어떤 대가를 치르더라도 평화를 요구한다고 주장하고 있다.

아니다, 파리의 여성 노동자들이 요구하러 온 것은 평화가 아니라 바로 끝까지 싸우는 전면전이다.

오늘날 타협은 곧 배신이다. 그것은 완전한 사회 혁신을 갈망해 온 노동자들의 모든 염원을 저버리는 일이 될 것이다. 그 염원이란 현재 존재하는 모든 법적·사회적 관계를 타파하고, 모든 특권과 모든 착취를 철폐하며, 자본의 지배를 노동의 지배로 대체하는 것, 한마디로 노동자가 스스로의 힘으로 해방되는 것이다!

포위 기간의 6개월에 걸친 고통과 배신, 착취자들의 연합에 맞선 6주간의 치열한 싸움, 자유의 대의를 위해 흘린 수많은 피는 우리의 영광이자 복수의 권리이다!

현재의 투쟁은 민중의 대의가 승리라는 결과로 이어질 뿐이다. 파리는 물러서지 않을 것이다. 파리가 미래의 깃발을 들고 있기 때문이다. 최후의 시간이 다가왔다! 노동자들에게 자리를 내주어라! 그들의 압제자들은 물러가라! 행동하라! 기운을 내라!

자유의 나무는 적들의 피를 자양분 삼아 자라난다!

사회적 위기가 수반하는 고통을 통해 더욱 성장하고 깨어난 여성들은 모두 하나로 뭉쳐 결연히 나아간다. 인민의 국제적이고 혁명적인 원칙을 대변하는 코뮌이 그 안에 사회 혁명의 씨앗을 품고 있음을 깊이 확신하는 파리의 여성들은 만약 반동 세력이 성문을 뚫고 들어오는 순간 우리의 형제들과 마찬가지로 코뮌, 즉 민중의 승리를 위해 바리케이드 위에서, 파리의 성벽 위에서 피와 목숨을 바칠 줄 안다는 것을 프랑스와 전 세계에 증명할 것이다! 그리하여 승리한 뒤, 공동의 이익을 위해 단결하고 화합할 준비가 된 남녀 노동자 모두가 마지막 노력을 통해 연대하여…"(이 마지막 문장은 끝맺지 못했다)

"세계 공화국 만세! 코뮌 만세!"

그녀는 이 모든 직책을 겸임하면서도 우도 거리 24번지에서 학교를 운영했다. 그곳의 교단 위에서 쉬는 시간마다 자유사상 교리를 가르쳤으며, 자신이 직접 쓴 시들을 어린 학생들에게 노래하게 했는데, 그중에는 〈복수자들〉이라는 제목의 노래도 있었다.

성 베르나르 성당에서 열린 혁명 클럽의 회장이었던 루이즈 미셸은 5월 18일(공화국력 79년 플로레알 21일) 회의에서 통과된 결의를 주도한 당사자이다. 그 결의는 다음과 같았다.

'사법부 폐지, 법령 전면 폐기, 그리고 사법 위원회로의 대체. 공적 영역에서의 종교 예배 폐지, 사제들의 즉각적인 체포, 그들의 재산 및 베르사유의 비열한 자들을 지지했던 도망자와 배신자들의 재산 매각. 코뮌 위원으로 임명된 시민 블랑키가 석방되어 파리에 도착할 때까지, 24시간마다 한 명씩 거물급 인질을 처형할 것.'

그러나 사건 기록에 포함된 어느 공상적인 칼럼의 저자가 기꺼이 명명한 이 '열렬한 영혼'은 민중을 선동하고, 암살에 박수를 보내며, 아이들을 타락시키고, 동족상잔의 투쟁을 설파하며, 한마디로 온갖 범죄를 부추기는 것만으로는 충분하지 않았다. 그녀에게는 스스로 본보기가 되고 직접 몸을 던져 대가를 치르는 과정이 더 필요했다!

그리하여 우리는 이시, 클라미르, 그리고 몽마르트르의 제일선에 서서 전투를 치르거나, 총격전을 벌이거나, 도망치는 자들을 다시 불러모으는 그녀를 발견하게 된다.

《민중의 함성》지 4월 16일 호는 이 사실을 다음과 같이 증명한다.

물리뇨에서 그토록 용맹하게 싸웠던 여성 시민 루이즈 미셸이 이시요새에서 부상 당했다.

그녀에게는 참으로 다행스러운 일임을 우리도 기꺼이 인정하는 바이나, 쥘 발레스가 탄생시킨 이 여성 영웅은 그 화려한 사건에서 고작 가벼운 염좌 하나만을 입고 빠져나왔다.

루이즈 미셸을 정치와 혁명이라는 파멸의 길로 밀어 넣은 동기는 무엇인가? 그것은 명백히 오만함이다.

자선으로 양육된 사생아인 그녀는 자신에게 고등 교육을 베풀고 어머니와 행복하게 살 수 있는 방편을 마련해 준 신의 섭리에 감사하는 대신, 고양된 상상력과 화를 잘 내는 성격에 자신을 내맡겼다. 그리고 은인들과 관계를 끊은 뒤, 모험을 찾아 파리로 달려갔다.

혁명의 바람이 불기 시작했다. 빅토르 느와르가 막 사망한 시점이었다. 그 순간은 무대에 등장할 적기였다. 하지만 루이즈 미셸에게 조연 역할은 혐오스러운 것이었다. 그녀의 이름은 대중의 주목을 끌어야만 했고, 선언문들과 기만적인 광고들의 첫 줄을 장식해야만 했다.

이제 우리에게 남은 것은 프랑스가 막 겪어낸 그 끔찍한 위기의 시작부터 그녀가 몽마르트르 묘지 한가운데에서 가담했던 그 불경한 전투의 끝에 이르기까지, 이 광포한 선동가가 저지른 행위들에 법적 책임을 묻는 일뿐이다.

그녀는 르콩트 장군과 클레망 토마 장군들의 체포가 범죄임을 인지

한 상태에서 범행 가담자들을 도왔다. 이 체포는 두 불행한 희생자에 대한 신체적 고문과 죽음으로 이어졌다.

코뮌 위원들과 밀접하게 연계되어 있던 그녀는 그들의 모든 계획을 사전에 알고 있었다. 그녀는 자신의 모든 힘과 의지를 다해 그들을 도왔다. 그뿐만 아니라, 그들의 조력자로 종종 그들보다 더 앞서 나가기도 했다. 그녀는 의회를 공포에 떨게 하고 그녀의 표현대로 투쟁을 종식하기 위해, 자신이 직접 베르사유로 가서 공화국 대통령(티에르)을 암살하겠다고 그들에게 제안했다.

그녀는 기이하게도 자신의 재판에서 열렬히 방어하고 있는 '자랑스러운 공화주의자 페레'만큼이나 유죄다. 그녀의 표현을 빌리자면 그의 머리는 "양심에 던져진 도전이며, 그 응답은 혁명"이라 한다. 그녀는 군중의 광기를 부추기고, 자비도 휴전도 없는 전쟁을 설파했으며, 피에 굶주린 암늑대처럼 악마 같은 음모를 꾸며 인질들의 죽음을 초래했다. 따라서 우리의 의견은 다음과 같다. 루이즈 미셸을 아래의 혐의로 재판에 회부함이 마땅하다.

1. 정부 전복을 목적으로 한 음모.

2. 시민 상호 간의 무장 충돌을 유발하여 내란을 선동할 목적으로 자행된 가해 행위.[233]

3. 폭동 중에 무기를 노출한 채 휴대하고 군복을 착용했으며, 해당 무기를 직접 사용한 죄.

4. 인물 사칭을 통한 사문서 위조.

5. 위조된 문서의 사용.

---

233) 프랑스 형법에서 '내란죄'를 정의할 때 사용하는 전형적인 법률 문구.

6. 코뮌 측이 소위 인질로 붙잡아둔 자들에 대한 암살 선동 및 음모를 통한 공모.

7. 장군들의 체포 사실을 인지하고서도 그 행위를 완수한 범인들을 조력함으로써 신체적 고문과 죽음으로 이어진 불법 체포에 공모한 죄.

형법 제87조, 91조, 150조, 151조, 59조, 60조, 302조, 341조, 344조 및 1834년 5월 26일 법률이 규정한 범죄들.

피고인 심문

재판장: 당신에게 적용된 혐의 사실들을 들었나? 자신의 방어를 위해 할 말이 있나?

루이즈 미셸: 나는 나 자신을 변호하고 싶지 않다. 변호 받고 싶지도 않다. 나는 온전히 사회 혁명에 속해 있으며, 나의 모든 행위에 대한 책임을 수용할 것을 선언한다. 나는 그 책임을 전적으로, 아무런 제한 없이 수용한다. 당신들은 내가 장군들의 암살에 참여했다고 비난하는 것인가? 그 점에 대해서라면, 만약 그들이 민중에게 발포하려 했을 때 내가 몽마르트르에 있었다면 "그렇다"라고 대답하겠다. 나는 그런 명령을 내리는 자들에게 나 스스로 발포하기를 주저하지 않았을 것이다. 하지만 그들이 포로가 되었을 때 그들을 총살한 것은 이해할 수 없으며, 나는 그 행위를 명백한 비겁함으로 간주한다!

파리의 방화에 대해서라면, 그렇다, 나는 거기에 참여했다. 베르사유의 침입자들에 맞서 불꽃의 장벽을 세우길 원했다. 이 행위에 공범은 없으며, 나는 나의 독자적인 의지에 따라 행동했다.

사람들은 나를 코뮌의 주범이라고 말한다! 확실히 그렇다. 코뮌은 무엇보다도 사회 혁명을 원했고, 사회 혁명은 나의 가장 간절한 염원이기 때문이다. 더 나아가, 나는 코뮌의 주창자 중 한 명임을 영광으로 생각한다. 덧붙여 잘 알아두어야 할 것은, 코뮌은 암살이나 방화와는 아무런, 정말 아무런 관련이 없다는 사실이다. 시청의 모든 회의에 참석했던 나는 그곳에서 암살이나 방화가 의제에 오른 적이 단 한 번도 없었음을 밝힌다. 진짜 유죄인 이들이 누구인지 알고 싶은가? 그들은 경찰들이며, 사회 혁명의 지지자들에게 책임을 전가하는 것이 당연시되는 오늘날의 이 사건들은 훗날 진실이 밝혀질 것이다.

언젠가 나는 페레에게 의회[234]를 점거하자고 제안했다. 나는 두 명의 희생자, 즉 티에르 씨[235]와 나 자신을 원했다. 나는 내 목숨을 바칠 각오가 되어 있었고, 그를 처단하기로 결심했었기 때문이다.

재판장: 당신은 포고문에서 24시간마다 한 명의 인질을 총살해야 한다고 말하지 않았나?

루이즈 미셸: 나는 단지 위협을 가했을 뿐이다. 하지만 내가 왜 나 자신을 변호해야 하는 것인가? 이미 선언했듯이, 나는 변호를 거부한다. 당신들은 나를 심판하려는 사람들이고, 내 앞에서 얼굴을 드러내고 있다. 당신들은 남성들이고 나는 단지 한 명의 여성일 뿐이지만, 당신들의 얼굴을 똑바로 마주 보고 있다. 내가 당신들에게 무슨 말을 하든 그 어떤 것도 당신들의 선고를 조금도 바꾸지 못하리라는 것을 나는 잘 알고 있다. 그러니 자리에 앉기 전 마지막으로 딱 한 마디만 하겠다. 우리가 바란 것은 오직 하나, 혁명의 위대한 정신이 승리하는 것

---

234) 1871년 당시 파리 코뮌에 맞서 베르사유에 자리 잡고 있던 보수적인 국민의회를 가리킨다.
235) 아돌프 티에르. 미셸은 그를 살해하고 자신도 죽음으로써 비극적인 대결을 끝내려 했다.

뿐이었다. 사토리 벌판에서 쓰러져 간 우리의 순교자들을 걸고 맹세한다. 내가 이 자리에서 다시 한번 소리 높여 외치는 그 순교자들의 넋이, 언젠가는 반드시 심판자를 불러내 그날의 원한을 갚고야 말 것입니다. 다시 한번 말하지만, 나는 당신들의 수중에 있다. 당신들 마음대로 나를 처분하라. 원한다면 내 목숨을 가져가라. 나는 단 한 순간도 목숨을 두고 당신들과 다툴 여자가 아니다.

재판장: 당신은 장군들의 암살을 승인하지 않았다고 증언했다. 그러나 당신이 그 소식을 들었을 때 "그들을 총살했다고? 잘된 일이다"라고 외쳤다는 이야기가 있다.

루이즈 미셸: 그렇다, 그렇게 말했다. 인정한다. 그 자리에 시민 르무쉬와 페레가 함께 있었던 것까지 기억한다.

재판장: 그렇다면 당신은 그 암살을 승인했다는 것인가?

루이즈 미셸: 그것이 승인의 증거가 될 수는 없다. 내가 그런 말을 했던 목적은 혁명의 기세를 꺾지 않기 위함이었다.[236]

재판장: 당신은 신문에도 글을 썼다. 예를 들어 《민중의 함성》 같은 곳에.

루이즈 미셸: 그렇다. 숨기지 않겠다.

재판장: 그 신문들은 매일 성직자 재산의 몰수와 그와 유사한 다른 혁명적 조치들을 요구했다. 그것이 당신의 의견인가?

루이즈 미셸: 그렇다. 하지만 우리가 그 재산을 우리 것으로 취하려 했던 적이 결코 없음을 명심하시길 바란다. 우리는 오직 민중의 복지

---

236) 그것이 곧 암살에 찬성하거나 공모했다는 법적 증거는 될 수 없다는 논리적 방어이다. 미셸은 개인적으로 포로 총살을 비겁한 짓이라 여겼음에도, 대중과 병사들 앞에서는 강한 모습을 보여야 했다.

를 위해 그것을 돌려줄 생각이었다.

　재판장: 당신은 사법부의 폐지를 요구했는가?

　루이즈 미셸: 내 눈앞에는 항상 사법부의 과오들이 선명했기 때문이다. 나는 르쉬르크 사건[237]과 다른 수많은 오판을 기억하고 있다.

　재판장: 티에르 씨를 암살하려 했다는 사실을 인정하나?

　루이즈 미셸: 전적으로 인정한다. 이미 말했다.

　재판장: 코뮌 기간에 여러 복장을 착용했던 것이 사실인가?

　루이즈 미셸: 나는 평상시와 다름없는 옷차림이었다. 옷 위에 붉은색 허리띠를 하나 더했을 뿐이다.

　재판장: 남장을 여러 번 한 적이 있지 않나?

　루이즈 미셸: 단 한 번, 3월 18일, 눈에 띄지 않으려고 국민방위군 복장을 했다.

　루이즈 미셸이 혐의 사실들을 부인하지 않았기에 채택된 증인은 거의 없었다. 먼저 상인 풀랭 부인의 증언을 듣는다.

　재판장: 피고인을 알고 있나? 피고의 정치적 견해가 어떠했는지도 알고 있나?

　증인: 그렇다. 그녀는 그것을 숨기지 않았다. 매우 열성적이었고, 정치 집회에 가면 그녀만 보일 정도였다. 신문에도 글을 썼다.

---

237) l'affaire Lesurques. 1796년, 리옹 행 우편 마차를 습격해 마부와 호송원을 살해하고 거액을 탈취한 사건이 발생했다. 조제프 르쉬르크라는 인물이 진범 중 한 명인 '뒤보스크'와 외모가 놀라울 정도로 닮았다는 이유로 용의자가 되었다. 그는 결백을 주장했고 많은 알리바이가 있었으나, 목격자들의 잘못된 증언과 사법부의 무리한 판단으로 결국 단두대에서 처형되었다. 나중에 진범 뒤보스크가 잡히면서 르쉬르크의 무고함이 밝혀졌다.

재판장: 장군들의 암살에 관해 그녀가 "잘된 일이다!"라고 말하는 것을 들었나?

증인: 그렇다.

루이즈 미셸: 내가 이미 그 사실을 인정했는데, 증인들이 와서 그것을 증명할 필요는 없다.

보탱 부인(화가)의 증언

재판장: 루이즈 미셸이 당신의 형제 중 한 명을 국민방위군에 강제로 복무시키려고 코뮌에 징집 요청을 했나?

증인: 그렇다.

루이즈 미셸: 증인에게 형제가 한 명 있었는데, 나는 그가 용감한 사람이라고 믿었기에 코뮌을 위해 봉사하기를 바랐을 뿐이다.

재판장: 어느 날 피고인이 마차를 타고 이동하며 국민방위군들 사이에서 당신의 표현을 빌리자면 '여왕 같은 인사'를 건네는 것을 보았나?

증인: 그렇다.

루이즈 미셸: 그것은 사실일 리가 없다. 나는 언급된 그런 여왕들을 흉내 내고 싶을 리가 없으며, 오히려 마리 앙투아네트처럼 그들 모두가 참수되는 것을 보고 싶은 사람이다. 진실은 내가 단지 이시에서 넘어진 뒤 입은 염좌로 고통스러워서 마차에 올라탔을 뿐이라는 것이다.

건물 관리인인 퐁퐁 부인은 피고인에 대해 세간에 떠도는 모든 이야기를 반복했다. 사람들은 루이즈 미셸을 매우 광적인 인물로 알고 있었다.

무직인 세실 드네지아는 피고인을 잘 알고 있었다.

재판장: 피고인이 국민방위군 복장을 한 것을 봤나?

증인: 그렇다. 한 번 봤나. 3월 17일쯤이었다.

재판장: 그녀가 기병총을 소지했는가?

증인: 그렇게 말하긴 했지만, 그 사실은 기억이 잘 나지 않는다.

재판장: 그녀가 국민방위군들 사이에서 마차를 타는 것을 봤나?

증인: 그렇다. 하지만 그 사실의 세부적인 내용은 정확히 기억나지 않는다.

재판장: 클레망 토마 장군과 르콩트 장군이 암살당할 때 그녀가 맨 앞줄에 있었다고 생각한다고 이미 말하지 않았나?

증인: 나는 그저 주변 사람들이 하는 말을 들었을 뿐이다.

데일리 대위가 발언권을 얻는다. 그는 사회에 지속적인 위협이 되는 피고인을 사회로부터 격리할 것을 재판부에 요청한다. 그는 폭동 중 무기를 휴대했다는 혐의를 제외한 나머지 모든 혐의에 대한 기소를 취하한다.[238]

다음으로 발언권을 얻은 오스만 변호사는, 변호 받지 않겠다는 피고인의 확고한 의지에 따라 그저 재판부의 현명한 판단에 맡기겠다고 선언한다.

재판장: 피고인, 당신의 방어를 위해 마지막으로 할 말이 있나?

루이즈 미셸: 스스로 군사 법정이라 자처하고 나의 심판자를 자처하

---

238) 이 방식을 택한 이유는 실용적인 승소 전략 때문이었다. 미셸이 이미 법정에서 총을 들고 싸웠고, 군복을 입었으며, 발포할 준비가 되어 있었다고 자백했기 때문에 입증이 복잡하고 시간이 걸리는 암살 공모나 선동 혐의보다는, 본인이 자백한 무기 소지라는 확실한 명분으로 중형을 받아내려 한 것이다.

는 당신들, 사면위원회처럼 숨지 않고 모든 이가 보는 앞에서 심판하는 군인인 당신들에게 내가 요구하는 것은 오직 우리 형제들이 이미 쓰러져 간 사토리의 벌판이다. 나를 사회에서 격리해야 한다고들 하고, 당신들도 그렇게 하라는 지시를 받았다. 좋다! 공화국 검찰관의 말이 옳다. 자유를 위해 뛰는 심장에 허락된 것이 납탄이라면, 나 또한 내 몫을 요구한다! 만약 당신들이 나를 살려둔다면, 나는 끊임없이 복수를 외칠 것이며, 사면위원회의 살인자들에게 우리 형제들의 복수를 고할 것이다.

재판장: 그런 어조로 계속한다면 더 이상 발언권을 줄 수 없다.

루이즈 미셸: 끝났다. 당신들이 겁쟁이가 아니라면, 나를 죽여라….

청중석에 깊은 동요를 일으킨 이 발언 직후, 재판부는 평결을 위해 퇴정한다. 잠시 후 재판부는 복귀하였고, 평결 결과에 따라 루이즈 미셸은 만장일치로 요새 유배형이 선고되었다.

피고인이 다시 압송되었고 판결 내용이 전달된다. 서기가 판결 재심을 청구할 시간 24시간이 있다고 말하자 그녀는 외친다.

"아니! 항소는 없다. 나는 죽음을 택하겠다!"

나는 몇 가지 오류를 바로잡는 것에만 집중하겠다.

1. 나는 자선에 의해 길러진 것이 아니라, 그것을 당연하게 여겼던 조부모님 밑에서 양육되었다. 나는 그분들이 돌아가신 후에야 브롱쿠르를 떠났으며, 그것은 오로지 교사 자격증을 준비하기 위함이었다. 나는 그렇게 함으로써 어머니에게 도움이 될 수 있다고 믿었다.

2. 몽마르트르에서 가르쳤던 나의 학생 수는 150명이었다. 이 사실은 파리 포위 공격 당시 시청에서 확인된 바 있다.

3.《법정 신문》의 기록에 묘사된 내 외모와는 반대로, 내 키는 작은 편이라기보다 오히려 큰 편이라는 점을 언급하는 것이 무의미하지는 않을 것이다. 우리가 살고 있는 이 시대에는, 오직 자기 자신으로만 보이는 것이 바람직하기 때문이다.

두 번째 재판

블랑키 기념일

1882년 1월 7일자 《렝트랑지장》지 발췌.
경범죄 재판소

가장 먼저 호명된 피고인은 루이즈 미셸이다. 이 용감한 시민은 매우 침착하다. 그녀는 느릿한 목소리와 매우 정확한 말투로 재판장의 질문에 답변한다.

재판장(퓌제 씨): 당신은 공무집행 방해 및 모욕 혐의로 기소되었다.

루이즈 미셸: 오히려 폭행과 모욕을 당했다고 불평해야 할 쪽은 우리다. 우리는 매우 침착했기 때문이다. 이곳에서 무슨 일이 일어났는지, 그리고 내가 왜 이 자리에 서게 되었는지 그 이유를 설명하겠다.

경찰서에 도착했을 때, 나는 아래층에서 여러 명의 경관이 한 남자를 격렬하게 폭행하는 것을 보았다. 매우 흥분해 있는 그 경관들에게는 아무 말도 하고 싶지 않았기에, 나는 2층으로 올라갔다. 그곳에서 좀 더 차분해 보이는 다른 요원 두 명을 발견했고 그들에게 이렇게 말했다. "빨리 내려가 보시오, 아래층에서 사람을 죽이고 있소."

재판장: 그 진술은 우리가 곧 신문할 증인들의 증언과 일치하지 않는다.

루이즈 미셸: 내가 말한 것이 진실이다. 게다가 나는 이보다 훨씬 더

끔찍한 일들도 자백했던 사람이다.

증인으로 코나르라는 이름의 경관 호출된다. 그는 경찰서에 도착했을 때 루이즈 미셸을 포함한 두 명의 여성을 발견했으며, 루이즈 미셸이 자신에게 "당신들은 살인자이고 게으름뱅이들이다"라고 말했다고 진술한다.

루이즈 미셸: 그것은 거짓이다!

경관은 자신의 진술이 진실이라고 계속해서 주장한다. 루이즈 미셸은 자신이 진실을 말했으며 그 외의 다른 말은 없다고 반복한다.

경관의 진술이 비현실적임에도 불구하고, 재판부는 형법 제224조에 의거 하여 루이즈 미셸에게 15일의 징역형을 선고한다.

보충 설명

나는 여기서 《렝트랑지장》을 인용하는데, 이는 나에게 더 유리한 기록을 내세우기 위함이 아니라 《법정 신문》에는 이 재판 기록이 없기 때문이다.

내 친구들이 내가 했다는 말을 믿지 않는 것은 당연하다. 나는 그들이 말한, 속어 섞인 문장 대신 "여기서 사람을 죽이고 있다"라고 말했다. 그리고 '게으름뱅이'라는 단어는 나의 어휘 사전에는 없다.

앵발리드 광장 시위

《법정 신문》 발췌

센 지방 중죄 재판소

재판장: 라메(Ramé) 씨

1883년 6월 21일 공판

공소장 전문을 다 싣는 것은 불필요하다고 생각되므로, 결론 부분만 여기에 옮긴다. 루이즈 미셸, 장 조제프 에밀 퓌제, 외젠 마뢰유는 다음과 같은 혐의로 기소되었다.

1. 1883년 3월 파리에서, 제빵사 오제로 부부 소유의 빵을 무리를 지어 공공연히 약탈한 사건의 주동자 및 선동자였던 죄.

2. 같은 시기 및 장소에서, 제빵사 부셰 부부 소유의 빵을 무리를 지어 공공연히 약탈한 사건의 주동자 및 선동자였던 죄.

3. 같은 시기 및 장소에서, 제빵사 모리세 부부 소유의 빵을 무리를 지어 공공연히 약탈한 사건의 주동자 및 선동자였던 죄.

루이즈 미셸 심문

질문: 전과가 있는가?

답변: 그렇다, 1871년에 있었다.

질문: 그 전과는 사면령으로 소멸하였다. 그 이후에 처벌받은 적 있는가?

답변: 블랑키 기념 시위로 15일의 징역형을 선고받은 적이 있다.

질문: 그렇다면 당신은 매번 시위 때마다 나가는 것인가?

답변: 안타깝지만, 그렇다! 나는 언제나 비참한 사람들 곁에 있다.

질문: 그래서 당신은 앵발리드 광장 시위에도 참여한 것인가. 거기서 어떤 결과를 기대했는가?

답변: 평화적인 시위는 언제나 결과가 없다. 하지만 나는 정부가 늘 하던 방식을 동원해 대포로 시위대를 쓸어 버릴 것으로 생각했다. 그런 자리에 내가 가지 않는 것은 비겁한 일이었을 것이다.

질문: 당신은 이 시위를 위해 참가자들을 모집했다. 퓌제를 알고 있었는가?

답변: 몇몇 모임에서 그를 만났다.

질문: 퓌제는 당신의 비서였다. 그는 당신의 사상을 전파하는 소책자들을 지방에 배포하는 책임을 맡고 있었다. 또한 그는 가담자들의 명단을 수집하기도 했다.

답변: 엄밀히 말하자면 가담자들이 아니다. 우리 사상에 호기심을 가진 사람들일 뿐이다.

질문: 당신은 본 집회가 끝난 뒤 따로 벌어진 돌발 시위의 주동자다. 하지만 우선 본 집회에 관한 내용부터 다뤄야겠다. 당신은 앵발리드

광장에 갔고, 거기서 퓌제를 만났는가?

답변: 그렇다.

질문: 앵발리드 광장에 가기 위해 퓌제, 마뢰유와 사전에 모의했었나?

답변: 아니다, 우리는 우연히 만났다.

질문: 그 집회에는 실직 노동자들만 있었는가?

답변: 그렇다.

질문: 그런 시위가 일자리를 마련해 줄 수 있다고 믿었나?

답변: 이미 아니라고 말했다. 나는 의무로 그 자리에 갔다.

질문: 본 집회는 해산되었다. 바로 그때 당신이 별도의 행진을 벌이려 했던 것 아닌가?

답변: 그것은 시위가 아니라, 내가 세상에 들려주고 싶었던 노동자들의 절규였다.

질문: 당신은 검은 깃발을 요구했는가?

답변: 그렇다. 그러자 누군가 내게 검은 천 조각을 가져다주었다.

질문: 누가 그것을 주었는가?

답변: 모르는 사람이다.

질문: 앵발리드 광장에서 그렇게 쉽고 우연하게 깃발을 구할 수는 없지 않은가?

답변: 검은 걸레 조각 하나와 빗자루 자루 하나만 있으면 충분하다.

질문: 이 사실로 보아 시위는 사전에 준비된 것이다. 누가 이 깃발을 준비했는가?

답변: 아무도 하지 않았다. 설령 누군가 준비했다 하더라도, 당신도 짐작하시겠지만 나는 그가 누구인지 지목하지 않을 것이다.

질문: 시위를 벌일 의도를 가지고 광장을 떠난 것 아닌가?

답변: 나는 단순히 한 무리의 선두에 섰을 뿐이다.

질문: 퓌제와 마뢰유도 그 무리에 있지 않았나?

답변: 그렇다. 그들은 고집스럽게 나를 보호하려 했다.

질문: 검은 깃발을 들고 파리 시내를 누빈 목적이 무엇인가? 그렇게 하면 노동자들에게 빵을 줄 수 있다고 생각했나?

답변: 아니다. 하지만 그들에게 빵이 없고 배가 고프다는 사실을 보여주고 싶었다. 내가 들고 있었던 것은 파업의 깃발이자 기근의 깃발이었다.

(재판장은 집행관에게 증거물 탁자 위에 있는 검은 깃발을 가져오라고 명령한다. 루이즈 미셸은 그것이 3월 9일에 자신이 들었던 깃발임을 인정한다.)

질문: 당신은 생제르맹 거리에 도착했다. 왜 부셰 씨의 빵집 앞에 멈춰 섰는가?

답변: 나는 멈추지 않고 계속 걸었다. 아이들이 내게 누군가 빵을 나눠주고 있다고 말했지만, 나는 그런 세세한 일에는 신경 쓰지 않았다.

질문: 당신은 제빵사들이 자발적으로 빵을 나누어 주었다고 주장하는가?

답변: 그렇다. 아이들이 내게 빵과 잔돈을 받았다고 말했다. 나는 그 말을 듣고 오히려 매우 굴욕감을 느꼈다.

질문: 몽둥이로 무장한 사내들에게도 자발적으로 빵을 주었나?

답변: 우리 일행 중에는 몽둥이로 무장한 사람이 없었다. 그런 자들은 지금 피고인석에 앉아 있지 않다!

질문: 당신은 사실을 부인할 수 없을 것이다. 증인 부셰는 당신이 무리의 선두에 서서 도착하는 것을 보았고, 15명에서 20명 정도의 개인이 무리에서 이탈해 "빵을 달라, 일자리를 달라, 아니면 총알을 달라"

고 외치며 가게를 약탈했다.

답변: 그들은 우리 일행이 아니었다. 그것은 경찰이 꾸며낸 연출일 뿐이다.

질문: 당신은 이전 심문에서 빵을 가져가는 것을 범죄로 여기지 않는다고 말한 바 있다.

답변: 그렇다. 하지만 나는 단 한 번도 빵을 훔친 적이 없으며, 설령 굶어 죽을지언정 앞으로도 절대 그러지 않을 것이다.

질문: 모베르 광장에서 체포되었을 때, 경찰관에게 "나를 해치지 마시오, 우리는 오직 빵만을 원할 뿐이오"라고 말했는가?

답변: "나를 해치지 마시오"라고는 하지 않았다. 아마 "우리는 오직 빵만을 원하오, 당신들을 해치지는 않을 것이오"라고 말했을 것이다.

질문: 요컨대, 부셰 씨의 빵집은 완전히 털렸다.

답변: 나는 빵집을 보지도 못했고, 부셰 씨가 누구인지도 모른다.

질문: 가게가 거리 쪽으로 튀어나와 있어 눈에 띄지 않을 수가 없는데.

답변: 나는 오직 비참한 현실만을 생각했을 뿐, 빵집 따위는 안중에도 없었다.

질문: 그 후 오제로 씨의 가게 앞에 도착했는가?

답변: 나는 오제로 씨도 모른다.

질문: 그 가게 앞에서 깃발을 치켜들었나?

답변: 여러 번 올렸다 내렸다 했을 수는 있다.

질문: "가라!"라고 외쳤는가?

답변: 그랬을 수도 있다. 하지만 "갑시다"라거나 "진군합시다"라는 말은 수없이 했을 것이다. 정확히 기억나지는 않는다.

질문: 당신 앞에 몇 명이나 있었는가?

답변: 모른다.

질문: 결론적으로, 오제로 씨의 가게도 완전히 약탈당했다.

답변: 나는 모르는 일이다. 또한 오제로 씨가 그런 사소한 피해를 문제 삼는 것이 놀라울 뿐이다. 나는 그보다 훨씬 더한 약탈과 살육도 목격한 사람이다.

질문: 그렇다면 그 사실이 당신에게는 완전히 무관하다는 것인가?

답변: 그렇다, 완전히 무관하다.

질문: 당신은 이어서 생제르맹 거리로 진입했다. 모리세 씨의 가게 앞에서도 멈췄는가?

답변: 모르는 일이다. 당신이 왜 내게 그런 질문을 던지는지 이해할 수 없다.

질문: 가게 앞에서 웃음을 터뜨렸는가?

답변: 나를 웃게 할 만한 일이 무엇이 있었겠는가? 나를 둘러싼 이들의 비참함인가, 아니면 우리를 1789년 이전으로 되돌려 놓은 이 서글픈 현실인가?

질문: 결국 당신은 이 모든 사건과 자신은 무관하다고 주장하는 것인가?

답변: 그렇다.

질문: 하지만 약탈당한 이 세 명의 상인은 군중이 어떤 신호에 따라 움직였다고 주장한다.

답변: 터무니없는 소리다. 신호에 복종하려면 사전에 약속이 되어 있어야 한다. 그렇다면 내가 빵집 앞에서 깃발을 올리거나 내릴 것이라는 사실을 파리 전역에 미리 알렸어야 했다는 말인가.

질문: 그렇다면 그것이 우발적인 민중 운동이었다는 뜻인가?

답변: 아이들 몇몇이 벌인 일일 뿐이다. 내 주변에 있던 이성적인 사람들은 그런 일에 가담하지 않았다.

질문: 당신은 모베르 광장에서 시위대를 떠났다. 당신을 구하기 위해 대신 체포된 퓌제와 마뢰유를 경찰의 손에 남겨둔 채 당신은 사라졌다.

답변: 동지들이 그날만큼은 내가 체포되지 말아야 한다고 강권했다.

질문: 퓌제가 지방에 배포한 『군대에게』라는 제목의 소책자에 대해 알고 있었는가?

답변: 오를레앙 가문이 공화국에 대항해 공개적으로 사람들을 포섭하던 시기에, 나는 공화국을 위해 사람들을 모으고 싶었다. 그 책자는 나의 영감 아래 배포된 것이다. 그것은 고통에 찬 절규였다!

질문: 퓌제가 인화성 물질에 관해 특별한 연구를 하고 있었다는 사실을 알고 있었는가?

답변: 오늘날 누구나 과학에 관심을 가진다. 모든 사람이 《과학 평론》지를 읽으며 노동자들의 처지를 개선할 방법을 찾는다.

질문: 우리는 이론을 따지기 위해 여기 있는 게 아니다. 퓌제가 그런 연구를 하고 있었다는 걸 알고 있었느냐는 말이다.

답변: 나는 사람들이 과학 잡지를 읽는지 안 읽는지 따위에는 관심이 없다.

이어서 재판장은 퓌제에 대한 심문을 진행한다.

중인 신문

쥘 부셰(카네트 거리의 제빵사): 3월 9일 오후 1시경, 20명 정도의 사람들이 내 빵집에 난입했다. 그들은 끝에 납을 박은 몽둥이로 무장하고 "빵을 달라, 아니면 일자리를 달라!"고 요구했다. 나는 그들에게 "빵을 원한다면 가져가되, 기물은 부수지 마시오!"라고 말했다.

질문: 피고인을 알아보겠는가?

답변: 모르겠다.

질문: 달리 방법이 없어서 빵을 가져가게 내버려 둔 것인가?

답변: 어쩔 도리가 없었다. 어떤 저항도 불가능한 상황이었다.

질문: 가게에 들어온 이들이 아이들이었나?

답변: 아니다! 이성적인 어른들이었다. (방청석 웃음)

루이즈 미셸: 몽둥이로 무장한 자들은 우리 일행이 아니다. 나는 그들이 어디서 왔는지 잘 알고 있다.

질문: 그렇다면 그들이 어디서 왔다는 말인가?

답변: 경찰 측에서 보낸 자들이다. (방청석 웃음)

오제로 부인(제빵사, 푸르 생제르맹 거리): 3월 9일 오후, 루이즈 미셸 부인이 내 가게 문 앞에 멈춰 서는 것을 보았다. 사람들은 "빵을 달라! 빵을 달라!"고 외쳤다. 그 신사분들이 들어와서 빵과 비스킷을 훔쳐 갔다. 그들은 접시 하나와 유리창 두 장을 깨뜨렸다.

질문: 당신의 가게를 약탈한 이들이 아이들이었나?

답변: 아이들보다 어른들이 훨씬 많았다.

질문: 약탈이 벌어지는 동안 루이즈 미셸은 어디에 있었나?

답변: 길 한복판에 딱 버티고 서 있었다.

질문: 당신은 자발적으로 빵을 내주었는가?

답변: 아니다.

질문: 몇 명이나 있었나?

답변: 정확히는 말할 수 없지만, 아주 많았다. 그야말로 아수라장이었다.

로잘리 오제로(푸르 생제르맹 거리): 지난 3월 9일, 한 무리가 몰려오는 것을 보았다. 그 선두에는 검은 깃발을 든 여자가 있었다. 우리 집 앞에 도착한 그녀는 깃발로 땅을 내리쳤고, 누군가 "가라!"라고 외쳤다. 그러자 사람들이 집안으로 들이닥쳐 모든 것을 약탈했다.

질문(루이즈 미셸에게): 당신이 가게 앞에 멈춰 서 있는 것을 본 두 번째 증인이다.

루이즈 미셸: 저런 진술들을 진지하게 받아들일 수 없다. 식견 있는 사람들 앞에서 이런 수준 낮은 이야기를 논할 수는 없는 노릇이다. (방청석 웃음)

질문(증인에게): "가라!"라고 외친 것이 여자의 목소리였나?

답변: 그렇다.

질문: 군중 속에 다른 여자가 있었나?

답변: 보지 못했다.

모리세(생제르맹 거리 125번지 제빵사): 지난 3월 9일, 손녀가 나를 깨우러 왔을 때 나는 누워 있었다. 가게 안은 사람들로 가득 찼고, 나는 검은 깃발을 들고 떠나가는 한 여자를 보았다.

모리세 부인(제빵사): 지난 3월 9일, 우리 가게 앞에 군중이 집결했다. 그 선두에는 루이즈 미셸이 있었다. 그녀는 우리 집 앞에 멈춰 서서 깃발로 땅을 내리치더니 웃음을 터뜨렸다. 사람들은 빵이나 일자리를 요구했다! 내가 그들에게 빵을 나눠주기 시작했지만, 그들은 곧바로 직접 빵을 집어 가며 모든 것을 때려 부수기 시작했다.

질문(루이즈 미셸에게): 이 증언에 대해 어떻게 생각하나? 꽤 명확하지 않은가?

루이즈 미셸: 너무나 명확해서 이런 식의 증언은 생전 처음 본다. (방청석 웃음) 내가 어떻게 웃을 수 있었겠나? 이 부인이 완전히 꿈을 꾼 모양이다.

증인: 나는 내가 본 것을 말하기 위해 이 자리에 있다.

루이즈 미셸: 당신은 당신이 원하는 것을 말할 자유가 있지만, 나는 당신이 꿈을 꿨다고 말할 자유가 있다.

질문(증인에게): 당신은 저 사람들에게 자발적으로 빵을 내준 것이 아니었나?

답변: 아니다. 그들은 겁을 주며 다가왔다. 그들은 "일자리와 빵을 달라!"고 소리쳤다.

루이즈 미셸: 오! 그들이 참으로 무시무시했겠군! 나 또한 아주 무시무시한 존재였을 테고! 이 부인들은 공포에 질려 완전히 헛것을 보고 있다. 그들은 루이즈 미셸을 일종의 히드라처럼 보고 있다.

코르나(6구 치안관):지난 3월 9일, 한 무리가 선동적인 구호를 외치며 구역을 돌아다니고 있다는 소식을 듣고 추격에 나서 모베르 광장에서 그들을 따라잡았다. 그 무리는 루이즈 미셸이 이끌고 있었고, 그녀의 곁에는 퓌제와 마뢰유가 있었다. 내가 두 사람을 체포하자 퓌제는 나를 비겁자, 악당이라 부르며 모욕했다. 루이즈 미셸은 그사이에 몸을 피했다. 그들 모두는 "혁명 만세! 경찰은 물러가라!"라고 외치고 있었다.

질문: 루이즈 미셸이 당신에게 무슨 말을 하지 않았나?

답변: 그녀는 내게 "나를 해치지 마시오!"라고 말했다.

블랑(6구 경관): 지난 3월 9일, 한 경관이 찾아와 카네트 거리의 빵집이 약탈당하고 있다고 치안관에게 알렸다. 우리는 그 무리를 추격하여 모베르 광장에서 따라잡았다. 치안관이 루이즈 미셸을 체포하자 그녀는 "우리를 해치지 마시오, 우리는 오직 빵만을 원할 뿐이오!"라고 말했다. 퓌제는 치안관에게 비겁자, 악당이라 욕설을 퍼부었고, 마뢰유는 "경찰은 물러가라! 비독은 물러가라! 사회 혁명 만세!"라고 외쳤다. 공격자들은 몽둥이와 권총, 단검으로 무장하고 있었다.

루이즈 미셸: 나는 결코 "우리를 해치지 마시오"라고 말한 적이 없다. 단지 "우리는 당신들을 해치지 않을 것이오"라고 말했을 뿐이다. 여기 계신 이 신사분(경찰들)들은 당시 극심한 혼란에 빠져 있었다.

질문(루이즈 미셸에게): 당신만이 침착했다는 말인가?

루이즈 미셸: 우리는 워낙 많은 일을 겪지 않았나! 나는 혁명의 명예를 위해 항의한다! 나는 증인들의 진술이 엇갈리는 부분을 지적할 정당한 권리가 있다. 나는 그 누구 앞에서도 결코 엎드린 적이 없다. 나는 결코 자비를 구한 적이 없다. 당신들은 원하는 대로 무엇이든 말할 수 있고, 우리에게 유죄를 선고할 수도 있다. 하지만 우리를 모욕하는 것만은 용납하지 않겠다.

6월 22일 공판

검찰 측 증인 신문 계속

모리세 양(모리세의 딸): 지난 3월 9일, 어머니와 언니와 함께 가게에 있을 때였다. 검은 깃발로 무장한 여자가 이끄는 무리가 집 앞으로 다가오는 것을 보았다. 그 여자는 가게 앞에 멈춰 서더니, 깃발로 땅을 내리치며 웃음을 터뜨렸다! 그러자마자 무리가 가게 안으로 들이닥쳐 그곳에 있던 모든 빵과 과자를 가져갔고, 접시와 유리창을 깨뜨렸다. 나는 얼른 아버지를 부르러 갔다.

질문: 루이즈 미셸이 가게 앞에 멈춰 서서 깃발로 땅을 치며 웃는 것을 보았다고 확신하는가?

답변: 그렇다.

루이즈 미셸: 이런 이야기에 답변해야 한다는 것 자체가 부끄러울 따름이다! 모리세의 딸이 제 언니든, 사촌이든, 남동생이든 누구를 데려오더라도, 나는 이토록 진지하지 못한 일들에 일일이 대답하지 않겠다. 나는 검사의 논고가 나오면 그때 답변하겠다.

앞선 증인의 자매(모리세의 다른 딸): 어머니와 함께 가게에 있었는데, 갑자기 한 여자를 앞세운 무리가 나타났다. 바로 저 부인이었다. 그녀는 가게를 쳐다보며 웃기 시작했고, 내가 어머니에게 "보세요, 저 여자가 엄마를 아나 봐요!"라고 말할 정도였다. 그 순간 사람들이 가게로 달려들어 약탈을 시작했다.

루이즈 미셸: 좀 전에 했던 말을 반복하겠다. 아이들이 부모에게 배운 대로 여기서 수업 내용을 암송하는 꼴을 보는 것이 참으로 수치스럽다.

쇼사다(루브르 부두 근처의 화가, 피고 측 요청으로 출석): 3월 9일, 나는 모리세 빵집 맞은편의 센 거리에 있었다. 멀리서 군중이 몰려오는 것을 보았는데, 루이즈 미셸 양은 멈추지 않고 그대로 지나갔다. 나중에 빵집 약탈에 관한 이야기를 들었다(정확히는 사람들이 빵을 던지는 것을 보았다).

질문: 당신은 그것을 약탈이라고 부르지 않는가?

답변: 사람들이 빵을 내던지고 가난한 이들이 그것을 줍는 광경을 보았을 뿐이다.

루이즈 미셸: 진실에 경의를 표해준 증인에게 감사한다!

앙리 로슈포르(언론인): 어느 날, 3월 시위에 관해 이야기하던 중 루이즈 미셸은 피고인 중 한 명에게서 발견된 약 60프랑의 돈에 대해 신문들이 떠들어대고 있다고 내게 말했다. 그녀는 그 돈이 어느 모임에서 걷힌 성금이라고 덧붙였다. 루이즈 미셸은 자수하기 위해 카메스카스 국장을 찾아갔을 때 내게 이 사실을 알렸다. 같은 날, 그녀는 자신이 벌인 시위가 전적으로 평화적인 성격이었다는 점을 내게 확인해주었다. 그녀는 심지어 붉은 깃발을 드는 것조차 원하지 않았다. 나는 루이즈 미셸이 약탈 혐의로 기소되었다는 사실에 매우 놀랐다.

보안(언론인): 루이즈 미셸 양은 시위 당일 저녁, 친구인 퓌제가 60~70프랑 정도를 소지하고 있을 텐데 그 돈은 그녀가 직접 건네준 것이며 어느 모임에서 모금된 결과물이라고 내게 말했다. 나는 루이즈 미셸 시민에게 나의 깊은 유대와 지지를 표할 수 있어 기쁘다.

루이즈 미셸: 시민이여, 고맙다. 그 어떤 시민도 나를 부끄러워할 일이 없도록 노력하겠다.

루이이용(루이즈 미셸 어머니의 이웃): 루이즈 미셸 시민은 시위 결과에 대해 전혀 낙관하지 않았다. 시위에 나가기 전 내게 그렇게 밝혔다. 그녀는 오직 의무감으로 그곳에 간 것이다. (이어서 증인은 루이즈 미셸과 그녀의 가족이 겪어야 했던 폭력과 위협에 대해 꽤 긴 세부 사항을 진술한다.)

루이즈 미셸: 보라. 우리 가족은 집 안에서조차 살해 위협을 받고 있으며, 이것이 허용되고 있다!

뫼지(《렝트랑지장》지 편집자): 피고인 퓌제에게서 발견된 71프랑에 대해 증인 보안이 진술한 내용을 확인해주었다.

이것으로 피고 측 증인심문이 모두 끝났다.

이어서 검사 케네 드 보르페르에게 발언권이 주어졌다. 그 후 국선 변호인 발랑드로 씨는 루이즈 미셸이 직접 자신을 변호하기로 했다고 선언했다.

루이즈 미셸의 변론

이 재판은 우리에게 가해진 명백한 정치 재판이다.

당신들이 쫓는 것은 우리가 아니라, 우리를 통해 아나키스트 정당을 박해하려는 것이다. 내가 발랑드로 씨와 우리 친구 라게르의 제안을 거절한 것도 바로 그 때문이다.

라게르는 얼마 전 이곳에서 리옹의 친구들을 열정적으로 변호했던 인물이다.

검사는 우리를 처벌하기 위해 1871년의 법[239]을 인용했다. 나는 그 1871년의 법이 맷돌이 곡식을 짓이기듯 패배자들을 짓밟던 승자들이 만든 법인지 아닌지는 따지지 않겠다.

그때는 들판에서 코뮌 전사들을 사냥하고, 갈리페가 지하 묘지까지 우리를 추격하며, 파리의 거리 양쪽으로 시신이 산더미처럼 쌓여 있던 시절이었다. 당신들을 놀라게 하고 공포에 떨게 하는 것이 하나 있으니, 그것은 바로 한 여자가 감히 스스로 자신을 변호한다는 사실이다. 사람들은 감히 여자가 생각한다는 것을 익숙하게 받아들이지 않는다. 당신들은 프루동의 표현대로, 여자를 가사 도우미나 정부情婦로만 보고 싶어 한다!

우리가 검은 깃발을 든 것은 이 시위가 본질적으로 평화로워야 했기 때문이며, 그것이 파업의 깃발이자 배고픈 자들의 깃발이기 때문이다. 우리가 다른 깃발을 들 수 있었겠는가? 붉은 깃발은 묘지에 잠든 이들을 감싸고 있다. 우리가 그 깃발을 지킬 수 있을 때 비로소 다시 들어야 한다. 그러나 우리는 그럴 수 없었다. 이미 말했듯이 다시 한번 반복하건대, 이것은 본질적으로 평화적인 시위였다.

나는 시위에 참여했고, 마땅히 그래야만 했다. 그런데 왜 나를 체포했는가? 나는 국경을 인정하지 않는다고 말하면서 그리고 인류 전체가 인류의 유산을 누릴 권리가 있다고 말하면서 유럽 전역을 누볐다.

---

239) 뒤포르 법(Loi Dufaure). 1872년 3월 14일에 제정된 이 법은 국제노동자협회(제1인터내셔널) 가입을 범죄로 규정하고 처벌하기 위해 만들어졌다. 노동자의 단결이나 국제적인 사회주의 조직 활동 자체를 국가 안보 위협으로 간주하여 탄압했다. 미셸은 1883년 재판 당시 자신들을 아나키스트로 기소하는 논리가 과거 코뮌 전사들을 때려잡던 이 뒤포르 법의 연장선에 있다고 보았다. 1871년 코뮌 진압 이후 파리에는 오랫동안 계엄령이 선포되었고, 군사 재판소가 일반 시민을 재판하는 등 비정상적인 법 집행이 이루어졌다.

그 유산은 노예 상태에 익숙해진 우리 것이 아니라, 자유를 얻고 그것을 누릴 줄 아는 이들의 것이 될 것이다. 이것이 바로 우리가 공화국을 수호하는 방식이다. 우리가 공화국의 적이라는 말을 들을 때, 우리의 대답은 단 하나뿐이다. 우리는 3만 5천 구의 우리 동지들의 시신 위에 이 공화국을 세웠다는 사실이다.

당신들은 규율을 말하고, 상관에게 총을 쏘는 병사들을 말한다. 상관이 조국과 민중을 배신하고 항복하려 한다면, 그 명령에 따르는 것이 규율인가? 아니면 그 상관을 쏘고 끝까지 싸우는 것이 정의인가? 만약 스당에서 병사들이 자신들을 배신한 상관들에게 총을 쐈다면, 그것이 옳은 일이 아니었겠는가? 그랬다면 우리는 스당의 치욕을 겪지 않았을 것이다.

검사는 병사들에 대해 많은 이야기를 했다. 아나키스트들의 선언문을 상관에게 보고한 병사들을 치켜세웠다. 그렇다면 샹티이의 뇌물이나 보나파르트의 선언문을 보고한 장교나 장군이 대체 몇 명이나 있는가?[240] 내가 오를레앙 가문이나 보나파르트를 심판하려는 것은 아니다. 우리는 오직 그들의 이념을 심판할 뿐이다. 보나파르트에게는 무죄를 선고하면서 우리를 박해하는가. 나는 죄를 범한 자들은 용서하나, 죄 그 자체는 용서하지 않는다. 지금 우리를 지배하는 것은 강자의 법이 아닌가? 우리는 그 법을 권리로 대체하고자 하며, 그것이 바로 우리의 유일한 죄목이다!

---

240) 샹티이는 당시 왕위 계승 후보자 중 한 명이었던 오말 공작, 즉 오를레앙 가문 지역. 당시 오말 공작을 비롯한 왕당파 세력은 공화정을 무너뜨리고 왕정을 복고시키기 위해 군대 내 고위 장교들에게 막대한 자금과 편의를 제공하며 포섭하려 했다. 보나파르트의 선언문에서 말하는 '보나파르트'는 나폴레옹 3세의 조카인 빅토르 나폴레옹이나 그 일가를 뜻한다. 당시 보나파르트파는 다시 한번 제국을 세우기 위해 군대를 선동하는 선언문을 유포하고 쿠데타를 모의했다.

법정 위로, 당신들이 선고할 수 있는 20년의 강제 노역형을 넘어, 원한다면 그 영원한 형벌조차 넘어, 나는 자유와 평등의 여명이 밝아오는 것을 본다. 보라, 당신들 역시 주변에서 벌어지는 일들에 지치고 넌더리가 나지 않았는가! 다른 이들이 배를 채우는 동안 프롤레타리아가 끊임없이 굶주림으로 고통받는 것을 어찌 냉정하게 지켜볼 수 있단 말인가.

우리는 앵발리드 시위가 결실을 보지 못할 것임을 알았지만, 그렇지만 가야만 했다. 우리는 오늘날 극심한 비참함 속에 살고 있다. 우리는 지금의 이런 체제를 공화국이라 부르지 않는다. 우리가 공화국이라 부르는 체제는 앞으로 나아가는 체제이며, 정의가 있고, 모두를 위한 빵이 있는 체제다. 하지만 당신들의 공화국이 나폴레옹 3세의 제국과 다른 점이 무엇인가? 끝내 5년의 강제 노역형이 기다리고 있는데, 표현의 자유를 말해서 무엇하겠는가?

나는 노동자들의 절규가 헛되이 사라지는 것을 원치 않았다. 당신들은 나를 원하는 대로 처분하라. 이것은 나 개인의 문제가 아니라 프랑스의 중요한 부분, 나아가 전 세계의 중요한 문제다. 세상은 점점 더 아나키즘으로 향하고 있기 때문이다. 사람들은 보나파르트 치하와 다를 바 없는 권력의 모습에 진저리를 내고 있다. 우리는 이미 수많은 혁명을 완수했다! 스당 전투가 보나파르트 씨를 제거해주었듯이, 3월 18일에도 그와 같은 일이 일어났다. 당신들은 의심할 바 없이 또 다른 혁명을 보게 될 것이며, 그렇기에 우리는 미래를 향한 신념을 품고 나아간다! 단 한 사람의 권력이 없다면 빛이 있을 것이고, 진리가 있을 것이며, 정의가 있을 것이다. 단 한 사람의 권력은 곧 범죄다. 우리가 원하는 것은 만인의 권력이다. 검사는 내가 지도자가 되고 싶어 한다고 비난했으나, 나는 그러기엔 자부심이 너무나 강하다. 지도자가 되는 것은 자신을 낮추는 일이기 때문이다.

이제 모리세 씨 이야기는 까마득하게 느껴지며, 그런 세세한 이야기로 다시 돌아가는 것이 고통스럽기까지 하다. 아이들에게 나누어 준 그 빵 부스러기들에 대해 굳이 말해야 하겠는가? 우리에게 필요한 것은 그런 빵이 아니었다. 우리가 요구한 것은 노동을 통해 얻는 빵이었다. 이성적인 사람들이 고작 빵 몇 덩이를 챙기며 즐거워했겠는가?

아이들이 빵 부스러기를 주웠을 수는 있겠으나, 이토록 진지하지 못한 일들을 논하는 것은 내게 괴로운 일이다. 나는 차라리 위대한 사상으로 돌아가는 편을 택하겠다. 청년들은 카페에 가는 대신 공부하시라. 그러면 비참한 이들의 처지를 개선하고 미래를 준비하기 위해 투쟁하는 법을 배우게 될 것이다.

사람들은 전쟁의 불씨를 지피기 위해서만 조국을 알고, 협잡의 수단으로 삼기 위해서만 국경을 안다. 우리가 생각하는 조국과 가족은 그보다 훨씬 더 넓고 원대한 것이다. 이것이 우리의 죄목이다.

지금은 불안의 시대이며 모두가 자신의 길을 찾고 있다. 우리는 말하겠다. '어떤 일이 닥칠지라도, 자유가 이루어지기를! 평등이 이루어지기를!' 그러면 우리는 행복할 것이다.

재판은 5시에 정회되었으며, 공판은 내일로 연기되었다.

6월 23일 공판

퓌제의 변호인 피에르 씨에게 발언권이 주어졌고, 이어 퓌제 본인이 발언했다. 피에르 씨는 재판 도중 체포된 모로를 위해서도 변론했다. 마지막으로 라게르 씨가 아직 구속되지 않은 세 명의 피고인을 위해 변론에 나섰다.

검사의 짧은 답변 후, 재판장은 피고인들에게 최후로 덧붙일 말이 있는지 물었다. 루이즈 미셸만이 홀로 일어나 다음과 같이 말했다.

"단 한마디만 하겠다. 이 재판은 정치 재판이다. 당신들이 판결하게 될 것은 바로 정치 재판 그 자체다. 나를 제1피고인으로 세웠는데, 나는 그 역할을 받아들이겠다. 그렇다, 나뿐이다. 내가 내 모든 친구를 열광시킨 주범이다. 그러니 나만을 처벌하라! 나는 이미 오래전에 나 자신을 희생 제물로 바쳤으며, 내게 즐겁거나 불쾌한 것 따위는 이미 초월한 지 오래다. 이제 내 눈에는 오직 '혁명'만이 보일 뿐이다! 나는 언제나 혁명에 봉사할 것이며, 혁명에 경의를 표한다! 혁명이 폐허 위가 아니라 사람들에게서 솟아오르기를 기원한다!"

2시 45분, 배심원단이 평의실로 들어갔으며 4시 15분이 되어서야 나왔다. 배심원 대표가 평결문을 낭독했다. 루이즈 미셸, 퓌제, 그리고 가로라고 불리는 모로에 대해서는 유죄를 인정하되 참작할 만한 사유를 적용했다. 나머지 피고인들에 대해서는 무죄 평결을 내렸다.

이 평결에 따라 마뢰유, 옹프루아, 마르티네, 그리고 부이에 부인은 즉시 석방되었다.

30분간의 협의 끝에 법원은 판결을 내렸다. 궐석 피고인인 고르제와 티에리에게는 각각 징역 2년, 루이즈 미셸에게는 6년의 금고형, 뤼제 에게는 8년의 금고형, 그리고 가로라고 불리는 모로에게는 징역 1년을 선고했다. 루이즈 미셸과 뤼제는 추가로 10년간 고등 경찰의 감시하에 놓이게 되었다.

재판장: 피고인들은 방금 내려진 판결에 대해 3일 이내에 상고할 수 있다.

루이즈 미셸: 절대 하지 않겠다! 당신들은 제정 시대의 판사들을 너무나도 똑같이 흉내 내고 있다.

법정 뒤편에서 유죄 판결에 대한 격렬한 항의가 터져 나왔다. "루이즈 미셸 만세!"라는 외침이 여기저기서 들려왔으며, 온갖 소음과 고함이 뒤섞인 가운데 공판이 종료되었다.

소동은 법정 밖에서도 이어졌다. 격렬하게 항의하던 시민 리스본은 법원 건물에서 쫓겨났다. 군중은 한동안 도핀 광장에 머물며 자리를 떠나지 않았다.

보충 설명

오늘 내가 말을 전하는 상대는 군중이기에, 검찰 측 앞에서는 말할 필요가 없다고 생각했던 것을 이제 말하겠다. 우리는 판사들의 동정을 구걸하지 않는다. (그것은 어차피 무의미한 일이다. 우리는 이미 판결이 내려진 상태로 재판받았다.)

나는 어느 빵집 문 앞에서 바보처럼 웃음을 터뜨린 적이 없을 뿐만 아니라, 당시 내게 시위 참여를 미뤄달라고 간청하던 어머니와 막 헤어진 참이었기에 웃을 기분조차 아니었다.

모리세 빵집을 점거해서 혁명 운동의 거점으로 삼았다는 주장에 대해서는, 그 터무니없음에 대해 굳이 변명할 필요도 느끼지 못한다.

인류 전체에게 필요한 것은 빵 부스러기 몇 조각이 아니라, 착취하는 자도 착취당하는 자도 없는 세상에서 거두어들인 온 지구의 수확물이다.

루이즈 미셸 연보

1830년 5월 29일 오트-마른 지방 브롱쿠르 성에서 출생. 하녀였던 마리
안 미셸의 딸로 태어났으며, 아버지는 성주의 아들 로랑 드마
이로 추정. 아버지 없이 할아버지, 할머니의 자유주의적 교육과
사랑을 받으며 성장. 빅토르 위고와 편지를 주고받기 시작.

1851년 쇼몽에서 교사 자격증 공부를 시작하고, 이후 센에마른 지방
라니로 이동.

1853년 오들롱쿠르에 자유 학교 개교. 제국에 대한 충성 서약 거부.

1855년 오트-마른 지방 미예르에 학교 개교.

활동가 시절

1856~1868년 파리에서 집필 활동과 사회운동을 하며 교사로 활동함.
주요 저서:『어둠 속의 빛, 바보도 미치광이도 없는 세상』,『유형
지의 책』,『에르만의 책』(1861),『삶과 죽음을 관통하며』(1864)

1868~1869년 조르주 클레망소의 지원을 받아 최초의 민중 무료 급식
소 설립.

1870년 정치 활동이 본격화. 제국 타도 투쟁에 참여하고, 여러 야당 신
문에 기고하며, 쥘 발레스, 외젠 바를랭, 테오필 페레와 함께
공개 집회 개최.

1870년 8월 15일 블랑키주의자 외드와 브리도를 지지하는 시위 참여.

1870년 9월 스당 전투 패배로 프랑스군이 프로이센과의 전쟁에서 무
너짐. 제3공화국 선포. 프로이센군이 파리를 포위함. 굴욕과
굶주림에 시달리던 파리 시민들이 항복을 거부함.

1870년 11월 18구 경계위원회 의장으로 선출. '위기의 조국 클럽'에

"

적극 참여.

1871년 2~3월 티에르가 행정부 수반으로 선출되고, 파리 시민들의 반
　　발에도 불구하고 몽마르트르 언덕의 대포를 회수하기로 결정.

1871년 3월 28일 민중 봉기가 파리 전역에서 승리하고, 파리코뮌이 시
　　청에서 선포됨. 국민의회는 베르사유로 도피.

1871년 4월 3일 베르사유 정부군이 파리를 공격함. 루이즈 미셸은 국
　　민방위군 복장을 하고 이시 요새, 클라마르, 뇌이 등지에서 전
　　투에 참여. 부상자 구호 활동.

1871년 5월 22~28일 '피의 주간'. 베르사유 정부군의 무자비한 진압으
　　로 3만 명이 넘는 코뮌 지지자들이 학살됨.

1871년 5월 24일 어머니가 포로로 잡히자, 루이즈 미셸은 어머니를 석
　　방시키기 위해 베르사유군에 자수. 베르사유와 아라스에 수감.

감옥과 유배 생활

1871년 11월 28일 루이즈 미셸이 깊이 사랑했던 코뮌 지도자 테오필
　　페레 처형.

1871년 12월 16일 루이즈 미셸, 군사법정에 출두해 스스로 사형을 요
　　구함. 누벨칼레도니 유배형을 선고받음.

1871년 12월 21일 오베리브 감옥으로 이송되어 20개월간 수감 생활을
　　함. 주요 저서: 『새해의 책, 짧은 이야기들』 『어린이를 위한 이
　　야기와 전설』(1872)

1873년 8월 28일 로슈포르 항에서 '비르지니' 호를 타고 누벨칼레도니
　　로 출발함. 4개월간의 항해 끝에 누벨칼레도니에 도착.

1873년 12월 10일 뒤코 반도의 눔보에 정착함. 루이즈 미셸은 현지 원
　　주민인 카나크 족에게 글을 가르치고 그들의 문화를 연구하며

교류했다. 1878년 그들의 봉기 때 이들을 지지함.

1879년 누메아에 학교를 개교함.

1880년 11월 파리 코뮌 가담자들에 대한 전면 사면령(7월)이 내려진 후, 유배자 전원 사면. 파리로 귀환.

사회 진보를 위한 투쟁

1880년 11월 21일 엘리제-몽마르트르에서 강연. 이후 수백 차례 강연 시작.

1881년 1월 4일 10만 명의 군중 앞에서 블랑키의 추도사를 낭독함.

1881년 7월 런던에서 열린 국제 무정부주의자 대회에 참석함. 주요 저서: 『마지막 파업』(1881) 『비참함』, 『청년 이본』, 『나딘』, 『프로메테우스』(1882) 『제국의 사생아』, 『민중의 딸』, 『농민들』(1883),『어린이를 위한 이야기와 전설』(1884)

1882년 2월 24일 마리 페레 사망.

1883년 3월 9일 에밀 푸제와 함께 앵발리드에서 실업자 시위(검은 깃발을 처음 사용한 것으로 유명한 시위)를 주도했다가 체포.

1883년 3월 체포된 후, 그해 6월에 6년 형을 선고받고 수감.

1885년 클레르몽 중앙교도소로 이송됨. 1월3일 어머니 사망. 5월22일 스승이자 오랜 친구였던 빅토르 위고 사망, 장례식에 참석하지 못함.

1886년 1월 17일. 대통령 특별 사면으로 약 2년 10개월 만에 출소. 르발루아-페레의 빅토르 위고 거리 89번지에 거주. 주요 저서: 『카나크족의 전설과 서사시』(1885),『인간 미생물』,『회고록』(1886),『새로운 시대』,『마지막 사상』,『칼레도니아 회상』(1887)

1888년 1월 22일 르아브르에서 연설 중 피에르 뤼카에게 총격을 받아 부상당함. 그러나 가해자에 대한 고소를 거부함. 주요 저서:『순환 체계에 따른 백과사전 강독』,『붉은 수탉』,『새로운 세계』,『시대의 범죄들』

1890년 4월 30일 생테티엔과 비엔에서 강연.

1890년 7월 29일 런던으로 망명(~1905) 샤를로트 보벨과 함께 학교를 개교. 주요 저서:『점령』,『가불레트의 딸들』

1895년 세바스티앵 포르와 무정부주의 신문《리베르테르》를 창간.

1896년 7월 27일 런던 국제 사회주의자 대회 참석. 무정부주의자들과 사회주의자들의 분열을 목격.

1897년 세바스티앵 포르, 샤를로트 보벨과 함께 프랑스와 벨기에에서 강연 활동.

1898~1903년 장 비옹과 함께 프랑스 전역을 순회하며 강연하고, 이후 에르네스트 지로와 함께 알제리에서도 강연함. 인권 결사에 가입함. 주요 저서:『코뮌: 역사와 회상』,『꿈』,『코뮌』(1898년)

1904년 5월 16일 폐렴으로 고통받으며 유언장을 작성함. 테오필 페레의 묘 근처, 르발루아-페레 묘지에서 어머니 곁에 묻히기를 요청. 주요 저서:『코뮌 이전』

1905년 1월 9일 마르세유의 오아시스 호텔(현재의 DUC 호텔)에서 별세.

1905년 1월 21일 르발루아-페레에서 장례식이 거행됨.

옮긴이 김영신

대학에서 불문학을 전공했다. 피에르 루이스의『욕망의 모호한 대상』, 화가 펠릭스 발로통의『유해한 남자』, 동성애 혐오의 역사와 기원『호모포비』, 콜레트의『슬픔의 궁지』, 조르주 브라크의『낮과 밤』을 번역했다.

루이즈 미셸 회고록

우리가 기억해야 할 단 한 명의 프랑스 여성

초판   발행일 2026.03.23

지은이   루이즈 미셸
옮긴이   김영신
펴낸곳   불란서책방
출판등록 제2019-000015호
주소   경기도 고양시 일산동구 호수로 336
전화팩스 0504-266-3516
전자우편 bookfest@naver.com

© 불란서책방 2026

ISBN 979-11-995125-4-2 (03300)

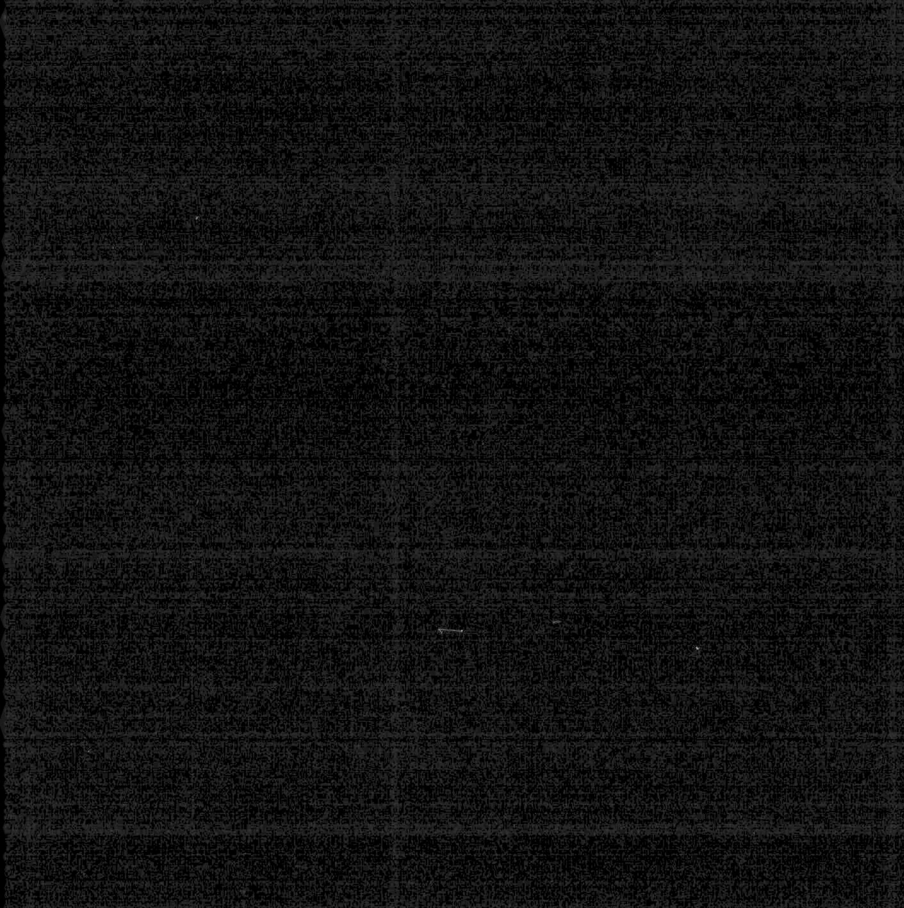